한 권으로 합격하는
요양보호사
국가자격시험
필기+실기

요양보호사자격시험연구회 저

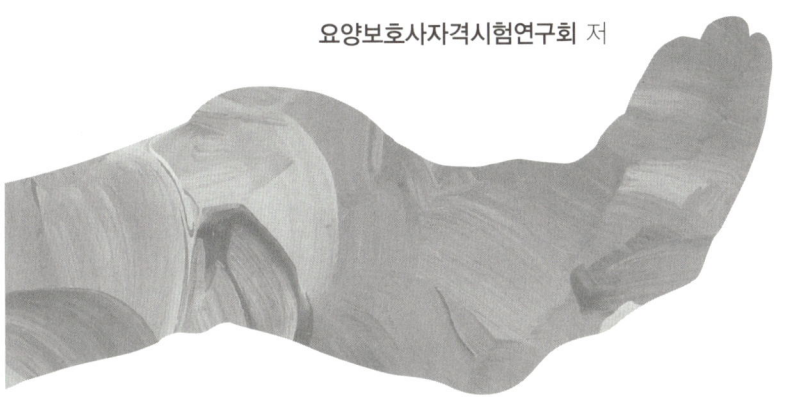

도서출판 책과 상상
www.SangSangbooks.co.kr

머리말

요양보호사는

교육기관에서 교육과정을 이수하고 국가시험에 합격한 후 요양보호사 자격을 취득한 사람이 생활복지시설이나 재가서비스를 통해 일상생활을 혼자 수행하기 어려운 성인에게 신체활동 및 일상 생활을 지원하는 서비스를 제공합니다.

많은 분들이 요양보호사로 활동하고 있으며 더 많은 분들이 요양보호사가 되기 위해 준비를 하고 있습니다.

이 책은 요양보호사 자격시험을 준비하는 분들을 위해 다음과 같은 내용에 중점을 두고 집필하였습니다.

- 새로 개정된 표준교재 내용의 핵심적인 내용을 요약 정리하였습니다.
- 각 단원별로 문제와 함께 풍부한 해설을 곁들여 내용을 한 번 더 확인할 수 있도록 하였습니다.
- 3회분의 모의고사를 수록하여 스스로의 실력을 점검할 수 있습니다.

이 책이 요양보호사 시험을 준비하는 여러 분께 도움이 되기를 바라며, 모든 분들이 합격을 기쁨을 누리기를 기원합니다.

이 책의 차례

PART 01 핵심이론요약

I장 ... 요양보호와 인권

01절 요양보호 대상자의 이해
1. 노인과 노화 과정 ··· 10
2. 노년기의 특성 ·· 11
3. 가족관계 변화와 노인부양 ··· 12
4. 대상자 중심 요양보호 ·· 13

02절 노인복지와 장기요양제도
1. 사회복지와 노인복지 ·· 15
2. 노인장기요양보험제도 ·· 17
3. 요양보호 업무 ·· 19

03절 인권과 직업윤리
1. 노인의 인권보호 ··· 21
2. 노인학대 예방 ·· 23

04절 요양보호사의 인권보호와 자기계발
1. 요양보호사의 인권보호 ·· 24
2. 요양보호사의 직업윤리 ·· 25
3. 요양보호사의 건강 및 안전관리 ··· 26

II장 ... 노화와 건강증진

01장 노화에 따른 변화와 질환
1. 노화에 따른 변화와 노인성 질환의 특성 ····························· 31
2. 신체계통별 주요 질환 ·· 31
3. 노인증후군과 노쇠 ··· 37

02절 치매, 뇌졸중, 파킨슨질환
1. 치매 ·· 38
2. 뇌졸중 ·· 40
3. 파킨슨질환 ··· 41

03절 노인의 건강증진 및 질병예방
1. 영양 ·· 42
2. 운동 ·· 43
3. 수면 ·· 44
4. 성 생활 ·· 44
5. 약물 사용 ··· 45
6. 금연과 절주 ··· 46
7. 예방접종 ·· 46
8. 온열질환 및 한랭질환 ··· 47

Ⅲ장 요양보호와 생활지원

01절 의사소통과 정서지원
1. 효과적인 의사소통과 정서지원 ································· 48
2. 상황별 의사소통의 실제 ·· 50
3. 여가활동 지원 ··· 51

02절 요양보호 기록과 업무보고
1. 요양보호 관찰과 기록 ·· 52
2. 업무보고 ·· 53
3. 사례관리지원과 업무회의 ·· 54

03절 신체활동 지원
1. 식사와 영양 요양보호 ·· 54
2. 배설 요양보호 ··· 57
3. 개인위생 및 환경관리 ·· 61

4. 체위변경과 이동 ·· 67
   5. 복지용구 ·· 77

04절 가사 및 일상생활 지원
   1. 일상생활 지원 원칙 ·· 79
   2. 식사관리 ·· 80
   3. 식품·주방위생관리 ·· 82
   4. 의복 및 침상 청결 관리 ·· 85
   5. 세탁하기 ·· 86
   6. 외출동행 및 일상업무 대행 ·································· 88
   7. 주거환경관리 ·· 89

IV장 상황별 요양보호 기술

01절 치매 요양보호
   1. 치매 대상자와 가족 ·· 91
   2. 치매 대상자의 일상생활 지원 ······························ 92
   3. 치매 대상자의 행동심리증상 대처 ······················ 97
   4. 치매 대상자와의 의사소통 ································ 100
   5. 인지자극 훈련 ·· 101

02절 임종 요양보호
   1. 임종기 단계별 지원 ·· 102
   2. 임종 대상자 지원 및 가족에 대한 요양보호 ···· 103
   3. 임종 대상자의 권리 ·· 104

03절 응급상황 대처 및 감염관리
   1. 위험 및 위기대응 ·· 105
   2. 감염예방 및 관리 ·· 106
   3. 응급처치 ·· 108
   4. 심폐소생술 ·· 109

PART 02 출제예상문제

Ⅰ장 ≫ 요양보호와 인권
01절 요양보호 대상자의 이해 ·················· 114
02절 노인복지와 장기요양제도 ·················· 129
03절 인권과 직업윤리 ·························· 143
04절 요양보호사의 인권보호와 자기계발 ········· 148

Ⅱ장 ≫ 노화와 건강증진
01절 노화에 따른 변화와 질환 ·················· 159
02절 치매, 뇌졸중, 파킨슨질환 ·················· 192
03절 노인의 건강증진 및 질병예방 ············· 202

Ⅲ장 ≫ 요양보호와 생활지원
01절 의사소통과 정서 지원 ····················· 217
02절 요양보호 기록 및 업무보고 ················ 230
03절 신체활동 지원 ···························· 236
04절 가사 및 일상생활 지원 ···················· 283

Ⅳ장 ≫ 상황별 요양보호 기술
01절 치매 요양보호 ···························· 304
02절 임종 요양 보호 ··························· 326
03절 응급상황 대처 및 감염관리 ················ 331

PART 03 모의고사

1회 적중모의고사 ······························ 350
2회 적중모의고사 ······························ 370
3회 적중모의고사 ······························ 391
1회 모의고사 정답 및 해설 ····················· 412
2회 모의고사 정답 및 해설 ····················· 424
3회 모의고사 정답 및 해설 ····················· 436

PART 01

핵심이론요약

CHAPTER

- Ⅰ장 | 요양보호와 인권
- Ⅱ장 | 노화와 건강증진
- Ⅲ장 | 요양보호와 생활지원
- Ⅳ장 | 상황별 요양보호 기술

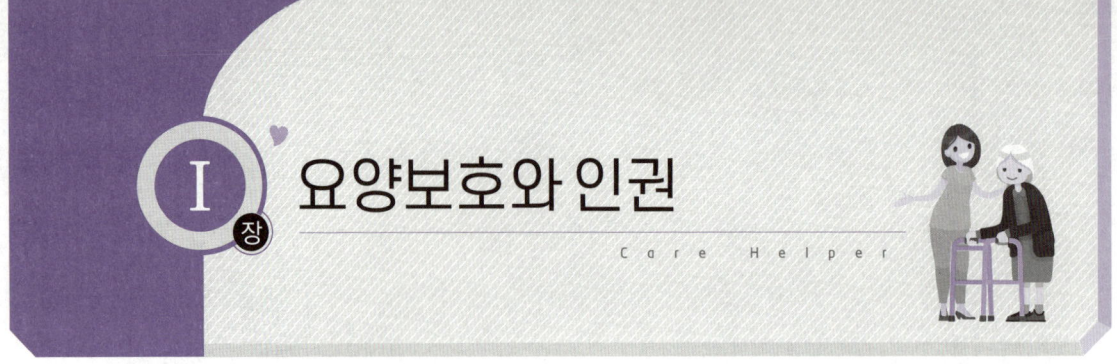

I장 요양보호와 인권

01절 요양보호 대상자의 이해

❶ 노인과 노화 과정

문제 114쪽

1. 노인의 의미와 개념

① **노인의 정의** : 후손의 양육과 국가·사회 발전에 기여한 자
② **노인복지법, 노인장기요양보험법상 노인의 나이** : 65세 이상
③ **노화의 3가지 영역**
  ㉮ 생리적·생물학적 면 : 퇴화기에 있음
  ㉯ 심리적인 면 : 정신기능과 성격이 변화됨
  ㉰ 사회적인 면 : 지위와 역할이 상실 되어감
    ※ 지속적으로 고위험군의 대상이 되어가는 점에 유의

2. 노인의 기여

① 경제적 기여
② 정치적 기여
③ 사회적 기여

3. 노인에 대한 보상

① 경제적 보상
② 제도적 보상
③ 정치적 보상
④ 지적·정신적 문화유산의 전수

4. 노인의 건강한 노화

① **노화의 긍정적인 측면**
  ㉮ 일상적 균형을 유지하고 안정적, 지속적으로 직무를 수행할 수 있다.
  ㉯ 의사결정이 신중하고 조심스러워 실수가 적다.
  ㉰ 많은 정보 중에서 중요한 것을 선별하는 능력이 뛰어나다.
② **건강한 노화**
  ㉮ 신체에 맞게 영양을 섭취하고 적절한 운동을 해야 한다.
  ㉯ 자신감과 역할이 상실되지 않도록 적극적인 사회활동을 해야 한다.

2 노년기의 특성 ♥

문제 114쪽

1. 노인의 신체적 특징

① 세포의 노화
② 면역능력의 저하
③ 잔존능력의 저하
④ 회복능력의 저하
⑤ 비가역적 진행

2. 심리적 특성

① **우울증 경향의 증가** : 불면증, 식욕부진, 체중감소
② **내향성 및 수동성의 증가** : 사회활동 감소, 타인과 만남 기피
③ 조심성의 증가
④ 경직성의 증가
⑤ **생에 대한 회고의 경향** : 다가오는 죽음을 평온하게 받아들인다.
⑥ **친근한 사물에 대한 애착심** : 오랫동안 사용한 사물에 애착이 강하다.
⑦ **유산을 남기려는 경향** : 자신의 삶이 가치있었다는 것을 인정받고자 한다.
⑧ **의존성의 증가** : 사회적·심리적으로 타인에게 더 의존한다.

3. 사회적 특성

① 역할상실
② 경제적 빈곤
③ 유대감의 상실
④ 사회적 관계 위축

4. 생애주기와 특성

① **생애주기** : 가족과 사회에서 주어진 역할을 수행하며 영향을 주고받고 있다.

② **통합 대 절망**
   ㉮ 통합 : 과거와 현재의 사건을 자신의 삶의 일부로 수용하고, 죽음까지 포함하여 자기 내부로 통합하는 능력과 상태를 의미한다.
   ㉯ 절망 : 과거와 현재를 부정적으로 받아들이며, 수정할 수 없는 과거에 대해 절망하고 죽음에 대한 좌절을 느끼는 심리상태를 의미한다.

3 가족관계 변화와 노인부양

1. 가족관계의 변화

① **부부관계**
   ㉮ 역할 변화(부부관계가 동반자로 전환)에의 적응
   ㉯ 성적 적응
   ㉰ 배우자 사별에 대한 적응
   ㉱ 배우자 사별의 적응 단계

1단계	상실감의 시기, 우울감과 비탄
2단계	배우자 없는 생활을 받아들이고, 혼자된 사람으로서의 정체감을 지님
3단계	혼자 사는 삶을 적극적으로 개척함

② **부모-자녀관계** : 자녀가 직접 노인 부모를 봉양하는 일이 감소하며, 부부만 남게 되는 '빈둥지 증후군'을 겪게 된다.

③ **고부·장서관계** : 가치관과 세대 차이로 고부갈등이 존재하며 역할 재정립과 가치관 공유로 관계 유지

④ **조부모-손자녀 관계** : 손자녀는 노년기에 활기를 제공하며 손자녀의 긍정적인 자아 형성에 기여

⑤ **형제자매 관계** : 경쟁심이나 갈등이 감소, 상호이해와 동조성이 강화된다.

2. 노인부양 문제 해결방안

① **노인부양 문제** : 노인의 4고(빈곤, 질병, 고독, 무위(역할상실))

② **노인부양 해결 방안**
   ㉮ 사회와 가족의 협력

㉯ 세대 간의 갈등 조절
㉰ 노인의 개인적 대처
㉱ 노인복지정책 강화

4 대상자 중심 요양보호

1. 대상자를 대하는 원칙

① 강제로 하지 않는다.
② 억제대는 하지 않는다.
③ 부적절한 케어를 하지 않는다.

장기요양기관에서 생기기 쉬운 악성 사회 심리

- 속이거나 착각하게 만듦
- 어른으로 존중하지 않음
- 공포감 조성
- 뒤로 미룸
- 비난
- 중단
- 바보 취급
- 따돌리거나 능력을 제한
- 어린애 취급(무시)
- 강요
- 차별
- 재촉
- 이해하지 않음
- 모욕

대상자를 대하는 실천 원칙

① 만남의 준비 : 요양보호사가 대상자에게 방문 예정을 알림
② 케어의 준비 : 관계를 형성하여 친구 관계를 구축
③ 감각의 연결 : 대상자의 기분을 고려하여 돌봄을 시행하여 쾌적한 환경 조성
④ 감정의 고정 : 대상자에게 기쁨을 줄 수 있는 경험을 남겨줌
⑤ 재회의 약속 : 다음 요양보호(케어)를 위한 준비를 쉽게 하기 위해 다음 만남을 약속

▶ **억제대의 피해**
- 자세가 고정되어 욕창이 생긴다.
- 근력이 떨어진다.
- 심장기능, 인지기능이 저하된다.
- 관절이 굳거나 골다공증이 생긴다.

2. 요양보호 실천의 4가지 원칙

① **대면하기**
   ㉮ 가까운 거리의 정면에서 눈높이로 한참 동안 바라본 후 2초 이내에 인사말을 한다.
   ㉯ 의향을 물을 때 옳은 방법으로 보며, 눈을 맞추며 서비스를 제공한다.
   ㉰ 시선을 피하면 반드시 눈을 맞추며 "저를 좀 봐주세요"라고 말한다.

② **말하기**
   ㉮ 또박또박 천천히 긍정적으로 이야기하고, 대답이 없더라도 계속 이야기한다.
   ㉯ 졸거나 자고 있다면 침대판을 두드려 깨운 후 이야기한다.
   ㉰ 의식이 없거나 치매라도 인사를 하거나 상황을 설명한다.
   ㉱ 긍정문으로 이야기한다.
   ㉲ 이야기를 한 후 3초 이상 기다린다.
   ㉳ 봐야 할 것을 눈높이에서 보여주며 이야기한다.

③ **접촉하기**
   ㉮ 손바닥 전체로, 밑에서부터 받쳐 살짝 힘을 주며 만진다.
   ㉯ 인지를 자극하기 위해서는 얼굴이나 손을 만져야 하며, 놀랄 수 있으므로 주의해야 한다.

④ **일어서게 하기**
   ㉮ 최소 20분 정도는 서 있거나 걸을 수 있도록 한다.
   ㉯ 느리더라도 손이 닿을 정도의 거리에서 지켜보며 혼자서 움직이게 한다.
   ㉰ 스스로 움직이는 것을 격려하면서 좋은 이야기로 격려한다.

▶ **일어서기의 장점**
- 골격근의 근력 유지
- 골다공증에 도움
- 순환기를 자극하여 혈액 순환에 도움
- 호흡기를 자극하여 폐활량에 도움

02절 노인복지와 장기요양제도

1 사회복지와 노인복지

1. 사회복지의 개념과 범위

① **사회복지의 기본**
  ㉮ 인간의 욕구 : 인간이 생존하는데 반드시 필요한 활동 및 인간관계의 바람직하고 만족한 상태
  ㉯ 사회문제 : 어떤 사회적 현상이 사회적 가치(규범)에서 벗어나고, 많은 사람들이 그 현상으로 영향을 받아 문제로 판단하여 집단적 행동으로 해결하는 것

② **사회복지의 범위**
  ㉮ 공적부조(국민기초생활보장제도) : 생활이 어려운 국민에게 최저생활을 보장하고 자립을 지원하는 제도
  ㉯ 사회보험 : 국민건강보험, 국민연금보험, 고용보험, 산업재해보상보험, 노인장기요양보험
  ㉰ 사회서비스 : 도움이 필요한 모든 국민에게 다양한 형태(상담, 재활, 돌봄, 정보, 사회참여 지원 등)로 제공하는 개별서비스

2. 노인복지의 개념과 유형

① **노인복지의 원칙**
  ㉮ 독립의 원칙
  ㉯ 참여의 원칙
  ㉰ 보호의 원칙
  ㉱ 자아실현의 원칙
  ㉲ 존엄의 원칙

② **노인복지 사업의 유형**
  ㉮ 치매안심센터
  ㉯ 치매공공후견사업
  ㉰ 노인실명 예방사업
  ㉱ 노인 무릎인공관절 수술 지원
  ㉲ 노인 건강진단

③ 노인 사회활동 및 여가활동 지원
  ㉮ 노인일자리 및 사회활동 지원사업
  ㉯ 노인자원봉사
  ㉰ 경로당
  ㉱ 노인복지관
  ㉲ 노인교실
④ 노인돌봄 및 지원서비스
  ㉮ 노인맞춤돌봄서비스
  ㉯ 독거노인, 장애인 응급안전안심서비스
  ㉰ 독거노인 공동생활홈 서비스
  ㉱ 노인보호전문기관
  ㉲ 학대피해 노인 전용쉼터
  ㉳ 결식우려 노인 무료급식 지원
⑤ 노인복지시설
  ㉮ 노인주거복지시설 : 양로시설, 노인공동생활가정, 노인복지주택
  ㉯ 노인의료복지시설 : 노인요양시설, 노인요양공동생활가정
  ㉰ 노인여가복지시설 : 노인복지관, 경로당, 노인교실
  ㉱ 재가노인복지시설 : 방문요양서비스, 방문목욕서비스, 주야간 보호서비스, 단기보호서비스 등

> ▶ **보건복지부령이 정하는 서비스**
> - 재가노인지원서비스
> - 방문간호서비스
> - 복지용구지원서비스

  ㉲ 노인보호전문기관 : 18개 시·도에 38개 기관이 운영(연중 24시간 노인학대 신고·상담전화 운영)
  ㉳ 노인일자리지원기관 : 노인인력 개발기관, 노인일자리 지원기관, 노인취업 알선기관
  ㉴ 학대피해노인 전용쉼터

2 노인장기요양보험제도

문제 131쪽

1. 제도의 목적

혼자서 일상생활이 어려운 노인 등을 지원하여 건강과 생활의 질을 향상시키고 가족의 부담을 줄이는 것

2. 사업의 보험자 및 가입자

① **보험자** : 국민건강보험공단
② **가입자** : 전 국민(대통령령으로 정하는 사람)

3. 장기요양급여 대상자

① **65세 이상인 자 또는 65세 미만으로 노인성 질병을 가진 사람** : 거동이 현저히 불편하거나 치매 등으로 인지가 저하되어 6개월 이상 일상생활을 수행하기 어려운 사람
※ 혼자서 일상생활이 가능하면 장기요양급여 대상자가 아니다.

4. 장기요양인정 신청 및 판정 절차 순서

▶ 신청(본인, 가족, 친족, 사회복지 전담공무원(본인, 가족의 동의 필요)) → 방문조사(사회복지사, 간호사 등) → 조사표 입력에 따른 1차 판정 → 의사소견서 제출(예외자 통보) → 등급판정위원회 개최 → 등급판정(장기요양인정 유효기간 : 최소 1년 이상)

순서	내용
인정신청	• 대상 : 65세 이상, 만 65세 미만 노인성 질환대상자 • 신청 : 전국 공단 지사 • 서류 : 의사, 한의사가 발급하는 소견서 첨부 • 신청인 : 본인, 가족, 친족, 이해관계인, 사회복지전담공무원
방문조사	• 공단직원(사회복지사, 간호사 등)이 거주지를 방문
등급판정	• 조사결과서, 의사소견서 등을 등급판정위원회에 제출(30일 이내 완료)

순서	내용						
판정결과	등급	1등급	2등급	3등급	4등급	5등급	인지지원 등급
	상태	전적으로 타인의 도움이 필요	상당부분 타인의 도움이 필요	부분적으로 타인의 도움이 필요	일정부분 타인의 도움이 필요	치매환자	치매환자
	점수	95점 이상	75점 이상 95점 미만	60점 이상 75점 미만	51점 이상 60점 미만	45점 이상 51점 미만	45점 미만
판정결과 통보	장기요양인정 유효기간 : 최소 1년 이상 ~ 최대 4년 6개월						

- 대상자에게 방문간호가 필요하면 방문간호사에게 연계한다.

5. 장기요양급여 내용

① 재가급여(요양보호사는 방문요양, 방문목욕, 주·야간보호, 단기보호를 제공하는 장기요양기관에서 장기요양요원으로 활동 가능)
② **시설급여** : 노인요양시설, 노인요양 공동생활가정
③ **특별현금급여** : 가족요양비, 특례요양비, 요양병원간병비

6. 장기요양요원

① 방문요양업무를 수행하는 장기요양요원은 사회복지사, 요양보호사이다.
② 방문목욕에 관한 업무를 수행하는 사람은 요양보호사이다.
③ **방문간호의 장기요양요원**
  ㉮ 간호사로서 2년 이상의 간호업무 경력이 있는 자
  ㉯ 간호조무사 중 3년 이상의 간호보조 업무경력이 있는 자로 지정교육기관에서 교육을 이수한 자(보건복지부장관)
  ㉰ 치과위생사

7. 재원조달

① 보험료
② **국가지원** : 보험료 예상 수입액의 20%를 국고에서 지원
③ **본인 부담**
  ㉮ 시설급여 이용 시 20%, 재가급여 이용 시 15% 부담

㉯ 저소득층, 의료급여수급권자 : 법정 본인부담금의 40~60% 경감
㉰ 국민기초생활수급권자 : 본인부담금 없음
㉱ 비급여 항목은 전액을 본인이 부담

8. 장기요양급여 이용 지원

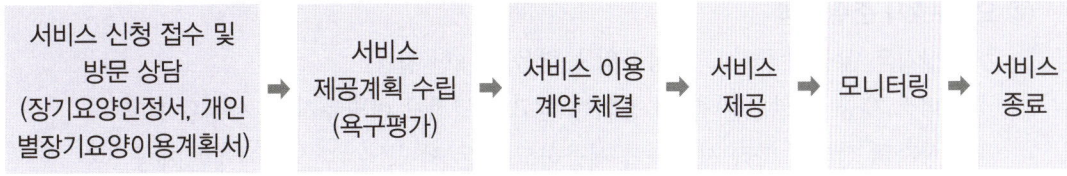

③ 요양보호 업무

1. 요양보호 업무의 목적

① 매슬로우의 인간욕구 5단계

5단계(자아실현의 욕구)	자기 만족을 느끼는 단계
4단계(존경의 욕구)	타인에게 인정·존중받고 싶은 단계
3단계(사랑과 소속의 욕구)	단체에 소속되어 사랑받고 싶은 단계
2단계(안전의 욕구)	외부의 위험으로부터 안전을 추구하는 단계
1단계(생리적 욕구)	생리적 욕구를 해결하는 단계

2. 요양보호 업무의 유형과 내용

① 신체활동지원
② 가사 및 일상생활지원
③ 정서 지원, 의사소통
④ 인지지원(인지관리지원, 인지활동지원)
⑤ 방문목욕
⑥ 건강 및 간호관리
⑦ 기능회복훈련
⑧ 시설환경관리
※ 제한된 업무(단독 수행 불가) : 기능회복훈련서비스, 간호처치서비스 등

3. 요양보호서비스 제공원칙 및 준수사항

① **요양보호서비스의 제공원칙**
  ㉮ 수급자 중심의 급여제공
  ㉯ 급여제공계획과 기준에 근거한 급여제공
  ㉰ 권리와 책임에 따른 급여제공

② **요양보호사 준수 사항**
  ㉮ 대상자의 삶을 존중하고 대상자의 능력을 최대한 활용
  ㉯ 서비스 제공 전 본인(가족)의 동의를 받고 개인정보 비밀유지 및 사생활 보호
  ㉰ 대상자의 상태에 따라 서비스를 제공하고 모든 서비스는 대상자에게만 제공
  ㉱ 대상자의 상태변화로 서비스 변동이 필요한 경우 시설장에게 보고
  ㉲ 대상자와 마찰을 피하고 시설장(관리책임자)에게 보고
  ㉳ 사고 발생 시 시설장, 간호사에게 보고
  ㉴ 의료행위(경구약 및 외용약 투약 제외) 금지
  ㉵ 응급상황 시 우선순위에 따라 응급처치를 하고 가까운 의료기관으로 이송
  ㉶ 치매 대상자의 돌발 상황에 대해서는 시설장(관리책임자)과 의논하여 처리

③ **요양보호사 금지행위 등**
  ㉮ 노인학대 등의 금지
  ㉯ 수급자 유인 알선행위 금지
  ㉰ 본인부담금 면제 및 감경 금지
  ㉱ 비밀누설 금지
  ㉲ 부당수급 관련 행위 금지
  ㉳ 급여제공자료 거짓 작성 금지

4. 요양보호사의 역할

① 숙련된 수발자
② 정보전달자
③ 관찰자
④ 말벗과 상담자
⑤ 동기 유발자
⑥ 옹호자

03절 인권과 직업윤리

1 노인의 인권보호

1. 노인의 인권영역

① 건강권
② 주거권
③ 인간 존엄권 및 경제·노동권
④ 정치·종교·문화생활권
⑤ 교류·소통권
⑥ 자기결정권

재가노인 인권 보호

① 생존권과 경제권 보호를 위해 공적연금과 경제활동지원사업 제공
② 건강권 보호를 위해 국민건강보험과 노인장기요양보험, 노인돌봄사업 운영
③ 교육·문화권 보호를 위해 능력에 맞는 교육과 문화생활을 권장
④ 주거 환경권 보호(지역사회 접근성, 개인의 사생활 보호, 삶의 질 향상 등)를 위해 자신의 집에서 생활하도록 주거환경 개선

시설노인의 인권 보호

① 입소 전 단계 : 시설정보에 대한 접근성을 보장받을 권리
② 입소 계약 단계
  ㉮ 시설에 대한 충분한 정보를 제공받을 권리
  ㉯ 스스로 입소를 결정하며, 공정한 입소 계약을 맺을 권리
③ 생활 단계
  ㉮ 개별화된 서비스를 제공받고 선택할 권리
  ㉯ 안락하고 안전한 생활환경을 제공받을 권리
  ㉰ 사생활과 비밀보장에 관한 권리
  ㉱ 존엄한 존재로 대우받을 권리
  ㉲ 차별 및 노인학대를 받지 않을 권리
  ㉳ 신체구속을 받지 않을 권리
  ㉴ 질 높은 생활서비스 및 보건의료서비스를 받을 권리
  ㉵ 시설 내·외부 활동 및 사회적 관계에 참여할 권리(외출과 외박의 권리)
  ㉶ 개인 소유의 재산과 소유물을 스스로 관리할 권리
  ㉷ 이성교제, 성생활, 기호품 사용에 관한 자기 결정의 권리
  ㉸ 시설운영과 서비스에 대한 자신의 견해와 불평을 표현하고 해결할 권리
④ 퇴소 단계 : 스스로 퇴소를 결정하고 퇴소 후 거주지(가정으로 복귀, 다른 요양기관으로의 전원, 의료기관 입원 등)를 선택할 권리

2. 재가노인 인권 보호

① 생존권과 경제권 보호를 위해 공적연금과 경제활동지원사업 제공
② 건강권 보호를 위해 국민건강보험과 노인장기요양보험, 노인돌봄사업 운영
③ 교육·문화권 보호를 위해 능력에 맞는 교육과 문화생활을 권장
④ 주거 환경권 보호(지역사회 접근성, 개인의 사생활 보호, 삶의 질 향상 등)를 위해 자신의 집에서 생활하도록 주거환경 개선

3. 시설노인의 인권 보호

① **입소 전 단계** : 시설정보에 대한 접근성을 보장받을 권리
② **입소 계약 단계**
  ㉮ 시설에 대한 충분한 정보를 제공받을 권리
  ㉯ 스스로 입소를 결정하며, 공정한 입소 계약을 맺을 권리
③ **생활 단계**
  ㉮ 개별화된 서비스를 제공받고 선택할 권리
  ㉯ 안락하고 안전한 생활환경을 제공받을 권리
  ㉰ 사생활과 비밀보장에 관한 권리
  ㉱ 존엄한 존재로 대우받을 권리
  ㉲ 차별 및 노인학대를 받지 않을 권리
  ㉳ 신체구속을 받지 않을 권리
  ㉴ 질 높은 생활서비스 및 보건의료서비스를 받을 권리
  ㉵ 시설 내·외부 활동 및 사회적 관계에 참여할 권리(외출과 외박의 권리)
  ㉶ 개인 소유의 재산과 소유물을 스스로 관리할 권리
  ㉷ 이성교제, 성생활, 기호품 사용에 관한 자기 결정의 권리
  ㉸ 시설운영과 서비스에 대한 자신의 견해와 불평을 표현하고 해결할 권리
④ **퇴소 단계**
  스스로 퇴소를 결정하고 퇴소 후 거주지(가정으로 복귀, 다른 요양기관으로의 전원, 의료기관 입원 등)를 선택할 권리

❷ 노인학대 예방

문제 **146**쪽

1. 노인학대의 개념과 발생원인

① **노인학대의 개념**
  ㉮ 가족 또는 타인이 노인에게 신체적, 언어·정서적, 성적, 경제적으로 고통이나 장해를 주는 행위
  ㉯ 노인에게 필요한 최소한의 적절한 보호조차 제공하지 않는 방임, 자기방임 및 유기

② **노인학대 유형**
  ㉮ 신체적 학대 : 물리적 힘, 도구로 신체적 손상, 고통 등을 유발시키는 행위
  ㉯ 정서적 학대 : 비난, 모욕, 위협, 협박 등 언어, 비언어적 행위로 고통을 주는 행위
  ㉰ 성적 학대 : 성적 수치심, 성희롱 등을 하는 성적 행위
  ㉱ 경제적 학대 : 동의 없이 노인의 자산을 사용하거나, 착취하거나 노동에 대해 합당한 보상을 하지않는 행위
  ㉲ 방임 : 부양 의무자로서의 책임이나 의무를 거부, 불이행, 포기하여 노인에게 의·식·주 및 의료를 제공하지 않는 행위
  ㉳ 자기방임 : 노인 스스로 자기보호관련 행위를 의도적으로 포기하는 행위
  ㉴ 유기 : 독립할 수 없는 노인을 격리하거나 방치하는 행위

2. 노인학대 예방을 위한 법적·제도적 장치

① 학대받는 노인을 보면 즉시 노인보호전문기관이나 수사기관에 신고해야 한다.
② **노인학대 예방을 위한 유관 기관** : 보건복지부, 시·도, 시·군·구, 노인보호전문기관, 노인복지시설, 사법경찰, 의료기관, 법률기관

04절 요양보호사의 인권보호와 자기계발

① 요양보호사의 인권보호

1. 요양보호사의 인권 : 평등권, 노동관련권리, 자유권

2. 성희롱으로부터의 보호

① 성희롱의 구분
㉮ 언어적 행위
㉯ 육체적 행위
㉰ 시각적 행위
㉱ 기타 : 성적 굴욕감을 유발하는 언어나 행동

장기요양 기관장의 대처	요양보호사의 대처
• 성희롱 예방교육을 1년에 1회 이상 해야 한다. • 피해자에게 불이익이 되는 조치를 취해서는 안 된다. • 직원들 사이에 성희롱이 있을 경우 행위자를 징계한다. • 성희롱 처리 지침을 문서화한다. • 성희롱 시 가해자가 받을 수 있는 불이익을 설명한다. • 대상자 가족에게 말하고 시정을 요구한다. • 시정 요구에도 반복될 경우 녹취하거나 일지를 작성한다.	• 감정적 대응을 삼가고, 단호히 거부한다. • 피해사실을 기관에 보고하고 기관에서 조치를 취하게 한다. • 치유상담이나 법적 대응이 필요한 경우 외부전문기관(성폭력 상담소, 여성노동상담소)에 도움을 요청한다. • 성폭력에 대한 예비지식과 대처방법을 숙지한다.

❷ 요양보호사의 직업윤리

1. 직업윤리 원칙

① 대상자를 인격체로 존중한다.
② 요양보호사로 종사하게 된 동기를 점검하며 겸손한 태도를 유지한다.
③ 성실하고 침착한 태도로 책임감을 갖는다.
④ 요양보호 업무와 관련한 직업인과 상호 협조하는 자세를 갖는다.
⑤ 업무와 관련하여 대상자의 가족, 의사, 사회복지사 등과 적극적으로 협조한다.
⑥ 학대 발견 시 반드시 신고하며, 대상에게 물질적 보상을 받지 않는다.
⑦ 대상자와 상호대등한 관계임을 명심한다.

2. 윤리적 태도

① **대상자를 인격체로 존중한다.** : 종교나 기타 의견을 강요하지 않고 대상자의 의견을 물은 후 서비스를 제공한다.
② 겸손한 태도를 유지한다.
③ 의료진의 지시가 있을 경우 반드시 지시에 따른다.
④ 보수교육의 참여와 자기평가, 지도받은 내용 등을 기록한다.
⑤ 방문일 변경 시 사전에 연락하고 양해를 구한다.(대상자가 없다면 방에 들어가지 말고 다음 방문 일정 메모를 남긴다.)
⑥ 업무태만, 폭력, 절도, 감독자에 불복종, 비도덕적 행위, 금전거래 등을 하지 않는다.
⑦ 복지 용구를 판매하거나 알선하지 않는다.
⑧ 대상자를 존중하고 대상자의 기록, 비밀을 유지한다.
⑨ 본인부담금과 관련하여 규정을 준수하며 등급판정 장기요양 신청을 유도하지 않는다.
⑩ 사고 발생 시 즉시 시설장(관리책임자)에게 보고한다.
⑪ 전문가의 진단이 필요한 사항은 시설장(관리책임자)에게 보고하여 전문가와 상담할 수 있도록 한다.
⑫ **법적인 소송에 휘말리지 않기 위한 준수사항**
　㉮ 대상자의 권리를 보호하며 정해진 원칙과 절차에 따라 서비스를 제공한다.
　㉯ 서비스 내용과 상태변화를 관찰하여 서비스 내용을 정확히 기록한다.
　㉰ 서비스 내용이 확실하지 않으면 도움을 청한다.
　㉱ 대상자가 학대받는다고 의심되면 보고하거나 신고한다.

③ 요양보호사의 건강 및 안전관리

문제 153쪽

1. 근골격계 질환의 예방

① 근골격계 주요 위험 요인
  ㉮ 신체적으로 무리가 가는 작업적 상황
  ㉯ 불안정하거나 위험한 작업 환경
  ㉰ 신체적으로 불안정한 개인적 요인

② 어깨 통증
  ㉮ 어깨 통증 예방 스트레칭

팔을 펴서 반대편 어깨 쪽으로 누르고, 반대편 팔꿈치를 눌러 준다.	팔꿈치를 머리 뒤통수에 닿게 들어 올리고, 반대편 손으로 팔꿈치를 몸통 쪽으로 당겨준다.

팔을 들어 올린 상태에서 반대편 손으로 팔꿈치를 잡고 등 뒤쪽으로 눌러준다.	등 뒤에서 양팔로 수건을 잡고 지그시 당겨 유지한다.

※ 동작은 10~15초간 유지(5~10회 반복)

  ㉯ 어깨 통증 예방 근육운동
  ❶ 엎드린 자세에서 무릎을 살짝 구부려 팔을 뻗어 유지한다.
  ❷ 팔꿈치를 살짝 구부려 몸을 내린다.
  ❸ 앉은 자세에서 어깨를 살짝 위로 들어 올린다.
  ❹ 손을 뒤로 하여 어깨를 뒤로 젖혀 날개뼈를 모은다.
  ❺ 엎드려 누운 자세에서 손을 뻗고 어깨를 수직으로 들어 올린다.
  ❻ 엎드려 누운 자세에서 팔을 몸통에 붙이고 손을 수직으로 들어 올린다.

③ 손목 통증
    ㉮ 자가진단

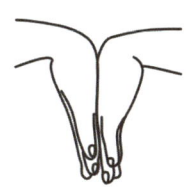	
양측 손등을 맞대고 손목을 구부려 미는 동작을 1분 유지	손바닥과 손가락에 저림 증상이 있으면 수근관증후군이 가능성이 있음

    ㉰ 스트레칭

손바닥을 앞으로 하고 팔을 뻗어 손바닥을 당기기	손끝을 아래로 하고 팔을 뻗어 손등을 당기기

④ 요통
    ㉮ 요통의 원인
        • 급성요통 : 허리에 급격한 힘이 돌발적으로 작용하여 발생
        • 만성요통 : 반복적인 동작과 부적합한 자세 등으로 허리에 무리가 가해져 발생
    ㉯ 요통예방(요추 안정화 운동)
        ❶ 누운 자세에서 무릎을 구부리고 엉덩이를 들어 올린다.
        ❷ 무릎을 구부린 상태에서 옆으로 허리를 천천히 돌린다.
        ❸ 옆으로 누워 다리를 벌린 상태에서 아랫다리를 들어 올려 두 다리를 붙인다.
        ❹ 엎드려 누운 자세에서 다리를 위로 들어 올린다.
        ❺ 엎드려 누운 자세에서 머리와 다리를 동시에 위로 들어 올린다.
        ❻ 네발 엎드린 자세에서 엉덩이를 발 쪽으로 보내어 쪼그려 앉는다.
        ❼ 양반다리로 앉은 자세에서 팔을 앞으로 뻗어 허리를 굽힌다.

▶ 요통을 예방하면서 물건을 이동하는 방법(물건을 양손으로 들어 올릴 때)
- 허리를 펴고 무릎을 굽혀 몸의 무게중심을 낮추고 지지면을 넓힌다.
- 무릎을 펴서 들어 올린다.
- 물건을 든 상태에서 방향전환 시 발을 움직여 전환한다.
- 물체는 몸 가까이 위치하고 들어 올린다.
- 허리가 아닌 다리를 펴서 들어 올린다.

⑤ 목 통증
㉮ 목 통증 스트레칭
  ❶ 턱을 목 쪽으로 당긴다.
  ❷ 머리를 뒤로 젖힌다.
  ❸ 머리를 앞으로 숙인 후 양손으로 머리를 누른다.
  ❹ 머리를 옆으로 기울이고 기울인 쪽 손으로 누른다.
  ❺ 머리를 옆으로 천천히 돌린다.
㉯ 목 근육운동
  ❶ 머리는 앞으로 밀고 손은 뒤로 밀듯이 힘을 준다.
  ❷ 머리는 옆으로 밀고 손은 반대 방향으로 밀듯이 힘을 준다.
  ❸ 머리는 뒤로 밀고 깍지 낀 양손은 앞으로 밀듯이 힘을 준다.

⑥ 팔꿈치 통증
㉮ 팔꿈치 통증 예방 스트레칭 운동
  ❶ 깍지를 끼고 손바닥을 바깥으로 향하도록 팔꿈치를 천천히 편다.
  ❷ 손가락이 배꼽 쪽을 향하도록 바닥에 대고 네발 엎드린 자세를 취한다.
  ❸ 손바닥을 배꼽 쪽으로 향하도록 한 후 손등을 잡고 몸 쪽으로 천천히 당긴다.
  ❹ 손등이 배꼽 쪽을 향하도록 팔을 뻗은 다음 반대쪽 손으로 손바닥을 잡고 몸 쪽으로 천천히 당기면서 팔을 안으로 회전시킨다.

⑦ 근골격계 질환의 치료
㉮ 초기 치료
  - 손상 후 24~72시간 내
  - 휴식, 냉찜질, 압박, 올리기
㉯ 급성기 이후
  - 만성통증은 온찜질
  - 손상 부위는 심장보다 높게 올려 부종을 줄인다.

⑧ **전신 스트레칭 방법**
  ❶ 천천히 같은 동작을 5~10회 반복한다.
  ❷ 동작과 동작 사이에 5~10초 정도 쉰다.
  ❸ **통증**을 느끼지 않고 시원하다고 느낄 때까지 한다.
  ❹ 상·하·좌·우 균형있게 교대로 한다.
  ❺ 편안하고 자연스럽게 호흡한다.

2. 요양보호사의 감염예방

기관 차원에서 할 일	요양보호사가 할 일
• 적절한 보호장구를 지급한다. • 반드시 인플루엔자 등 예방접종을 한다. • 정기적으로 건강검진을 받도록 한다. • 감염예방에 대한 직원교육을 한다.	• 감염성 대상자와 접촉하지 않는다. • 개인위생을 철저히 하고 적절한 소독법을 시행한다. • 대상자가 감염시 보호장구를 착용하고 접촉한다. • 손을 자주 씻는다. • 임신한 경우 선천성 기형(풍진, 수두 등)을 유발할 수 있는 감염성 질환자와 접촉하지 않는다.

3. 요양보호사 직무스트레스 관리와 자기효능감 증진

① **직무스트레스 요인**
  ㉮ 직무요구
  ㉯ 감정노동
  ㉰ 성희롱
  ㉱ 역할모호
  ㉲ 조직체계

② **직무스트레스 예방**
  ㉮ 근로시간 관리
  ㉯ 휴식시간과 공간제공
  ㉰ 업무지침 제공
  ㉱ 정기회의와 의사소통체계 확보
  ㉲ 상사의 지지
  ㉳ 동료 지지체계 지원
  ㉴ 전문성을 향상시키는 교육
  ㉵ 근로조건 개선
  ㉶ 사업장 지침 준수

③ **직무스트레스 대처 방안**
　㉮ 긴장이완
　㉯ 편안한 호흡
　㉰ 편한 기억에 대한 심상훈련
　㉱ 자신의 생각 변화(인지수정)

④ **직무스트레스 예방을 위한 평상시의 자기관리**
　㉮ 규칙적인 생활과 충분한 수면
　㉯ 친한 사람들과 교류하기
　㉰ 긴장을 풀고 많이 웃기
　㉱ 가능한 한 편안한 환경으로 만들기
　㉲ 일상에서 벗어나 자연을 즐기고 취미를 갖기
　㉳ 적당한 운동을 하고 술이나 담배에 의존하지 않기

II장 노화와 건강증진

01절 노화에 따른 변화와 질환

1 노화에 따른 변화와 노인성 질환의 특성

문제 159쪽

① 하나의 질병이 생기면 다른 질병을 동반하며 원인이 불명확한 퇴행성질환이 많다.
② 경과가 길고 재발이 많으며 합병증이 생긴다.
③ 약물이 신체에 오래 남아 중독상태에 빠질 수 있으며, 초기진단이 어렵다.
④ 가벼운 질환에도 다양한 장애(뇌졸중, 의식장애, 폐렴, 설사 등)가 발생한다.
⑤ 혈액순환의 저하로 욕창이 잘 발생하며 관절 구축과 욕창 예방을 위해 신경 써야 한다.
⑥ 신체적, 사회적, 경제적, 영적 측면이 모두 연관되어 있다.

2 신체계통별 주요 질환

문제 160쪽

1. 소화기계

① **노화에 따른 특성**
　㉮ 짠맛과 단맛에 둔해지고 쓴맛은 잘 느끼며 치아의 문제로 음식을 씹기 어렵다.
　㉯ 소화능력의 저하로 가스가 차고, 변비, 설사, 구토 등이 생기며, 지방의 흡수력이 감소한다.
　㉰ 당내성이 떨어져 당뇨병에 걸리기 쉽다.
② **요양보호사의 활동**
　㉮ 대상자의 질병명을 예측하거나 수술이나 약물치료가 필요하다는 말을 하지 않는다.
　㉯ 대상자의 상태가 평소보다 안 좋다면 가족과 상의하여 의료기관을 방문하며 시설장이나 책임자에게 보고한다.
　㉰ 관장을 해달라고 요구하는 경우 의료인(간호사 등)과 상의해야 한다.
　㉱ 식사를 하지 않는 경우 가족과 상의하고 시설장(관리책임자)에게 보고한다.

2. 호흡기계

① 노화에 따른 특성
㉮ 폐포의 탄력성 저하, 쉽게 숨이 참
㉯ 호흡근육의 위축과 근력의 약화로 호흡증가 시 쉽게 피로해짐
㉰ 섬모운동 저하, 기관지 내 분비물 증가로 호흡기계 감염 발생

② 요양보호사의 활동
㉮ 대상자의 질병명을 예측하거나 수술이나 약물치료가 필요하다는 말을 하지 않는다.
㉯ 기관지확장흡인기를 미리 준비하고 어르신 스스로 사용하도록 도와주어야 한다.
㉰ 호흡곤란 중에는 반 앉은 자세를 취하고, 편안한 호흡을 유도하며 옆에서 안심시켜 준다.
㉱ 대상자에게 감염성 질환이 생긴 것으로 의심되면 기관장에게 보고하고 감염성이 없다고 판정될 때까지 격리한다.
㉲ 감염대상자와 접촉을 했을 때는 요양보호사와 가족은 2주~1개월 후 보건소에서 흉부방사선촬영을 통해 감염 여부를 확인한다.
㉳ 결핵 전파가 우려되는 대상자를 돌볼 때는 보호장구(마스크, 장갑 등)를 착용한다.

> **결핵 감염예방을 위한 기침 예절**
> - 기침이나 재채기할 때 코와 입을 휴지, 손수건, 소매 등으로 가린다.
> - 사용한 휴지는 바로 버리고 흐르는 물에 손을 씻는다.
> - 감염증상이 있는 사람은 마스크를 사용하며 일회용 마스크는 사용 후 바로 교환한다.

3. 심혈관계

① 노화에 따른 특성
㉮ 심장이 두꺼워져 탄력성이 떨어지며 혈액순환이 감소한다.
㉯ 최대 심박출량과 심박동수가 감소한다.
㉰ 체위 변화에 따라 기립성 저혈압이 발생한다.
㉱ 정맥의 약화로 하지에 부종과 정맥류, 항문에 치질이 생긴다.

② 요양보호사의 활동
㉮ 요양보호사가 대상자의 질병명을 예측하거나 수술이나 약물치료가 필요하다는 말을 하지 않는다.
㉯ 가슴통증 등을 호소하면 빨리 조치한다. 가족과 상의하고 시설장이나 관리책임자에게 보고한다.
㉰ 처방약을 잘 복용하고 요양보호사는 뇌졸중이 발생하는지 잘 관찰한다.

㉣ 대상자가 어지럼증을 느끼면 그 자리에 주저앉도록 하여 낙상으로 인한 뇌손상을 예방한다.
㉤ 응급상황(의식불명, 심장마비)에 대비한다.

> ▶ **고혈압 약물치료에 대한 편견**
> - 증상이 없으면 방치해도 된다 : 혈압이 높으면 치료해야 한다.
> - 증상(두통 등)이 있을 때만 약을 먹는다 : 증상이 없기 때문에 의사 처방이 있으면 약을 복용해야 한다.
> - 혈압약을 장기간 복용하면 몸이 약해진다 : 약의 장기 복용이 고혈압의 합병증보다는 안전하다.
> - 혈압이 조절되면 약을 끊어도 된다 : 약을 복용하지 않으면 혈압이 다시 올라가므로 의사 처방이 있으면 약을 복용해야 한다.

※ 고혈압 예방 : 체중관리, 짠 음식 덜 먹기, 규칙적인 생활, 적절한 운동, 절주, 금연

4. 근골격계

① **노화에 따른 특성**
  ㉮ 키가 줄어들며 등뼈가 굽어 머리가 낮아지며 가슴을 향해 보게 된다.
  ㉯ 관절이 마모되어 염증, 통증 등이 생기며 팔, 다리의 지방은 감소하고 엉덩이와 허리의 지방은 증가한다.
  ㉰ 관절운동이 제한되며 어깨가 좁아지고 골반이 커진다.

② **요양보호사의 활동**
  ㉮ 대상자의 질병명을 예측하거나 수술이나 약물치료가 필요하다는 말을 하지 않는다.
  ㉯ 근육이나 관절 부위의 통증 증상을 관찰한다.
  ㉰ 칼슘을 충분히 섭취할 수 있도록 도와준다.
  ㉱ 대상자의 보조기구 사용법을 정확하게 설명한다.
  ㉲ 재활과 회복을 위해 잔존기능을 최대한 활용하도록 도와준다.

5. 비뇨 · 생식기계

① **노화에 따른 특성(여성노인)**
  ㉮ 난소의 축소 및 기능 감퇴, 성교가 어렵고 통증이 있으나 성욕의 감퇴는 아니다.
  ㉯ 질염의 발생, 방광기능과 대뇌기능 저하로 빈뇨증, 요실금, 야뇨증이 생긴다.

② **노화에 따른 특성(남성노인)**
  ㉮ 음경이 발기되는데 더 많은 자극과 시간이 필요하며 전립선이 비대해진다.
  ㉯ 잔뇨량의 증가와 함께 소변줄기가 가늘어진다.

③ **요양보호사의 활동**
   ㉮ 대상자의 질병명을 예측하거나 수술이나 약물치료가 필요하다는 등의 말을 하지 않는다.
   ㉯ 기저귀의 사용보다 스스로 할 수 있도록 유도하고 훈련한다.
   ㉰ 요실금, 긴박뇨로 밤에 잠이 깨는지 관찰한다.
   ㉱ 스스로 배뇨 문제를 해결하지 못하더라도 사생활 보호를 위해 가려준다.
   ㉲ 도뇨관을 교체하거나 방광세척 시 시설장(관리책임자)에게 보고하고 의료인과 연계한다.
   ㉳ 피부 자극, 욕창 등의 합병증에도 주의를 기울인다.

> ▶ **도뇨관을 이용한 소변 배출**
> - 방광에 소변이 오래 있으면 방광염이 생길 수 있으므로 일정 간격으로 배출해야 한다.
> - 도뇨관을 이용해 스스로 배출하려면 의료기관에서 교육을 받아야 한다.

6. 피부계

① **노화에 따른 특성**
   ㉮ 피하지방 감소로 기온에 민감해지며, 표피가 얇아져 손쉽게 손상된다.
   ㉯ 수분이 소실되어 건조해지고 눈꺼풀이 늘어지고 이중 턱이 된다.
   ㉰ 피부가 회색으로 변색되고 검버섯 등이 생기며 갈색 반점이 생긴다.
   ㉱ 머리카락이 가늘어지고, 머리와 수염의 털이 줄고 뺨의 털이 증가한다.
   ㉲ 가려움증, 통증, 지각이상 등이 생기며 겨울에 심해진다.
   ㉳ 상처회복이 지연되고 궤양이 생기기 쉽다.

② **요양보호사의 활동**
   ㉮ 두피, 머리, 목 등의 피부에 출혈반이나 사마귀 등이 있는지 살펴본다.
   ㉯ 피부에 생긴 환부의 진행상태를 관찰하며, 건조로 인한 피부 균열이나 가려움증이 있는지 살핀다.
   ㉰ 욕창 대상자의 영양상태를 보기 위해 체중, 식사량을 점검한다.
   ㉱ 빗, 수건 등의 공동사용을 금지하며, 5~10분 정도 뜨거운 물에 담가 소독한다.

> ▶ **욕창 증상 초기 대처법**
> - 미지근한 물수건으로 찜질하고 마른 수건으로 닦는다.
> - 주위를 나선형으로 마사지하고 가볍게 두드려 혈액순환을 촉진한다.
> - 미지근한 바람으로 건조시킨다.
> - 춥지 않을 때는 햇볕을 30분 정도 쪼인다.

▶ **자세 변경**
- 침대 : 2시간마다
- 의자, 휠체어 : 1시간마다

7. 신경계

① **노화에 따른 특성**
  ㉮ 신경세포의 기능이 저하되며 반응성 저하로 신체활동이 감소되어 감각이 둔해지며 균형유지능력이 감소한다.
  ㉯ 정서조절이 불안정해지며 수면장애가 올 수 있으며, 균형유지 능력이 감소한다.
  ㉰ 단기기억은 감퇴되나 장기기억은 유지된다.

② **주요 질환** : 치매, 뇌졸중, 파킨슨 질환

8. 감각기계

① **노화에 따른 특성**

시각	• 눈꺼풀이 처지고 눈이 깊게 들어가며 눈물의 양이 감소하며 건조증이 생긴다. • 각막 주변에 침적물이 생기며 색의 식별력이 떨어져 색의 구분(특히 보라, 남색, 파란색 등)이 어렵다. • 노안이 오며 밝은 것을 좋아하고 안질의 원인이 증가한다.
청각	• 귓바퀴가 커지고 늘어나며 가려움과 건조증이 증가하고 이관이 좁아진다. • 귀지가 많아지고 고막이 두꺼워지는 등 음의 전달 능력이 감소한다. • 이명이 있으며 소리의 청취에 어려움을 느낀다.
미각	• 단맛과 짠맛을 감지하는 능력이 저하되며 신맛과 쓴맛을 더 잘 감지하며 조미료를 넣은 음식을 좋아한다. • 입과 입술의 근육 탄력이 떨어지며 침 분비량이 줄고 후각이 무뎌져 식욕이 변한다.
후각	• 후각 세포의 감소로 후각이 둔화된다.
촉각	• 통증에 대한 민감성이 둔화되어 접촉의 강도가 높아야 접촉감을 느낀다.

② **요양보호사의 활동**
  ㉮ 노화로 인한 자연스러운 과정임을 대상자에게 알려주고 지지한다.
  ㉯ 노화에 따른 장애로 사고 발생의 우려가 있으므로 안전한 환경을 조성한다.

9. 내분비계(당뇨병)

① **노화에 따른 특성**
　㉮ 당대사 및 갑상선 분비 호르몬, 에스트로겐 분비는 노화에 따라 감소한다.
　㉯ 포도당 대사능력과 인슐린에 대한 민감성 감소로 쉽게 고혈당이 된다.

② **요양보호사의 활동**
　㉮ 식이요법, 운동요법, 약물요법을 병행하여 합병증이 나타나지 않도록 한다.
　㉯ 대상자의 발을 주의해서 관리(발 씻고 말리기, 발 건조 예방, 양말 착용, 발톱 일자로 자르기 등)한다.

10. 심리 · 정신계

① **노화에 따른 특성**
　㉮ 우울증 경향 및 내향성, 수동성, 조심성, 경직성 등이 증가한다.
　㉯ 생에 대한 회고 시간, 친근한 사물에 대한 애착심, 의존성이 증가한다.

② **요양보호사의 활동**
　㉮ 우울증은 알기가 어려우므로 원인불명의 신체증상이 계속되면 가족과 상의한다.
　㉯ 노인의 우울은 자살과 연결되므로 말과 행동을 잘 관찰한다.
　㉰ 햇볕을 쬐며 가볍게 산책하며 기분전환이 되도록 하며 인간관계와 취미활동을 하도록 한다.
　㉱ 긍정적인 사고와 즐거운 마음을 갖도록 도와주며 기억력을 높이는 활동을 격려한다.

우울증과 치매

우울증	치 매
급격한 발병	오랜시간 발병
정신과 병력 있음	정신과 병력 없음
기억력 장애 호소	기억력 문제없다고 답변
모른다고 대답함	근사치의 답변
인지기능 저하의 편차가 있음	전체적인 인지기능 저하
단기기억, 장기기억 저하	단기기억 심하게 저하
우울증이 먼저 시작	기억력 저하가 먼저 시작

섬망과 치매

섬망	치매
급격한 발병	오랜시간 발병
급성질환	만성질환
회복가능	만성으로 진행
초기에 사람 인지 불가	나중에 사람 인지 불가
급격한 신체 생리적 변화	신체 생리적 변화 없음
의식의 변화 있음	의식의 변화 적음
주의 집중력 저하	주의 집중력 변화 없음
수면 불규칙	수면 변화 없음

3 노인증후군과 노쇠

1. 노인증후군의 정의 및 종류

① **노인증후군의 정의** : 질병다발성과 다약제복용이 상호작용을 일으키며 경제적, 사회적, 심리적 이유들로 복잡성이 증폭되어 그 결과 기능저하와 노인증후군으로 발현한다.

② **노인증후군의 종류** : 섬망, 노쇠, 근감소증, 실금, 변비, 낙상, 욕창, 기절, 보행기능 저하, 못 움직임, 식욕부진, 연하곤란, 노인학대, 저나트륨혈증, 탈수, 많은 약물 복용(다약제복용), 우울증

2. 노인증후군의 공통된 특징들

① 노쇠한 노인들에게서 발생
② 삶의 질과 기능에 영향
③ 여러 원인들이 여러 장기에 영향을 주어 발생
④ 주된 증상이 특정한 병적 상태로 설명됨
⑤ 서로 연관성 없는 두 기관에 동시에 관여하기도 함
⑥ 노인증후군끼리 많은 위험 인자들을 공유

3. 노쇠와 시설입소

① **근감소증이 노쇠의 핵심** : 근력(악력) 감소, 보행능력(속도나 거리) 감소, 근육량 감소
② **노쇠로 인한 결과** : 식욕감소, 우울감, 인지기능 저하, 침상 의존, 간병인 필요, 요양시설 입소

> ▶ **근감소증**
> 종아리 가장 큰 둘레가 32cm 이하에서 높아짐

02절 치매, 뇌졸중, 파킨슨질환

1 치매

문제 192쪽

1. 치매의 개요

① 나이가 들어 뇌에 발생한 질환으로 인지기능을 상실하여 일상생활을 할 수 없는 상태이다.
② 치매는 정상적인 기억력 저하와는 달라서 나이가 들면서 생기는 자연스러운 결과가 아니다.

2. 관련 요인

① **노인성치매(알츠하이머병)** : 신경섬유다발로 불리는 비정상물질이 뇌에 축적되어 세포의 기능이 마비되어 발생
② **혈관성 치매** : 뇌혈관이 터지거나 산소와 영양공급이 차단되어 뇌세포가 손상되어 발생
③ **대뇌병변** : 우울증, 약물 및 알코올 중독, 뇌염, 경막하혈종 등의 이유로 발생

3. 증상

① **인지기능장애** : 기억력 저하, 언어능력 저하, 지남력 저하, 시공간 파악능력 저하, 실행능력기능 저하
② **정신행동 이상**
  ㉮ 우울증 : 수면 양상이 변하고 말수가 줄고 의욕이 없으며 자살에 대한 생각을 한다.
  ㉯ 망상과 의심 : 타인이 자신의 물건을 훔쳐 갔다고 주장
  ㉰ 환상과 착각, 환청 : 돌아가신 부모님이 밖에 계신다(환청이 나타나며 당황해하고 공포에 휩싸여 예기치 못한 행동을 한다.)

㉕ 초조 및 공격성 : 고집이 세지고 자주 화를 내며 쉽게 불안해지고 초조해진다.
㉖ 수면장애 : 잠을 자주 깨며 낮잠을 많이 자며 밤과 낮이 바뀌는 경우도 있다.
㉗ 기타 : 물건을 숨겨놓으며 침을 뱉는 등 문제 행동을 보이기도 한다.

4. 치매 단계별 특징과 증상

단계	특징	증상
초기	일상생활에 약간의 도움이 필요	• 새로운 것을 외우는 것이 어려움 • 시간이 헷갈릴 때가 있음 • 말을 할 때 적절한 단어가 떠오르지 않음 • 우울이나 짜증 또는 의심 등의 증상이 나타나기 시작
중기	일상생활에 상당한 도움이 필요	• 새로 외우는 것은 거의 불가, 과거의 기억을 떠올리는 것도 어려움 • 시간 이외에 공간도 헷갈림 • 말을 하고 남의 말을 이해하는데 어려움이 더 심해짐 • 환각, 망상, 불안, 초조, 배회 등의 정신행동증상이 심해짐
말기	주변의 도움이 없이는 생활 유지가 어려움	• 대부분의 기억을 소실 • 가족이나 가까운 사람들도 알아보지 못함 • 언어 능력이 더 떨어져서 의미 있는 대화가 거의 불가능 • 정신행동증상은 오히려 점점 줄어듦 • 대소변 조절, 보행, 식사하기 등 기본적인 일상이 어려이 생기고 마지막에는 와상 상태(누워서 거의 아무런 반응이 없는 상태)가 시작

5. 동반질환과 돌봄

① 채매환자에게 동반되는 질환 및 상태
  ㉮ 섬망, 낙상, 골절, 요실금, 변실금, 영양실조, 경련 등
  ㉯ 치매 약물 부작용으로 인한 인지기능 감퇴, 기립성 저혈압, 안절부절 못함, 변비 등

② **치매돌봄**
  ㉮ 혼자 할 수 있는 것은 혼자 하게 하고 부족한 부분만 도와준다.
  ㉯ 건강 문제를 세심히 보살핀다.
  ㉰ 급작스러운 사고에 대한 대비가 필요하다.
  ㉱ 존중받는 노인으로 대해야 한다.

③ **치료**
  ㉮ 3~6개월 간격으로 병원에서 진료를 받는다.
  ㉯ 약물요법 : 인지기능개선제, 정신행동이상은 항정신병약물 등을 복용한다.
  ㉰ 비약불요법
    • 환경개선 : 가급적 단순하고 안정적인 환경을 제공한다.

- 행동개입 : 행동수정을 위해 설득, 강화, 격리 등의 방법을 사용한다.
- 인지 및 활동 자극 : 간단한 업무수행(원예, 독서, 노래 부르기 등)을 한다.

㉣ 예방
- 성인병(고혈압, 당뇨병, 심장병 등)을 관리하며 균형 잡힌 식사와 항산화영양소를 섭취한다.
- 적절한 운동을 꾸준히 하며, 취미활동, 사교모임 등의 사회활동을 한다.
- 기억력장애 증상이 있는 경우 조기 검진을 받는다.

② 뇌졸중

문제 198쪽

1. 뇌졸중의 개요

① 뇌의 혈관이 막히거나 터지면서 뇌에 손상이 생겨 의식장애, 신경학적으로 이상이 발생하는 질병이다.
② 뇌혈관이 막힌 뇌경색과 뇌혈관이 터진 뇌출혈로 구분된다.

2. 위험요인

① **조절 불가능 요인** : 고령, 남자, 뇌졸중 가족력 등
② **조절 가능 요인** : 흡연, 신체활동 부족, 고나트륨 식이, 비만, 고혈압, 당뇨병, 이상지질혈증, 심장질환 등
③ **위험요인 관리** : 금연, 약물(고혈압, 당뇨병) 복용

3. 증상 및 후휴증

① **증상** : 편측마비, 언어장애, 의식장애, 시각장애, 어지럼, 심한 두통(뇌졸중이 의심되면 119로 전화하거나 치료받을 수 있는 병원으로 즉시 방문)
② **후유증** : 반신마비, 전신마비, 반신감각장애, 언어장애, 두통 및 구토, 의식장애, 어지럼증, 운동 실조증, 시력장애, 삼킴장애, 치매

4. 치료 및 관리

① **약물요법** : 뇌경색 발생 4시간 이내는 혈전용해제로 치료한다.
② 약물 복용환자는 재발가능성이 있으므로 약을 계속 복용해야 한다.
③ 뇌부종 등은 수술을 받아야 한다.

④ 뇌출혈 전조증상(현기증, 팔·다리 저림, 뒷골 통증 등)을 잘 관찰해야 한다.
⑤ 반신마비 등을 방지하기 위해 재활요법을 병행하며 갑자기 자세를 바꾸지 않는다.
⑥ 동맥경화증, 고혈압 등을 예방하고 치료한다.
⑦ 삼키는 것이 어렵거나 발음이 어눌해진 대상자는 음식이 폐로 들어가지 않도록 해야 한다.
⑧ **뇌졸중 전구증상**
　㉮ 편마비, 감각 이상
　㉯ 발음의 불분명, 어눌한 말씨
　㉰ 한쪽으로 넘어진다.
　㉱ 어지러움
　㉲ 눈이 안보이거나 둘로 보인다.
　㉳ 심한 두통이 갑자기 온다.
　㉴ 깨워도 일어나지 못한다.

3 파킨슨질환 ♥

문제 200쪽

1. 파킨슨질환의 개요

① 파킨슨병은 안정 시 떨림, 행동 느려짐(서동), 경직 등의 증상을 특징으로 하는 신경퇴행성 질환이다.
② 파킨슨질환의 관련 요인은 다음과 같다.
　㉮ 중뇌의 이상으로 도파민이라는 물질의 분비 장애
　㉯ 염색체의 돌연변이
　㉰ 뇌졸중, 중금속 중독 및 약물 중독, 다발성 신경계 위축증 등 기타 퇴행성 뇌질

2. 증상

① 떨림, 행동의 느려짐, 무표정, 근육경직 및 안정 시 떨림, 굽은 자세 등
② 우울, 불안, 피로, 환각, 망상 등 발생
③ **수면 이상** : 불면증, 기면증, 주간 졸림
④ 통증, 후각 기능 저하
⑤ 인지기능 장애, 변비, 피로 등이 발생

3. 치료 및 관리

① 약물을 정확하게 복용하며 관절과 근육이 경직되지 않도록 가벼운 운동을 한다.
② 근육이 경직되지 않도록 스트레칭과 근력운동을 한다.
③ 변비 방지를 위해 야채과 과일, 수분을 섭취한다.

4. 요양보호사의 활동

① 질병명을 예측하여 말하거나 수술(약물치료)이 필요하다는 말을 하지 않는다.
② 따뜻한 분위기의 보호, 수용, 지지를 해야 한다.
③ 인내심을 가지고 부드럽게 대하며 보호자도 힘들기 때문에 정서적으로 지지해 준다.
④ 회복이 어려울 수 있기 때문에 체위변경과 올바른 자세유지 등 재활치료를 조기에 시작한다.

03절 노인의 건강증진 및 질병예방

1 영양

1. 영양 문제

① 침 분비 및 씹는 능력 저하
② 위 위축 및 소화 기능 감소
③ 인지기능 저하로 식욕 변화
④ 심리적 요인 및 활동량 감소로 식욕 저하
⑤ 만성질환, 약물복용으로 식욕 감소 가능성
⑥ 고령자의 식사 패턴 변화
⑦ 체 수분량 감소 및 탈수 가능성
⑧ 미각 저하로 짜게 먹음
⑨ 감각기능 저하로 상한 음식 먹을 수 있음
⑩ 고령자 중 에너지 섭취 과다와 부족 문제 동시 발생
⑪ 탄수화물 섭취량이 높음
⑫ 단백질 및 다양한 영양소 부족

⑬ 나트륨 과다 섭취
⑭ 소득수준 낮은 경우 대부분의 영양소 부족

2. 식생활 지침

① **균형 잡힌 식단** : 채소, 과일, 곡류, 단백질, 우유·유제품 섭취 권장
② 조절된 조미료, 당분, 기름 사용
③ 충분한 수분 섭취
④ 과식 피하고 활동량 늘려 건강체중 유지
⑤ 아침식사를 반드시 한다.
⑥ 위생적인 음식 준비 및 적정량 섭취
⑦ 음식은 덜어서 먹기
⑧ 음주 절제
⑨ 우리 지역 식재료와 환경을 고려한 식생활 권장

❷ 운동 ♥

문제 205쪽

1. 운동 문제

① 심장 근육이 두꺼워져 쉽게 피곤해지며, 흉곽의 경직으로 폐활량이 줄어 운동할 때 쉽게 숨이 찬다.
② 자극에 대한 반응이 느려지고 균형 조정 능력이 감소하며 시력도 감퇴된다.
③ 운동에 대한 두려움(낙상 등), 외로움 같은 심리적 상태가 활동이나 운동을 방해한다.

2. 운동 관리

① 현재 운동 수준을 평가하고, 운동 금기 질환 및 투약 상황을 확인한다.
② 저강도 운동으로 시작하고 강도, 기간, 빈도를 서서히 증가시킨다.
③ 10분 이상 준비운동을 하고 근육피로, 협심증, 부정맥, 혈압 등의 변화에 주의한다.
④ 운동하는 중간중간에 휴식을 취하고 5~10분 정도 마무리 운동으로 안정 시의 심박동수로 돌아오도록 한다.
⑤ 개인의 능력에 맞는 운동과 빠르게 방향을 바꾸는 운동을 하지 않는다.

3 수면

1. 수면관리

① 매일 아침 일정 시간에 일어나며 카페인 섭취를 제한하고 금주, 금연한다.
② 저녁에 과식하지 않으며 공복감 시 따뜻한 우유를 마신다.
③ 편안한 잠옷을 착용하고 침실 환경을 조절하여 일정한 취침시간을 유지한다.
④ 지나치게 활동적인 일을 지양하며 수면 방해 요인(TV 시청 등)을 배제한다.
⑤ 수면제나 진정제를 장기 복용하지 않고, 규칙적인 운동을 하며 낮잠을 자지 않는다.

2. 편안한 수면을 위한 지원

① **환경 조절** : 온도 15 ~ 25℃, 습도 50 ~ 60% 유지
② 야간에는 편안한 수면복장
③ 통기성 좋은 침구 사용
④ **취침 전 개인에 맞는 관리** : 구강 및 몸의 각 부분에 맞는 요양 제공

4 성 생활

1. 성 문제

① 질병 치료제나 당뇨병은 정상적인 성생활을 방해한다.
② 뇌졸중은 성생활과 관련이 없다.
③ 강심제, 이뇨제, 항고혈압제, 신경안정제 등은 성 문제를 유발할 수 있다.
④ 여성의 자궁 적출술과 유방절제술은 성기능에 영향을 주지 않는다.
⑤ 과도한 알코올 섭취는 발기 지연이 된다.

2. 생활시설에서의 인권실천을 위한 가이드라인

① 노인의 성적 욕구 및 표현은 기본 욕구의 하나로 시설 종사자들이 생활노인들의 성적 욕구에 대해 인식할 수 있도록 노력한다.
② 시설 종사자들도 노인의 성을 이해하고 생활상담을 할 수 있도록 교육한다.
③ 노인의 성적 욕구를 건강하게 해소할 수 있는 프로그램을 개발해야 한다.
④ 시설 생활노인의 욕구표현은 존중되어야 하며, 시설은 최대한 욕구에 부응하도록 노력해야 한다.

⑤ 시설 생활노인의 욕구와 가족의 욕구가 상반될 때 조정할 수 있는 윤리적 의사과정이 필요하며 결과를 문서로 기록한다.

❺ 약물 사용 ♥

문제 209쪽

1. 노인 약물 상호작용 예방법

① 복용하는 약물의 이름과 효과를 알고, 처방받은 약은 정해진 양을 정해진 시간에 올바른 방법으로 복용해야 한다.
② 건강기능식품 등 비처방 약도 복용 전 의사와 상담하며 약물의 부작용이 있는지 확인한다.
③ 타인이 처방받은 약을 복용해서는 안 된다.
④ 진료나 건강 상담 시 평소 복용 중인 약물에 대한 기록을 사전에 제시하게 한다.
⑤ 약은 정해진 보관방법대로 보관한다.

2. 노인의 약물복용 원칙

① 복용하던 약을 중단하려면 의사와 상담해야 한다.
② 증상이 비슷해도 타인에게 처방된 약을 먹지 않는다.
③ 약 복용 시 다른 것과 함께 복용하면 안 된다.
④ 약 복용을 잊어버렸으면 다음 복용 시 정량만 복용해야 한다.
⑤ 분할선이 있는 약만 쪼개서 먹으며 건강기능식품도 의사, 약사와 상의한 후 복용한다.

3. 노인에서 부작용이 흔한 약물

① **소염진통제** : 신장 기능이나 심부전이 있는 경우 의사와 상의 필요, 노인은 위염 가능성 있음
② **당뇨병 약제** : 불규칙한 식사로 저혈당 발생 가능, 규칙적인 식습관과 운동 중요
③ **스테로이드제** : 부작용으로 체중증가, 정신장애, 소화기 궤양 등 발생 가능
④ **수면제 및 신경정신계 약물** : 적절한 복용으로 증상 관리에 도움이 되지만 낙상, 배뇨장애 등 부작용 주의 요망

4. 약 복용시 주의해야 하는 음식들

① **자몽주스** : 고지혈증약, 혈압약, 수면제 등과 부작용이 있을 수 있음
② **시금치** : 과량 섭취 시 부정맥 약인 와파린의 효과를 줄일 수 있음
③ 약은 반드시 물과 함께 복용한다.

❻ 금연과 절주

1. 금연

① 담배를 잠깐이라도 끊는 것으로 건강을 증진할 수 있다.
② **금연의 치료** : 약물치료, 금연상담

2. 절주

① 암 예방을 위해서는 금주·금연을 해야 한다.
② 필요시 전문가의 도움을 받으며 절주 환경을 조성한다.
③ 스트레스를 피하며 스트레스 상황 시 취미생활 등을 통해 푼다.
④ 음주는 음식을 먹은 후 하며 안주는 채소류가 좋다.
⑤ 음주일지를 작성하고, 결심을 지키지 못했더라도 포기하지 않는다.
⑥ 규칙적인 생활습관을 유지하고 충분히 수면한다.

❼ 예방접종

① **접종 장소** : 전국 보건소 및 지정 의료기관
② **65세 이상 권장 예방접종** : 인플루엔자, 폐렴구균, 대상포진, 파상풍, 디프테리아

비고	50~59세	60~64세	65세 이상
독감	매년 1회		
파상풍·디프테리아(백일해)	10년마다 1회		
폐렴구균	위험군만 1~2회		건강상태에 따라 1~2회
대상포진	위험군만 1회	1회	

⑧ 온열질환 및 한랭질환

1. 온열질환

① 야외 활동을 자제하고 외출 시에는 헐렁한 옷차림에 챙이 넓은 모자와 물을 휴대한다.
② 현기증, 메스꺼움, 두통 등이 있을 시는 시원한 장소에서 시원한 물이나 음료수를 천천히 마시며 휴식한다.
③ 식사는 가볍게 하고 물을 매 20분마다 한 컵씩 마시며 햇볕을 가리고 환기가 되는 상태에서 선풍기를 사용한다.

2. 한랭질환

① 가벼운 실내운동과 적절한 영양섭취를 한다.
② 운동은 낮시간에 하며 준비운동과 마무리 운동을 평소보다 충분히 한다.
③ 옷은 가볍고 따뜻한 옷을 착용하고 손을 주머니에 넣고 걷지 않는다.

Ⅲ장 요양보호와 생활지원

01절 의사소통과 정서지원

1 효과적인 의사소통과 정서지원

1. 의사소통의 정의 및 필요성

① 대상자 및 가족과의 신뢰관계 형성
② 요양보호서비스에 필요한 정보 수집
③ 대상자에 대한 깊은 이해와 서비스의 질 향상
④ 자신의 생각과 감정을 효과적으로 표현하여 좋은 관계 형성
⑤ 타 전문직과의 원활한 업무협조

2. 의사소통의 유형

① **언어적 의사소통** : 말과 글
② **비언어적 의사소통** : 눈맞춤, 얼굴표정, 자세, 어조, 옷차림과 외양

> ▶ 메라비언의 법칙
> 대화를 통하여 호감을 느끼는 데는 말할 때의 비언어적 요소(표정, 용모, 자제 등)와 음성(크기, 억양, 속도 등)이 내용에 비해 중요하다는 이론

3. 의사소통의 원칙

① 대상자를 개인으로 파악(개별화)
② 대상자의 감정 표현을 존중(의도적 감정 표현)
③ 자신의 감정을 자각하고 조절(통제된 정서적 관여)

④ 받아들임(수용)
⑤ 대상자를 일방적으로 비난하지 않음(비심판적 태도)
⑥ 대상자의 자기 결정을 돕고 존중(이용자의 자기 결정)
⑦ 비밀을 유지하여 신뢰를 쌓음(비밀 유지)

4. 효과적인 의사소통 방법

① **라포(Rapport) 형성** : '마음의 유대'라는 뜻으로 라포를 형성아기 위해서는 대화 시 몸을 앞쪽으로 기울이며 눈이 안쪽을 향하여 신체언어, 눈, 호흡의 리듬, 언어를 맞춘다.

② **경청**
  ㉮ 논쟁에서 상대방의 말을 먼저 들어주며 말을 독점하지 않는다.
  ㉯ 비판적 태도를 버리고 흥분하지 않는다.
  ㉰ 상대방이 말하는 의미를 이해하며 오감을 동원해 적극적으로 듣는다.
  ㉱ 의견이 다르더라도 수용하며 상대방의 말을 먼저 들어준다.
  ㉲ 단어 이외에도 표현에 신경을 쓰며 상대방이 말하는 의미를 이해한다.

③ **공감**

④ **말하기**
  ㉮ 효과적인 말하기
   • 상대방의 말을 수용하고 자신의 생각을 정리해 의사전달을 분명히 한다.
   • 비판적이거나 부정적인 비교를 하지 않고 나쁜 내용을 회고하지 않는다.
   • 상대방의 감정을 자극하거나 공격하지 않는다.
   • 편안하고 이완된 자세를 취한다.
  ㉯ 나–전달법
   • 상대방의 행동이 나에게 미친 영향에 초점을 둔 표현법이다.
   • 부적정 정서를 강조하지 않고 본인의 의사를 감정 없이 전달한다.

⑤ **침묵** : 긍정적인 침묵은 대상자에게 용기를 주고 모두에게 생각을 정리할 시간을 준다.

5. 말벗하기

① 대상자의 신체적·심리적·사회적 특성을 이해하고 개인적 특성, 질병, 생활력 등을 존중한다.
② 대상자의 삶을 차이와 다양성으로 수용하며 기분이나 감정에 공감한다.
③ 과도한 의존관계를 형성하지 않고 친하다고 해서 반말이나 명령조로 하지 않는다.

❷ 상황별 의사소통의 실제 ♥︎

문제 225쪽

1. 의사소통 장애가 없는 경우

① **대상자와의 의사소통**
　㉮ 본인을 소개할 때는 이름, 소속, 역할 등을 전달한다.
　㉯ 대상자의 이름으로 호칭하는 것이 원칙이나 대상자의 동의하에 어르신 등으로 부른다.

② **가족과의 의사소통**
　㉮ 대상자에 대한 정보는 수시로 주고받는다.
　㉯ 행동심리증상에 대한 정보 제공 시 부정적이고 직설적으로 전달하지 않는다.

③ **관련 전문직 및 시설장과의 의사소통**
　㉮ 타 전문직의 업무를 이해하고 존중하며 전문직, 시설장과 의사소통을 원활히 한다.
　㉯ 대상자의 이상 상태는 시설장 혹은 관리책임자에게 즉시 정확하게 보고한다.

2. 의사소통 장애가 있는 경우

① **노인성 난청**
　㉮ 대상자는 자신이 잘 듣지 못하기 때문에 타인이 속인다고 의심하는 경향이 있다.
　㉯ 눈을 보며 정면에서 입을 크게 벌리며 정확히 천천히 이야기한다.
　㉰ 몸짓, 얼굴 표정 등으로 의미 전달을 하며 말을 이해했는지 확인한다.
　㉱ 보청기 사용 시 제대로 작동하는지 확인하고, 입력은 크게, 출력은 작게 한다.

② **시각장애**
　㉮ 상대의 존재나 위치, 표정, 문자 등을 알아보기 어려워 오해를 받기도 한다.
　㉯ 대상자의 정면에서 위치를 왼쪽, 오른쪽 등으로 표현한다.
　㉰ 신체접촉을 하기 전에 말을 건네어 알게 하며 이미지 전달이 어려운 사물은 촉각으로 이해시킨다.
　㉱ 보행 시에는 반보 앞에서 대상자의 팔을 끄는듯한 자세로 한다.

③ **언어장애**
　㉮ 얼굴과 눈을 응시하며 천천히 말하고 소음이 있는 곳은 피한다.
　㉯ 대상자의 말이 끝날 때까지 기다린 후 말을 한다.
　㉰ 알아듣고 이해가 된 경우에는 예, 아니오 등으로 짧게 대답한다.
　㉱ 눈을 깜빡이거나 손짓, 손에 힘을 주거나 고개를 끄덕이는 등으로 의사표현하게 한다.
　㉲ 실물, 그림, 문자판 등도 사용하며 잘 표현하면 칭찬과 긍정적 공감을 비언어적으로 표현한다.

④ **치매로 인한 장애**
  ㉮ 노인의 페이스에 맞추기
  ㉯ 이해하기 쉬운 단어로 간결하게 전달하기
  ㉰ 말보다 감정표현 자주하기
  ㉱ 「그 사람다움」을 소중히 하기
  ㉲ 스킨쉽 자주하기 : 실물, 그림, 문자판 등도 사용하며 짧은 문장으로 천천히 몸짓, 손짓을 사용하여 이해를 돕는다.

3 여가활동 지원

문제 228쪽

1. 여가활동의 필요성

① 시간을 효율적으로 활용하여 자신감을 높임
② 적응력을 키우고 일상생활 만족도를 높임
③ 신체와 두뇌 기능 감소를 예방하고 건강 증진에 도움
④ 지역사회 참여와 인간관계 유지를 위한 활동을 지원함

2. 여가활동의 유형

① 자기계발 활동, 가족중심 활동, 종교참여 활동, 사교오락 활동, 운동 활동, 소일 활동으로 구반할 수 있다.
② 장기요양 대상자들은 정적인 자기계발, 소일 활동이 많다.

3. 대상자 중심 여가활동 선택

① 대상자가 즐겨했던 여가활동을 가족에게 물어본다.
② 심신기능을 확인하여 강점과 약점을 파악한다.
③ 여가활동 후 대상자의 말과 행동을 기록하고 향후 방향을 결정한다.

4. 노인의 여가활동 돕기

① 충분한 설명과 동의를 얻은 후 여가활동 진행
② 불편한 대상자를 위한 여가활동은 흥미롭고 쉽게 접근 가능하도록 설계
③ 동기 부여와 적극적인 참여를 유도하고 욕구에 맞게 활동 지원
④ 대상자 개개인의 욕구(신체상태, 성격과 선호)에 맞도록 개별 또는 소그룹으로 진행

02절 요양보호 기록과 업무보고

1 요양보호 관찰과 기록

문제 230쪽

1. 요양보호 기록의 목적

① 질 높은 서비스를 제공하는데 도움이 된다.
② 요양보호사의 활동을 입증할 수 있다.
③ 요양보호서비스의 연속성을 유지할 수 있다.
④ 시설장 및 관련 전문가에게 정보를 제공한다.
⑤ 요양보호서비스의 내용과 방법에 대한 지도 및 관리에 도움이 된다.
⑥ 가족과 정보공유를 통해 의사소통을 원활하게 한다.
⑦ 요양보호서비스의 표준화와 요양보호사의 책임성을 높인다.

> ▶ **요양보호 기록 시 주의사항**
> - 기록이 공개될 수 있다는 것을 염두에 두고 기록한다.
> - 개인정보는 기록하지 않는다.
> - 기록은 잠금장치가 있는 장소에 보관한다.(관리책임자)
> - 대상자의 정보 수집 시 대상자의 동의를 얻는다.

2. 요양보호 기록 방법

① 장기요양급여 제공기록지는 법정 서식이다.
② **기관 내 활용 기록** : 상태 기록지, 사고 보고서, 인수인계서
③ **요양보호 기록의 원칙**
  ㉮ 사실대로 기록
  ㉯ 육하원칙(누가, 언제, 어디서, 무엇을, 어떻게, 왜)을 바탕으로 기록
  ㉰ 과정과 결과를 정확하게 기록
  ㉱ 그때그때 신속하게 작성
  ㉲ 공식화된 용어를 사용하여 간단명료하게 기록
  ㉳ 기록자를 명확하게 표시
  ㉴ 애매한 표현은 피하고 구체적으로 기록

③ **요양보호 기록 시 주의사항**
㉮ 개인정보보호
㉯ 비밀 유지
㉰ 사생활 존중

❷ 업무보고 ♥

1. 업무보고의 중요성

① 요양보호서비스의 질을 높일 수 있다.
② 타 전문직과의 업무협조 및 의사소통을 원활하게 할 수 있다.
③ 사고에 신속하게 대응할 수 있으며, 피해를 최소화할 수 있다.

※ 대상자에게 예기치 못한 변화가 생겼을 때 혼자서 판단하지 않고 기관과 가족에게 즉시 연락하여 지시를 받고 대처해야 한다.

2. 업무보고 방법

① **업무보고 원칙**
㉮ 객관적 사실을 보고한다.
㉯ 육하원칙에 따라 보고한다.
㉰ 신속하게 보고한다.
㉱ 보고내용의 중복을 피한다.

② **업무보고 시기**
㉮ 대상자의 상태에 변화가 있을 때
㉯ 서비스를 추가, 변경할 필요가 있을 때
㉰ 새로운 정보를 파악했을 때
㉱ 새로운 업무 방법을 찾았을 때
㉲ 업무를 잘못 수행했을 때
㉳ 사고가 발생했을 때

③ **업무보고 형식** : 구두보고, 서면보고, 전산망보고

3 사례관리지원과 업무회의

1. 사례회의
① 대상자의 상황과 제공되는 서비스를 점검·평가하여 욕구에 맞는 서비스를 제공하기 위한 회의이다.
② 제공되는 서비스의 질을 지속적으로 관리하며 서비스 내용을 조정한다.
③ 대상자에 관한 정보를 교환하여 서비스의 질을 높이며 직종들의 역할분담을 명확히 한다.

2. 월례회의(간담회)
① 요양보호사들의 경험담을 공유하고 애로사항을 듣는다.
② 관리자가 요양보호업무와 관련하여 전달사항을 전달한다.
③ 요양보호사가 대상자에 대한 요양보고와 애로사항 등을 전달한다.

03절 신체활동 지원

1 식사와 영양 요양보호

1. 섭취 요양보호의 일반 원칙
① 대상자의 식습관과 소화능력, 신체적, 심리적, 사회적 상황, 질병 등을 고려한다.
② 식사 전 청결에 유의하고 식사 전·후 대상자의 상태를 주의깊게 관찰한다.
③ 대상자의 요구를 최대한 존중하고 스스로 할 수 있는 것은 스스로 하게 한다.
④ 대상자가 식사하는 동안 사레, 구토, 청색증 등 이상 증상이 있는지 관찰한다.

2. 노인 영양상태 관찰
① **영양부족**
  ㉮ 영양부족의 원인 : 불균형적인 식사, 약물사용, 고령, 만성질환, 사회적 고립, 빈곤, 오심, 연하장애 등
  ㉯ 영양부족을 확인할 수 있는 지표 : 체중 감소, 신체 기능 저하, 배변 양상 변화, 피로, 인지 수준 변화, 상처회복 지연, 탈수 등

② **식사 관찰**
  ㉮ 대상자의 식습관 파악
  ㉯ 대상자의 식사시간, 섭취 음식의 종류, 양 기록
  ㉰ 식사 중 대상자를 관찰
③ **노인 영양관리**
  ㉮ 1일 필수에너지 섭취량을 기준으로 '균형잡힌 식사' 제공
  ㉯ 첨가당, 포화지방, 나트륨(염), 가공육 등의 섭취 절제
  ㉰ 1일 단위로 6군의 기초식품을 골고루 넣어 식단 구성

3. 식사의 종류

① **일반식** : 저작과 연하 능력에 문제가 없고 소화를 잘 시킬 수 있는 대상자에게 제공
② **저작 도움식** : 단단하고 질긴 음식을 먹기 어려운 대상자에게 제공
③ **연하 도움식** : 저작과 연하 능력 저하로 씹고 삼키기 어려울 때 부드럽게 갈아서 제공
④ **유동식**
  ㉮ 경구 유동식 : 입으로 먹는 미음형태의 액체형 음식
  ㉯ 경관 유동식 : 긴 관을 코에서 위로 넣어서 제공하는 액체형 음식

4. 식사자세

① 의자에 앉았을 때 식탁의 윗부분이 배꼽 높이에 오는 것이 가장 좋다.
② 의자 안쪽 깊숙이 앉게 하여 식탁에 팔꿈치를 올릴 수 있도록 한다.
③ 침대에 걸터앉았을 때는 넘어지지 않도록 쿠션을 놓아준다.
④ 침대머리를 올렸을 때는 30~60°정도 높이고 머리를 약간 숙이고 턱을 당겨준다.
⑤ 편마비 대상자는 건강한 쪽을 아래로 하고 옆으로 눕힌 후 마비된 쪽은 베개나 쿠션으로 지지한다.

5. 식사돕기

① **기본원칙**
  ㉮ 식사 전 몸을 움직인 후 식사를 하게 하며 입맛이 없다면 다양한 색깔의 반찬을 조금씩 준비한다.
  ㉯ 대상자의 씹는 능력을 고려하여 일반식부터 유동식까지 준비하며 사레들리거나 숨쉬기 어려울 때는 식사를 중단하고 시설장(관리책임자)에게 연락한다.
  ㉰ 사레를 예방하기 위해 배와 가슴을 압박하지 않는 옷을 입고 상체를 약간 앞으로 숙이고 턱을 당기는 자세로 식사한다.

② **식사돕기 자세**

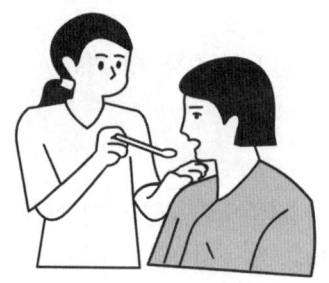

[건강한 쪽에서 먹인다]

㉮ 식사 전 배설 여부를 확인 후 조치하며 비누로 손을 씻고 식탁 주변을 정리한다.
㉯ 상체를 앞으로 숙이고 턱을 당기는 자세를 취한다.
㉰ 침대에서는 머리를 30~60°올리고 턱을 당긴다.
㉱ 가슴과 배꼽 사이 높이에 식탁을 두고 음식물은 대상자로부터 30cm 거리에 배치한다.
㉲ 대상자의 눈높이에 앉아서 음식물을 대상자의 입에 넣어준다.
㉳ 편마비 대상자는 건강한 쪽에서 넣어주고, 오른손잡이면 오른쪽에서 먹여준다.
㉴ 식사 중 질문을 하지 말아야 하며 충분히 삼킬 수 있는 적은 양을 준다.
㉵ 수분이 적은 음식은 삼키기 어렵고, 신맛의 음식은 사레가 들릴 수 있으니 주의한다.
㉶ 얼굴에 마비가 있으면 남은 음식을 삼키든 뱉을 수 있게 도와주고 식후 구강 관리에 신경을 쓴다.
㉷ 식사 후 30분 정도 앉아 있게 한다.
㉸ 먹는 음식의 양이 적절하며 천천히 먹도록 지지한다.
㉹ 식사 중 도움이 필요하면 도와주며 반찬을 골고루 먹도록 격려한다.
㉺ 스스로 식사하는 대상자를 지켜보며 사레, 질식 등이 발생하지 않도록 한다.

> ▶ **사레(질식) 예방**
> - 수분이 적은 음식
> - 마른 음식(김, 뻥튀기)
> - 점도가 높은 음식(떡)
> - 신맛이 강한 음식
> - 자극적인 음식
> - 잘 부서지는 음식(유과, 비스킷)

6. 경관영양 돕기

① 대상자가 의식이 없어도 시작과 끝을 말해주며 적당한 농도의 영양을 천천히 주입한다.
② 영양액은 유효기간 내의 것만 사용하며 영양 주머니는 매번 깨끗이 씻어 말린다.
③ 비위관이 빠질 수 있으므로 반창고 등으로 고정하고, 새거나 역류하면 간호사에게 연락한다.

④ 경관영양 대상자는 입안 건조와 갈증을 예방하기 위해 입 안을 자주 청결하게 하고, 콧속 주변을 청결히 하고 윤활제를 바른다.
⑤ 비위관이 빠지면 비위관을 잠근 후 간호사나 시설장(관리책임자)에게 연락한다.
⑥ 영양액의 온도는 체온정도가 적절하며 1분에 50mL 이상은 주입하지 않는다.(비위관 영양액은 50cc)
⑦ 거동이 가능한 대상자는 앉게하고 거동이 어려운 대상자는 오른쪽으로 눕힌다.
⑧ 식사가 끝나면 주변을 정돈하고 30분 정도 앉아 있게 하고 비누로 손을 씻는다.

❷ 배설 요양보호 ♥

문제 244쪽

1. 일반적 원칙

① 대상자가 처리할 수 있는 부분은 스스로 하도록 하여 자존감을 높여주고 자립심을 키워준다.
② 배설 전·후로 비누로 손을 씻고 항문을 앞에서 뒤로 닦아 요로계 감염을 예방한다.
③ 배설물을 치울 때 대상자가 최대한 편안하도록 배려한다.
④ 배설 시 모습이 보이지 않도록 가려준다.
⑤ 배설물을 빨리 치우고 피부 상태를 확인하여 청결을 유지한다.
⑥ 배설물에 특이사항이 있다면 배설물을 시설장(간호사)에게 보여주고 양상(색깔, 냄새, 특성 등)을 기록하여 보고한다.

2. 배설 상태 관찰

① 화장실에 가고 싶을 때 보이는 비언어적 신호
  ㉮ 바지의 뒷부분을 움켜잡거나 구석진 곳을 찾거나 끙끙거림, 안절부절못함. 대중 앞에서 옷을 벗으려 함
② 배설시 관찰 내용
  ㉮ 배설 전 : 요의나 변의 유무, 하복부 팽만, 이전 배설과의 간격, 배설 억제
  ㉯ 배설 중 : 통증, 불편함, 불안 정도, 배변 어려움, 배뇨 어려움
  ㉰ 배설 후 : 색깔, 혼탁 여부, 배설 시간, 잔뇨감, 잔변감, 배설량

3. 화장실 이용 돕기

① **기본원칙**
  ㉮ 적절한 배설을 유지하도록 화장실까지의 이동을 돕는다.

㉯ 대상자가 손을 뻗으면 닿을 수 있는 위치에서 낙상사고에 대비한다.
　　㉰ 화장실 바닥에 물기가 없게 하고, 변기 옆에 손잡이를 설치하며, 응급 벨을 설치한다.
　　㉱ 발에 걸리는 물건은 치우고 밤에는 화장실 표시등을 켜둔다.
　　㉲ 휠체어에 옷 등이 끼지 않도록 주의하며 휠체어 잠금장치는 반드시 걸어둔다.
② **휠체어를 이용하여 돕는 방법**
　　㉠ 휠체어를 침상 가까이에 놓고 30~45°로 비스듬하게 한 후 잠금장치를 잠그고 발 받침대를 올린다.
　　㉡ 대상자를 침대 가장자리에 걸터앉히고 양손을 대상자의 허리와 엉덩이 사이에 두어 옮긴다.
　　㉢ 대상자의 두 발이 바닥에 닿도록 도와주고 안정되면 휠체어의 팔걸이를 잡게 한다.
　　㉣ 휠체어를 대상자의 다리 사이에 넣고 지지면을 확보하여 대상자를 세운다.
　　㉤ 대상자를 휠체어에 앉히고 발 받침대에 발을 올려놓는다.
　　㉥ 편마비 대상자에게 스스로 움직이도록 격려하고, 화장실로 이동한 후 휠체어를 잠그고 발 받침대를 접는다.
　　㉦ 변기에 대상자를 앉힌 후 배설이 끝나기를 기다리거나 필요시 밖에서 기다린다.
　　㉧ 배설 후 대상자를 다시 휠체어에 앉히고 세면대에서 손을 씻도록 도와주고, 침상으로 이동하도록 보조한다.
　　㉨ 배설물이 이상한 경우 시설장이나 간호사에게 보고한다.

▶ **주의사항**
- 대상자를 침대에서 일으켜 걸터 앉힐 때는 잠시 앉아서 어지럽지 않은지 살핀다.
- 화장실이 멀지 않아도 반드시 휠체어에 제대로 앉힌다.
- 화장실 밖에서 기다릴 때는 중간중간 말을 걸어 상태를 살핀다.
- 여성의 경우 앞쪽에서 뒤쪽으로 닦는다.

▶ **시설장(간호사)에게 배설물 상태를 보고해야 하는 경우**
- 소변이 뿌옇거나 탁할 때
- 거품이 많이 나거나 소변의 색이 진하거나 냄새가 심할 때
- 소변에서 피가 섞여 나오거나 푸른빛의 소변이 나올 때
- 대변에 피가 섞여 나오거나 선홍빛(검붉은)일 때
- 대변이 심하게 묽거나 점액질이 섞여 나올 때

4. 침상 배설 돕기

① 기본원칙
㉮ 변의를 호소하면 즉시 도와주며, 말을 하지 못할 수도 있으므로 배변 시간 간격을 가늠해 둔다.
㉯ 배변 시 가려주고 배뇨 훈련에 적극 참여하도록 격려한다.
㉰ 복부 마사지를 병행하여 장운동을 도우며, 대상자가 실수할 경우 위축되지 않도록 주의한다.

② 침상 배설 돕기 방법
❶ 절차를 설명한 후 커튼이나 스크린으로 가리고 일회용 장갑을 착용한다.
❷ 변기는 따뜻한 물로 데워 침대 옆이나 의자 위에 놓는다.
❸ 변기 밑에 화장지를 깔고 텔레비전(음악)을 틀어 안정된 상태에서 용변을 보게 한다.
❹ 방수포를 깐다.(여성의 경우 회음부 앞에 화장지를 대어 소변이 튀지 않고 소리가 작게나게 한다.)
❺ 허리 아래를 무릎덮개로 덮은 후 바지를 내려 변기를 대준다.
❻ 침대를 올려 배에 힘을 주기 쉬운 자세를 취하게 한다.(오래 있으면 피부가 손상되므로 변의가 생길 때 다시 시도한다.)
❼ 배설이 끝나면 침대머리를 낮추고 무릎덮개를 걷어낸다.
❽ 대상자의 피부상태를 확인하며 화장지로 회음부나 항문 부위를 닦는다.
❾ 대상자의 허리를 올리고 변기를 뺀 후 회음부와 둔부를 따뜻한 수건(물티슈)으로 앞에서 뒤로 닦는다.
❿ 마른 수건으로 물기를 닦으며 허리를 들지 못하면 옆으로 뉘어서 한다.
⓫ 방수포를 걷어낸 후 일회용 장갑을 벗고 대상자의 손도 씻게 한다.
⓬ 옷과 이불을 정리하고 커튼과 스크린을 제거한다.

5. 이동변기 사용 돕기

① 기본원칙
㉮ 변의를 표현하지 못해도 의도를 파악하여 배설할 수 있도록 한다.
㉯ 배설(배뇨) 훈련에 적극 참여를 유도하며 배설 시 불필요한 노출을 줄여 프라이버시를 보호한다.
㉰ 배설이 어려울 때는 미지근한 물을 항문이나 요도에 끼얹어 변의를 자극한다.
㉱ 이동변기는 매번 깨끗이 씻는다.

② 돕는 방법
❶ 절차를 설명하고 커튼(스크린)으로 가려준다.
❷ 일회용 장갑을 착용한 후 침대와 이동변기 높이를 같게 한다.
❸ 변기 밑에 미끄럼방지 매트를 깔아 흔들리지 않게 한다.
❹ 변기를 따뜻한 물(수건)로 데워 둔다.

❺ 침대의 난간을 내리고 변기 가까이 이동하게 한다.
❻ 대상자의 다리를 내려 발이 바닥에 닿게 한다.
❼ 편마비 대상자는 이동변기를 건강한 쪽으로 침대 난간에 붙이거나 30~45°비스듬히 붙인다. (움직이기 힘든 대상자는 침대 난간에 이동변기를 빈틈없이 붙인다)
❽ 변기 손잡이가 없으면 이동변기에서 먼 발을 대상자 발 사이에 넣고 대상자를 일으켜 세운다.
❾ 대상자의 무릎을 이동변기 쪽으로 밀며 대상자의 몸을 회전시켜 변기 앞에 세운 후 앉힌다.

③ **배설 대상자를 지켜보는 방법**
㉮ 편안히 배설할 수 있도록, 불쾌하지 않도록 배려한다.
㉯ 배설 중 혈압이 오르거나 쓰러질 수 있으므로 잘 관찰한다.
㉰ 옆에 대기하고 있다가 대상자가 요구하는 것이 있으면 도와준다.

6. 기저귀 사용 돕기

① **기본원칙**
㉮ 대소변을 전혀 가리지 못하거나 배설욕구를 못 느끼는 경우, 치매 등으로 실금이 빈번한 경우만 사용한다.
㉯ 대상자가 수치심을 느끼지 않도록 신속히 기저귀를 교환한다.
㉰ 피부손상과 욕창에 주의하며 배변 시 살펴보아 젖었으면 신속히 교환하고 환기를 한다.
㉱ 가능하면 대상자가 화장실이나 변기에서 배설할 수 있도록 한다.(기저귀 사용 시 스스로 배설하던 습관이 사라지고 치매와 와상 상태가 심해질 수 있다)

② **돕는 방법**
❶ 옆으로 누운 상태에서 새 기저귀와 커버를 둔부 밑에 대고 새 기저귀를 반을 말거나 조금 접어 둔부 밑으로 밀어 넣는다.
❷ 새 기저귀로 둔부를 감싸고 바로 눕히고 기저귀의 테이프를 붙인다.
❸ 기저귀가 뭉치지 않도록 잘 펴서 마무리하고 바지를 입히고 침상 주름을 펴서 정리한다.(욕창 예방을 위해 옷이나 침구의 주름을 정돈한다)

7. 유치도뇨관의 소변주머니 관리

① 소변주머니는 아랫배보다 낮게 하며 소변량과 색깔을 2~3시간마다 확인한다.
② 유치도뇨관의 교환, 삽입, 방광세척은 방문간호사, 의료기관을 이용하도록 연계한다.
③ 대상자가 불편을 호소하면 시설장(간호사)에게 알린다.
④ 금기 사항이 없는 수분 섭취를 충분하게 한다.
⑤ 유치도뇨관을 하고 있어도 활동에 제약이 없음을 알려준다.
⑥ 요루 주머니는 주 2~3회 교환한다.

⑦ 장루의 배설물 주머니는 1/3~1/2 정도 채워지면 주머니를 비우고 주 1회 목욕일에 교환한다.

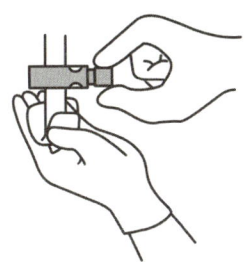

[소변을 비우고 배출구를 잠근 후 알코올 솜으로 닦는다]

③ 개인위생 및 환경관리

1. 구강 청결 돕기

입 안에 염증이 있는지 확인하고 누워서 양치질을 할 때는 사레가 들리지 않도록 옆으로 눕혀서 한다.

① **일반적 원칙**
  ㉮ 치아가 없거나 연하장애, 무의식, 사레가 잘 들리는 대상자에게 적용한다.
  ㉯ 앉은 자세나 옆으로 누운 자세를 취하고, 똑바로 누운 자세이면 상반신을 높여준다.
  ㉰ 거즈나 일회용 스펀지로 윗니, 잇몸, 입천장, 혀, 볼의 안쪽을 닦아 낸다.

② **돕는 방법**
  ㉮ 입안 헹구기 : 식전 헹구기는 구강 건조를 예방하고 위액 분비를 촉진하여 식욕을 증진한다.
  ㉯ 입안 닦아내기 : 잔존치아를 건강하게 유지하고, 치료가 필요한 치아를 발견한다.
  ㉰ 칫솔질하기
    ❶ 칫솔질은 잇몸에서부터 치아 방향으로 원을 그리듯이 부드럽게 닦는다.
    ❷ 칫솔을 45°각도로 치아에 대고 잇몸에서 치아 쪽으로 3분간 닦는다.
    ❸ 치아와 혀도 닦는다.
    ❹ 잇몸에서 치아 쪽으로 회전하며 쓸어내린다.
    ❺ 칫솔질은 잠자기 전과 식후 30분 이내에 3분간 한다.
  ㉱ 의치손질
    • 세척 시 세정제를 사용하고 주방세제를 대신할 수 있다.
    • 뜨거운 물에 삶거나 표백제 사용 금지

- 전용세정제와 미온수로 닦아낸다.
- 의치 보관 : 세정제나 물이 담긴 용기에 보관해야 변형을 막을 수 있다.
- 의치 삽입 전 입안을 구강세정제와 미온수로 헹군다.
- 의치 삽입 시 구강점막의 상처나 염증을 확인한다.

2. 두발 청결 돕기

① 공복, 식후는 피하고 덜 추운 낮 시간대에 감으며 머리를 감기 전 대·소변을 보게 한다.
② 실내 온도는 22~26℃를 유지하며 35℃ 정도의 따뜻한 물로 머리를 적신다.
③ 머리를 감은 후 한기를 느낄 수 있으므로 신속하게 말리며 머리로부터 10cm 이상 떨어뜨려 사용한다.
④ 뒷머리까지 건조를 확인하고 두발이나 두피에 염증이나 상처가 있는지 살펴본다.
⑤ 침대에서 머리를 감을 때는 방수포를 깔아 시트가 젖지 않게 한다.

3. 손발 청결 돕기

① 건조하여 각질이 생기기 쉬우므로 오일이나 로션 등을 자주 발라주어야 한다.
② 손톱깎이를 이용하여 손톱은 둥글게, 발톱은 일자로 자른다.
③ 손톱이나 발톱에 염증, 감염 등이 있을 경우 시설장(관리책임자)에게 보고한다.

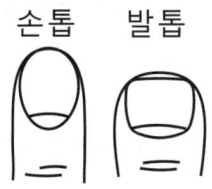

[손톱은 둥글게 발톱은 일자모양으로 자른다]

4. 회음부 청결 돕기

① 성희롱이나 수치심을 느끼지 않도록 최대한 대상자 스스로 하도록 도와야 한다.
② 스크린이나 커튼을 쳐서 개인 프라이버시가 보호되도록 한다.
③ 여성은 회음부 앞쪽에서 뒤쪽으로 닦아낸다.

5. 세면 돕기

① 눈곱이 없는 쪽부터 닦고, 눈의 안쪽에서 바깥쪽으로 닦는다.

② 귀지는 의료기관에서 제거하는 것이 안전하다.
③ 코는 세안 시 코안을 깨끗이 닦으며 코털이 나와 있다면 깎아 준다.
④ 이마는 머리 쪽으로 쓸어 올리며 닦고, 옆으로는 눈 밑 → 코 → 뺨 쪽으로, 아래로는 입 주위 → 턱 → 귀의 뒷면 → 귓바퀴 → 목 순서로 닦는다.

6. 면도 돕기

① 면도는 45° 정도의 각도로 사용하며, 짧게 나누어 일정한 속도로 면도한다.
② 피부가 주름져 있다면 아래 방향으로 잡아당겨 상처가 나지 않게 한다.
③ 전기면도기를 사용하는 것이 안전하며 감전의 위험성에 주의한다.

7. 목욕 돕기

① 주의사항
㉮ 식사 진전이나 직후는 피하고 커튼을 친다.
㉯ 실내온도는 22~26℃를 유지하고 물 온도는 35℃ 정도로 하고 미끄럼방지 매트를 깐다.
㉰ 체온이 떨어지지 않도록 목욕 중에 따뜻한 물을 뿌려준다.
㉱ 편마비 대상자는 욕조 턱 높이와 의자의 높이를 맞춘 후 건강한 쪽으로 손잡이 등을 잡게 한다.
㉲ 목욕시간은 20~30분 이내로 한다.
㉳ 머리를 숙이기 힘든 경우 샤워캡을 씌우고, 귀마개 등으로 막는다.
㉴ 목욕을 거부할 경우 부드러운 말로 유도하며 좋아하는 것으로 화제를 돌려 목욕하도록 유도한다.

② 침상 목욕(전신 및 부분 닦기)
㉮ 흉부~복부 : 유방은 원을 그리듯이 닦으며 복부는 배꼽을 중심으로 시계방향으로 닦는다.
㉯ 양쪽 상지 : 팔 밑에 방수포와 수건을 깔고, 씻는 방향은 손끝에서 겨드랑이 쪽으로 닦는다.
㉰ 얼굴 : 눈 주변은 비누를 사용하지 않고, 눈은 안쪽부터 바깥쪽으로 닦는다.
㉱ 음부는 별도의 타월로 스스로 닦도록 한다.

③ 마무리
㉮ 어지러움, 피로감이 없는지 확인한다.
㉯ 닦기를 마친 후 깨끗한 옷으로 갈아입히고, 수분(우유)을 섭취하고 쉬게 한다.
㉰ 사용한 물품을 정리 후 비누로 손을 씻는다.
㉱ 목욕과정에서 긴급한 특이사항(피부 상처, 염증, 관절운동 이상 등)이 있다면 관리자에게 보고한다.

8. 침상 정리

① 땀 흡수가 잘 되는 면제품이 제일 좋고, 정기적으로 세탁하고 햇볕에 말려야 한다.
② 더러워진 침구는 즉시 교환하며 침대 주위의 청결과 안전한 환경을 유지한다.

9. 옷 갈아입기 도움

① **주의사항**
  ㉮ 기분상태(안색, 통증, 어지러움, 열 등)를 확인한 후 실내온도는 22~26℃를 유지한다.
  ㉯ 편마비나 장애가 있는 경우 벗을 때는 건강한 쪽부터 벗고, 입을 때는 불편한 쪽부터 입힌다.
  ㉰ 누워만 있는 경우 옷 구김이 욕창의 원인이 되지 않도록 펴준다.
  ㉱ 옷 선택
    • 단추가 있으며 신축성이 좋은 옷
    • 매직테이프가 있으며 허리나 소매는 조이지 않는 것
    • 옷의 색상, 개인의 생활리듬 고려

② **앉을 수 있는 편마비 대상자 옷 갈아입기**

[앞이 벌어진 단추 있는 상의 갈아입기]

건강한 쪽 소매를 먼저 벗기고 마비된 쪽은 스스로 벗게 한다.

[앞이 막힌 상의 갈아입기]

옷을 가슴까지 올린 후 건강한 쪽을 먼저 벗기고 마비된 쪽은 스스로 벗게 한다.

  ㉮ 앞이 벌어진 단추 있는 상의 갈아입기
    ❶ 건강한 쪽 소매를 벗기고 마비된 쪽은 스스로 벗게 한다.
    ❷ 옷을 입을 때는 마비된 팔을 먼저 하고, 건강한 팔을 나중에 끼운다.
    ❸ 단추를 잠그고 옷을 정돈한다.
  ㉯ 앞이 막힌 상의 갈아입기
    ❶ 옷을 가슴까지 올린 후 건강한 쪽 팔꿈치를 잡아당겨 옷을 벗긴다.
    ❷ 건강한 손으로 옷을 잡아 머리를 빼면서, 마비된 손의 소매를 당긴다.
    ❸ 입을 때는 마비된 팔을 먼저 끼우고 몸통과 목 부분을 움켜잡아 머리를 끼운다.
    ❹ 건강한 팔을 쉽게 집어넣는다.

❺ 상의를 갈아입은 후 머리를 정돈한다.
㈐ 하의 갈아입기
❶ 몸을 좌우로 움직여 무릎까지 바지를 내린다.(의자에서 미끄러지지 않게 조심)
❷ 건강한 다리를 벗도록 도와주고, 마비된 다리를 당겨 바지를 벗는다.
❸ 입을 때는 마비된 다리에 먼저 바지를 입는다.
❹ 건강한 쪽은 스스로 입도록 한다.
❺ 앞으로 숙이고 엉덩이를 들면서 바지를 입는다.(앞으로 고꾸라지지 않게 조심)
❻ 다리 사이에 발을 넣고, 팔을 목에 두르고 허리를 잡아 천천히 일어선다.
❼ 잡은 상태에서 바지를 완전히 올린다.

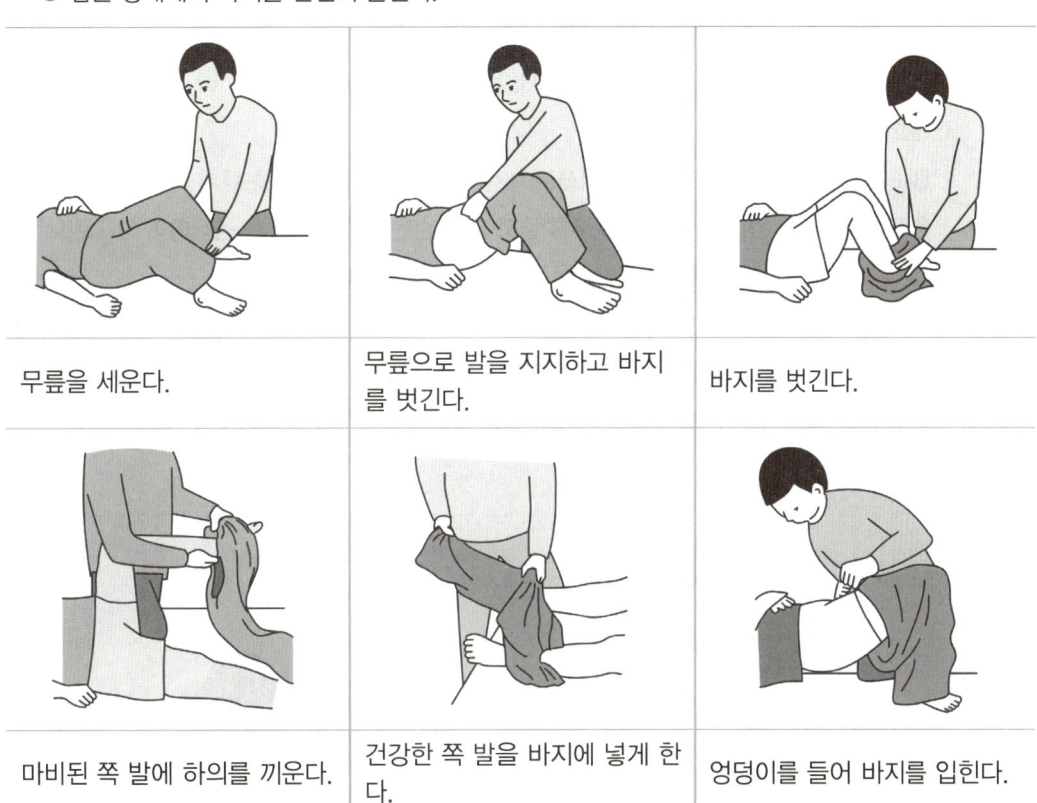

| 무릎을 세운다. | 무릎으로 발을 지지하고 바지를 벗긴다. | 바지를 벗긴다. |
| 마비된 쪽 발에 하의를 끼운다. | 건강한 쪽 발을 바지에 넣게 한다. | 엉덩이를 들어 바지를 입힌다. |

④ **똑바로 누워있어 체위변경이 필요한 대상자 옷 갈아입기**
㈎ 앞이 벌어진 단추 있는 상의 갈아입기
❶ 단추를 풀고 불편한 쪽 옷을 내린다.
❷ 건강한 쪽을 벗기고, 불편한 쪽의 등 쪽으로 옷을 말아 넣는다.
❸ 건강한 쪽이 아래로 가도록 눕히고 등 쪽으로 말아 넣은 옷을 뺀 후 나머지를 벗는다.
❹ 갈아입는 옷은 불편한 쪽부터 입히고, 마비된 쪽 손을 잡아 어깨선, 목선까지 모아 쥐고 마비측 손을 잡는다.

❺ 마비된 쪽 손을 쥐고 상의를 올려 입힌다.
❻ 건강한 쪽으로 돌아 눕히고, 소매 부분을 계단식으로 접는다.
❼ 마비된 쪽으로 대상자를 눕힌 후 등 아래쪽의 상의를 펼친다.
❽ 건강한 쪽 손을 넣고 옷소매의 단추를 잠근다.

㉯ 앞이 막힌 상의 갈아입기
❶ 가슴까지 옷을 걷어 올린다.
❷ 겨드랑이 밑으로 손을 넣어 팔꿈치를 빼고 한 쪽씩 벗은 후 머리 쪽을 벗는다.
❸ 마비된 쪽 어깨 → 팔꿈치 → 손목 순으로 벗는다.
❹ 마비된 쪽부터 상의를 입히고 남은 소매를 건강한 쪽 어깨 위에 놓는다.
❺ 건강한 쪽 소매를 통과시킨다.
❻ 팔이 부자연스러우면 양 소매를 통과시키고, 머리를 통과시킨다.

㉰ 하의 갈아입기
❶ 허리부분 양 끝을 잡고 대퇴부 아래로 내린 후 무릎을 세워 둔부를 들게 하고 뒤쪽도 내린다.
❷ 둔부를 들 수 없으면 한 손은 둔부를 들고 다른 손은 바지를 좌우로 움직이며 아래로 내린다.
❸ 다리까지 바지를 내리고 발뒤꿈치를 지지하여 한 쪽씩 벗는다.
❹ 새 바지에 손을 넣어 한쪽 다리를 잡아 올린다.
❺ 무릎을 구부리고 허리를 잡아 대퇴부까지 끌어올린 후 무릎을 세워 바지를 허리까지 올린다.
❻ 둔부를 들 수 없다면 돌아눕게 하여 한쪽을 올리고 반대쪽으로 돌아 눕혀 입힌다.

㉱ 수액이 있는 경우 상의 입히기

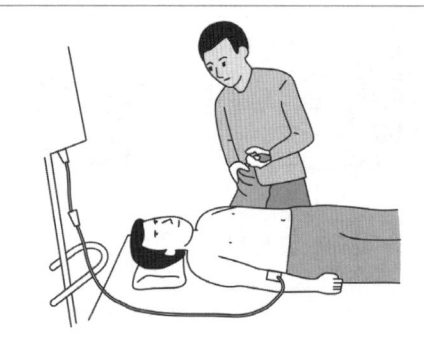

❶ 수액은 건강한 팔에 맞고, 옷은 마비된 쪽의 팔을 낀다.

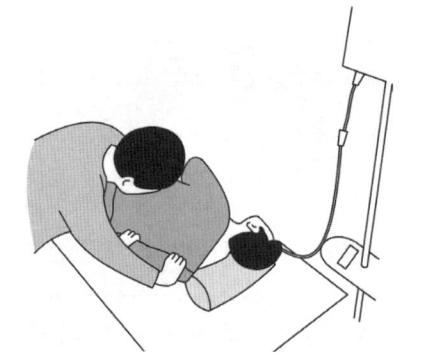

❷ 건강한 쪽으로 돌아 눕히고, 상의의 소매를 계단식으로 접는다.

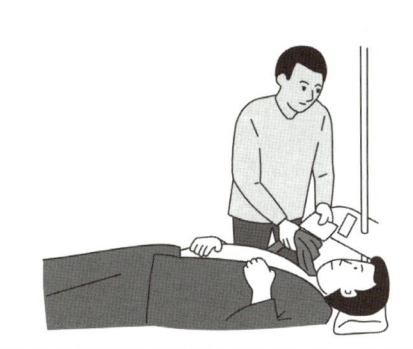
❸ 수액(팔)을 건강한 쪽 소매 안에 밖으로 빼서 건다.

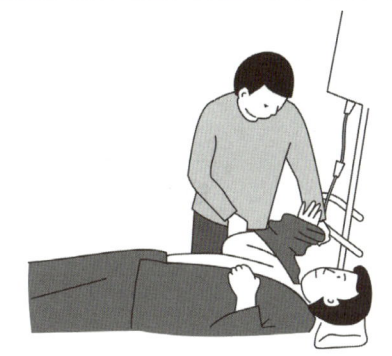
❹ 건강한 쪽 팔을 끼우고 단추를 잠근다.

❹ 체위변경과 이동 ♥

문제 262쪽

1. 일반적 원칙

① **기본원칙**
  ㉮ 갑작스러운 동작을 피하고 보조 후 적절한 휴식을 취한다.
  ㉯ 대상자의 안정도 및 운동의 능력 장애, 심리적, 측면 등을 고려한다.
  ㉰ 신체와 상태와 상황에 따라 돕는 속도와 빈도를 적절하게 한다.

② **올바른 신체정렬 방법**
  ㉮ 허리와 가슴 사이의 높이에서 몸 가까이에서 보조한다.(멀면 요양보호사의 신체 손상 위험 증가)
  ㉯ 발을 적당히 벌리고 한 발은 다른 발보다 약간 앞에 놓아 지지면을 넓힌다.
  ㉰ 양다리에 체중을 지지하고 무릎을 굽혀 안정시킨다.
  ㉱ 대상자 이동 시 다리와 몸통의 큰 근육을 사용하여 척추의 안정성을 유지한다.

2. 침대 위에서 이동 돕기

① **침대 위·아래쪽으로 이동하기**
  ㉮ 대상자의 무릎을 세워 발바닥을 침대에 닿게 한다.
  ㉯ 대상자가 협조할 수 있는 경우 : 침대머리 난간을 잡게 하고 신호를 주며 함께 이동한다.
  ㉰ 대상자가 협조할 수 없는 경우 : 요양보호사 2인이 침대 양쪽에 마주보며 서서, 팔을 어깨와 등 밑, 둔부와 대퇴부 밑에 넣고 손을 잡아서 함께 이동한다.
  ㉱ 몸의 자세를 바르게 하고 안전을 확인한다.

대상자가 협조할 수 있는 경우	대상자가 협조할 수 없는 경우
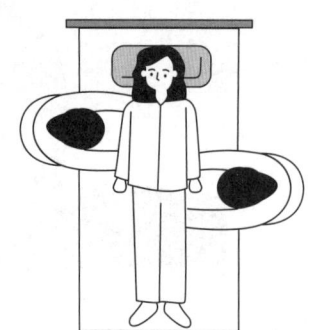	

② **침대 오른쪽 또는 왼쪽으로 이동**
  ❶ 이동하고자 하는 쪽에 서서 대상자의 두 팔을 가슴 위로 포갠다.
  ❷ 한 손은 목에서 겨드랑이를 향해 넣고, 다른 한 손은 허리 아래 넣어서 상반신을 이동한다.
  ❸ 하반신은 허리와 엉덩이 밑에 손을 깊숙이 넣어 이동한다.

③ **옆으로 눕히기** : 체위변경 등과 같이 자세를 바꿀 때 시행한다.
  ❶ 돌아 눕히려고 하는 방향에 서서 돌려 눕히려는 쪽으로 머리를 돌린다.
  ❷ 눕히려는 쪽의 손을 위로 올리거나 양손을 가슴에 포갠 후 무릎을 굽히거나 돌려 눕히려는 반대방향의 발을 다른 쪽 발 위에 올린다.
  ❸ 눕히려는 반대쪽 어깨, 엉덩이에 손을 대고 돌려 눕힌다.
  ❹ 엉덩이를 움직여 이동시키고 어깨를 움직여 편안하게 한다.

> **누워서 엉덩이 들어 올리는 운동**
> • 누워서 엉덩이를 들어 올리는 운동은 휴대용 변기의 사용, 침대 위에서의 이동, 보행 시 신체 안정에 도움이 된다.
> • 동작은 몇 번에 나누어 천천히 시행하며 엉덩이를 들어 올리고 배와 허리에 힘을 주며 숫자를 세면서 있는다.
>
>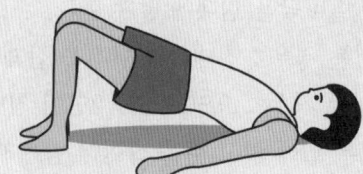

▶ **대상자 이동 시 주의사항**
- 조금씩 나누어 이동한다.
- 끌어당길 경우 피부 손상이나 통증에 유의하며 조금씩 들어서 이동한다.
- 요양보호사가 대상자의 앞쪽에서 체위변경을 시도해야 안정감과 낙상을 예방할 수 있다.

④ **상체 일으키기**
  ❶ 대상자의 양 무릎을 구부려 세운 후, 한쪽 손을 겨드랑이에서 반대쪽 팔꿈치까지 깊숙이 넣는다.
  ❷ 다른 쪽 손으로 고개를 지지한 채 천천히 일으킨다.
  ❸ 대상자의 무릎을 세우고, 양손으로 요양보호사의 어깨를 잡도록 한다.
  ❹ 대상자의 등에 손을 넣어 신호를 하며 천천히 일으킨다.

▶ **상체 일으키기**

▶ **편마비대상자인 경우**
  ❶ 대상자의 건강한 쪽에 서서 대상자의 마비된 손을 가슴 위에 올려놓는다.
  ❷ 양쪽 무릎을 굽혀 세운 후 어깨와 엉덩이 또는 넙다리를 지지하여 요양보호사 쪽으로(마비측이 위로 오게) 돌려 눕힌다.
  ❸ 요양보호사의 팔을 대상자의 목 밑에 깊숙하게 넣어 손바닥으로 등과 어깨를 지지하고, 반대 손은 엉덩이 또는 넙다리를 지지하여 일으켜 앉힌다.
  ❹ 대상자가 건강한 손으로 짚고 일어날 수 있게 한다.

▶ **하반신마비 대상자인 경우**
  ❶ 요양보호사가 대상자 가까이 서서 대상자의 양쪽 무릎을 굽혀 주거나 편안하게 놓아둔다.
  ❷ 일어나고자 하는 방향으로 상체를 돌려 손으로 짚고 일어날 수 있도록 어깨를 지지한다.
  ❸ 필요시 요양보호사는 한쪽 팔로 대상자의 어깨 밑을 받쳐준다.
  ❹ 대상자가 적당하게 일어났을 때 무릎이 자연스럽게 굽혀질 수 있도록 한다.
  ❺ 하반신마비(이완성마비인)는 갑자기 무릎이 꺾여 넘어지는 것을 주의한다.

⑤ **침대에 걸터앉기** : 침대에서 휠체어(이동변기) 등을 이동 시 침대 끝에 걸터앉게 한다.
  ❶ 앉히고자 하는 쪽에서 대상자를 향해 선 후 돌려 눕히는 방법에 따라 돌려 눕힌다.
  ❷ 팔을 목 아래로 깊숙이 넣고, 다른 손은 다리를 지지한다.
  ❸ 어깨 쪽 팔에 힘을 주어 일으켜 앉힌다.

❶ 돌려 눕힌 후 목과 어깨, 무릎을 지지한다.	❷ 다리를 침대 아래로 내리면서 어깨를 들어 올린다.	❸ 양쪽 발이 바닥에 닿도록 지지하여 자세가 안정되게 한다.

⑥ 일으켜 세우기

	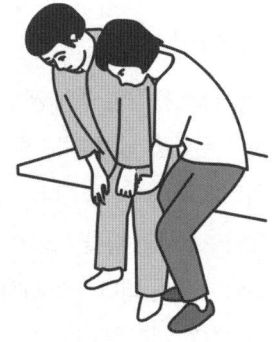
[앞에서 보조하는 경우]	[옆에서 보조하는 경우]
❶ 대상자가 침대에 앉아 양발을 무릎보다 약간 안쪽으로 옮긴다. ❷ 요양보호사는 자신의 무릎으로 마비된 쪽 무릎 앞에 대고 지지한다. ❸ 허리를 잡으면서 대상자의 상체를 앞으로 숙이며 천천히 일으켜 세운다. ❹ 대상자의 가슴을 어깨로 지지하여 상체를 펴준다. ❺ 대상자가 완전한 선 자세를 유지할 때까지 균형을 잡아준다.	❶ 대상자가 침대에 앉아 양발을 무릎보다 약간 안쪽으로 옮긴다. ❷ 발을 대상자의 마비된 발 뒤에 놓은 후 한 손으로 마비된 대퇴부를 지지한다. ❸ 한 손은 반대쪽 허리를 부축하여 천천히 일으켜 세운다. ❹ 대상자가 양쪽 무릎을 펴 일어서면 대퇴부에 있던 손을 대상자의 가슴 부위로 옮겨 상체를 펴 자세를 안정시킨다.

3. 침대에서의 체위변경

욕창, 혈전, 부종 예방을 위해 체위 변경으로 압력을 분산한다.

① 주의사항
㉮ 대상자의 관절 밑 부분을 지지하고 체위에 따라 다리 사이에 베개나 수건으로 지지한다.
㉯ 2시간마다 체위를 변경하며, 욕창이 있는 경우 더 자주 변경한다.

② 방법
㉮ 바로 누운 자세 : 휴식이나 잠잘 때
  ❶ 대상자의 머리 밑에 작은 베개를 받쳐준다.
  ❷ 무릎과 관절 밑에 타월이나 작은 베개를 받쳐준다.
  ❸ 구축이 발생할 수 있으므로 장시간 사용하지 않는다.
㉯ 반 앉은 자세(반좌위) : 숨이 차거나, 세수, 식사나 위관 영양 시
  ❶ 천장을 보며 누운 상태에서 침상머리를 45°로 올린 자세를 취한다.
  ❷ 등을 받쳐주기 위해 베개를 A자 형태로 유지하거나 목과 어깨 아래에 베개를 놓는다.
  ❸ 다리 쪽의 침대를 살짝 올려 편안하게 누워있게 한다.
㉰ 엎드린 자세(복부위) : 등에 상처, 근육의 휴식
  ❶ 엎드린 상태에서 머리를 옆으로 돌리거나, 작은 베개나 수건으로 얼굴 부위에 홈을 만들어 준다.
  ❷ 아랫배에 낮은 베개를 놓아 허리 앞굽음을 줄인다.
  ❸ 아랫배와 발목 밑에 작은 베개를 받치면 허리와 넙다리의 긴장을 완화할 수 있다.
㉱ 옆으로 누운자세(측위) : 둔부 압력을 줄이거나 관장
  ❶ 침대 가운데 머리, 몸통, 엉덩이를 정렬하여 눕힌다.
  ❷ 엉덩이와 무릎은 굽혀야 한다.
  ❸ 엉덩이를 뒤로 이동시켜 편안한 자세를 유지한다.
  ❹ 머리 아래 및 위에 있는 다리에 베개를 받쳐준다.
  ❺ 가슴 앞에 베개를 놓아 팔이 지지되도록 한다.
  ❻ 돌아눕기 방법과 동일하게 눕힌다.

4. 체위변경 실기

① 휠체어 선택
㉮ 사용하지 않을 때는 브레이크를 잠근다.
㉯ 욕창방지 방석을 사용하고 1~2시간마다 자세를 바꾼다.
㉰ 침대에서의 휴식 없이 3시간 이상 앉혀두지 않는다.
㉱ 휠체어 있는 동안 항상 곁에 있어야 한다.

② 휠체어 기본 조작법
  ㉮ 잠금장치 : 손잡이를 잡고 한 손으로 잠금장치를 한다.
  ㉯ 접는 법 : 잠금장치를 잠근다 → 발 받침대를 올린다 → 시트를 올린다 → 팔걸이를 접는다.
  ㉰ 펴는 법 : 잠금장치를 잠근다 → 팔걸이를 펼친다 → 시트를 눌러 편다 → 발 받침대를 내린다.
  ㉱ 발판 높낮이 조절 방법 : 발판 밑의 볼트를 왼쪽으로 돌려 푼다 → 발판을 좌우로 움직여 다리 길이에 맞춘다 → 볼트를 오른쪽으로 돌려 조인다.

③ 휠체어 상황별 조작법
  ㉮ 문턱(도로 턱) 오를 때 : 양팔에 힘을 주고 휠체어 뒤를 발로 살짝 눌러 뒤쪽으로 기울이고 앞바퀴를 들어 턱을 오른다.
  ㉯ 문턱(도로 턱) 내릴 때 : 휠체어를 뒤로 돌려 뒷걸음질로 뒷바퀴를 내린 후 앞바퀴를 내린다.
  ㉰ 오르막길을 갈 때 : 자세를 낮추고 다리에 힘을 주어 밀고 올라간다. 경사로가 높다면 지그재그로 밀고 올라간다.
  ㉱ 내리막길을 갈 때 : 휠체어를 뒤로 돌려 뒷걸음으로 뒤를 돌아보며 가고자 하는 방향을 살피며 지그재그로 내려간다.
  ㉲ 울퉁불퉁한 길 : 휠체어 앞바퀴를 살짝 들어올린다.
  ㉳ 엘리베이터 타고 내리기 : 휠체어를 뒤에서 잡아끌고 들어가서 앞으로 밀고 나온다.

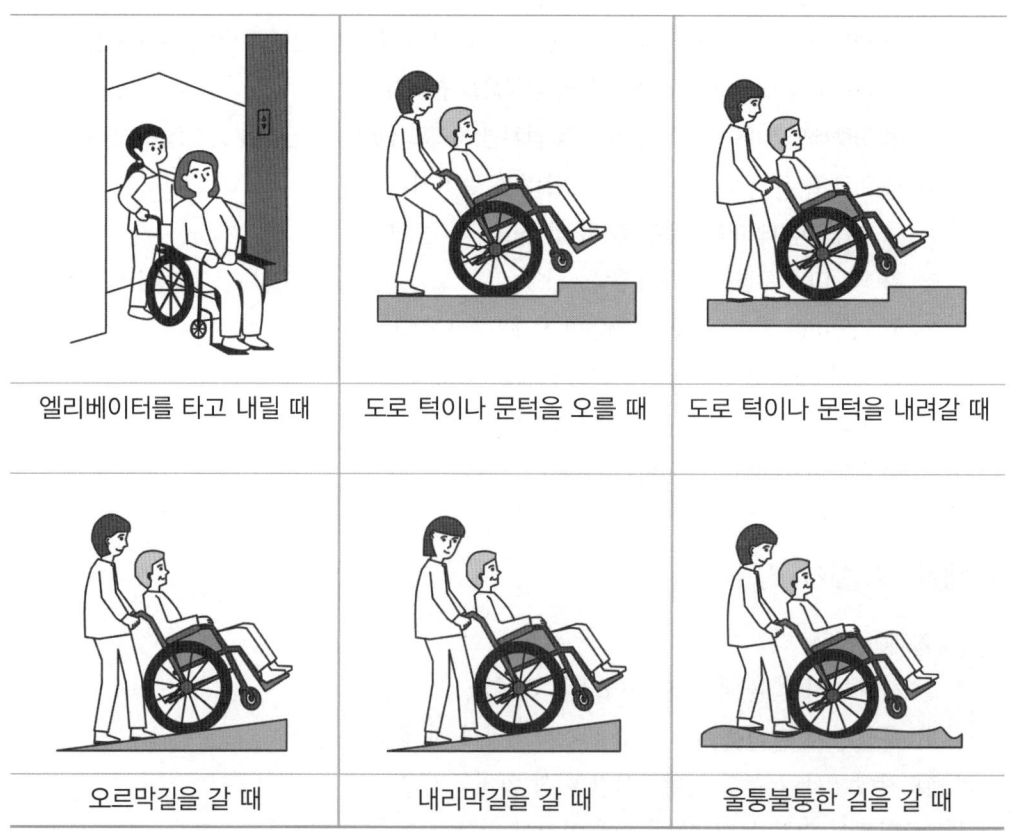

④ **바닥에서 휠체어로 옮기기**
  ① 휠체어를 강한 쪽에 비스듬히 놓고 고정하며 발 받침대를 접는다.(휠체어가 뒤집히지 않도록 앞바퀴 정렬)
  ② 건강한 쪽에 무릎을 꿇고 앉은 후, 마비된 손을 배 위에 모은다.
  ③ 건강한 발을 마비된 발 아래로 넣어 발목을 포갠다.
  ④ 어깨와 허벅지에 손을 얹고 건강한 쪽으로 몸을 돌려 눕힌 후 무릎을 구부린다.
  ⑤ 한 손은 머리 아래를 받치고, 다른 손은 등 뒤를 지지하여 일으켜 앉힌다.
  ⑥ 옆으로 쓰러지지 않도록 건강한 손으로 바닥을 지지하고 상체에 손을 댄 채 마비된 다리를 펼쳐서 앉힌다.
  ⑦ 손을 내밀고 몸을 앞으로 숙이면서 허리와 어깨를 지지하며 천천히 상체를 일으킨다.
  ⑧ 건강한 손으로 휠체어 팔걸이를 붙잡고 다리를 펴고 서도록 한다.
  ⑨ 허리를 지지하고 건강한 다리를 축으로 삼아 몸을 돌려준 후 천천히 휠체어에 앉힌다.
  ⑩ 건강한 손으로 휠체어 팔걸이를 붙잡게 하여 안쪽으로 깊숙이 앉힙니다.
  ⑪ 발 받침대를 내리고 발을 올려준 후, 다리받침을 채운다.

⑤ **침대에서 휠체어로 옮기기**
  ① 휠체어를 건강한 쪽에 비스듬히 놓고 바퀴를 고정하고 발 받침대를 접는다.
  ② 발이 바닥에 닿도록 침대 높이를 조절하고 이동할 쪽의 침대 난간을 내린다.
  ③ 건강한 손으로 마비된 팔을 잡아 배 위에 모아주고 무릎을 약간 세운다.
  ④ 한 손을 어깨, 한 손은 허리 아래에 넣은 후 구호에 맞춰 일으킨다.
  ⑤ 상체를 지지하고 무릎 밑에 손을 넣어 몸을 돌려서 다리를 침대 아래로 내린다.(뒤로 넘어가지 않도록 어깨에서 손 떼지 않기)
  ⑥ 건강한 손으로 침대 바닥을 지지한 후 발 간격을 벌려 안정적인지 확인한다.
  ⑦ 실내화를 신기고 다리를 발 사이에 집어넣고 바지 뒤춤을 잡고 구호에 맞춰 일어난다.
  ⑧ 건강한 다리를 축으로 삼아 휠체어 쪽으로 몸을 돌린 후 휠체어에 앉힌다.
  ⑨ 양 팔을 앞으로 모아주고 겨드랑이 밑으로 손을 넣어 손목을 고정한다.
  ⑩ 허리를 숙여 몸을 깊숙이 휠체어에 앉힌다.

⑥ **휠체어에서 침대로 옮기기** : '침대에서 휠체어로 이동'과 반대
  ㉮ 한 사람이 대상자를 이동
    ① 휠체어를 건강한 쪽에 45°각도로 놓은 후 잠금장치를 잠근다.
    ② 발 받침대를 올리고, 대상자의 발을 바닥에 붙이고 둔부를 휠체어 앞쪽으로 이동한다.
    ③ 무릎으로 불편한 쪽 무릎을 눌러 일으켜 세운 후 방향을 바꾸어 건강한 쪽으로 침대 손잡이를 잡는다.
    ④ 무릎을 구부려 침대에 걸터앉게 한다.

㉴ 두 사람이 대상자를 이동

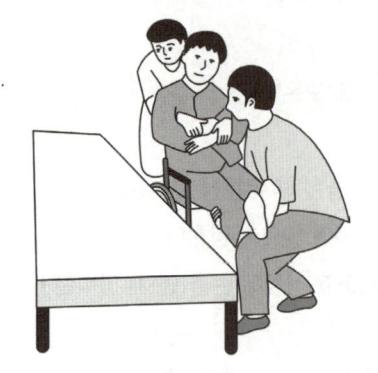

❶ 휠체어를 침대와 평행하게 붙인 후 잠금장치를 잠근다.
❷ 힘센 사람이 대상자 뒤쪽에서 겨드랑이에 양쪽 겨드랑이에 팔을 넣는다.
❸ 다른 사람은 대상자 다리 바깥쪽에서 한 손은 대상자의 종아리 아래, 다른 손은 넙다리에 넣는다.
❹ 하나, 둘, 셋의 구령과 함께 들어 올린다.

⑦ 휠체어의 바닥으로 이동(대상자가 이동하는 동안 상체를 지지한다)
  ❶ 휠체어의 잠금장치를 잠그고 발 받침대를 올린 후 발을 바닥에 내려놓는다.
  ❷ 대상자의 마비 측에서 어깨와 몸통을 지지하며 대상자는 건강한 손으로 바닥을 짚게한다.
  ❸ 건강한 다리에 힘을 주어 바닥에 앉는다.

⑧ 휠체어에서 이동변기로 이동
  ❶ 휠체어를 건강한 쪽에 45°각도로 놓은 후 잠금장치를 잠근다.
  ❷ 발 받침대를 올리고, 대상자의 발을 바닥에 붙이고 대상자의 앞에서 대상자의 무릎과 허리를 지지한다.
  ❸ 건강한 쪽으로 변기 손잡이를 잡게 하고 대상자를 일으킨다.
  ❹ 건강한 다리에 힘을 주어 엉덩이를 이동시켜 앉힌다.

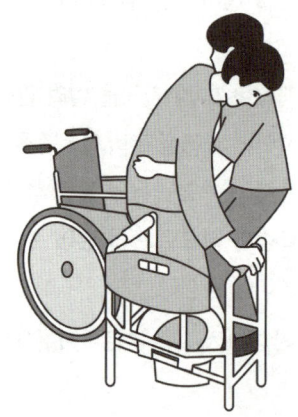

[건강한 쪽 손으로 변기 손잡이를 잡게 하기]

⑨ 휠체어에서 자동차로 이동
  ❶ 자동차 뒷문을 열고 휠체어를 평행하게 놓거나 약간 비스듬히 놓는다.(요양보호사가 안정된 자세를 취할 수 있도록 공간을 확보)
  ❷ 잠금장치를 잠그고 발 받침대를 올리고 대상자의 두 발이 바닥을 지지하도록 내려놓는다.

❸ 자신의 무릎을 대상자의 마비된 쪽 무릎에 대어 지지하고 건강한 쪽 손으로 자동차 손잡이를 잡게 한다.
❹ 허리를 굽혀 두 발을 중심축으로 대상자를 일으킨 후 엉덩이를 시트에 앉힌다.
❺ 대상자의 다리를 한 쪽씩 올려놓고 엉덩이(상체)를 좌우로 이동시켜 시트에 앉힌다.(대상자와 동승 시 대상자의 옆자리에 앉는다)

⑩ **자동차에서 휠체어로 옮기기**
❶ 주차 공간을 확보하여 주차한 후 휠체어를 꺼내서 펼친다.
❷ 휠체어를 자동차와 평행하거나 비스듬하게 놓는다.
❸ 휠체어의 잠금장치를 잠그고 자동차 문을 열어 안전벨트를 푼다.
❹ 한쪽 팔로 대상자의 어깨를 지지하면서 대상자의 다리부터 밖으로 내려 바닥을 지지하게 한다.
❺ 무릎으로 대상자의 마비된 쪽 무릎에 대어 지지하면서 일으켜 휠체어로 돌려 앉힌다.

5. 보행 돕기

① **일반적인 보행 돕기**
　㉮ 주의사항
　　❶ 무리가 없을 때 혼자 일어나 걷기를 시도한다.
　　❷ 초기에는 보행차, 지팡이 등을 사용하고, 점차 혼자서 걷도록 한다.
　　❸ 지팡이의 고무가 닳거나 손잡이가 안전한지 확인한다.
　　❹ 미끄럼방지 양말과 신발을 착용한다.
　　❺ 가능한 스스로 걷도록 격려하고, 필요한 경우 지지를 한다.

② **방법**
　㉮ 침대에서 일어나기
　　❶ 침대 모서리 쪽으로 이동하여 옆으로 누운 후, 다리를 내려 발을 바닥에 대고 일어나 앉는다.
　　❷ 어지러울 수 있으므로 침대 모서리에 앉은 채로 잠시 머물다가 천천히 일어난다.
　㉯ 걷기
　　• 부축하며 걷기
　　　- 옆에 서서 팔로 허리를 껴안듯이 잡고, 반대편 손으로 수급자의 손을 잡고 걷는다.
　　　- 서로 반대편 발을 앞으로 내딛어 발을 맞추고, 약한 쪽 다리를 먼저 내딛는다.
　　• 따라 걷기 : 비스듬히 약 50cm 뒤에서 속도를 맞춰 걷는다.
　　　- 건강한 손으로 지팡이를 짚고 발 앞 15cm, 바깥 쪽 옆 15cm 지점에 지팡이 끝을 내민다.
　　　- 불편한 쪽 다리를 먼저 내딛는다.
　　　- 불편한 쪽 다리와 지팡이로 지탱되는 동안, 건강한 다리를 옮긴다.
　　　- 방향 전환 시에는 불편한 쪽을 지팡이 쪽으로 내밀고, 천천히 반원을 그리며 방향을 바꾼다.

※ 요양보호사는 대상자의 앞쪽에서 체위변경을 해야한다.

② **계단 오르내리기**

올라갈 때(편마비)	
 [지팡이가 없는 경우]	 [지팡이가 있는 경우]
❶ 건강한 손으로 손잡이를 잡는다. ❷ 건강한 쪽으로 계단을 딛는다. ❸ 건강한 쪽에 체중을 실어 불편한 쪽 다리를 계단으로 올린다.	❶ 건강한 쪽 손으로 잡고 있는 지팡이를 계단 앞쪽으로 내밀어 지지한다. ❷ 건강한 쪽 다리를 올린다. ❸ 지팡이와 건강한 쪽에 체중을 실어 불편한 쪽 다리를 올린다.

내려갈 때(편마비)	
 [지팡이가 없는 경우]	 [지팡이가 있는 경우]
❶ 건강한 손으로 손잡이를 잡는다. ❷ 불편한 쪽을 내린 후 건강한 쪽 다리를 내린다.	❶ 건강한 쪽 손으로 잡고 있는 지팡이를 계단 아래로 내린다. ❷ 불편한 쪽을 계단 아래로 내린 후 건강한 쪽 다리를 내린다.

③ **보행보조차 사용**

㉮ 선택 : 신체기능 및 사용 공간, 체형에 맞는 것을 선택하고, 지팡이 끝의 고무, 바퀴와 잠금장치를 확인한다.

㉯ 혼자 보행보조차를 사용할 수 있다면 손이 닿는 곳에 둔다.

㉰ 대상자 앞에 보행기를 두고 바퀴를 잠그고, 대상자의 팔꿈치가 약 30°로 구부러지도록 둔 부높이로 조정하고 대상자가 일어서도록 돕는다.

④ 지팡이 이용 보행 돕기

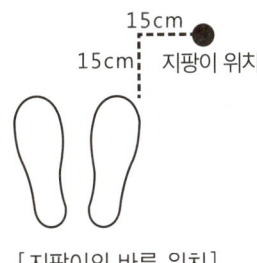

[지팡이의 바른 위치]

지팡이의 바른 위치 : 발 앞 15cm, 바깥 쪽 옆 15cm 지점

㉤ 지팡이 끝의 고무가 닳지 않았는지, 손잡이의 안전 여부를 확인하고 발끝 앞 15cm에서 옆 15cm 지점에 지팡이를 놓는다.
㉤ 손잡이는 대상자의 둔부 높이 정도나 신발을 신고 섰을 때 손목 높이 정도가 적당하다.
㉤ 옆에서 보조하기 : 지팡이를 쥐지 않은 겨드랑이에 손을 넣어 보행한다.
㉤ 뒤에서 보조하기 : 한 손은 대상자의 허리를 지지하고 다른 손은 어깨를 지지하며 보행한다.
㉤ 계단을 오를 때 이동 순서 : 지팡이 → 건강한 다리 → 마비된 다리
㉤ 계단 내려갈 때 이동 순서 : 지팡이 → 마비된 다리 → 건강한 다리

5 복지용구 ♥

문제 279쪽

1. 노인장기요양보험 복지용구

① 대여품목과 대여 또는 구입품목
  ㉠ 아래의 표에 있는 항목이 아닌 것은 대상자가 구입해야하는 품목이다.

구입품목(10종)		대여품목(6종)	구입 또는 대여품목(2종)
• 이동변기 • 성인용보행기 • 간이변기 • 욕창예방 방석 • 요실금팬티 • 미끄럼방지용품(매트, 방지액, 양말)	• 목욕의자 • 안전손잡이 • 지팡이 • 자세변환용구	• 수동휠체어 • 전동침대 • 수동침대 • 이동욕조 • 목욕리프트 • 배회감지기	• 욕창예방 매트리스 • 경사로(실내용, 실외용)

용구		비고
배설관리 관련 복지용구	이동변기	• 사용한 변기통은 소독하거나 뜨거운 물로 세척 후 건조시켜 본체와 함께 서늘한 곳에 보관한다.
	간이변기	• 반듯이 누운 자세에서 사용한다. • 덮개로 입구를 막았을 때 오염물이 외부로 누출되지 않아야 하며 열탕소독이 가능해야 한다. • 소변량 측정을 위한 눈금이 있어야 하며, 흰색이나 투명해야 한다.
	요실금 팬티	• 흘림량이 500㎖ 이상이거나 세탁이 자주 불가능한 사람은 사용하지 않는다.
옮기기 및 이동관련 복지용구	수동휠체어	• 휠체어의 공기압은 엄지손가락으로 힘껏 눌렀을 때 0.5cm 정도 들어가야 한다. • 타이어 공기압은 잠금장치와 관련이 있다. • 사용하지 않을 시에는 잠금장치를 사용한다.
	성인용 보행기	• 보행기의 각 부분(볼트, 바퀴 등)이 잘 고정되어 있는지 확인한다. • 휴식 시에는 잠금장치를 잠가 낙상을 예방한다. • 보행이 불안정할 때는 도움을 주는 사람이 손을 뻗으면 닿는 위치에 있어야 한다. • 보행기가 꺾이며 넘어질 수 있으므로 각 부분의 고정 여부를 확인한다.
	지팡이	• 새끼발가락 바깥쪽 15cm 지점에 바닥을 짚은 상태에서 팔꿈치를 20~30° 정도 구부린 높이가 좋다. • 지팡이 사용 시 바닥 고무의 닳은 정도를 수시로 확인한다.
	안전손잡이	• 자주 왕래하는 장소에 설치하여 낙상을 예방하고 녹이 슬지 않고 미끄러짐이 없는 것이 좋다.
	경사로	• 안정과 균형, 고정, 파손 여부를 확인해야 추락사고를 예방할 수 있다.
목욕 관련 복지용구	목욕의자	• 앉는 면이 높지 않고, 등받이가 높고, 팔걸이가 있으며, 기대어 앉아도 넘어지지 않아야 한다(안정성). • 의자에 구멍이 있어 물이 흐를 수 있고 앉은 상태에서 회음부를 씻길 수 있어야 한다.
	목욕리프트	• 감전예방을 위해 충전용 배터리만 전원으로 사용해야 한다.
	이동욕조	• 표면은 미끄럼방지가 되어있어야 한다. • 조작이 간편하고, 변형이나 흠이 없어야 한다. • 응급상황 시 배수밸브를 열어 즉시 물을 뺀다.
	미끄럼방지 용품	• 미끄럼방지액은 물기를 완전히 제거한 후 발라야 한다.

용구		비고
욕창예방 관련 복지용구	욕창 예방 방석	• 방석 소독 시 공기를 빼고 흐르는 물에 건조하며 커버는 자주 세탁한다.
	욕창예방 매트리스	• 보온성, 통기성, 탄력성, 흡수성이 뛰어나야 하며 세우기, 체위변화 등도 고려해서 선택해야 한다. • 하루 한 번은 동작을 확인하며 열을 발산하는 제품과 함께 사용하지 않는다.
	자세변환 용구	• 시트의 겉감과 안감은 쉽게 자세를 바꿀 수 있도록 마찰이 적은 재료여야 한다. • 쿠션은 미끄럽지 않으며 분리 세척, 소독이 가능하고 변색되지 않는 것이어야 한다.
침대관련 용구	침대	• 높낮이 조절이 가능하고 낙상 방지를 위해 침대 난간이 있어야 한다. • 크랭크 손잡이는 침대의 다리 쪽에 있어야 하며 사용하지 않을 때는 수납이 가능해야 한다. • 이동하지 않을 때는 바퀴의 잠금장치를 잠가야 하며, 사용하지 않을 때는 높낮이를 가장 낮게 한다. • 침대에서 낙상하거나 침대 난간에 신체 일부나 옷이 끼지 않도록 주의해야 한다. • 침대난간을 잡고 이동하지 않으며 잠금장치를 잠근상태에서 강제로 이동하지 않는다. • 자주 사용하는 물건은 대상자의 손 가까이 두어 낙상을 예방한다.
안전 관련 복지용구	배회감지기	• 항상 작동상태를 확인하여야 하며 걸려 넘어지지 않도록 주의한다.

04절 가사 및 일상생활 지원

1 일상생활 지원 원칙

1. 기본원칙

① **일상생활 지원** : 취사, 청소 및 주변정돈, 세탁
② 대상자의 상태와 욕구를 이해하고 존중하여 지원한다.

③ 대상자의 생활방식과 가치관을 존중한다.
④ 대상자와의 신뢰 관계를 형성하고, 안전을 최우선으로 배려한다.
⑤ 대상자가 스스로 할 수 있는 것을 격려하고, 할 수 없는 것은 지원한다.
⑥ 서비스 결정은 대상자와의 충분한 설명과 동의를 기반으로 한다.
⑦ 대상자의 동의를 얻어 물품을 사용하고, 사용하지 않는 것은 옮기거나 버리지 않는다.
⑧ 서비스 제공에 대한 기록을 한다.
⑨ 자원은 필요한 만큼만 사용하고, 일회용품 사용을 최소화한다.

2. 일상생활 지원의 중요성

① **신체활동지원** : 대상자의 신체에 직접적인 도움(세면, 몸단장, 식사, 체위 변경 등)
② **일상생활지원** : 세탁, 청소 등
③ 서비스는 대상자에게만 제공해야 한다.
④ 급여제공절차
   ❶ 방문 → ❷ 일정관리 → ❸ 사전확인 → ❹ 서비스 제공 → ❺ 기록 → ❻ 확인 및 서명 → ❼ 퇴실

❷ 식사관리 ♥

1. 식사관리의 기본

① **대상자의 특징과 식사관리**
   ㉮ 에너지 요구량 감소
   ㉯ 소화능력 감소
   ㉰ 저작불편
   ㉱ 침 분비 감소
   ㉲ 감각기능 퇴화
   ㉳ 식욕 저하

② **기타 고려사항**
   ㉮ 개인차에 대한 고려 : 개인의 건강상태, 기호도 습관에 대한 고려
   ㉯ 규칙적인 식사
   ㉰ 수시로 물을 충분히 마실 수 있게 한다.
   ㉱ 약물에 따라 식욕과 입맛에 영향을 주므로 부족한 영양소가 없게 주의한다.
   ㉲ 영양보충제 사용

2. 영양소 섭취기준과 급원식품

① 탄수화물로 전체 에너지 섭취의 55~60%를 섭취하도록 한다.

② 체중 1kg 당 단백질 1g을 섭취하도록 한다.

③ 지질로 전체 에너지의 15~30% 정도를 섭취한다.

3. 노인을 위한 권장 식사 패턴

① 곡류는 주식(밥)을 제공하되, 감자나 묵의 경우에는 부식(반찬)으로 제공할 수 있다.

② 고기 · 생선 · 계란 · 콩류, 채소류는 부식(반찬)으로 제공한다.

③ 우유 · 유제품류와 과일류는 후식이나 간식으로 제공한다.

4. 식사 준비

① **기본원칙**
   ㉮ 식단은 대상자와 함께 정하며 특이사항은 기록한다.
   ㉯ 혼자 사는 대상자는 한 번에 섭취할 수 있는 양만큼씩 나누어 준비한다.
   ㉰ 식재료 구매는 대상자의 의견을 반영하며, 활동이 가능한 대상자는 구매 시 동행한다.
   ㉱ 필요한 양만 유통기한, 영양표시, 보관방법을 확인하여 구매한다.

② **조리 시 고려사항**
   ㉮ 자극적(짜거나 맵지 않게)이지 않고 부드럽게 조리한다.
   ㉯ 식재료를 작게 하거나 싱겁게 하고 약간의 국물이 있는 조리법을 위생적으로 조리한다.

③ **조리방법**
   ㉮ 이물질 제거와 영양이 손실되지 않도록 전처리를 한다.
   ㉯ 다양한 조리법으로 요리한다.
   ㉰ 나트륨을 줄인다.
   ㉱ 먹기 쉽게 조리한다.
   ㉲ 영양밀도를 높이는 조리법을 선택한다.

> ▶ **조리 시 고려사항**
> - 짜거나 데치거나 끓이거나 삶아서 부드럽게 조리한다.
> - 질환상 허용되는 범위 내에서 다양한 조리법을 사용한다.
> - 가능한 짜지 않게 조리한다.
> - 딱딱하고 자극적인 음식은 피한다.

5. 주요 질환별 식사관리

균형 잡힌 식사를 위한 6가지 식품군 : 곡류, 고기 · 생선 · 달걀 · 콩류, 채소류, 과일류, 유제품, 유지 · 당류

당뇨병	• 규칙적인 시간에 알맞은 음식을 먹는다. • 소금 섭취를 줄이고 복합당질 섭취를 주의한다. • 식이섬유를 적절히 섭취한다. • 지방을 적정량 섭취하고 콜레스테롤의 섭취를 제한한다. • 술을 제한한다.
고혈압	• 체중 조절을 위해 적정한 열량을 섭취한다. • 양질의 단백질을 적정량 섭취한다. • 동물성지방 섭취, 소금섭취를 줄인다. • 칼륨, 칼슘을 충분히 섭취한다. • 복합당질을 섭취하고 섬유소를 충분히 섭취한다. • 카페인 함유 음료, 알코올 섭취를 제한한다.
저작 및 연하곤란 대상자의 식사관리	• 국에 말아 먹지 않는다. • 국수류는 적당한 크기로, 떡류는 작게 잘라 천천히 먹는다. • 한 번에 조금씩 여러 번 나누어 삼킨다. • 유제품은 떠먹는 형태를 선택한다. • 바른 식사자세로 앉아 머리는 정면을 보고 턱은 몸쪽으로 약간 당긴다. • 고기나 생선, 콩 반찬, 채소, 유제품과 과일 매일 섭취 • 식사 후 30분 정도 똑바로 앉는 자세를 유지한다.
변비 대상자의 식사 관리	• 식이섬유, 해조류, 견과류, 통곡류, 감자류, 우유, 유제품의 섭취 증가 • 화장실 가기 전 따뜻한 음료를 마시고 적당한 운동과 휴식을 취한다. • 하루 8잔 이상의 물을 마신다.
골다공증 대상자의 식사관리	• 균형 있는 식사로 정상 체중을 유지한다. • 칼슘, 식물성 단백질, 비타민 D를 충분히 섭취한다. • 칼슘을 충분히 섭취하고, 우유의 칼슘은 흡수율이 높으므로 하루 1회 이상 먹는다. • 걷기, 산책 등 체중이 실리는 운동을 한다. • 탄산음료, 카페인, 알코올 섭취를 피한다. • 절임음식을 적게 먹고, 음식을 가능한 싱겁게 섭취한다.

③ 식품 · 주방위생관리

1. 식중독 예방 6대 수칙

① 손 씻기　　　　　② 익혀먹기

③ 끓여먹기 ④ 세척·소독하기
⑤ 칼, 도마 구분 사용하기(과일·채소류 → 육류 → 생선류 → 닭고기류 순으로 이용)
⑥ 보관온도 지키기(냉장고는 5℃ 이하, 냉동고는 -18℃ 이하로 유지)

2. 식품의 위생관리

① **안전한 장보기**
  ㉮ 고기, 생선, 채소, 과일을 각각 포장하여 서로 닿지 않도록한다.
  ㉯ 필요한 식품 목록을 정하고, 보관 중인 식품을 확인한다.

② **식품의 보관법**
  ㉮ 포장식품이 남으면 다른 용기에 담아 냉장(냉동) 보관하고 빠른 시간 내에 사용한다.
  ㉯ 부패·변질된 음식을 폐기할 때는 대상자에게 설명한다.

육류·가금류	• 육류(가금류)는 오염되지 않도록 밀봉(밀폐)용기에 담아 냉장·냉동 보관 • 냉동보관 시 조금씩 나누어 보관, 한 번 녹인 고기는 세균이 증식할 수 있으므로 다시 얼리지 않는다.(생선과 조개류도 동일)
생선·조개	• 생선류는 내장을 제거하고 흐르는 물로 씻고 물기 제거 후 냉장·냉동 보관
달걀	• 씻지 않은 상태로 전용 용기에 담아 냉장보관
채소류	• 흙(이물질) 제거 후 밀폐용기에 담아 냉장 보관 • 씻은 채소는 물기 제거 후 밀봉하여 냉장 보관 • 감자(고구마)는 통풍이 잘 되고 서늘하고 어두운 곳에 보관
과일	• 흙(이물질) 제거 후 밀폐용기에 보관 • 열대 과일은 실온에, 대부분의 과일은 냉장 보관 • 수박은 적당한 크기로 잘라 밀폐용기에 넣어 냉장보관
두부	• 찬물에 담가 냉장보관
우유·유제품	• 10℃ 이하 냉장 보관
조리음식	• 밀폐용기에 담아 날음식과 구분하여 보관

③ **냉장·냉동식품 보관**

우유	달걀
냉동만두, 돈가스	냄비
냉동새우	
냉동육	치킨, 소분한 고기
냉동생선	생선, 어패류
냉동 게	야채, 채소

㉮ 신선한 음식은 냉장고에, 오래 보관할 음식은 냉동실에 보관한다.
㉯ 냉장고 문을 자주 열지 않도록 노력하여 온도 변화를 최소화한다.
㉰ 냉장고 안에 공기 순환이 잘되도록 음식을 채우지 않고 간격을 유지한다.
㉱ 조리한 음식과 날음식은 분리하여 보관하고, 세균 오염을 막기 위해 밀폐용기에 넣어둔다.
㉲ 뜨거운 음식은 식힌 후에 냉장고에 넣는다.
㉳ 냉장고 안쪽은 온도 변화가 적은 곳으로 오래 보관할 음식을 넣는다.
㉴ 냉동보관 시에는 음식의 수분 손실을 막기 위해 완전히 밀봉한다.
㉵ 냉장고나 냉동실에 보관할 때 구입 날짜 또는 유통기한을 기록해 둔다.

④ **안전한 조리**
㉮ 채소 과일은 100ppm 농도로 희석된 소독액으로 소독한다.
㉯ 식품을 75℃까지(생선·조개류는 85℃ 1분) 가열한다.
㉰ 냉동식품은 식품의 양에 따라서 12~24시간 전에 냉장실로 옮긴다.

3. 식기 및 주방의 위생관리

① **올바른 식기 세척 방법** : 식기 등에 남은 음식물 제거(기름기가 많은 그릇은 휴지로 기름 제거) → 수세미에 세정제를 묻혀 거품으로 이물질 제거 → 흐르는 물로 헹굼 → 소독 → 건조 → 보관

② **위생관리 방법**

냉장고	• 월 1회 청소 • 냉장고 안의 식품은 아이스박스(얼음팩)에 보관 • 식재료 간 교차오염이 일어나지 않도록 정리
찬장 또는 조리대	• 찬장 자주 환기, 조리대는 건조한 상태 유지 • 곰팡이 발생 시 희석 알코올(소독제)로 닦음
수세미와 행주, 앞치마	• 그물형이 위생적 • 앞치마는 조리용과 청소용 구분
고무장갑	• 조리용, 비조리용 구분하여 사용
배수구	• 찌꺼기 거름망을 비우고 주방용 세정제와 솔로 닦음
쓰레기통	• 자주 세척 후 건조

4 의복 및 침상 청결 관리

문제 293쪽

1. 의복관리

① **기본원칙**
- ㉮ 의류를 버릴 때는 대상자의 동의를 반드시 구한다.
- ㉯ 감염 의심 대상자의 의류는 다른 의류와 구분해서 세탁한다.
- ㉰ 평소 입는 옷은 찾기 쉽게 수납하고 장소를 대상자에게 알려준다.
- ㉱ 수선이 필요한 옷은 수선하고 모직물에는 방충제를 넣는다.

② **의복의 선택 및 세탁관리**
- ㉮ 가볍고 느슨하고 보온성이 있으며 입고 벗는 것이 쉬워야 한다.
- ㉯ 교통사고 방지를 위해 밝은색이 들어간 옷이 좋다.
- ㉰ 장식은 과도하지 않아야 하고 신발은 굽이 낮아야 한다.
- ㉱ 속옷은 흡습성이 좋은 소재로 피부를 자극하지 않는 재질이어야 한다.

2. 침상 청결관리

① **기본원칙**
- ㉮ 침상을 정돈할 때는 반드시 대상자의 동의를 구한다.
- ㉯ 대상자가 넘어지지 않도록 하며 필요한 물품은 손에 닿는 위치에 둔다.
- ㉰ 용기에 들어 있는 물건은 이름을 적어둔다.

② **침구의 선택 및 정리**

이불	• 따뜻하고 가벼우며 보습성이 좋아야 한다. • 커버는 면제품이 좋으며 담요, 이불은 한 달에 한 번은 세탁 · 교체한다. • 건조시간은 오전 10시~오후 2시에 양모, 오리털이불은 그늘에서 말린다.
요(매트리스)	• 탄력성이 있으며 습기를 배출할 수 있는 것으로 한다. • 최소한 한 달에 한 번은 말린다.
리넨류(시트, 베개 커버 등)	• 소재는 튼튼하고 흡습성이 좋으며 요 밑에 넣을 수 있는 크기를 사용한다. • 욕창의 원인이 될 수 있는 풀을 먹이거나 재봉선이 있는 것은 피한다. • 더러워진 시트는 수시로 교환하고 3~5일에 한 번은 햇볕에 말린다.
베개	• 습기를 흡수하지 않고, 열에 강하며 촉감 좋은 재질을 사용한다. • 척추와 머리와 수평이 되는 높이가 좋으며 어깨 폭에 20~30cm를 더한다. • 식물종자(메밀껍질)로 된 베개가 좋고 감염자는 모포와 베개에 커버를 씌워 커버만 교환한다.

5 세탁하기

1. 기본원칙

① 세탁방법은 대상자의 습관과 결정을 존중하여 선택한다.
② 세탁물을 통해 실금이나 하혈 등 건강상태를 확인하고 이상이 있다면 시설장(관리책임자)에게 보고한다.
③ 수선이 필요한 경우 수선 후 세탁한다.

2. 세탁방법

① **불리기** : 오염이 심하면 세제로 가볍게 문지른 후 물에 불린다.
② **애벌빨래**
  ㉮ 오염 부분에 세제를 묻혀 살살 비벼준다.
  ㉯ 얼룩은 생긴 즉시 옷감이 상하지 않게 처리한다.
③ **본 세탁**

세탁물 표시기호

물세탁 기호		건조 표시기호		드라이클리닝 표시	
95℃	• 95℃ 물로 세탁 • 삶기 가능 • 세탁기, 손세탁 • 세제종류 제한없음	옷걸이	• 햇볕에 건조 • 옷걸이에 걸어서 건조	드라이	드라이클리닝 가능
40℃	• 40℃ 물로 세탁 • 약하게 세탁 • 세제종류 제한없음	옷걸이	• 그늘에 건조 • 옷걸이에 걸어서 건조	드라이 석유계	석유계 용제로 드라이클리닝 가능
30℃ 중성	• 30℃ 물로 세탁 • 약하게 세탁 • 중성세제	뉘어서	• 햇볕에 건조 • 뉘어서 건조	드라이(X)	드라이클리닝 안됨
손세탁 30℃ 중성	• 30℃ 물로 세탁 • 세탁기 사용 불가 • 약하게 손세탁 • 중성세제	뉘어서	• 그늘에 건조 • 뉘어서 건조		
(X)	물세탁 안됨				

염소표백기호			다림질 표시기호		탈수 표시	
△(염소 표백)	△⨯(염소 표백)	• 염소계 표백제 가능 • 염소계 표백제 안됨	🟰 180~210°C	180~210°C 로 다림질	약하게	• 손으로 약하게 짬 • 세탁기 단시간 탈수
△(산소 표백)	△⨯(산소 표백)	• 산소계 표백제 가능 • 산소계 표백제 안됨	🟰 180~210°C (천 덮음)	원단 위에 천을 덮고 180~210°C 로 다림질	⨯	짜면 안됨
△(염소 산소 표백)	△⨯(염소 산소 표백)	• 염소·산소계 표백제 가능 • 염소·산소계 표백제 안됨	⨯	다림질 안됨		

④ **삶기**

㉮ 반드시 뚜껑을 덮고 삶는다.

㉯ 삶는 종류가 다르거나 색이 빠질 의류는 봉투에 각각 넣은 후 다른 제품과 함께 삶는다.

⑤ **헹구기**

㉮ 2~3회가 적당하며 필요에 따라 섬유유연제를 사용한다.

㉯ 냄새가 심한 세탁물은 붕산수에 담갔다가 탈수한다.

⑥ **건조하기**

㉮ 흰색 면직물 : 햇볕에 건조

㉯ 합성섬유, 색상·무늬가 있는 의류 : 그늘에서 말린다.

㉰ 니트류 : 통기성이 있는 곳에서 펴서 말린다.

㉱ 청바지류 : 뒤집어서 말린다.

㉲ 제품별로 적절한 건조법으로 건조해야 수명과 기능을 유지할 수 있다.

⑦ **세탁 후 관리**

의복정리	• 사용빈도가 낮은 의복은 수납하며 수납장에 옷 종류의 이름표를 달아둔다. • 매일 입는 의류는 바퀴가 있는 끌차에 정돈해서 침대옆에 둔다.
다림질	• 앞으로 나갈 때는 뒤에 힘을 주고 뒤로 보낼 때는 앞에 힘을 준다. • 다림질 후 건조하여 습기를 제거하여 변형을 방지한다. • 풀 먹인 천이나 스프레이식 풀을 사용하여 다림질을 할 때는 천을 깔고 다린다.
보관하기	• 변질, 변색 방지를 위해 2시간 이상 직사광선을 쪼인 후 보관한다. • 습기가 있는 의류는 환풍이 잘 되는 그늘에서 말린다. • 모직물이나 견직물은 방충제를 넣어 보관한다. • 방충제는 공기보다 무거우므로 보관용기를 위에 둔다.

⑧ 보관하기
  ㉮ 의복은 해충, 곰팡이, 변색이 될 수 있으므로 2시간 이상 직사광선을 쏘인다.
  ㉯ 옷장에 방습제(방습제는 실리카겔이나 염화칼슘)를 넣어 습기를 막으며 방충제는 보관용기의 위쪽 구석에 넣어둔다.
  ㉰ 방충제는 한 가지씩만 사용한다.

6 외출동행 및 일상업무 대행 ♥   문제 299쪽

1. 외출동행

① **기본원칙**
  ㉮ 대상자의 욕구와 건강상태를 고려하여 계획하고 외출 후 만족도를 확인한다.
  ㉯ 대상자의 안전과 개인물품의 보관에 유의한다.

② **외출동행 방법**
  ㉮ 상황에 맞게 외출준비를 도우며 필요한 준비물품(신분증, 여벌 옷, 약 등)을 점검한다.
  ㉯ 대상자의 건강상태, 복약상태를 보호자에게 확인한다.
  ㉰ 예기치 못한 상황은 대상자 및 가족과 상의하여 대처한다.
  ㉱ 도보 시 보폭을 작게, 계단을 오를 때는 천천히 이동한다.
  ㉲ 차량 이동 시 대상자가 안전하게 오르내리게 하고 승차 시 무릎과 허리에 부담이 가지 않게 한다.
  ㉳ 외출에서 돌아오면 얼굴과 손발을 씻고 평상복으로 갈아입고 쉰다.
  ㉴ 업무 대행에 관련된 자료를 정확하게 확인한다.

2. 병원동행

① 대상자의 건강상태, 복약상태를 보호자에게 확인하고 필요시 기저귀, 약 등을 준비한다.
② 병원에서 대상자가 증상을 설명하지 못하는 경우 보충하여 설명한다.
③ 약 복용은 약사에게 자세히 물어 복용법을 대상자에게 알려준다.
④ 신분증, 진료비 영수증, 거스름돈을 확인하고 돌려준다.

3. 일상업무 대행

① 요양보호사가 업무를 수행할 수 있는지 확인한 후 업무에 필요한 준비를 점검한다.
② 필요한 사항은 협조를 구하고 대상자의 요구 시 대상자와 업무 담당자를 연계한다.
③ 대상자의 소지품 분실과 안전에 유의한다.

④ 동행 후 처리결과를 전달하고 만족스러운지 확인하고 불만족하여 재요청 시 상의하여 진행한다.

4. 정보 제공

① 대상자가 원하는 정보를 파악하고 정보를 구하는 방법을 알아본다.
② 대상자의 특성을 고려하여 자료를 수집하고 쉽게 정리하여 전달한다.
③ 충분히 인지할 수 있도록 시간적 여유를 가진다.

7 주거환경관리 ♥

1. 쾌적한 환경 유지 방법

온도	• 실내 온도는 여름 22~25℃, 겨울 18~22℃로 하며 개인차에 따라 조절한다. • 혈압 상승의 예방을 위해 실내 온도를 일정하게 유지한다.
습도	• 습도는 40~60%가 습기가 많으면 환풍기, 여름에는 제습기, 겨울에는 가습기를 사용한다.
채광	• 자연채광으로 하며, 직사광선을 차단하기 위해 커튼이나 블라인드를 사용한다.
조명	• 화장실, 복도, 계단 등은 야간에도 조명을 켜 둔다.
소음	• 소음은 소면, 정신적 불안을 유발할 수 있으므로 큰 소리가 나지 않게 주의한다.
환기	• 하루에 2~3시간 간격으로 3번, 10~30분 정도 환기한다.

2. 치매노인 환경지원 지침

① 환경지원 지침(PEAP) : 8개 영역

지남력 지원	인지기능(시간, 장소, 사람) 저하를 보완하는 환경 지원
기능적인 능력 지원	일상생활능력의 저하를 보완하는 환경 지원
환경적 자극의 질과 조정	환경의 다양한 자극의 질을 조정하여 심리적 안정 지원
기능적인 능력 지원	안전(안심)한 생활환경 지원
생활의 지속성을 위한 지원	생활이 지속되도록 환경 지원(장기요양기관)
자기 선택을 위한 지원	있고 싶은 공간을 선택할 수 있도록 환경 지원
사생활 확보를 위한 지원	존엄과 프라이버시를 지킬 수 있도록 환경 지원
대상자의 교류를 위한 지원	대상자와 지역사회와의 교류를 활성화하는 환경 지원

② 환경지원 지침의 영역별 내용
  ㉮ 지남력 지원
    - 이름표나 발(주렴) 등을 활용하여 공간 정보를 제공
    - 시계나 달력 등을 통해 시간과 공간에 대한 지남력을 향상시킴
    - 요양보호사들이 대상자들에게 적절한 자극과 심리적 안정감을 제공
  ㉯ 기능적인 능력 지원
    - 스스로 활동할 수 있는 환경 조성으로 자립능력 향상
    - 식사 및 다양한 활동(요리, 빨래, 장보기 등)을 할 수 있도록 환경 조성
  ㉰ 환경적 자극의 질과 조정
    - 다양한 자극을 통해 환경적 자극의 질(좋은 소리, 향기)을 높임
    - 소음 최소화 및 시각적 자극 제공 등 자극의 조정
  ㉱ 안전·안심을 위한 지원
    - 안정된 공간 제공 및 안전한 환경 조성
    - 잠재적 위험 요인 최소화
  ㉲ 생활의 지속성을 위한 지원
    - 익숙한 생활 방식을 유지할 수 있도록 지원
    - 개인물품이나 사진 등을 통해 자기다움 표현 및 가정적인 환경 조성
  ㉳ 자기 선택을 위한 지원
    - 대상자의 입장을 수용하며 자유로운 환경 조성
    - 공간과 소품의 선택권 제공
  ㉴ 사생활 확보를 위한 지원
    - 대상자의 존엄과 사생활 보장을 위한 시설 방침 명확화
    - 개인적인 생활 공간 제공
  ㉵ 대상자의 교류를 위한 지원
    - 만남 유도 및 촉진을 위한 공간 조성
    - 사회와의 교류가 이어지도록 지원

Ⅳ장 상황별 요양보호 기술

01절 치매 요양보호

1 치매 대상자와 가족

문제 304쪽

1. 치매가족이 느끼는 부담의 종류

① **정서적 부담** : 분노, 무기력감, 죄책감, 우울, 소외감, 불안감
② **신체적 부담** : 피로, 실체 질환, 수면 장애
③ **가족관계의 부정적 변화**
　㉮ 가족관계 질의 변화 : 대상자의 배우자가 주로 돌보는 경우 부부간 의사소통이 어려워질 수 있으며, 결혼한 성인자녀가 주로 돌보는 경우 부부관계의 질이 저하되거나 자녀들이 충분한 보호를 받지 못한다고 느낄 수 있다.
　㉯ 가족 갈등 : 부양태도나 부양방법에 대한 갈등이 생기기도 한다.
　㉰ 부정적 가족관계의 영향 : 가족간에 역할조정이 이루어지지 않으면 갈등이 생기며 전문가의 지원과 협조가 이루어지면 가족의 부담이 완화된다.
④ 시간적 제약과 사회활동의 제한
⑤ 경제적 부담

2. 치매가족과의 의사소통 기법

① **공감**
　㉮ 공감을 위해서 주의 깊게 듣기
　㉯ 비언어적 표현으로 공감하기
　㉰ 겉으로 드러난 감정에 대한 이해
　㉱ 가족들의 숨겨진 감정 이해
　㉲ 공감을 통해 신뢰 구축과 관계 형성
　㉳ 상대방의 심정을 알기 위해 기분을 헤아림

② 관심 전달
  ㉮ 적절한 눈 맞춤
  ㉯ 표정과 목소리 크기로 상대방을 편안하게 하기
  ㉰ 방어적인 자세 피하기
  ㉱ 상체를 약간 기울이거나 고개를 끄덕이는 등 상대방에게 집중
  ㉲ 적절한 거리를 유지하며 대화한다.
  ㉳ 존중과 열린 태도를 표현한다.
  ㉴ 우울이나 의심 등의 어려움을 이해하고 부드러운 말투와 미소로 대화를 지속
③ 조언 및 정보 제공
  ㉮ 정보를 제공하고 스스로 결정할 수 있도록 한다.
  ㉯ 가족의 대상자를 돌보는 능력을 지지하고, 선택을 존중해서 신뢰관계를 쌓는다.
④ 나-메시지 전달법
  ㉮ 부정적인 표현을 사용하지 않고 부드러운 방식으로 나의 생각을 전할 수 있다.
  ㉯ 상대방이 다른 사람에게 어떻게 받아들여졌는지를 객관적으로 이해할 수 있게 돕는다.
  ㉰ 예시 : "네가 (행동의 과정)해서 (행동의 결과)되었고, 나는 (감정)을 느꼈어"와 같이 표현할 수 있다.
⑤ 힘 돋우기
  ㉮ 격려하기
  ㉯ 희망 부여하기

② 치매 대상자의 일상생활 지원

1. 약물요법

① **약물복용의 중요성** : 약물을 바꾸거나 용량을 늘렸을 때 부작용이 없는지 관찰하여 메모를 병원에 제출한다.
② **투여 약물의 종류**
  ㉮ 인지기능개선제 : 악화를 지연하기 위해 투여하며 인지증상의 개선이 목적
  ㉯ 정신행동증상 개선제 : 다양한 정신활동 증상(망상, 환각, 우울, 공격성 등)을 개선하기 위해 약물을 투여

2. 일상생활 돕기 기본원칙

① 치매 대상자를 따뜻하게 응대하고 존중한다.

② 규칙적인 생활을 하게 한다.
③ 남아있는 기능을 최대한 살린다.
④ **상황에 맞는 요양보호를 한다** : 대상자의 상태가 변해가는 것을 이해하고 수용한다.
⑤ 안전에 주의한다(안전한 분위기를 조성한다).

3. 식사 돕기

① **기본원칙**
  ㉮ 의치의 고정 여부를 확인하고 지병(고혈압, 당뇨병)이 있다면 가려 먹는 음식을 접근할 수 없는 곳에 둔다.
  ㉯ 사발을 이용하여 덜 흘리게 하며 색깔이 있는 플라스틱 제품을 사용한다.
  ㉰ 소금이나 간장과 같은 양념은 식탁 위에 두지 않는다.
  ㉱ 씹는 것을 못하는 대상자에게는 딱딱 음식(사탕, 땅콩, 팝콘 등)보다는 부드러운 음식(저민고기, 반숙 계란, 과일 통조림 등)을 제공한다.
  ㉲ 묽은 음식에 사레가 걸리면 좀 더 걸쭉한 액체음식을 제공한다.
  ㉳ 대상자가 졸려하거나 초초해하는 경우 식사를 제공하지 않는다.

② **돕는 방법**
  ㉮ 식사 전 돕기
    ❶ 음식의 온도를 확인하고 흘리는 것에 대비하여 식탁용 매트나 비닐을 깔아준다.
    ❷ 앞치마를 입히고 음식을 잘게 잘라서 쉽게 먹을 수 있도록 한다.
  ㉯ 식사 중 돕기
    ❶ 빨대와 플라스틱 덮개가 부착된 컵에 물을 적당히 따라준다.
    ❷ 약간 무거운 숟가락을 주어 숟가락을 쥐고 있다는 사실을 인지하게 한다.
    ❸ 혼란을 예방하기 위해 한 가지 음식을 먹고 난 후 다른 음식을 제공한다.
    ❹ 숟가락으로 떠먹이는 대상자에게는 조금씩 먹이고 음식을 삼킬 때까지 기다린다.
  ㉰ 식사 후 돕기
    ❶ 섭취한 음식의 종류와 양을 정확히 기록한다.
    ❷ 식사를 하지 않아 체중이 감소하면 의료진에게 알려 원인을 파악한다.
    ❸ 체중감소 이유를 찾지 못했다면 좋아하는 음식을 걸쭉한 형태로 제공한다.
    ❹ 필요 시 처방된 비타민과 단백질을 포함한 약을 준다.

> ▶ **치매 대상자가 사고가 많은 이유**
> • 상황을 파악할 수 없고 금방 잊어버린다.
> • 치매 이후에도 예전 방식을 고집하며 변화에 대처하지 못한다.

> **식사 시 고려할 점**
> - 식사 습관과 음식에 대한 기호 반영하기
> - 안정된 분위기 조성하기
> - 규칙적으로 식사하기
> - 식탁에 앉으면 바로 식사하도록 준비하기

4. 배설 돕기

① **기본원칙**
  ㉮ 대상자의 방은 화장실 가까운 곳에 배정하며 위치를 알기 쉽게 표시한다.
  ㉯ 배설기록지에 배설시간과 양 등 습관을 기록한다.
  ㉰ 고무줄 바지나 세탁하기 편한 옷을 입히고 대소변을 잘 가렸을 때는 칭찬을 하고 실금을 해도 '괜찮다'고 말한다.
  ㉱ 야간에는 이동변기를 사용하며 낮에는 기저귀를 착용하지 않는 것이 좋다.

② **돕는 방법** : 배뇨곤란 시 야간에 수분섭취를 제한하며 하루 식사량과 수분 섭취량은 적당량을 유지한다.

③ **실금한 경우 돕는 방법**
  ㉮ 민감하게 반응하거나 화내지 않는다.
  ㉯ 배뇨관리로 소변을 볼 때 방광을 비우도록 배뇨 후 몸을 앞으로 구부리도록 도와주거나 치골 상부를 눌러준다.
  ㉰ 요실금이 있다면 스케줄에 따라 훈련을 하며 초기에는 매 2시간마다, 낮에는 2시간, 밤에는 4시간 간격으로 배뇨하게 한다.

④ **변비인 경우 돕는 방법**
  ㉮ 섬유질 음식과 충분한 수분을 섭취하게 한다.
  ㉯ 의료인과 상의하여 변비약을 먹이거나 관장을 하게 한다.(관장은 의료행위이므로 간호사가 해야 한다)
  ㉰ 손바닥을 이용하여 배를 가볍게 마사지하여 불편감을 줄여준다.
  ㉱ 변비에 좋은 음식(섬유질이 많은 식품, 발효식품)을 제공한다.

5. 개인위생 돕기

① **목욕**
  ㉮ 기본원칙
    ❶ 조용하고 부드럽게 강요하지 말고 과정을 단순화 한다.

❷ 규칙적으로 목욕을 하여 거부감을 줄이며 목욕물의 온도를 확인한다.
❸ 욕조바닥과 욕실바닥에는 미끄럼 방지매트를 깔아준다.
❹ 치매 대상자가 목욕 시 옆에서 부축한다.
㉯ 돕는 방법
❶ 대상자가 할 일을 한 가지씩 차례로 정중하게 제시한다.
❷ 물에 거부반응을 보이면 그릇에 물을 떠서 장난하게 한다.
❸ 적당량의 물을 욕조에 받아 미끄러지더라도 다치지 않게 한다.
❹ 욕조시설이 없다면 샤워실에 지지대를 설치하거나 목욕의자를 사용한다.

② **구강 위생**
㉮ 기본원칙
❶ 치약은 어린이용을 사용하며 칫솔은 부드러운 것을 사용한다.
❷ 의치는 하루 6~7시간 정도 제거하여 잇몸에 무리가 가지 않도록 한다.
❸ 편마비 대상자는 음식물이 한 쪽에 모여 있지 않도록 신경을 써야 한다.
❹ 치주에 염증이 있는지 자주 확인한다.
㉯ 돕는 방법
❶ 물치약이나 2% 생리식염수를 적신 거즈를 감은 설압자나 일회용 스펀지 브러시에 묻혀 치아와 입 안을 닦는다.
❷ 의치는 의치보관용기에 물을 넣어 담가둔다.
❸ 치아가 없는 대상자는 식후에 물이나 차를 마시게 하여 입 안을 깨끗하게 한다.

③ **옷 입기 돕기**
㉮ 기본원칙
❶ 몸에 끼지 않고, 장식이 없으며, 빨래하기 쉽고, 계절에 맞는 옷을 제공한다.
❷ 시간이 걸려도 혼자 입도록 격려하며 안전을 위해 옆에서 지켜본다.
㉯ 돕는 방법
❶ 속옷부터 입는 순서대로 정리해 놓으며, 입혀줄 경우 옷 갈아입는 데 참여하고 있음을 인식시킨다.
❷ 옷 입는 것을 거부하면 잠시 후에 다시 시도하거나 목욕시간을 이용하여 갈아입힌다.
❸ 단추 채우기가 어려우면 부착용 접착천으로 여미는 옷을 이용한다.
❹ 앞뒤의 구분이 어려우면 앞뒤를 뒤바꿔 입어도 괜찮은 옷을 입힌다.
❺ 자신의 옷이 아니라고 하면 옷 라벨에 이름을 써 놓는다.

6. 운동 돕기

① **기본원칙**
㉮ 운동기능을 평가하여 친해진 후 운동을 한다.

㉯ 지병(고혈압, 심장병)이 있는 대상자는 의사에게 점검을 받아야 한다.
㉰ 운동은 머리 쪽에서 다리 쪽으로 진행하며 운동량은 점차 늘린다.
② **돕는 방법**
㉮ 즐거워하는 운동을 스스로 운동할 수 있도록 유도한다. 산책이 가장 좋다.
㉯ 규칙적인 시간에 같은 길을 걸으며 풍경을 말해주어 혼란과 초조감을 줄인다.
㉰ 균형을 잡을 수 있으면 선 자세에서 운동을 하는 것이 효과적이다.
㉱ 치매 대상자도 스스로 운동하도록 한다.

7. 안전과 사고예방

① **기본원칙**
㉮ 치매 환자의 편리하고 안전한 환경 조성
㉯ 기억력 지원을 위한 시계, 달력, 연락처 게시판 활용
㉰ 언어 이해력이 낮을 때는 그림 활용
㉱ 안전한 생활환경을 위한 조명 관리
㉲ 자극을 피하기 위한 주의

② **안전과 사고예방법**

방과 주변	• 안전을 고려하여 1층으로 하되 잘 관찰할 수 있는 곳이 좋다. • 출입구, 난간 등에는 밝은 야광테이프를 붙여 구분이 가능하도록 한다. • 위험한 물건은 대상자가 발견할 수 없는 곳에 보관한다. • 창문이 잠겨져 있는지 확인하고 방 안에서 잠그지 못하는 문으로 설치한다. • 낮에는 방을 밝게, 밤에는 밝지 않게 하여 시간을 알게한다.
화장실	• 방은 화장실에서 가까운 곳으로 하며 밤에도 불을 켜둔다. • '화장실'이라고 표시를 하며 문은 밖에서도 열 수 있도록 한다.
욕실	• 문턱을 없애 걸리지 않도록 한다. • 목욕탕에 난간이나 손잡이를 설치하고 미끄럼방지 매트를 바닥에 설치한다. • 온수기의 온도를 낮추고 노출된 온수 파이프는 빨간색으로 표시한다. • 세제는 대상자의 눈에 띄지 않는 곳에 보관하며 비치는 물건(거울)은 대상자가 놀라지 않게 덮개를 씌운다.
부엌	• 파손이 쉽거나 위험한 물건은 보관장에 넣은 후 자물쇠로 잠근다. • 냉장고에 부착하는 과일, 채소모양의 자석은 먹을 수 있으므로 사용하지 않는다. • 음식물 쓰레기도 대상자가 먹을 수 있기 때문에 부엌에 두지 않는다.
차 안	• 안전띠를 착용하고 달리는 도중 문을 열지 못하도록 잠금장치를 한다.

❸ 치매 대상자의 행동심리증상 대처

문제 315쪽

1. 반복적 질문이나 행동

① **기본원칙**
  ㉮ 주의를 환기하고 심리적 안정과 자신감을 갖게 도와준다.
  ㉯ 행동이 위험하지 않으면 무리하게 중단하지 말고 그냥 두어도 된다.
  ㉰ 다독거리며 안심시켜주고 반복행동을 억지로 고치려고 하지 않는다.

② **돕는 방법**
  ㉮ 관심을 다른 곳으로 돌리기 위해 손뼉을 치는 등 소음을 낸다.
  ㉯ 대상자가 좋아하는 음식을 주거나 노래를 함께 부른다.
  ㉰ 과거의 경험, 고향과 관련된 대화를 한다.
  ㉱ 단순하게(나물 다듬기, 빨래개기, 콩 고르기 등) 할 수 있는 일거리를 제공한다.

2. 음식섭취 관련 행동심리증상

① **기본원칙**
  ㉮ 식사시간과 식사량 점검
  ㉯ 체중 비교를 통한 건강 상태 파악
  ㉰ 영양실조와 비만 예방
  ㉱ 대화에서 화나거나 대립하지 않음
  ㉲ 천천히 먹도록 유도
  ㉳ 장기적인 식사 거부 보고

② **돕는 방법**
  ㉮ 그릇의 크기를 조정하여 식사량을 조절하고 좋아하는 대체식품을 이용한다.
  ㉯ 도구를 사용하지 못하면 손으로 먹을 수 있는 음식을 공급한다.
  ㉰ 음식을 잘게 썰어주거나 걸쭉하게 만들어 준다.
  ㉱ 위험한 물건은 먹지 못하게 치우고, 물건을 빼앗기지 않으려 할 경우 대상자가 좋아하는 다른 간식과 교환한다.
  ㉲ 식사한 것을 알 수 있도록 먹은 식기를 그대로 두거나 식사 후 달력에 표시하게 한다.

3. 수면장애

① **기본원칙**
- ㉮ 수면상태 관찰
- ㉯ 규칙적인 하루 일정 제공
- ㉰ 휴식과 운동을 일정에 포함
- ㉱ 수면 환경 개선

② **돕는 방법**
- ㉮ 낮에 야외활동으로 운동하도록 하며 졸면 말을 걸어 자극을 준다.
- ㉯ 조용한 환경에서 적정 실내 온도를 유지한다.
- ㉰ 오후나 저녁에는 커피나 술을 주지 않는다.
- ㉱ 야간 외출 시 요양보호사가 동반한다.

4. 배회

① **기본원칙**
- ㉮ 초조한 행동은 나가려는 의사 표현일 수 있음을 인지
- ㉯ 안전한 환경 제공으로 신체적 손상 예방
- ㉰ 시간과 장소를 알려 현실감 유지
- ㉱ 활기차고 바쁘게 생활
- ㉲ 안전한 환경을 조성하며 소음 차단
- ㉳ 배회 가능성 시 관련 기관 협조 요청

② **돕는 방법**
- ㉮ 낙상을 방지하기 위해 주변 환경을 안전하게 한다.
- ㉯ 대상자의 신체적 욕구를 우선 해결해 주며 단순한 일거리를 주어 배회 증상을 줄인다.
- ㉰ 신분증을 소지하도록 하거나 연락처가 적힌 이름표를 달아준다.
- ㉱ 조용하고 깨끗한 환경을 조성한다.
- ㉲ 고향이나 가족과 관련된 대화를 하여 관심을 다른 곳으로 돌린다.
- ㉳ 상실감이나 욕구에 관련된 배회는 주변을 친숙한 것으로 채워주고 가족과 다과 등을 하는 시간을 갖는다.

5. 의심, 망상, 환각

① **기본원칙**
- ㉮ 대상자의 감정을 이해하고 수용하며 대상자의 말에 대해 부정하거나 다투지 않는다.

ⓒ 대상자의 앞에서 귓속말을 하지 않으며, 잃어버렸다고 하는 물건에 대해 이야기하지 않는다.
㉰ 잃어버렸다고 하는 물건을 찾은 경우 아무 일도 아닌 것처럼 행동한다.
㉱ 시간과 장소를 알려주어 현실감을 유지하게 하며 다른 것에 신경을 쓰도록 한다.
㉲ 잃어버렸다고 하는 물건을 같이 찾아본다.
㉳ 동일한 물건을 자주 잃어버렸다고 하면, 같은 물건을 준비해 놓았다가 대상자가 물건을 찾도록 도와준다.
㉴ 물건을 두는 위치를 알아두며 좋아하는 노래를 함께 부르거나 음악을 틀어준다.
㉵ 방을 지키기를 원한다면 위험하지 않은 범위에서 허용한다.
㉶ 망상이 심한 경우 시설장(관리책임자)에게 알린다.

6. 파괴적 행동

① 치매 대상자의 파괴적 행동 특징
㉮ 난폭한 행동이 가끔 일어난다.
㉯ 초기에 분노로 시작하여 에너지가 소모되면 중지한다.
㉰ 질병 초기에 나타나 수개월 내에 사라진다.

② 기본원칙
㉮ 대상자가 이해하지 못한 말은 다른 표현으로 반복해서 설명한다.
㉯ 천천히 관심 변화를 유도하며 파괴적 행동이 치매의 증상임을 이해한다.
㉰ 신체 언어를 위협적으로 느끼지 않게 하며 불필요한 신체적 구속은 피한다.

③ 돕는 방법
㉮ 이상 행동 시 조용한 장소에서 쉬게 한다.
㉯ 온화하게 말하고 천천히 안정된 태도로 움직이며 대상자가 흥분되어 있음을 이해한다는 표현을 한다.
㉰ 난폭한 행동이 계속되면 신체의 일부만 구속하며 공격적 행동이 사라질 때까지 접촉을 줄인다.

7. 석양증후군

① 기본원칙
㉮ 해질 무렵은 좋아하는 소일거리나 애완동물과 함께 있게 한다.
㉯ 낮에 활동하게 하며 신체적 제한은 악화시키므로 하지 않는다.

② 돕는 방법
㉮ 대상자와 산책을 하거나 좋아하는 인형 등을 준다.
㉯ 따뜻한 음료수 등 마사지, 음악 듣기를 하거나 TV를 켜놓거나 조명을 밝게 한다.

8. 부적절한 성적 행동

① **기본원칙**
- ㉮ 치매 대상자는 성 자체에 관심이 없다는 것을 인식
- ㉯ 부적절한 성적 행동요인을 관찰
- ㉰ 때때로 행정교정이 도움이 됨
- ㉱ 노출증을 감소시키기 위해 제한과 보상을 사용
- ㉲ 복용중인 약물로 인해 이상한 성행위가 유발될 수 있음을 이해

② **돕는 방법**
- ㉮ 의복의 불편감이나 대소변의 욕구인지 확인하고 해결한다.
- ㉯ 부적절한 성적행동을 멈추지 않으면 좋아하는 것을 가져간다고 경고한다.
- ㉰ 성적 관심을 가지면 공공장소에 가는 것을 삼가고 방문객을 제한한다.
- ㉱ 심한 경우 시설장(간호사)에게 보고한다.

4 치매 대상자와의 의사소통

1. 의사소통의 기본원칙

① **언어적인 의사소통**
- ㉮ 대상자의 상태를 고려하여 구체적으로 질문하고, 관심과 존중을 가지며 대화한다.
- ㉯ 이해 가능한 언어와 간단한 표현을 사용하여 대상자가 안심하도록 한다.
- ㉰ 대상자의 속도에 맞추어 반응하고, 어린아이로 대하지 않고도 정중하게 대화한다.
- ㉱ 설명을 반복하고, 한 번에 한 가지씩 이해하기 쉽게 설명하여 대상자의 이해를 돕는다.
- ㉲ 가까운 거리에서 얼굴을 마주보고 말하며, 현재 상황을 일상적 표현으로 알려준다.
- ㉳ 과거를 회상하게 한다.

② **비언어적인 의사소통**
- ㉮ 언어적 표현과 함께 비언어적인 표현을 같이 사용한다.
- ㉯ 글쓰기나 다른 의사소통 도구를 활용하여 의사소통을 한다.
- ㉰ 신체적 접촉을 사용하고, 치매 대상자의 비언어적 표현을 주의 깊게 관찰한다.
- ㉱ 대상자의 행동을 복잡하게 해석하지 않는다.

2. 치매 단계별 의사소통 문제 및 방법

① **초기**
- ㉮ 대화의 일관성이 어렵고 주제가 자주 바뀌며 어휘수가 점차 감소한다.

㉯ 이름을 부르는 것이 어렵고 과거·현재·미래를 사용하는 것이 어렵다.
② 중기
㉮ 애매모호한 내용을 이야기하고 일관성이 없으며 대화의 주제가 한정된다.
㉯ 올바른 이름을 지칭하지 못하고 어휘수가 초기보다 줄어든다.
㉰ 부적절한 명사, 시제를 사용한다.
③ 말기
㉮ 의사소통에 어려움이 있으며 말이 없어진다.
㉯ 대화할 때 시선을 맞추지 못하며 어휘수가 현저하게 감소한다.
㉰ 상대방의 말을 그대로 따라하거나 발음이 부정확하고, 다른 사람의 말을 이해하지 못한다.

3. 치매 단계별 의사소통 방법

① 초기
㉮ 간단한 언어로 요점을 설명하고 유사한 의미의 다른 언어를 이야기 해준다.
㉯ 과거의 긍정적인 회상을 돕도록 하며 응답할 시간을 충분히 준다.
② 중기
㉮ 반응할 때까지 기다리고 반복하여 질문하고 반응할 시간을 충분히 준다.
㉯ 대상자가 자주 사용하는 단어와 문구를 활용하여 친숙한 활동을 통해 대화한다.
㉰ 물건마다 이름표를 붙이며 대상자의 행동을 개인적 의미로 받아들이지 않는다.
㉱ 이용가능한 모든 단서를 활용하며 대상자의 말을 반복해서 이야기한다.
③ 말기
㉮ 대상자를 마주보며 이름을 부르며 이야기를 시작하고 요양보호사의 이름을 말한다.
㉯ 좋아했던 음악을 함께 듣고 책을 읽으며 편하고 부드러운 모습으로 이야기한다.
㉰ 신체적 접촉을 적절히 활용하며, 비언어적 메시지를 확인한다.
㉱ 응답이 없더라도 대상자가 듣고 있는 것처럼 다정하게 이야기한다.
㉲ 대상자의 이야기에 반응하며 대화가 끝난 후에는 마무리 인사를 한다.

❺ 인지자극 훈련

문제 325쪽

1. 인지기능 수준별 인지자극 훈련

① 인지기능에 문제가 없는 대상자
㉮ 스트레스 원인을 제거한다.
㉯ 지속적인 신체 활동 및 다양한 집단활동에 참여할 수 있도록 격려한다.

② **경증 인지기능 장애 대상자**
  ㉮ 목표 지향적 활동 및 집단 프로그램 참여 권고
  ㉯ 지속적인 신체 활동 격려
  ㉰ 일상생활활동 기억을 위한 보조적 수단 활용 장려
③ **중증 인지기능 장애 대상자**
  ㉮ 환자가 간단한 활동을 유지할 수 있도록 지원
  ㉯ 환자의 컨디션에 맞는 활동 제공(적절한 시간과 공간)
  ㉰ 과거 환경과 직업을 고려하여 활동 제안
  ㉱ 환경 변화에 대한 불안과 성능 저하 주의
  ㉲ 중증 인지장애에도 감정을 경험하므로 존엄성 유지
  ㉳ 몸짓과 표정을 주의 깊게 관찰 및 간단한 지시 활용
  ㉴ 문제 행동 발생 시 원인 고려 후 대응

02절 임종 요양보호

1 임종기 단계별 지원

1. 임종 적응 단계

① **부정** : "아니야. 나는 믿을 수 없어"
② **분노** : "나는 아니야. 왜 하필이면 나야", "왜 지금이야"
③ **타협** : "그래. 내게 이런 일이 벌어졌어. 하지만…"
④ **우울** : 침울한 단계로 곁에 있어줄 사람을 필요로 한다.
⑤ **수용** : 마음속에서 마지막 정리의 시간을 가진다.

2. 임종기 상담기술

① 죽음의 경험
② 성격 특성
③ 종교적 신념
④ 문화적 배경

② 임종 대상자 지원 및 가족에 대한 요양보호

문제 326쪽

1. 임종 징후

① 맥박이 약해지며 혈압이 떨어지고 혼수상태에 빠진다.
② 숨을 몰아쉬고 가래가 끓다가 숨을 깊고 천천히 쉰다.
③ 손발이 차가워지고 식은땀을 흘리며 피부색이 파랗게 변한다.
④ 의식저하, 실금하게 되며 항문이 열린다.

2. 신체·정신적 변화에 대한 요양보호

① 감각기능의 저하
② 구강과 코 주변 관리
③ 피부관리
④ 통증 조절
⑤ 호흡 조절
⑥ 소화기능 변화
⑦ 신장기능의 변화
⑧ 환경관리
⑨ 정서적 영적 지원

3. 임종 후 요양보호

① 가족이 없는 상황에서 임종을 맞이하면 가족(기관장)에게 알린다.
② 모든 과정은 존중하는 태도로 경건하게 수행한다.

4. 가족에 대한 요양보호

① **사별 전 가족 요양보호**
  ㉮ 대상자가 혼자 있을 때 불안해할 수 있으므로 가족들이 교대로 대상자 곁에 있는다.
  ㉯ 대상자의 헌신적인 삶을 인정하고, 조용한 분위기에서 친지나 지인의 방문을 허용하여 특별한 시간을 보내게 한다.
  ㉰ 집 안의 행사가 있을 경우 간단한 이벤트를 준비하고, 대상자가 의사소통이 가능할 때는 사진이나 동영상을 촬영한다.

② **사별 후 가족 요양보호**
  ㉮ 사별 후 애도는 정상이며, 신경이 예민해지거나 차분할 수 있다.
  ㉯ 분노를 표출할 수도 있으며, 마음을 털어놓을 수 있는 지지자가 필요하다.
  ㉰ 부드럽게 대하고 자신을 돌보도록 격려한다.
  ㉱ 우울증이 심해지거나 애도 기간이 1개월 이상 지속될 경우 상담을 권유한다.

③ 임종 대상자의 권리

1. 품위 있는 삶과 죽음의 권리

① 치료를 거부할 권리
② 원하는 사람을 만날 권리
③ 사생활을 침해받지 않을 권리

2. 사전연명의료의향서 작성

① 사전연명의료의향서는 국민건강보험공단지사를 통해서 안내받는다.
② 서면으로 표시했다 하더라도 언제든지 내용의 변경·철회가 가능하다.
③ 국립연명의료관리기관 홈페이지에 접속하면 대상자의 결정 내용을 알 수 있다.

3. 호스피스·완화의료 이용

① **입원형 임종관리 서비스** : 독립된 병동이나 시설에서 훈련을 받은 전문인력에 의해 제공(주로 암환자에게 제공)
② **가정형** : 가정 방문을 통해 서비스가 제공
③ **자문형** : 환자가 병원을 방문하여 서비스를 받는 형태
④ **연명의료결정법** : 암, 후천성면역결핍증, 만성폐쇄성 호흡기 질환, 만성 간경화 환자만이 이용 가능

03절 응급상황 대처 및 감염관리

1 위험 및 위기대응

문제 331쪽

1. 의학적 위기상황에 대한 대처법

① 상황을 판단하라
② 대상자를 살펴보라
③ **응급처치를 실시하라**
　㉮ 상당한 출혈, 심한 통증
　㉯ 의식의 변화, 호흡 불안정
　㉰ 피부색의 변화
　㉱ 신체 일부가 부풀어 오름
④ 가족(기관장)에게 보고하라

2. 재난상황에 대처

① 화재
　㉮ 소화기가 비치된 장소를 알아두고 사용법을 익힌다.
　㉯ 조리시 주방을 떠나지 말고 화기 부근에 물건을 두지 않는다.
　㉰ 화재 발생 시 눈, 코, 귀, 촉각을 사용하여 상황을 빠르게 파악한다.
　㉱ 화재 발생 시 "불이야"라고 외치고 비상벨을 눌러 주변에 알린다.
　㉲ 불을 진압할 것인지 대피할 것인지 판단한다.
　㉳ 진압 가능한 화재라면 소화기나 물양동이를 사용하여 진화를 시도한다.
　㉴ 진압이 어려운 화재라면 신속히 대피한다.
　㉵ 대피 시에는 계단을 이용하고, 연기를 피하기 위해 자세를 낮추고 벽을 따라 이동한다.
　㉶ 옥상 출입문이 항상 열려 있다면 옥상으로 대피한다.

② **수해와 태풍**
　㉮ 상수도 오염에 대비하여 욕조에 물을 미리 채운다.
　㉯ 응급약, 손전등, 비상식량, 휴대전화 충전기 등을 가지고 만일을 대비한다.
　㉰ 차량 이동 중에는 속도를 줄이고 연료를 충전한다.
　㉱ 침수가 우려되는 지역(지하주차장, 하천변, 산길, 공사장, 가로등, 신호등, 전신주 근처, 방파제 옆)을 피한다.

㉲ 집안으로 물이 들어오면 모래주머니 등을 사용하여 막는다.
　　　㉳ 전기차단기를 내리고 가스 밸브를 잠그고, 전기와 가스는 안전조사 후 사용한다.
　　　㉴ 홍수로 밀려온 물이 오염되었을 가능성이 있으므로, 몸이 젖었다면 비누로 깨끗이 씻는다.
　③ 지진
　　　㉮ 탁자 아래로 몸을 보호하고 머리를 팔로 감싸서 보호하는 자세로 웅크린다.
　　　㉯ 떨어지기 쉬운 곳을 피하고, 흔들림이 멈춘 후에 전기와 가스를 차단하고 계단을 이용하여 신속하게 대피한다.
　④ 정전 및 전기사고
　　　㉮ 손전등이나 휴대폰 등으로 주변을 밝힌다.
　　　㉯ 전기 의존적인 의료장비가 중단될 경우 119에 신고하여 긴급후송을 준비한다.
　　　㉰ 전기 충격을 입은 경우에는 접촉하지 않고 119에 신고한다.
　　　㉱ 누전차단기 상태를 확인하고, 전기사고 예방을 위해 평소에 주의를 기울인다.
　　　㉲ 냉장고 안의 냉동식품 상태를 점검하고, 녹아버린 식품은 재냉동하지 않고 버린다.

> ▶ **화재를 진입하는 방법**
> ① 안전핀을 뽑는다.
> ② 노즐을 잡고 불쪽을 향한다.
> ③ 손잡이를 움켜쥔다.
> ④ 분말을 골고루 쏜다.

② 감염예방 및 관리

문제 335쪽

1. 감염예방을 위한 일반적 원칙

개인보호구 사용

안면보호구, 마스크, 보안경	장갑	일회용 방수성 가운
눈, 코, 입의 점막에 환자의 혈액, 체액, 분비물이 묻을 우려가 있을 때	혈액, 또는 감염물질, 환자의 피부와 접촉할 때	환자의 혈액, 체액, 분비물, 배설물 접촉이 예상될 때

2. 올바른 손씻기 방법

올바른 손씻기 6단계(30초 이상) : 손바닥, 손등, 손가락 사이, 두 손 모아, 엄지 손가락, 손톱 밑

3. 흔한 감염성 질환 관리

① 결핵
㉮ 폐결핵으로 발병하며, 기침, 가래, 호흡곤란, 흉통, 발열, 야간 땀 등이 나타난다.
㉯ 술과 흡연을 멀리하고 영양섭취를 해야 한다.
㉰ 결핵환자와 접촉 시 즉시 병원이나 보건소를 방문하여 검사
㉱ 결핵환자의 격리는 의사의 판단에 따라 결정되며, 치료기간은 최소 2주 이상

② 독감
㉮ 발열, 두통, 쇠약, 기침, 인후통 등의 증상
㉯ 독감 예방접종은 10~12월 사이에 권장
㉰ 병이 회복될 즈음에 다시 열이 나고 가래가 생긴다면 폐렴이 의심되므로 즉시 병원을 방문해야 한다.

③ 코로나-19
㉮ 발열, 호흡곤란, 기침 등의 증상
㉯ 감염자는 최소 7일 이상 자가격리
㉰ 재확진 가능성을 고려하여 마스크 착용 및 일광소독이 중요하다.

④ 노로바이러스 장염
㉮ 구토, 메스꺼움, 복통, 설사 등의 증상
㉯ 증상 발현 시 최소 2~3일간 요양보호를 중단해야 하며, 회복 후에도 음식 조리를 삼가해야 한다.

⑤ 옴
㉮ 감염력이 높은 피부질환이며, 여름에 발생
㉯ 직접 및 간접 접촉으로 전파되며, 전신에 가려움증을 유발
㉰ 병원에서 처방받은 도포용 약제를 온 몸에 골고루 바르고, 옷과 침구류는 뜨거운 물로 삶아서 세탁

⑥ 이
㉮ 머릿니와 사면발이로 구별
㉯ 머릿니는 두피 주위 머리카락을 잡고 살며, 사면발이는 음모에 서식하여 비슷한 증상을 유발
㉰ 직접 접촉 뿐만 아니라 공동 사용된 침구류나 머리빗을 통해 전염
㉱ 살충성분이 함유된 샴푸를 사용하며, 사용한 물건들은 고온으로 세탁하여 청결을 유지

3 응급처치

1. 질식

① 의식이 있다면 기침을 하게 하며 대상자의 뒤에 서서 하임리히법을 실시한다.
② 의식이 없다면 119에 즉시 신고하며 심폐소생술을 실시한다.

2. 급성 저혈압

① 혈압이 90/60 이하로 낮아지거나 또는 맥박 수가 100회 이상인 경우 쇼크가 온다.
② 119에 신고한다.
③ 천장을 바라보는 자세로 눕힌다.
④ 대량출혈 발생 시 출혈에 대한 응급조치를 실시한다.
⑤ 입에서 혈액(토사물)이 나오면 고개를 옆으로 돌린다.
⑥ 발아래 베게(이불) 등을 받쳐서 다리가 30cm 정도 높게한다.
⑦ 상황 종료 시까지 물(음식)을 주어서는 안 된다.

3. 출혈

① 장갑을 착용하고 출혈부위를 노출한다.
② 출혈량이 적다면 멸균거즈 등으로 상처를 압박한다.
③ 출혈량이 많다면 깨끗한 수건이나 옷으로 상처를 압박한다.
④ 출혈이 멈추거나 119 구급대원이 올 때까지 출혈 부위를 누른다.
⑤ 출혈이 많으면 첫 번째 패드 위로 두 번째 패드를 덧대서 압박한다.
⑥ 쇼크가 의심되면 다리를 높이는 자세로 눕힌다.
⑦ 출혈이 멈추면 상처 부위에 드레싱을 한다.

4. 경련

① 경련 시에는 몸이 뻣뻣해지고, 호흡곤란, 침을 흘리거나, 대소변이 나올 수 있다.
② 머리 아래 부드러운 것을 대고 위험한 물건을 치운다.
③ 옷의 단추나 넥타이를 풀어 편하게 해주고 얼굴을 옆으로 돌려 기도가 막히는 것을 예방한다.
④ 입에 이물질을 넣으면 안 되며 경련하는 동안 잠시(1~2분 정도) 기다린다.
⑤ 저절로 경련이 멈출 때까지 기다리며 경련이 멈추면 휴식을 취한다.

5. 약물 중독

① 약물 부작용의 증상은 오심, 구토, 복통, 설사, 흉통, 호흡곤란, 발작 등이 있다.

② 의식이 없다면 천장을 바라보는 자세로 눕힌다.

③ 입에서 거품(토사물)이 나오면 고개를 옆으로 돌린다.

④ 119 구급대원이 올 때까지 상태변화를 관찰한다.

⑤ 복용한 것으로 의심되는 물질이 있다면 용기째 119 대원에게 전달한다.

6. 화상

① 찬물에 15분 이상 담가 화상면의 확대와 염증을 억제한다.(흐르는 수돗물에 대면 피부가 손상될 수 있다)

② 옷 위로 냉각시키고 벗기기 힘든 옷은 잘라내고, 장신구(반지, 팔찌 등)는 최대한 **빨리** 제거한다.

③ 화상이 경미하면 멸균 드레싱을 하며 화상의 정도를 모른다면 병원 진료를 받도록 한다.

7. 골절

① 대상자를 안정시키고 움직이지 않게 한다.

② 손상 부위의 장신구를 제거하고 골절인지 아닌지 구분이 어렵다면 병원 진료를 받도록 한다.

4 심폐소생술 ♥

문제 345쪽

1. 심폐소생술의 단계

반응확인 → 도움요청과 119 신고 → 호흡확인 → 가슴압박 시행 → 회복자세

① **반응 확인**
  ❶ 안전한 장소로 이동한다.
  ❷ 양쪽 어깨를 두드리며 "괜찮으세요?"라고 질문하며 반응을 확인한다.
  ❸ 정상호흡을 하면 옆으로 눕혀 입으로 이물질이 들어가는 것을 예방한다.

② **도움 요청과 119 신고**
  대상자가 의식이 없거나 호흡이 없으면 주위 사람에게 119에 신고하거나 자동심장충격기를 갖다 달라고 요청한다.

③ 호흡확인
  ㉮ 얼굴과 가슴을 10초 이내로 관찰하여 호흡이 있는지 확인한다.
  ㉯ 일반인은 확인이 어려우므로 구급상황요원의 지시에 따라 확인한다.
④ 가슴압박 시행
  ㉮ 양팔의 팔꿈치를 쭉 펴서 어깨와 일직선을 이루게 하고 구조자의 어깨와 환자의 가슴이 수직이 되게한다.
  ㉯ 1분에 100~120회 속도로 환자의 가슴이 약 5cm 정도 깊이로 압박한다.
  ㉰ 압박 직후 가슴이 원래 상태로 이완되게 하며 압박:이완시간비율이 50:50이 되게하며 손바닥이 가슴에서 떨어지지 않게한다.
  ㉱ 가슴압박 시 흉골하단의 칼돌기를 압박하지 않도록 한다.
⑤ 회복자세
  ㉮ 가슴압박 소생술 중 환자가 소리를 내거나 움직이면 호흡을 확인한다.
  ㉯ 호흡이 회복되면 옆으로 눕히고 관찰한다.
  ㉰ 반응과 호흡이 없다면 심정지가 재발한 것이므로 다시 가슴압박과 인공호흡을 시작한다.

2. 자동심장충격기 사용

전원 켜기 → 두 개의 패드 부착 → 심장 리듬 분석 → 심장충격 시행 → 즉시 심폐소생술 다시 시행

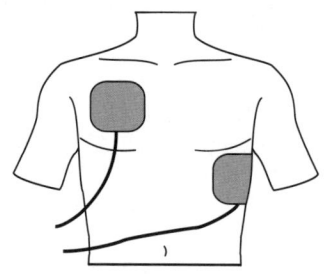

[패드의 부착 위치]

① **전원 켜기** : 심정지 대상자에게만 사용한다.
② **두 개의 패드 부착** : 오른쪽 패드는 오른쪽 빗장뼈 밑에, 왼쪽 패드는 왼쪽 중간 겨드랑이 선에 붙인다.
③ **심장리듬 분석**
  ❶ 분석 중이니 물러나라는 음성이 나오면 대상자에게서 손을 뗀다.
  ❷ "심장충격이 필요합니다"라는 음성이 나오며 에너지 충전을 한다.
  ❸ 심장 충격이 필요 없는 경우에는 "환자의 상태를 확인하고 심폐소생술을 계속하십시오"라는 음성이 나오면 심폐소생술을 시작한다.

④ **심장충격 시행**
  ㉮ 심장 충격이 필요하면 심장 충격 버튼이 깜박이며, 버튼을 눌러 심장 충격을 시행한다.
  ㉯ 심장 충격을 시행하기 전 사람이 환자로부터 떨어져 있는지 확인한다.

⑤ **즉시 심폐소생술 다시 시행**
  ㉮ 심장 충격을 실시한 후에는 가슴압박을 다시 시작한다.
  ㉯ 심장 충격기의 사용과 심폐소생술은 119 구급대가 도착할 때까지 계속한다.

PART 02

출제예상문제

CHAPTER

Ⅰ장 | 요양보호와 인권
Ⅱ장 | 노화와 건강증진
Ⅲ장 | 요양보호와 생활지원
Ⅳ장 | 상황별 요양보호 기술

Ⅰ장 요양보호와 인권

01절 요양보호 대상자의 이해

01_ 노인과 노화 과정 / 02_ 노년기의 특징 (본문 10쪽)

01 노인의 신체적 특징에 대한 설명으로 맞지 않는 것은?

① 뼈와 근육이 위축되어 등이 굽고, 키가 줄어든다.
② 잠재하고 있던 질병이 나타나기도 한다.
③ 주름이 많아진다.
④ 피하지방의 증가로 체중이 증가한다.
⑤ 조직의 예비능력이 저하되어 일상생활의 적응력이 떨어진다.

 노인의 신체적 특징
- 세포의 노화 : 등이 굽고, 키와 체중이 감소하며 주름이 진다.
- 방어능력의 저하 : 잠재하고 있던 질병이 나타나거나 질병이 발생하면 급격히 악화된다.
- 예비능력의 저하 : 조직의 예비능력이 저하되어 일상생활의 적응력이 떨어진다.
- 회복능력의 저하 : 만성질환은 다른 합병증이 올 수 있어 중증으로 빠질 수 있다.
- 비가역적 진행 : 점차적으로 진행되며 회복되지 않는다.

02 질문이나 문제에 대해 대답을 망설이거나 하지 못하는 등의 형태로 나타나는 노인의 심리적 특성은?

① 우울증 경향의 특징
② 내향성 및 수동성의 증가
③ 조심성의 증가
④ 경직성의 증가
⑤ 의존성 증가

정답 01 ④ 02 ③

○ **조심성의 증가 특성**
- 일의 결과를 중시한다.
- 질문에 대한 대답을 망설이며 중립성을 지킨다.
- 결단이나 행동이 느려지고 신중해진다.
- 시청각 및 지각능력의 감퇴로 자신감이 감퇴한다.

03 건강한 노화를 위해 해야 할 일로 맞지 않는 것은?

① 신체와 활동에 맞게 영양분을 섭취하고, 적절한 운동을 실시한다.
② 사회적 관계를 유지하고 생산적인 활동을 한다.
③ 지속적으로 뇌에 자극을 주기 위해 도박을 한다.
④ 가족, 친구들과의 접촉을 통해 의사소통과 애정표현을 한다.
⑤ 자신감 유지를 위해 자원봉사 활동 등 생산적인 활동을 한다.

○ 지속적으로 뇌에 자극을 주기 위해 독서, 학습 등을 해야 하지만 도박은 맞지 않다.

04 다음은 무엇에 대한 설명인가?

㉮ 의사결정이 신중하여 젊은 사람들보다 실수가 적다.
㉯ 많은 정보 중에서 중요한 정보를 선별하는 능력이 뛰어나다.
㉰ 수준 높은 동기 부여를 통해 직무를 수행할 수 있다.

① 노화의 긍정적 측면　　　② 노인에 대한 보상
③ 노인의 기여　　　　　　④ 노인의 신체적 특성
⑤ 노인의 일반적 특성

○ 삶의 지혜를 쌓고 균형적인 판단을 내릴 수 있는 노화의 긍정적 측면에 해당하는 내용이다.

05 노화에 따른 신체적 특성으로 옳은 것은?

① 세포의 재생　　　　　② 면역능력의 잔존
③ 잔존능력의 재생　　　④ 비가역적 진행
⑤ 회복능력의 생산

정답　03 ③　04 ①　05 ④

○ **노인의 신체적 특징**
- 세포의 노화 : 등이 굽고, 키와 체중이 감소하며 주름이 진다.
- 면역능력의 저하 : 잠재하고 있던 질병이 나타나거나 질병이 발생하면 급격히 악화된다.
- 잔존능력의 저하 : 신체조직의 적응능력이 저하되어 일상생활에서 어려운 상황이 발생할 수 있다.
- 회복능력의 저하 : 만성질환은 다른 합병증이 올 수 있어 중증으로 빠질 수 있다.
- 비가역적 진행 : 점차적으로 진행되며 회복되지 않는다.

06 다음은 무엇에 대한 설명인가?

> 뼈와 근육의 위축으로 키가 줄어들고 피하지방의 감소로 전신이 마르고 등이 굽는다.

① 세포의 노화 ② 면역능력의 저하
③ 잔존능력의 저하 ④ 회복능력의 저하
⑤ 비가역적 진행

○ **노인의 신체적 특징**
- 세포의 노화 : 등이 굽고, 키와 체중이 감소하며 주름이 진다.
- 면역능력의 저하 : 잠재하고 있던 질병이 나타나거나 질병이 발생하면 급격히 악화된다.
- 잔존능력의 저하 : 신체조직의 적응능력이 저하되어 일상생활에서 어려운 상황이 발생할 수 있다.
- 회복능력의 저하 : 만성질환은 다른 합병증이 올 수 있어 중증으로 빠질 수 있다.
- 비가역적 진행 : 점차적으로 진행되며 회복되지 않는다.

07 신체 조직의 적응능력이 저하되어 일상생활에서 어려운 상황이 발생할 수 있는 특성은 무엇인가?

① 세포의 노화 ② 면역능력의 저하
③ 회복능력의 저하 ④ 비가역적 진행
⑤ 잔존능력의 저하

08 노화과정의 차이는 어디에서 나타날 수 있는가?

① 신체적 차이 ② 심리적 차이
③ 사회적 차이 ④ 생활양식의 차이
⑤ 공통의 차이

정답 06 ① 07 ⑤ 08 ④

○ 노화과정은 노인 개인의 생활양식에 따라 차이가 나타날 수 있다.

09 노화과정의 설명으로 맞지 않는 것은?

① 등이 굽고, 키와 체중이 감소하며 주름이 진다.
② 잠재하고 있던 질병이 나타나거나 질병이 발생하면 급격히 악화된다.
③ 신체조직의 적응능력이 저하되어 일상생활에서 어려운 상황이 발생할 수 있다.
④ 만성질환은 다른 합병증이 올 수 있어 중증으로 빠질 수 있다.
⑤ 점차적으로 진행되지만 약물요법과 식이요법을 병행하면 회복된다.

○ **노화과정의 특징**
① 세포의 노화
② 면역능력의 저하
③ 잔존능력의 저하
④ 회복능력의 저하
⑤ 비가역적 진행 : 점차적으로 진행되며 회복되지 않는다.

10 노인의 심리적 특성이 아닌 것은?

① 우울증 경향의 증가
② 내향성의 증가
③ 새로운 사물에 대한 호기심
④ 조심성의 증가
⑤ 경직성의 증가

○ **노인의 심리적 특성**
• 우울증 경향의 증가 : 타인을 비난하거나 주변사람을 적대적으로 대한다.
• 내향성 및 수동성의 증가 : 사회활동 감소, 타인과의 만남 기피
• 조심성의 증가 : 질문에 대한 대답을 망설이며 결단이나 행동이 느려진다.
• 경직성의 증가 : 자신에게 익숙한 습관, 방법 고수하며 새로운 변화 거부, 도전적인 일을 회피한다.
• 생에 대한 회고의 경향 : 다가오는 죽음을 평온하게 맞게 한다.
• 친근한 사물에 대한 애착심
• 유산을 남기려는 경향 : 자신의 삶이 가치있었다는 것을 인정받고자 한다.
• 의존성의 증가 : 사회적 심리적으로 타인에게 더 의존한다.

11 노인의 심리적 특성 중 다음은 무엇에 대한 설명인가?

> ㉮ 자신에게 익숙한 습관과 방법을 고수한다.
> ㉯ 새로운 변화를 거부한다.
> ㉰ 도전적인 일을 회피한다.

① 내향성의 증가
② 조심성의 증가
③ 경직성의 증가
④ 우울증의 경향 증가
⑤ 생에 대한 회고의 경향

○ 노인의 심리적 특성
① 내향성 및 수동성의 증가 : 사회활동 감소, 타인과의 만남 기피
② 조심성의 증가 : 질문에 대한 대답을 망설이며 결단이나 행동이 느려진다.
④ 우울증 경향의 증가 : 타인을 비난하거나 주변사람을 적대적으로 대한다.
⑤ 생에 대한 회고의 경향 : 다가오는 죽음을 평온하게 맞게 한다.

12 잠재되어 있던 질병이 발생할 경우 급격하게 악화되어 죽음을 맞기도 하는 신체적 특징은?

① 세포의 노화
② 면역능력의 저하
③ 비가역적 진행
④ 잔존능력의 저하
⑤ 회복능력의 저하

○ 노인의 신체적 특징
① 세포의 노화 : 등이 굽고, 키와 체중이 감소하며 주름이 진다.
③ 비가역적 진행 : 점차적으로 진행되며 회복되지 않는다.
④ 잔존능력의 저하 : 신체조직의 적응능력이 저하되어 일상생활에서 어려운 상황이 발생할 수 있다.
⑤ 회복능력의 저하 : 만성질환은 다른 합병증이 올 수 있어 중증으로 빠질 수 있다.

13 세포가 노화되면 어떤 신체적 특징이 생기는가?

① 등이 굽고, 키와 체중이 감소하며 주름이 진다.
② 잔존능력과 적응력이 떨어져 일상생활에 어려움이 올 수 있다.
③ 만성질환은 다른 합병증이 올 수 있어 중증으로 빠질 수 있다.
④ 잠재하고 있던 질병이 나타나거나 질병이 발생하면 급격히 악화된다.
⑤ 점차적으로 진행되며 회복되지 않는다.

정답 11 ③ 12 ② 13 ①

○ ② 잔존능력의 저하   ③ 회복능력의 저하   ④ 면역능력의 저하   ⑤ 비가역적 진행

14 신체적 특성 중 인간의 노력으로 진행을 되돌릴 수 없는 것을 무엇이라 하는가?

① 비가역적 진행 ② 세포의 노화
③ 면역능력의 저하 ④ 잔존능력의 저하
⑤ 회복능력의 저하

○ 노화는 누구에게나 일어나며 인간의 노력으로 진행을 막을 수도 되돌릴 수도 없다.

15 노년기의 신체적 특성이 아닌 것은?

① 세포의 노화 ② 면역능력의 저하
③ 잔존능력의 저하 ④ 회복능력의 저하
⑤ 생에 대한 회고의 경향

신체적 특성	심리적 특성
• 세포의 노화 • 면역능력의 저하 • 잔존능력의 저하 • 회복능력의 저하 • 비가역적 진행	• 우울증 경향의 증가 • 내향성의 증가 • 조심성의 증가 • 경직성의 증가 • 생에 대한 회고의 경향 • 친근한 사물에 대한 애착심 • 유산을 남기려는 경향 • 의존성의 증가

16 노년기의 심리적 특성 중 사회활동 감소와 타인과의 만남을 기피하는 것은 무엇인가?

① 조심성의 증가 ② 내향성 및 수동성의 증가
③ 세포의 노화 ④ 회복능력의 저하
⑤ 경직성의 증가

○ • 조심성의 증가 : 질문에 대한 대답을 망설이며 결단이나 행동이 느려진다.
• 경직성의 증가 : 자신에게 익숙한 습관, 방법 고수하며 새로운 변화 거부, 도전적인 일을 회피한다.
• 세포의 노화, 회복능력의 저하 : 신체적 특성

정답 14 ① 15 ⑤ 16 ②

17 노인의 사회적 특성이 아닌 것은?

① 역할상실
② 경제적 빈곤
③ 유대감의 상실
④ 사회적 관계 위축
⑤ 의존성 증가

> **노인의 사회적 특성**
> • 역할상실 : 은퇴로 인해 심리적으로 위축되기도 한다.
> • 경제적 빈곤 : 노후자금이 없는 경우 빈곤에 처하기도 한다.
> • 유대감의 상실 : 직장에서 은퇴하면 사회적 관계가 줄어든다.
> • 사회적 관계 위축 : 질환이 생기면서 신체적, 사회적 부적응이 생기기도 한다.
> 의존성 증가는 노인의 심리적 특성이다.

18 다음은 무엇에 관한 설명인가?

> ㉮ 사회적 역할을 상실하여 위기를 경험한다.
> ㉯ 새로운 기술과 적응 방식에 스트레스를 받는다.
> ㉰ 노동력과 생산성의 감소를 겪으며 상실감과 고립감을 느낀다.

① 노인의 심리적 특성
② 노인의 신체적 특성
③ 노인의 사회적 기여
④ 노인에 대한 보상
⑤ 노인의 사회적 특성

19 주변사람들에게 적대감을 보이거나 타인을 비난하는 등의 행동을 보이는 것은 무엇인가?

① 우울증 경향의 증가
② 조심성의 증가
③ 경직성의 증가
④ 친근한 사물에 대한 애착심
⑤ 의존성의 증가

> ② 질문에 대한 대답을 망설이며 결단이나 행동이 느려진다.
> ③ 자신에게 익숙한 습관, 방법 고수하며 새로운 변화 거부, 도전적인 일을 회피한다.
> ④ 오랫동안 사용한 사물에 애착이 강하다.
> ⑤ 사회적 심리적으로 타인에게 더 의존한다.

정답 17 ⑤ 18 ⑤ 19 ①

20 다음은 무엇에 대한 특성인가?

> ㉮ 오랫동안 사용한 사물에 대해 강한 애착심을 갖는다.
> ㉯ 과거를 회상하거나 마음의 안정을 찾는데 도움이 된다.
> ㉰ 정서적 안정감, 자기정체감을 유지하는데 도움이 된다.

① 유산을 남기려는 경향 ② 생에 대한 회고의 경향
③ 친근한 사물에 대한 애착심 ④ 의존성의 증가
⑤ 내향성 및 수동성의 증가

- ① 자신의 삶이 가치 있었다는 것을 인정받고자 한다 : 유산을 남기려는 경향
  ② 다가오는 죽음을 평온하게 맞게 한다 : 생에 대한 회고의 경향
  ④ 사회적 심리적으로 타인에게 더 의존한다 : 의존성의 증가
  ⑤ 사회활동 감소, 타인과의 만남 기피 : 내향성 및 수동성의 증가

21 노인의 심리적 특징 중 경직성이 증가하면 생기는 일은?

① 일의 결과를 중시한다.
② 은퇴로 인해 심리적으로 위축되기도 한다.
③ 결단이나 행동이 느려지고 신중해 진다.
④ 새로운 변화를 거부하고 도전적인 일을 회피한다
⑤ 다가오는 죽음을 평온하게 맞게 한다.

- ① 일의 결과를 중시한다 : 조심성의 증가
  ② 은퇴로 인해 심리적으로 위축되기도 한다 : 사회적 특징 중 역할 상실
  ③ 결단이나 행동이 느려지고 신중해 진다 : 조심성의 증가
  ⑤ 다가오는 죽음을 평온하게 맞게 한다 : 생에 대한 회고의 경향

22 노년기의 신체적, 심리적 특성이 맞게 짝지어진 것은?

① 신체적 특성 – 세포의 노화, 내향성의 증가
② 신체적 특성 – 면역능력의 저하, 경직성의 증가
③ 심리적 특징 – 경직성의 증가, 의존성의 증가
④ 심리적 특징 – 회복능력의 저하, 조심성의 증가
⑤ 심리적 특징 – 세포의 노화, 면역능력의 저하

정답 20 ③ 21 ④ 22 ③

신체적 특성	심리적 특성
• 세포의 노화 • 면역능력의 저하 • 잔존능력의 저하 • 회복능력의 저하 • 비가역적 진행	• 우울증 경향의 증가 • 내향성의 증가 • 조심성의 증가 • 경직성의 증가 • 생에 대한 회고의 경향 • 친근한 사물에 대한 애착심 • 유산을 남기려는 경향 • 의존성의 증가

23 노인이 되면 나타나는 문제가 아닌 것은?

① 사회적 역할상실 ② 수입감소 ③ 건강악화
④ 지역사회 봉사 ⑤ 소외와 고독감

○ 지역사회봉사는 노인이 되어도 할 수 있다.

03_ 가족관계 변화와 노인 부양

본문 12쪽

01 노년기에는 다양한 변화가 일어나는데 의미 있는 노년을 보내기 위해 가장 중요하게 유지해야 하는 관계는?

① 교우관계 ② 사회관계 ③ 직장관계
④ 가족관계 ⑤ 동료관계

○ 노년기에는 가족의 변화가 일어나는데 가족관계를 긍정적으로 유지할수록 의미있는 노년을 보낼 수 있다.

02 노년기의 가족관계에 관한 설명으로 옳은 것은?

① 자녀가 결혼을 해도 같이 거주한다.
② 자녀가 없으므로 부부관계가 악화된다.
③ 자녀들에게 의존하고 살게 된다.
④ 사이가 안 좋은 형제들과는 의절한다.
⑤ 활기찬 노년을 위해 성생활을 유지해야 한다.

정답 23 ④ | 01 ④ 02 ⑤

○ ① 자녀가 결혼하고 부부만 남는 '빈둥지증후군'을 겪는다.
　② 자녀가 없으므로 부부관계의 친밀감을 회복하기 위해 노력한다.
　③ 자녀들에게 의지하기 보다는 자신의 삶을 활기차게 살기위해 노력해야 한다.
　④ 어린시절을 공유한 형제자매간 심리적 안정감을 공유한다.

03 자녀가 결혼하면서 부부만 남게 되는 것을 무엇이라 하는가?

① 갱년기증후군　　　　　　　② 빈둥지증후군
③ 이혼증후군　　　　　　　　④ 사별증후군
⑤ 명절증후군

○ 자녀가 결혼하면 부부만 남게 되는 것을 '빈둥지증후군'이라고 한다.

04 노년기 가족관계의 변화에 대한 설명으로 거리가 먼 것은?

① 부부가 적극적으로 대화하고 부부 공통의 화제나 취미생활을 한다.
② 자녀와 상호 작용을 자주 하면서 각자의 사생활을 지킨다.
③ 손자녀에게 아낌없는 애정을 보인다.
④ 형제자매와 심리적 안정감을 공유한다.
⑤ 혼자가 되면 삶에 적응하기 위해 알코올 등에 의지해서 살아간다.

○ 혼자가 되면 삶에 적응하기 위해 가족과 자녀의지지, 자아존중감 향상이 필요하다.

05 다음은 노년기의 무엇에 관한 설명인가?

> 노년기에 이르면 어렸을 때 있던 갈등이 줄어들고 상호이해를 하게 되며 어린시절을 공유했기 때문에 심리적 안정감을 공유할 수 있다.

① 형제자매관계　　　　　　　② 고부관계
③ 이웃관계　　　　　　　　　④ 조부모-손자녀관계
⑤ 부부관계

○ 노년기에는 어린시절을 공유한 형제자매간의 심리적 안정감을 공유하며 중요한 사회적 지지자가 된다.

정답　03 ②　04 ⑤　05 ①

06 핵가족화의 영향으로 자녀와 노인이 근거리에 살면서 부양을 하는 형태를 무엇이라 하는가?

① 기러기 가족
② 독거노인
③ 빈둥지가족
④ 수정확대가족
⑤ 국가유공자가족

○ 수정확대가족은 근거리에 살면서 자주 상호작용을 하면서 각자의 사생활을 지킬 수 있다.

07 노인이 되면 나타나는 4고(苦)가 아닌 것은?

① 갱년기
② 빈곤
③ 질병
④ 고독
⑤ 무위(역할상실)

○ 노인이 되면 수입 감소, 건강 악화, 소외와 고독감에 빠지기 쉽다.

08 노인이 되면 나타나는 4가지 문제가 아닌 것은?

① 빈곤
② 질병
③ 결혼
④ 고독
⑤ 무위

○ 노인의 4대 문제 : 빈곤, 질병, 고독, 무위

09 노인부양 해결 방안 중 다음이 설명하는 것은 무엇인가?

> 노인의 문제는 재정적, 신체적, 심리적 지원이 필요한 부양의 문제로 연결되며 부양을 위해 공적·사적 부양이 모두 필요하다.

① 사회와 가족의 협력
② 세대 간의 갈등 조절
③ 평생교육실현
④ 노인의 개인적 대처
⑤ 노인복지정책 강화

정답 06 ④ 07 ① 08 ③ 09 ①

○ 공적으로는 국가의 장기요양제도가 필요하고 사적으로는 가족이 보살피는 부양이 필요하다.
　② 세대 간의 갈등 조절 : 자녀세대와 부모세대의 상호존중으로 사회통합을 해야한다.
　④ 노인의 개인적 대처 : 사회보험과 개인보험으로 노년의 삶을 스스로 책임질 수 있도록 해야한다.
　⑤ 노인복지정책 강화 : 국민연금, 기초연금, 장기요양보험을 통해 노후생활을 지원한다.

10 다음 중 노인부양 해결 방안으로 거리가 먼 것은?

① 사회와 가족의 협력
② 세대 간의 갈등 조절
③ 평생교육실현
④ 노인의 개인적 대처
⑤ 노인복지정책 강화

○ **노인부양문제 해결방안**
　① 사회와 가족의 협력 : 재정적, 심리적, 신체적 지원이 필요하므로 정부에서 다양한 노인복지 사업을 추진한다.
　② 세대 간의 갈등 조절 : 자녀세대와 부모세대의 상호존중으로 사회통합을 해야한다.
　④ 노인의 개인적 대처 : 사회보험과 개인보험으로 노년의 삶을 스스로 책임질 수 있도록 해야한다.
　⑤ 노인복지정책 강화 : 국민연금, 기초연금, 장기요양보험을 통해 노후생활을 지원한다.

11 노년기에 겪는 관계의 변화가 아닌 것은?

① 부부관계 변화
② 부모-자녀관계
③ 직장에서의 갈등
④ 고부관계
⑤ 형제자매관계

○ • 부부관계 : 역할 변화(부부관계가 동반자로 전환)에의 적응, 성적 적응, 배우자 사별에 대한 적응.
　• 부모-자녀관계 : 자녀가 직접 노인부모를 봉양하는일이 감소하며 수정확대가족의 증가로 부부만 남게 되는 '빈둥지증후군'을 겪게 된다.
　• 고부관계 : 가치관과 세대 차이로 고부갈등이 존재하며 아들과 며느리에 의존하지 않고 자신의 삶을 활기차게 살아야 한다.
　• 조부모-손자녀 관계 : 손자녀는 노년기에 활력을 제공하며 손자녀의 자아형성에 긍정적인 영향을 준다.
　• 형제자매 관계 : 상호이해와 동조성이 강화되어 사회적 지지가 된다.
　노년기에는 직장에서 은퇴하므로 직장에서의 갈등은 관계의 변화에 포함되지 않는다.

정답 10 ③　11 ③

04 _ 대상자 중심 요양보호

01 대상자를 대하는 원칙으로 옳은 것은?

① 힘이 든다면 강제로 할 수 있다.
② 수면을 방해하지 않는다.
③ 필요하면 억제대를 한다.
④ 힘이 들면 겨드랑이를 잡아서 올린다.
⑤ 필요하면 마취용 약물을 사용한다.

> **대상자를 대하는 원칙**
> • 강제로 하지 않는다.
> • 수면을 방해하지 않는다.
> • 억제대는 하지 않는다.
> • 겨드랑이를 잡아 올리지 않는다(어깨 관절이 탈구될 위험이 있다.)

02 억제대를 하지 말아야 하는 이유로 옳은 것은?

① 인지기능이 개선된다.
② 골절이 생긴다.
③ 고혈압이 생긴다.
④ 자세가 고정되어 욕창이 생긴다.
⑤ 근력이 좋아진다.

> **억제대의 피해**
> • 자세가 고정되어 욕창이 생긴다.   • 근력이 떨어진다.
> • 심장기능, 인지기능이 저하된다.   • 관절이 굳거나 골다공증이 생긴다.

03 대상자를 대면하는 방법으로 옳은 것은?

① 가까운 거리의 정면에서 약간 위에서 내려다 본다.
② 물끄러미 바라본 후 2초 이후 인사말을 한다.
③ 서비스를 시작하기 전에는 말을 하지 않는다.
④ 눈을 맞추며 서비스를 제공한다.
⑤ "저를 좀 보시라구요!"라고 강하게 말하여 집중을 시킨다.

정답 01 ② 02 ④ 03 ④

○ **대면하기**
- 가까운 거리의 정면에서 눈높이로 1초 이상 바라본 후 2초 이내에 인사말을 한다.
- 서비스를 시작하기 전 의향을 물을 때 옳은 방법으로 보며, 눈을 맞추며 서비스를 제공한다.
- 시선을 피하면 반드시 눈을 맞추며 "저를 좀 봐주세요"라고 말한다.

04 대상자를 대하는 실천 원칙으로 맞지 않는 것은?

① 대상자에게 방문 예정을 알린다.
② 다음 케어를 준비를 쉽게 하기 위해 선불금을 받는다.
③ 관계를 형성하여 친구 관계를 구축한다.
④ 대상자의 기분을 고려하여 돌봄을 시행한다.
⑤ 대상자에게 기쁨을 줄 수 있는 경험을 남겨준다.

○ 다음 케어를 위한 준비를 쉽게 하기 위해 다음 만남을 약속한다.

05 대상자에게 말하는 방법으로 옳은 것은?

① 빠르게 반복해서 이야기 한다.
② 대답이 없다면 이야기 하지 않는다.
③ 졸거나 자고 있다면 침대를 크게 쳐서 깨운다.
④ 가급적 강하게 이야기한다.
⑤ 이야기를 한 후 대상자가 이해하고 반응하기까지 3초 이상 기다린다.

○ **대상자에게 말하기**
- 또박또박 천천히 긍정적으로 이야기 하고, 대답이 없더라도 계속 이야기한다.
- 방에 들어가거나, 졸거나 자고 있다면 침대판을 두드려 깨운 후 이야기한다.
- 의식이 없거나 치매라도 대답은 못해도 알아들을 수 있기 때문에 인사를 하거나 상황을 설명한다.
- 항상 부드럽게 긍정형 문장으로 이야기한다.
- 이야기를 한 후 대상자가 이해하고 반응하기까지 3초 이상 기다린다.
- 보여줄 필요가 있는 물건은 대상자의 눈 높이에서 보여주며 이야기한다.

06 대상자를 만지는 방법으로 옳은 것은?

① 손바닥 전체로 넓게 잡는다.   ② 손가락만으로 잡는다.
③ 억압하는 느낌으로 꼭 잡는다.   ④ 인지 자극을 위해 팔을 잡는다.
⑤ 굳은 표정으로 세게 잡는다.

정답 04 ② 05 ⑤ 06 ①

> • 웃으며, 천천히, 부드럽게 피부와 넓은 면적이 닿게 해야 한다.
> • 손바닥 전체로, 밑에서부터 받쳐 살짝 힘을 주며 만진다.
> • 인지자극을 위해서 얼굴이나 손을 만져야 하며, 놀랄 수 있으므로 주의해야 한다.

07 대상자의 일어서기가 갖는 장점으로 볼 수 없는 것은?

① 골격근의 근력유지에 좋다.
② 뼈와 관절에 힘을 가해 골다공증에 도움이 된다.
③ 순환기를 자극해 혈액순환에 도움이 된다.
④ 호흡기를 자극해 폐활량이 늘어난다.
⑤ 내장을 자극해 요실금이 나온다.

> 요실금이 나오는 것은 장점이 아니다.

08 대상자를 일어나게 하는 방법으로 옳은 것은?

① 하루 1시간 정도는 서 있거나 걷게 한다.
② 멀리 떨어져 지켜보며 혼자서 움직이게 한다.
③ 빨리 움직이도록 자극을 준다.
④ 엄하게 해서 자극을 받도록 한다.
⑤ 건강상태는 영양상태에 따라 영향을 받으므로 영양을 잘 섭취하도록 한다.

> ① 하루 20분 정도는 서 있거나 걷게 한다.
> ② 손이 닿을 정도의 거리에서 지켜보며 혼자서 움직이게 한다.
> ③ 느리더라도 스스로 움직이게 한다.
> ④ 격려하면서 좋은 기억으로 남게 한다.

02절 노인복지와 장기요양제도

01_ 사회복지와 노인복지

본문 15쪽

01 노인복지의 목적은 무엇인가?

① 경제생활을 통하여 자유로운 소비와 욕구 해소
② 인간다운 생활을 영위하며 자아실현을 위한 욕구 충족과 사회통합의 유지
③ 사회서비스의 향상을 통하여 질병으로부터 해방
④ 가족의 통합을 통하여 상처를 치유하고 심리적 안정감 성취
⑤ 학대 방지와 자아실현을 통한 사회봉사

○ **유엔의 5가지 원칙**
- 독립의 원칙 : 일을 할 수 있는 기회와 소득을 얻을 수 있으며 가정에서 살 수 있어야 한다.
- 참여의 원칙 : 지식과 기술을 이용하여 봉사를 위한 기회를 가질 수 있으며 노일들을 위한 단체를 조직할 수 있다.
- 보호의 원칙 : 인간적이고 안전한 환경에서 보호 받으며 인간의 권리와 기본적 자유를 누릴 권리가 있다.
- 자아실현의 원칙 : 잠재력 개발을 위한 기회와 교육, 문화, 정신적 자원과 여가 서비스를 이용할 수 있어야 한다.
- 존엄의 원칙 : 장애나 지위, 경제적 기여와 상관 없이 존엄과 안전하게 살 수 있으며 착취와 학대로 부터 자유로워야 한다.

02 노인복지를 위한 유엔의 5가지 원칙이 아닌 것은?

① 독립의 원칙
② 참여의 원칙
③ 보호의 원칙
④ 자아존중의 원칙
⑤ 존엄의 원칙

03 노인복지의 원칙과 설명으로 옳은 것은?

① 독립의 원칙 : 인간적이고 안전한 환경에서 보호 받으며 인간의 권리와 기본적 자유를 누릴 권리가 있다.
② 참여의 원칙 : 잠재력 개발을 위한 기회와 교육, 문화, 정신적 자원과 여가 서비스를 이용할 수 있어야 한다.

정답 01 ② 02 ⑤ 03 ⑤

③ 보호의 원칙 : 지식과 기술을 이용하여 봉사를 위한 기회를 가질 수 있으며 노일들을 위한 단체를 조직할 수 있다.
④ 자아실현의 원칙 : 일을 할 수 있는 기회와 소득을 얻을 수 있으며 가정에서 살 수 있어야 한다.
⑤ 존엄의 원칙 : 장애나 지위, 경제적 기여와 상관없이 존엄과 안전하게 살 수 있으며 착취와 학대로 부터 자유로워야 한다.

> - 독립의 원칙 : 일을 할 수 있는 기회와 소득을 얻을 수 있으며 가정에서 살 수 있어야 한다.
> - 참여의 원칙 : 지식과 기술을 이용하여 봉사를 위한 기회를 가질 수 있으며 노일들을 위한 단체를 조직할 수 있다.
> - 보호의 원칙 : 인간적이고 안전한 환경에서 보호 받으며 인간의 권리와 기본적 자유를 누릴 권리가 있다.
> - 자아실현의 원칙 : 잠재력 개발을 위한 기회와 교육, 문화, 정신적 자원과 여가 서비스를 이용할 수 있어야 한다.

04 노인학대에 대처하고 노인의 권익을 보호하기 위한 기관은?

① 경찰서
② 노인복지관
③ 재가방문센터
④ 노인보호전문기관
⑤ 장애인복지관

> **노인보호전문기관**
> 노인학대에 대처하고 노인의 권익을 보호하고 노인인식 개선 등으로 노인의 삶의 질 개선을 도모하는 기관이다.

05 사람들이 살아가는 동안 필요로 하는 다양한 사회적 욕구와 문제를 해결하려는 노력과 관련된 사회제도를 무엇이라 하는가?

① 생명보험
② 개인연금
③ 사회보장
④ 사회복지
⑤ 의무보험

06 노인복지의 목적이 아닌 것은?

① 인간다운 생활보장
② 빈곤의 경감
③ 사회적 평등
④ 자립성의 증진
⑤ 부유한 생활 보장

정답 04 ④ 05 ④ 06 ⑤

○ **사회복지의 목적**
　• 인간다운 생활보장　• 빈곤의 경감　• 사회적 평등　• 자립성의 증진　• 사회통합

07 상당수 사람들이 사회적 가치에서 벗어난 현상에 대해 영향을 받아 집단적 행동으로 해결하는 것을 무엇이라 하는가?

① 사회현상
② 사회문제
③ 사회복지
④ 일탈행위
⑤ 사회범죄

○ 사회문제는 어떤 사회적 현상이 사회적 가치(규범)에서 벗어나고, 많은 사람들이 그 현상으로 영향을 받아 문제로 판단하여 집단적으로 행동으로 해결하는 것을 말한다.

02 _ 노인장기요양보험제도

본문 17쪽

01 노인장기요양보험제도에 대한 설명으로 옳은 것은?

① 보험자는 국민이다.
② 보험자는 국민건강보험공단이다.
③ 보험자는 개인이 가입한 보험사이다.
④ 피보험자는 병원이다.
⑤ 가입자는 국민건강보험공단이다.

○ 노인장기요양보험사업의 보험자는 국민건강보험공단이며, 가입자는 전국민이다.

02 장기요양급여 대상자로 선정이 가능한 사람은 누구인가?

① 위암으로 식단을 조절해야 하는 70세 남자
② 뇌졸중으로 일상생활이 불가능한 60세 여자
③ 혼자서 일상생활이 가능한 고령(90세)의 남자
④ 불면증으로 잠을 이루지 못하는 65세 여자
⑤ 자녀가 없는 70세의 일용직 남자

정답　07 ②　|　01 ②　02 ②

○ 대상자는 65세 이상이거나, 65세 미만이지만 노인성질병으로 거동이 불편하거나 치매 등으로 혼자서 6개월 이상 생활할 수 없는 사람이다. 혼자서 일상생활을 할 수 있으면 장기요양급여 대상자가 아니다.

03 장기요양급여 대상자의 선정기준으로 가장 가까운 것은 무엇인가?

① 경제력이 없는 사람
② 가족이 없는 사람
③ 혼자서 일상생활 수행이 어려운 사람
④ 성질이 괴팍하여 주변에 사람이 없는 사람
⑤ 가족이 있지만 경제적으로 어려운 사람

○ 장기요양급여 대상자는 노인성질병을 가진 자로 거동이 불편하거나 치매 등으로 인지가 저하되어 혼자서 일상생활을 6개월 이상 할 수 없는 사람이다.

04 장기요양인정 신청 및 판정 절차 순서에서 ( )에 들어갈 내용으로 맞게 짝지어진 것은?

신청 → (가) → 조사표 입력에 따른 1차 판정 → 의사소견서 제출 예외자 통보 → (나) → 등급판정

	(가)	(나)
①	실태조사	심사위원회 개최
②	방문조사	심사위원회 개최
③	의견청취	의사소견서 제출
④	방문조사	등급판정위원회 개최
⑤	실태조사	등급판정위원회 개최

○ 장기요양인정 신청 및 판정 절차 순서
신청 → (방문조사) → 조사표 입력에 따른 1차 판정 → 의사소견서 제출 예외자 통보 → (등급판정위원회 개최) → 등급판정

정답 03 ③ 04 ④

05 대상자의 등급판정 시 설명에 해당하는 등급은?

- 심신 기능의 상태 저하
- 일상생활에서 전적으로 다른 사람의 도움이 필요
- 장기요양 인정점수 96점

① 장기요양 1등급 ② 장기요양 2등급
③ 장기요양 3등급 ④ 장기요양 4등급
⑤ 인지지원등급

○

등급	1등급	2등급	3등급	4등급	5등급	인지지원등급
상태	전적으로 타인의 도움이 필요	상당부분 타인의 도움이 필요	부분적으로 타인의 도움이 필요	일정부분 타인의 도움이 필요	치매환자	치매환자
점수	95점 이상	95점 미만 75점 이상	75점 미만 60점 이상	60점 미만 51점 이상	51점 미만 45점 이상	45점 미만

06 장기요양인정 신청 및 판정 절차 순서에서 본인의 가족이나 친족, 사회복지전담공무원이 할 수 있는 것은?

① 방문조사 ② 의사소견서 제출
③ 등급판정 ④ 신청
⑤ 등급판정위원회 개최

○ 장기요양신청은 본인, 가족이나 친족 또는 이해관계인, 사회복지전담공무원(본인이나 가족의 동의 필요), 시장, 군수, 구청장이 지정하는 자가 신청할 수 있다.

07 65세 미만 이지만 장기요양인정대상자로 선정될 수 있는 질병은?

① 혈관성 치매 환자 ② 고혈압 환자
③ 암 환자 ④ 화상 환자
⑤ 당뇨병 환자

○ 65세 미만인 경우는 치매, 알츠하이머, 뇌경색, 뇌졸중, 파킨슨병 등 혼자서 일상생활을 할 수 없어야 장기요양인정대상자 판정을 받는다.

08 대상자에게 방문간호가 필요한 경우 어떻게 해야 하는가?

① 사회복지사에게 연락한다.
② 구청장에게 신고한다.
③ 112나 119로 신고한다.
④ 방문간호사에게 연계한다.
⑤ 요양보호사가 직접 처리한다.

○ 대상자에게 방문간호가 필요하면 방문간호사에게 연계하도록 한다.

09 장기요양급여 중 재가급여가 아닌 것은?

① 노인요양공동생활가정
② 방문요양
③ 방문목욕
④ 주·야간보호
⑤ 단기보호

○ **장기요양보호급여 내용**
• 재가급여 : 방문요양, 방문목욕, 방문간호, 주·야간 보호, 단기보호, 기타 재가급여
• 시설급여 : 노양요양시설, 노인요양공동생활가정
• 특별현금급여 : 가족요양비, 특례요양비, 요양병원 간병비

10 수급자의 일상생활, 신체활동 향상에 필요한 용구를 제공하는 등 재활에 관한 지원을 하는 장기요양급여는?

① 요양병원 간병비
② 방문간호
③ 기타 재가급여
④ 가족요양비
⑤ 특례요양비

○ 기타 재가급여는 재가급여의 한 종류로 수급자의 일상생활·신체활동 지원, 인지기능의 유지·향상에 필요한 용구를 제공하거나 재활에 관한 지원 등을 제공한다.

정답 08 ④ 09 ① 10 ③

11 장기요양요원의 자격 등에 관한 설명으로 맞지 않는 것은?

① 치과위생사
② 장기요양기관에 소속되어 있으며 신체활동, 가사활동지원 등의 서비스를 제공하는 자
③ 간호사로서 2년 이상의 간호업무 경력이 있는 자
④ 간호조무사 중 3년 이상의 간호보조 업무경력이 있는 자로 교육을 이수한 자
⑤ 수의사

○ **장기요양요원의 자격**
- 장기요양기관에 소속되어 있으며 신체활동, 가사활동지원 등의 서비스를 제공하는 자
- 요양보호사는 방문간호의 장기요양요원이다.
- 방문간호의 장기요양원(간호사로서 2년 이상의 간호업무 경력이 있는 자, 간호조무사 중 3년 이상의 간호보조 업무경력이 있는 자로 지정교육기관에서 교육을 이수한 자, 치과 위생사)

12 다음에서 설명하는 것은 무엇인가?

> 가정에서 생활하지 않고 노인요양공동생활가정 등에 입소하여 서비스를 제공받는다.

① 시설급여
② 재가급여
③ 특례요양비
④ 가족요양비
⑤ 요양병원간병비

○ 시설급여는 노인요양시설, 노인요양공동생활가정 등에 입소하여 신체활동 지원 및 심신기능의 유지·향상을 위한 서비스를 제공받는다.

13 다음 중 방문간호 장기요양요원이 될 수 있는 사람은?

① 2년 이상 시설에서 근무한 사회복지사
② 10년 경력의 요양보호사
③ 간호사로서 2년 이상의 간호업무 경력이 있는 자
④ 수의사
⑤ 간호조무사 중 2년 이상의 간호보조 업무 경력이 있는 자

정답 11 ⑤ 12 ① 13 ③

○ **방문간호의 장기요양요원 자격조건**
  · 간호사로서 2년 이상의 간호업무 경력이 있는 자
  · 간호조무사 중 3년 이상의 간호보조 업무경력이 있는 자로 지정교육기관에서 교육을 이수한 자
  · 치과 위생사

  방문'요양'요원과 방문'간호'장기요원은 다르다.

14 등급판정위원회에 관한 설명으로 적절하지 않은 것은?

① 장기요양 부정수급을 처벌하기 위하여 공단에 두는 회의 기구이다.
② 시·군·구 단위로 설치된다.
③ 부정한 방법으로 장기요양을 인정받은 경우 직권으로 재판정 할 수 있다.
④ 의료인이나 시군구 소속 공무원, 장기요양에 관한 학식과 경험이 풍부한 자로 구성된다.
⑤ 장기요양신청인의 심신상태를 고려하여 장기요양인정유효기간을 6개월의 범위에서 조절할 수 있다.

○ 장기요양인정 및 등급판정 등을 심의하기 위하여 공단에 두는 회의 기구이다.

15 노인장기요양보험 인정신청을 하였으나 등급판정을 받지 못한 대상자가 받을 수 없는 서비스는?

① 노인돌봄기본서비스
② 방문요양서비스
③ 노인돌봄종합서비스
④ 노인복지관서비스
⑤ 사회복지관서비스

○ · 방문요양서비스는 장기요양급여 중 재가급여에 해당한다.
  · 노인장기요양보험에서 등급판정을 받지 못했지만 지역사회에서 다양한 서비스를 받을 수 있다.

정답 14 ① 15 ②

03 _ 요양보호 업무

01 장기요양보험 표준서비스가 다르게 짝지어진 것은?

① 신체활동 지원 - 세면도움
② 일상생활지원 - 청소 및 주변 정돈
③ 정서지원 - 문화생활
④ 개인활동지원서비스 - 외출 시 동행
⑤ 치매관리지원서비스 - 행동변화 대처

○ 정서지원 - 말벗, 격려, 위로, 생활상담, 의사소통 도움

02 요양보호의 업무에서 제공되는 서비스로 맞게 짝지어진 것은?

① 신체활동지원서비스 : 응급상황대처
② 응급서비스 : 외출시 동행
③ 간호처치서비스 : 관찰 및 측정
④ 일상생활지원서비스 : 외출 시 동행
⑤ 시설환경서비스 : 행동변화 대처

신체활동지원서비스	신체기능의 유지, 증진, 화장실 이용 등의 서비스이며 신체의 위생과 관련이 있다.
일상생활지원서비스	취사, 청소 및 주변 정돈, 세탁서비스
개인활동지원서비스	외출시 동행(외부기관방문, 산책, 차량 이용 등), 일상 업무 대행(은행, 관공서 이용 등) 서비스
정서지원서비스	말벗, 격려, 위로, 생활상담, 책 읽기, 편지 대필 등 의사소통 도움 서비스
방문목욕서비스	목욕장비를 갖추고 재가 노인을 방문하여 목욕을 제공하는 서비스
기능회복훈련서비스	신체·인지향상프로그램, 기본동작훈련, 일상생활동작훈련, 물리치료, 언어치료, 작업치료, 인지 및 정신기능 훈련, 기타 재활치료
치매관리지원서비스	행동변화대처
시설환경관리서비스	침구·린넨 교환 및 정리, 환경관리, 물품관리, 세탁물 관리
간호처치서비스	관찰 및 측정, 투약 및 주사, 호흡기간호, 피부간호, 영양간호, 통증간호, 배설간호, 의사진료 보조

정답 01 ③ 02 ③

03 매슬로우의 인간욕구 5단계 중 가장 상위인 욕구, 자기완성, 삶의 보람 등을 느끼는 단계는?

① 존경의 욕구　　　　　　　② 사랑과 소속의 욕구
③ 안전의 욕구　　　　　　　④ 생리적 욕구
⑤ 자아실현의 욕구

5단계(자아실현의 욕구)	자기완성, 삶의 보람, 자기 만족을 느끼는 단계
4단계(존경의 욕구)	타인에게 인정·존중받고 싶은 단계
3단계(사랑과 소속의 욕구)	단체에 소속되어 사랑받고 싶은 단계
2단계(안전의 욕구)	외부의 위험으로 부터 안전하기를 추구하는 단계
1단계(생리적 욕구)	생리적 욕구를 해결하는 단계

04 매슬로우의 욕구 단계에서 가족이나 친구 모임 등의 단체에 소속되어 사랑받고 싶어하는 단계는?

① 1단계　　　　　　　② 2단계
③ 3단계　　　　　　　④ 4단계
⑤ 5단계

○ 단체에 소속되어 사랑받고 싶은 단계는 3단계이다.

05 장기요양급여 중 말벗, 격려, 위로, 생활상담 등 의사소통에 도움이 되는 서비스는?

① 정서지원서비스　　　　　② 방문목욕서비스
③ 응급서비스　　　　　　　④ 신체활동지원서비스
⑤ 일상생활지원서비스

정서지원서비스	말벗, 격려, 위로, 생활상담, 책 읽기, 편지 대필 등 의사소통 도움 서비스
방문목욕서비스	목욕장비를 갖추고 재가 노인을 방문하여 목욕을 제공하는 서비스
응급서비스	응급상황 대처
신체활동지원서비스	신체기능의 유지, 증진, 화장실 이용 등의 서비스이며 신체의 위생과 관련이 있다.
일상생활지원서비스	취사, 청소 및 주변 정돈, 세탁서비스

정답　03 ⑤　04 ③　05 ①

06 장기요양급여 중 기능회복훈련, 응급의료서비스, 간호처치서비스 등은 어디에 해당하는가?

① 개인활동지원서비스
② 치매관리지원서비스
③ 방문목욕서비스
④ 제한된 업무
⑤ 일상생활지원서비스

개인활동지원서비스	외출시 동행(외부기관방문, 산책, 차량 이용 등), 일상 업무 대행(은행, 관공서 이용 등) 서비스
치매관리지원서비스	행동변화대처
방문목욕서비스	목욕장비를 갖추고 재가 노인을 방문하여 목욕을 제공하는 서비스
일상생활지원서비스	취사, 청소 및 주변 정돈, 세탁서비스

기능회복훈련서비스, 응급치료서비스, 간호처치서비스는 전문적인 훈련을 받고 자격증이 있는 사람이 해야하므로 요양보호사의 업무에서 제외된 제한된 업무이다.

07 다음의 경우 대처방법으로 가장 옳은 것은?

> 김씨 할아버지는 식사 후 양치질을 하지 않으려고 한다.

① 억지로 잡고 양치를 하게 한다.
② 양치를 하지 않으면 이가 썩는다고 위협한 후 양치를 하게 한다.
③ 본인의 의사를 존중하여 그대로 둔다.
④ 심하게 거부하면 입안을 헹구는 것으로 방법을 바꾸어 본다.
⑤ 수치심을 느끼지 않게 환경을 조성하고 세면을 하도록 한다.

08 다음의 경우 대처방법으로 가장 옳은 것은?

> 이씨 할머니는 자신이 좋아하는 스웨터만 입으려고 고집한다.

① 가족과 상의하여 동일한 유형의 옷을 여러 벌 구입하여 입게한다.
② 본인의 의사를 존중하여 옷이 불결해도 입게한다.
③ 억지로 잡고 깨끗한 옷으로 입힌다.
④ 갈아 입거나 말거나 그냥 둔다.
⑤ 따뜻한 물수건으로 닦아주면서 달랜다.

정답 06 ④ 07 ④ 08 ①

09 **다음의 경우 대처방법으로 맞지 않는 것은?**

> 정씨 할아버지는 변이 나오지 않는다고 관장을 해 달라고 한다.

① 식습관과 배변 양상을 확인하여 서비스 계획에 반영한다.
② 하던 대로 바닥에 종이를 깔고 관장을 한다.
③ 관장은 의료행위에 해당하므로 의료진과 상의한다.
④ 배변시간을 잘 계산하여 여유 있게 화장실에서 배변하게 한다.
⑤ 배를 마사지 한다.

○ 관장은 의료행위이므로 대상자에게 설명하고 의료진과 상의한다.

10 **다음의 경우 대처방법으로 가장 옳은 것은?**

> 최씨 할아버지는 요양보호사가 청소하고 난 후 물건이 없어졌다고 한다.

① 경찰에 신고하여 억울함을 밝힌다.
② 대상자가 직접 청소를 하도록 한다.
③ 말이 안되는 이야기이므로 무시하고 서비스를 진행한다.
④ 대상자와 갈등이 생기기 전에 가족과 시설장(관리책임자)에게 알린다.
⑤ 동료 요양보호사에게 알린다.

○ 대상자와 갈등이 생길 것 같은 경우 갈등이 빈번해 지기 전에 가족과 시설장(관리책임자)에게 알린다.

11 **다음의 경우 대처방법으로 가장 옳은 것은?**

> 공씨 할아버지는 말벗 서비스를 받는 도중 자꾸 신체적 접촉을 하려한다.

① 대상자와 갈등이 생기기 전에 가족과 시설장(관리책임자)에게 알린다.
② 신체적 접촉을 하지 말라고 단호하게 말한다.
③ 성범죄에 해당하므로 경찰에 바로 신고한다.
④ 보청기의 작동 상태를 확인한다.
⑤ 한 번쯤은 그냥 둔다.

정답 09 ② 10 ④ 11 ②

12 요양보호 서비스 제공 원칙으로 맞지 않는 것은?

① 모든 서비스는 대상자에게만 제공한다.
② 경구약 및 외용약 투약, 관장, 흡인 등의 서비스도 제공한다.
③ 예기치 못한 사고가 발생했을 경우 시설장, 간호사 등에게 신속하게 보고한다.
④ 대상자의 개인정보와 비밀은 누설해서는 안된다.
⑤ 응급상황 발생 시에는 응급처치 우선순위에 따라 응급처치를 한다.

○ ② 의료행위(경구약 및 외용약 제외)를 하지 않는다.

13 요양보호서비스의 제공 원칙이 아닌 것은?

① 대상자의 삶을 존중하는 자세를 가진다.
② 서비스 제공 전 본인(가족)에게 동의를 받는다.
③ 예기치 못한 사고 발생 시 시설장, 간호사에게 보고한다.
④ 대상자의 상태에 따라 구분된 서비스를 제공한다.
⑤ 필요하면 가족에게도 서비스를 제공한다.

○ **요양보호서비스의 기본 원칙**
- 대상자의 삶을 존중
- 대상자의 능력을 최대한 활용
- 서비스 제공 전 본인(가족)에게 동의
- 개인정보 비밀유지 및 사생활 보호
- 대상자의 상태에 따라 구분된 서비스 제공
- 모든 서비스는 대상자에게만 제공
- 대상자의 상태변화로 서비스 변동이필요한 경우 시설장에게 보고
- 대상자와 마찰을 피하고 시설장(관리책임자)에게 보고
- 사고 발생 시 시설장, 간호사에게 보고
- 의료행위(경구약 및 외용약 투약 제외) 금지
- 응급상황 시 응급처치를 하고 의사에게 보고하고 가까운 의료기관으로 옮긴다.
- 치매 대상자의 돌발 상황에 대해서는 시설장(관리책임자)과 의논하여 처리

14 요양보호사의 역할이 아닌 것은?

① 정보전달자　　　② 동기유발자
③ 능숙한 치료사　　④ 옹호자
⑤ 관찰자

정답 12 ② 13 ⑤ 14 ③

○ **요양보호사의 역할**
- 정보전달자 : 대상자의 정보를 가족, 시설장, 의료진에게 전달한다.
- 관찰자 : 대상자의 신체적 질병이나 상태 뿐 아니라 심리적인 변화도 관찰한다.
- 숙련된 수발자 : 요양보호서비스에 대한 지식과 기술로 대상자가 편안하게 지원한다.
- 말벗과 상담자 : 대상자와의 의사소통을 통하여 신체적, 정신적, 심리적 안위를 도모한다.
- 동기유발자 : 대상자가 능력을 발휘하도록 동기를 유발하며 지지한다.
- 옹호자 : 소외되고 차별받는 대상자의 입장에서 편들어주고 지켜준다.

치료는 의료인의 영역이므로 요양보호사가 해서는 안된다.

15 요양보호사의 역할 중 다음이 설명하는 역할은 무엇인가?

> 맥박, 호흡, 체온, 혈압 등 질병의 변화에 대한 증상 뿐 아니라 심리적인 변화도 보아야 한다.

① 관찰자
② 옹호자
③ 능숙한 치료자
④ 정보전달자
⑤ 숙련된 수발자

○
- 옹호자 : 소외되고 차별받는 대상자의 입장에서 편들어주고 지켜준다.
- 정보전달자 : 대상자의 정보를 가족, 시설장, 의료진에게 전달한다.
- 숙련된 수발자 : 요양보호서비스에 대한 지식과 기술로 대상자가 편안하게 지원한다.

16 다음 중 요양보호사의 역할이 아닌 것은?

① 식사 지원
② 외출 시 동행
③ 간호처치
④ 말벗
⑤ 화장실 이용 지원

○ 제한된 업무 : 기능회복훈련서비스, 응급 의료서비스, 간호처치서비스 등은 요양보호사 업무가 아니다.

정답 15 ① 16 ③

03절 인권과 직업윤리

01_ 노인의 인권보호

01 노인의 인권 영역이 아닌 것은?

① 건강권
② 피선거권
③ 인간 존엄권 및 경제·노동권
④ 정치·종교·문화생활권
⑤ 교류·소통권

○ **노인의 인권 영역**
- 건강권
- 주거권
- 인간 존엄권 및 경제·노동권
- 정치·종교·문화생활권
- 교류·소통권
- 자기결정권

02 시설노인의 인권 보호에 대한 설명으로 적절하지 않은 것은?

① 시설정보에 대한 접근성을 보장받을 권리
② 사생활과 비밀보장에 관한 권리
③ 스스로 입소와 퇴소를 결정하고 거주지를 선택할 권리
④ 안락하고 안전한 생활환경을 제공받을 권리
⑤ 성생활, 기호품은 의사와 상의 후 결정할 권리

○ **입소 전 단계**
- 시설에 대한 충분한 정보를 제공받을 권리
- 스스로 입소와 퇴소를 결정하고 거주지를 선택할 권리
- 개별화된 서비스를 제공받고 선택할 권리
- 안락하고 안전한 생활환경을 제공받을 권리
- 사생활과 비밀보장에 관한 권리
- 존엄한 존재로 대우받을 권리
- 차별 및 노인학대를 받지 않고 신체구속을 받지 않을 권리
- 질 높은 생활서비스 및 보건의료서비스를 받을 권리
- 시설 내·외부 활동 및 사회적 관계에 참여할 권리(외출과 외박의 권리)
- 개인 소유의 재산과 소유물을 스스로 관리할 권리
- 이성교제, 성생활, 기호품 사용에 관한 자기 결정의 권리

정답 01 ② 02 ⑤

03 노인 학대에 대한 설명으로 옳지 않은 것은?

① 남성 노인에 비해 여성 노인이 학대당하는 비율이 높다.
② 노인학대는 노인의 가족 또는 타인이 노인에게 신체적 고통을 주는 것에 국한된다.
③ 노인의 건강이 나쁘거나 일상생활에서의 의존성이 높을수록 학대 가능성이 더 높은 것으로 나타난다.
④ 노인과 부양자가 사회적으로 고립될 경우 노인학대가 발생할 확률이 높아진다.
⑤ 강한 가족주의 의식은 노인학대를 은폐하거나 반복적 발생을 촉진할 수 있다.

> 노인학대는 노인의 가족 또는 타인이 노인에게 신체적, 언어·정서적, 성적, 경제적으로 고통이나 장해를 주거나 노인에게 필요한 최소한의 적절한 보호조치 제공하지 않는 방임, 자기방임 및 유기를 의미한다.

04 시설에서 생활하는 노인의 권리로 맞지 않는 것은?

① 질 높은 서비스를 받을 권리
② 특별한 존재로 대우 받을 권리
③ 가정과 같은 환경에서 생활할 권리
④ 신체적 제한을 받지 않을 권리
⑤ 사생활 및 비밀 보장에 대한 권리

> 시설 생활노인의 권리
> - 존엄한 존재로 대우 받을 권리
> - 가정과 같은 환경에서 생활할 권리
> - 사생활 및 비밀 보장에 대한 권리
> - 소유 재산의 자율적 관리에 대한 권리
> - 정보접근과 자기결정 행사의 권리
> - 시설 내·외부 활동 참여의 자유에 대한 권리
> - 정치, 문화, 종교적 신념의 자유에 대한 권리
> - 질 높은 서비스를 받을 권리
> - 신체적 제한을 받지 않을 권리
> - 통신의 자유에 관한 권리
> - 불평의 표현과 해결을 요구할 권리

05 시설노인의 인권 보호에 해당하지 않는 것은?

① 입소 전 시설정보에 대한 접근성을 보장받을 권리
② 개별화된 서비스를 제공받고 선택할 권리
③ 사생활과 비밀보장에 관한 권리
④ 존엄한 존재로 대우 받을 권리
⑤ 시설 운영 및 관리에 참여할 수 있는 권리

정답 03 ② 04 ② 05 ⑤

○ 시설에 거주하는 노인은 시설 운영 및 관리에 참여할 권리가 없다.

06. 시설 생활노인의 권리선언으로 거리가 먼 것은?

① 시설 운영 및 생활관련 정보를 제공받고 입소를 선택할 수 있는 권리
② 부당한 신체구속을 받지 않을 권리
③ 종교 활동을 억제할 권리
④ 개인적 욕구에 상응하는 서비스를 제공받고 선택할 수 있는 권리
⑤ 안락한 가정과 같은 환경과 안전한 주거환경에서 생활할 권리

○ 시설 내·외부 활동 및 사회적(종교, 정치 등) 활동에 참여할 권리

07. 다음은 시설 생활노인 권리보호를 위한 윤리강령 중 무엇에 대한 설명인가?

> 최씨 할아버지는 외부에서 시설을 견학 왔다고 하면서 자기들 마음대로 방에 불쑥 들어오거나 사진을 찍는 것이 몹시 기분 나쁘다고 하였다.

① 사생활과 비밀보장에 관한 권리
② 차별 및 노인학대를 받지 않을 권리
③ 질 높은 서비스를 받을 권리
④ 자신의 재산과 소유물을 스스로 관리할 권리
⑤ 신체구속을 받지 않을 권리

○ 사생활과 비밀보장에 관한 권리 : 입소노인의 개인적 사생활이 흥밋거리가 되어서는 안되며 직무수행과정에서 얻은 정보에 관한 비밀을 당사자 허락 없이 노출해서는 안된다.

08. 다음은 시설 생활노인 권리보호를 위한 윤리강령 중 무엇에 위배되는가?

> 한 쪽이 마비된 강씨 할아버지는 배회하다가 다리가 골절된 경험이 있다. 이후부터는 요양보호사가 자리를 비울 때 마다 손과 발을 묶어 놓고 나간다.

① 질 높은 서비스를 받을 권리
② 자신의 재산과 소유물을 스스로 관리할 권리

정답 06 ③ 07 ① 08 ⑤

③ 건강한 생활을 위한 서비스를 제공받을 권리
④ 개인적 욕구에 상응하는 서비스를 제공받고 선택할 수 있는 권리
⑤ 신체구속을 받지 않을 권리

○ 긴급하거나 어쩔 수 없는 경우 일시적으로 신체를 제한하여도 본인이나 가족에게 동의를 받고 사유 등을 자세히 기록해야 한다.

02 _ 노인학대예방

본문 23쪽

01 노인학대의 발생 요인으로 보기 힘든 것은?

① 노인 개개인의 종교적 특성 요인
② 노인의 인구사회학적 특성 요인
③ 노인의 건강, 경제, 심리적 기능 요인
④ 가족상황적 요인
⑤ 사회문화적 요인

○ **노인학대의 발생 요인**
- 노인의 인구사회학적 특성 요인 : 여성, 학력이 낮고, 경제적 상황이 안 좋을수록 위험이 높다.
- 노인의 건강, 경제, 심리적 기능 요인 : 의존성 증가는 부양자에게 부양부담의 증가, 노인의 심리적 위축으로 학대의 위험성이 높다.
- 가족상황적 요인 : 가족과의 좋지 못한 관계가 학대로 이어질 가능성이 높다.
- 사회관계망 요인 : 노인과 부양자가 사회적으로 고립될수록 발생확률이 높다.
- 사회문화적 요인 : 사회서비스 체계가 부족한 곳에서 발생할 경우가 많다.

02 부양 의무자로서의 책임이나 의무를 거부, 불이행, 포기하여 노인에게 의·식·주 및 의료를 제공하지 않는 것은 무엇인가?

① 신체적 학대 ② 재정적 학대
③ 언어적 학대 ④ 성적 학대
⑤ 방임

○ 부양 의무자가 의·식·주 및 의료를 제공하지 않고 그냥 두는 것은 '방임'이다.

정답 01 ① 02 ⑤

03 다음은 노인학대 사례 중 어디에 해당하는가?

> 김노인(80세)은 몸이 아프다고 말했지만 병원에 데려가지 않고 방 안에 그냥 두었다.

① 신체적 학대　　　　　② 성적 학대
③ 방임　　　　　　　　④ 재정적 학대
⑤ 언어적 학대

○ 아픈데도 병원에 데려가지 않고 그냥 두는 것은 '방임'에 해당한다.

04 시설에 입소시킨 후 오랜 동안 찾아오지도 않고 자기부담금을 미납시키는 형태의 학대 유형은 무엇인가?

① 재정적 학대　　　　　② 신체적 학대
③ 방임　　　　　　　　④ 유기
⑤ 자기방임

○ 스스로 독립할 수 없는 노인을 격리하거나 방치하는 행위로서 연락이 두절되거나 주거지를 몰래 옮기는 행위이다.

05 학대받는 노인을 보면 어디에 신고 해야 하는가?

① 노인보호전문기관, 경찰서　　② 중앙응급의료센터
③ 보건진료소　　　　　　　　④ 건강검진센터
⑤ 주민센터

○ 학대받는 노인을 보면 노인보호전문기관이나 수사기관에 신고하여야 한다.

06 다음은 노인학대 사례 중 어디에 해당하는가?

> 며느리는 최노인이 실수를 할 때 마다 "매일 사고만 치는 노친네 때문에 내가 못살아!" 라고 고함을 지른다.

① 신체적 학대　　　　　② 방임

정답 03 ③　04 ④　05 ①　06 ④

③ 경제적 학대
④ 정서적 학대
⑤ 자기방임

○ 비난, 모욕, 위협, 협박 등 언어, 비언어적 행위로 고통을 주는 행위는 정서적 학대에 해당한다.

04절 요양보호사의 인권보호와 자기계발

01_ 요양보호사의 인권보호

본문 24쪽

01 요양보호사의 기본적인 인권항목으로 옳은 것은?

① 평등권
② 참정권
③ 청구권
④ 사회권
⑤ 요양권

○ **요양보호사의 인권**
- 평등권 : 어떠한 이유로든 차별받지 않아야 한다.
- 노동 관련 권리 : 휴식 및 여가, 동등한 노동 동등한 보수 등 공정한 노동조건의 보장이 필요하다.
- 자유권 : 표현의 자유, 신체의 자유, 양심의 자유 등의 권리가 보장된다.
- 지방자치단체는 요양보호사의 처우 및 지위 향상에 관한 조례를 제정하여 업무와 관련하여 폭언, 폭행, 성희롱, 성폭력으로부터 보호받을 수 있도록 조치를 취하고 있다.

02 성희롱의 대처 방법으로 맞지 않는 것은?

① 감정적 대응을 삼가하고 단호히 거부한다.
② 대상자의 가족과 관리책임자(시설장)에게 알리겠다고 말한다.
③ 같은 일이 반복될 때는 서비스를 중단하겠다고 알린다.
④ 음담패설을 미리하여 성희롱을 예방한다
⑤ 평소 성희롱에 대한 예비지식과 대처 방법을 숙지한다.

○ **성희롱에 대한 요양보호사의 대처 방법**
- 감정적 대응을 삼가하고 단호히 거부한다.
- 대상자의 가족과 관리책임자(시설장)에게 알리겠다고 말한다.

정답 01 ① 02 ④

- 같은 일이 반복될 때는 서비스를 중단하겠다고 알린다.
- 대상자의 가족에게 알릴 때는 기관에서 가족면담을 통하여 알린다.
- 평소 성희롱에 대한 예비지식과 대처 방법을 숙지한다.

03 다음의 경우 요양보호사의 태도로 가장 적절한 것은?

> 청소를 하고 있는데 대상자가 요양보호사의 다리를 만졌다.

① 화를 낸다.
② 단호하게 거부한다.
③ 모르는 척 한다.
④ 서비스를 중단하고 돌아온다.
⑤ 좋은 말로 타이른다.

04 성희롱 대처 방안 중 요양보호사의 대처 방안으로 거리가 먼 것은?

① 감정적 대응을 삼가고, 단호히 거부한다.
② 피해사실을 기관에 보고하고 기관에서 조치를 취하게 한다.
③ 치유상담이나 법적 대응이 필요한 경우 외부전문기관에 도움을 요청한다.
④ 성폭력에 대한 예비지식과 대처방법을 숙지한다.
⑤ 성희롱 예방교육을 1년에 1회 이상 한다.

○ 성희롱 대처방안

장기 요양 기관장	• 성희롱 예방교육을 1년에 1회 이상 한다. • 성희롱 피해자에게 업무로 인한 불이익 조치를 해서는 안된다. • 직원들 사이에 성희롱이 발생하면 행위자를 징계하고, 서비스 이용자에게 적절한 조치(재발방지 약속, 서비스 중단 등)를 취한다. • 성희롱 처리지침 문서를 기관 내에 비치한다. • 성희롱 가해자에게 불이익과 향후 대처 계획을 설명한다. • 대상자 가족에게 말하고 시정을 요구한다. • 시정 요구에도 반복될 경우 녹취하거나 일지를 작성한다.
요양 보호사	• 감정적 대응을 삼가고, 단호히 거부한다. • 피해사실을 기관에 보고하고 기관에서 조치를 취하게 한다. • 치유상담이나 법적 대응이 필요한 경우 외부전문기관(성폭력 상담소, 여성노동상담소)에 도움을 요청한다. • 성폭력에 대한 예비지식과 대처방법을 숙지한다.

정답 03 ② 04 ⑤

02_요양보호사의 직업윤리

본문 25쪽

01 요양보호사의 직업윤리 원칙이 아닌 것은?

① 경제적, 종교적 등의 이유로 대상자를 차별하지 않는다.
② 업무의 효율을 위해 대상자의 의견을 가끔은 무시한다.
③ 업무의 경과와 결과를 시설장 또는 관리책임자에게 보고한다.
④ 업무 수행을 위해 지속적으로 지식과 기술을 습득한다.
⑤ 건강, 복장 등 자기관리를 철저히 한다.

> **요양보호사의 직업윤리 원칙**
> • 경제적, 종교적 등의 이유로 대상자를 차별하지 않는다.
> • 대상자의 자기결정권을 최대한 존중한다.
> • 업무의 경과와 결과를 시설장 또는 관리책임자에게 보고한다.
> • 업무 수행을 위해 지속적으로 지식과 기술을 습득한다.
> • 건강, 복장 등 자기관리를 철저히 한다.
> • 대상자에게 친절한 태도와 예의바르게 행동한다.
> • 대상자의 사생활을 존중하고 개인정보를 비밀로 유지한다.
> • 대상자의 가족, 의사, 사회복지사 등과 적극적으로 협조한다.

02 다음 설명은 요양보호사의 직업윤리 원칙 중 어디에 해당하는가?

> • 요양보호사 보수교육에 참여한다.
> • 업무수행을 위해 지속적으로 지식과 기술을 습득한다.

① 친절한 태도
② 자기결정의 존중
③ 자기계발을 위한 태도
④ 상호협조적인 태도
⑤ 개인정보 비밀유지 태도

03 요양보호사의 직업윤리로 옳은 것은?

① 대상자가 성적 농담을 하면 경찰에 신고를 한다.
② 대상자의 성격에 따라 차등적 서비스를 제공한다.
③ 대상자의 사생활을 보호하고 개인정보의 비밀을 유지한다.

정답 01 ② 02 ③ 03 ③

④ 대상자의 서비스가 우선이므로 복장은 편하게 해도 된다.
⑤ 대상자의 개인정보는 의사, 사회복지사에게도 알리지 않는다.

○ ① 대상자가 성적 농담을 하면 단호하게 거부한다.
② 어떤 이유로든 대상자를 차별하지 않는다.
④ 건강, 복장 등 자기관리를 철저히 한다.
⑤ 대상자의 사생활을 존중하고 개인정보를 비밀로 유지하되 대상자의 가족, 의사, 사회복지사 등과는 적극적으로 협조한다.

04 요양보호사가 '직무수행에 필요한 정보와 지식을 습득하여 전문지식을 갖춰야 한다'는 어떤 직업적 태도인가?

① 자기계발
② 친절
③ 상호협조
④ 책임감
⑤ 존중

○ 요양보호사는 업무 수행을 위해 지속적으로 지식과 기술을 습득하는 '자기계발'을 하기 위해 보수교육 등 교육훈련 프로그램에 적극적으로 참여해야 한다.

05 다음 사례에서 요양보호사의 윤리적 태도로 옳은 것은?

> 요양보호사 김씨는 치매를 앓고 있는 70세 남성을 돌보고 있었다. 어느 날 옷을 갈아 입히는데 김씨의 손을 잡으며 돈을 줄테니 잠자리를 하자고 요구했다.

① 대상자를 차별하지 않기 위해 요구에 응한다.
② 단호하게 거부한다.
③ 대상자가 제시한 금액보다 더 달라고 해서 흥정을 한다.
④ 서비스를 중단하고 돌아온다.
⑤ 경찰에 알리겠다고 하며 돈을 요구한다.

○ **대상자가 요양보호사에게 성적인 농담이나 신체적 접촉을 하는 경우**
• 감정적 대응을 삼가하고 단호히 거부한다.
• 대상자의 가족과 관리책임자(시설장)에게 알리겠다고 말한다.
• 같은 일이 반복될 때는 서비스를 중단하겠다고 알린다.
• 대상자의 가족에게 알릴 때는 기관에서 가족면담을 통하여 알린다.

정답 04 ① 05 ②

06 **다음 사례에서 요양보호사의 태도로 옳은 것은?**

> 방문요양서비스를 이용하는 2등급 독거어르신은 장기요양기관을 1년 이상 이용하는 조건으로 본인부담금을 면제해달라고 요구했다.

① 불법행위를 신고하면 포상금을 받을 수 있다고 이야기한다.
② 거부하고 시설장 및 가족에게 알린다.
③ 대상자의 장기 유치를 위해 요구를 들어준다.
④ 본인부담금을 반씩 부담하는 것으로 협상한다.
⑤ 서비스를 중단하고 돌아온다.

○ 위와 같은 요구를 받았을 경우에는 노인장기요양보험법 69조를 설명하고, 그런 불법행위를 신고하면 포상금을 받을 수 있다고 정보를 제공한다.

07 **다음 사례에서 요양보호사는 어떻게 해야 하는가?**

> 대상자의 보호자는 대상자가 사용했던 기저귀를 다시 말려서 다시 사용하라고 강요했다.

① 무해성의 원칙에 어긋나므로 하지 말아야 한다.
② 가족의 요구에 응해야 한다.
③ 절약차원에서 솔선해서 해야 한다.
④ 특별히 해가 되지 않으므로 해도 된다.
⑤ 서비스를 중단해야 한다.

○ '무해성 원칙'은 의도적으로 해를 입히거나 해를 입힐 위험성이 있는 행동은 하지 말아야 한다는 것이다. 사용했던 기저귀를 다시 사용하면 대상자에게 염증이 생길 수 있다.

정답 06 ① 07 ①

03 _ 요양보호사의 건강 및 안전 관리

01 다음은 어떤 질환의 특징인가?

- 관절 전체에 통증이 있고 어깨부터 팔로 방사된다.
- 팔을 움직일 때 소리가 나고 움직임이 많은 날 통증이 심하고 관절이 뻣뻣하다.
- 스트레칭과 근육운동으로 예방해야 한다.

① 어깨 통증 ② 손목 통증
③ 요통   ④ 목 통증
⑤ 팔꿈치 통증

02 근골격계 질환이 발생되는 상황으로 볼 수 없는 것은?

① 반복적으로 같은 동작을 하는 경우
② 무거운 물건을 들거나 이동하는 경우
③ 감염성 질환자와 접촉을 한 경우
④ 갑자기 무리한 힘을 주게 되는 경우
⑤ 근무시간 중 자주 대상자를 들어 옮겨야 하는 경우

○ 근골격계 질환은 개인적, 사회·경제적 요인들이 복합적으로 작용하여 근육, 관절과 관절 주변 조직에 나타나는 질환으로 목, 어깨, 팔 등의 상지와 허리와 다리 등의 통증을 동반한다.

03 스트레칭의 방법으로 옳은 것은?

① 모든 동작은 10~15초 간 유지한다.
② 스트레칭 동작은 2~3회 반복한다.
③ 강한 힘으로 잡아 당긴다.
④ 자세 유지 시 호흡을 멈춘다.
⑤ 빠르게 동작을 되풀이한다.

○ ② 스트레칭 동작은 5~10회 반복한다.
   ③ 부드럽게 잡아 당긴다.
   ④ 호흡은 자연스럽게 한다.
   ⑤ 동작은 천천히 한다.

정답 01 ① 02 ③ 03 ①

04 근골격계 질환을 예방하기 위한 방법으로 맞지 않는 것은?

① 손끝을 바닥으로 하고 팔을 전방으로 편 후 잡아당긴다.
② 누운 상태에서 무릎을 굽힌 상태로 엉덩이를 든다.
③ 팔꿈치 통증 예방 스트레칭 운동을 한다.
④ 스트레칭이나 근육 운동을 한다.
⑤ 예방접종을 한다.

> ① 손끝을 바닥으로 하고 팔을 전방으로 편 후 잡아당긴다 : 손목 통증
> ② 누운 상태에서 무릎을 굽힌 상태로 엉덩이를 든다 : 요통
> ③ 팔꿈치 통증 예방 스트레칭 운동을 한다 : 팔꿈치 통증
> ④ 스트레칭이나 근육 운동을 한다 : 어깨 통증
> ⑤ 예방접종을 한다 : 감염예방

05 다음에 해당하는 증상이 있을 때 스트레칭하는 방법으로 옳은 것은?

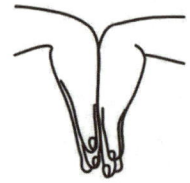

양측 손등을 맞대고 손목을 구부려 미는
동작을 1분 유지

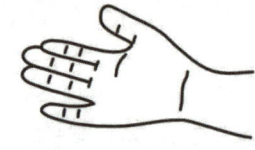

손바닥과 손가락에 저림 증상이 있다.

① 어깨를 위로 올려 손목을 잡아당긴다.
② 허리를 굽혀서 손을 뻗어 바닥에 닿게 한다.
③ 손바닥을 앞으로 하고 팔을 뻗어 손바닥을 당긴다.
④ 앉아서 다리를 편 후 손끝이 발끝에 닿게 한다.
⑤ 선 상태로 위로 팔을 뻗어 번갈아 가며 좌 · 우로 흔든다.

> 수근관증후군에 관한 설명으로 스트레칭 방법은
> ① 손바닥을 앞으로 하고 팔을 뻗어 손바닥을 당기기
> ② 손끝을 아래로 하고 팔을 뻗어 손등을 당기기

06 요양보호사의 직무스트레스 요인이 아닌 것은?

① 직무요구
② 감정노동
③ 성희롱
④ 역할분화
⑤ 조직체계

○ 역할모호 : 요양보호사의 업무 특성상 가사도우미의 역할을 요구하는 경우가 있다. 직무스트레스 요인은 아니다.

07 근골격계 손상 후 치료법으로 적당한 것은?

① 손상 후 24시간 이후부터는 온찜질을 한다.
② 손상부위는 압박 붕대로 세게 감아 움직임을 줄인다.
③ 보조장치를 착용하고 일을 한다.
④ 아픈 부위의 옆을 고정시킨다.
⑤ 만성통증은 온찜질을 한다.

○ ① 손상 후 24~72시간 내는 냉찜질을 한다.
② 손상부위는 적당하게 압박붕대로 감는다. 너무 세게 감으면 피가 통하지 않는다.
③ 보조장치를 착용하고 휴식을 취한다.
④ 아픈 부위를 고정시킨다.

08 요양보호사가 감염질환을 예방하기 위해 해야 할 일로 거리가 먼 것은?

① 개인위생을 철저히 한다.
② 적절한 소독법을 시행한다.
③ 손을 자주 씻는다.
④ 감염 위험이 있더라도 대상자가 원하면 접촉을 한다.
⑤ 임신한 경우 감염성 질병이 있는 대상자와 접촉하지 않는다.

○ **감염예방을 위해 할 일**
• 감염성 대상자와 접촉하지 않는다.
• 개인위생을 철저히 하고 적절한 소독법을 시행한다.
• 손을 자주 씻는다.
• 임신한 경우 선천성 기형(풍진, 수두 등)을 유발할 수 있는 감염성 질환자와 접촉하지 않는다.

정답 06 ④ 07 ⑤ 08 ④

09 감염예방을 위해서 기관에서 해야 할 일과 거리가 먼 것은?

① 적절한 보호장구를 지급한다.
② 예방접종을 한다.
③ 정기적인 건강검진을 한다.
④ 감염예방교육을 한다.
⑤ 감염성 대상자와 접촉하지 않는다.

○ 감염예방을 위해 할 일

기관차원에서 할 일	요양보호사가 할 일
• 적절한 보호장구를 지급한다. • 예방접종 • 정기적 건강검진 • 감염예방교육	• 감염성 대상자와 접촉하지 않는다. • 개인위생을 철저히 하고 적절한 소독법을 시행한다. • 손을 자주 씻는다. • 임신한 경우 선천성 기형(풍진, 수두 등)을 유발할 수 있는 감염성 질환자와 접촉하지 않는다.

10 가장 손쉽고 경제적이며 효과적인 감염 예방법은?

① 손 씻기
② 마스크 착용
③ 전신소독
④ 예방주사
⑤ 정기검진

○ 손 씻기는 감염병의 70%를 예방할 수 있는 가장 손쉽고 경제적이며 효과적인 방법이다.

11 다음에서 설명하는 질환에 걸렸을 경우 어떻게 해야 하는가?

• 2주 이상의 기침, 가래, 흉통, 호흡곤란
• 발열, 야간에 땀 흘림, 식욕부진, 체중감소

① 가까운 의료기관에서 반드시 검사를 받는다.
② 예방접종은 10~12월 사이에 받는다.
③ 증상이 회복되어도 2~3일간 음식을 조리하지 않는다.
④ 자신의 피부를 주의 깊게 관찰한다.
⑤ 머리핀, 브러시, 수건 등을 공동으로 사용하지 않는다.

정답 09 ⑤ 10 ① 11 ①

○ 설명하는 증상은 결핵에 관한 설명이다.
　② 예방접종은 10~12월 사이에 받는다 : 독감
　③ 증상이 회복되어도 2~3일간 음식을 조리하지 않는다 : 노로 바이러스
　④ 자신의 피부를 주의 깊게 관찰한다 : 옴
　⑤ 머리핀, 브러시, 수건 등을 공동으로 사용하지 않는다 : 머릿니

12 요통을 예방하면서 물건을 이동하는 방법으로 맞지 않은 것은?

① 허리를 펴고 무릎을 굽혀 몸의 무게중심을 낮추고 지지면을 넓힌다.
② 무릎을 굽혀서 들어 올린다.
③ 물건을 든 상태에서 방향전환 시 발을 움직여 전환한다.
④ 물체는 몸 가까이 위치하고 들어 올린다.
⑤ 허리가 아닌 다리를 펴서 들어 올린다.

○ 무릎을 펴서 들어 올린다.

13 직무스트레스 예방을 위한 평상시의 자기관리 방법으로 맞지 않은 것은?

① 운동을 절제하고 술이나 담배에 의존
② 규칙적인 생활과 충분한 수면
③ 친한 사람들과 교류하기
④ 긴장을 풀고 많이 웃기
⑤ 가능한 한 편안한 환경으로 만들기

○ 적당한 운동을 하고 술이나 담배에 의존하지 않기

14 기침을 할 때의 예절로 맞지 않는 것은?

① 휴지로 입과 코를 가린다.
② 손수건으로 입과 코를 가린다.
③ 옷소매로 입과 코를 가린다.
④ 기침 후 비누로 30초 이상 흐르는 물에 씻는다.
⑤ 손바닥으로 입과 코를 가린다.

○ 다른 사람이 이용하는 시설물을 만질 수 있으므로 손바닥으로 입과 코를 가리면 안된다.

정답 12 ② 13 ① 14 ⑤

15 다음에서 설명하는 질환은 무엇인가?

- 구토, 메스꺼움, 오한, 복통, 설사의 증상이 있다.
- 오염된 음식과 익히지 않은 해산물로 감염된다.

① 독감
② 결핵
③ 노로바이러스
④ 옴
⑤ 머릿니

○ **노로바이러스 장염**
- 오염된 음식과 익히지 않은 해산물로 감염된다.
- 구토, 메스꺼움, 오한, 복통, 설사의 증상이 있다.
- 감염 시 2~3일간 요양업무를 중단한다.
- 개인위생을 철저히 하고 어패류는 반드시 익혀 먹는다.

16 스트레칭 시 주의사항으로 맞지 않은 것은?

① 천천히 같은 동작을 2회 정도 반복한다.
② 동작과 동작 사이에 5~10초 정도 쉰다.
③ 통증을 느끼지 않고 시원하다고 느낄 때까지 한다.
④ 상·하·좌·우 균형있게 교대로 한다.
⑤ 편안하고 자연스럽게 호흡한다.

○ 천천히 같은 동작을 5~10회 반복한다.

17 직무스트레스 대처 방안으로 적절하지 않은 것은?

① 긴장 이완
② 편안한 호흡
③ 충분한 음주
④ 편한 기억에 대한 심상훈련
⑤ 자신의 생각 변화(인지수정)

○ 충분한 음주는 직무스트레스 올바른 대처 방안으로 볼 수 없다.

정답 15 ③ 16 ① 17 ③

Ⅱ장 노화와 건강증진

01절 노화에 따른 변화와 질환

01 _ 노화에 따른 변화와 노인성 질환의 특성

본문 31쪽

01 노인성 질환의 특성이 아닌 것은?

① 경과가 길고 재발이 많으며 합병증이 생긴다.
② 다른 질병을 동반하며 원인이 확실하여 치료가 쉽다.
③ 약물 사용 시 주의해야 하며 중독상태에 빠질 수 있다.
④ 질환의 치료 후 와상상태가 되지 않도록 주의해야 한다.
⑤ 혈액순환 저하로 욕창이 발생한다.

○ 다른 질병을 동반하며 증상이 애매하고 원인이 불명확한 퇴행성질환이 많다.

02 노인성 질환의 특징으로 옳은 것은?

① 경과가 길지만 원인이 확실하여 치료가 빨리 된다.
② 일상수행능력이 저하되어도 치유 후에는 정상상태가 된다.
③ 가벼운 폐렴, 설사 등에도 의식장애가 발생한다.
④ 약물을 장기간 사용 하면 상태가 좋아진다.
⑤ 골격근육의 수축으로 욕창이 발생한다.

○ ① 경과가 길고 재발이 빈번하고 합병증이 생긴다.
  ② 일상수행능력 저하 후에도 의존상태가 지속된다.
  ④ 약물을 장기간 사용하면 중독상태에 빠질 수 있다.
  ⑤ 혈액순환 저하로 욕창이 발생하며, 골격근육의 수축으로 관절이 뻣뻣해진다.

정답 01 ② 02 ③

03 노인성 질환의 접근이 필요한 분야가 아닌 것은?

① 사회적 접근 ② 안보적 접근
③ 경제적 접근 ④ 영적 측면
⑤ 심리적 측면

> 노인성 질환은 사회적, 경제적, 영적 측면이 모두 연관되어 있어 다양한 분야(의학, 간호학, 경제학, 사회복지학 등)에서 총체적으로 접근해야 한다.

02 _ 신체계통별 주요 질환 본문 31쪽

01 노화에 따른 소화기계의 특성으로 옳은 것은?

① 짠맛과 단맛을 잘 느낀다.
② 쓴맛을 느끼지 못한다.
③ 소화능력이 개선된다.
④ 지방의 흡수력이 증가된다.
⑤ 호르몬 분비 감소로 당뇨병에 걸릴 수 있다.

> ① 짠맛과 단맛을 느끼지 못한다.
> ② 쓴맛을 잘 느낀다.
> ③ 소화능력이 저하된다.
> ④ 지방의 흡수력이 떨어진다.

02 소화기계의 질환 시 요양보호사의 활동으로 맞지 않은 것은?

① 대상자의 질병명을 예측하여 수술이나 약물치료가 필요하다는 말을 하지 않는다.
② 대상자가 식사를 하지 않을 경우 심리적 요인이 있는지 확인해야 한다.
③ 대상자의 상태가 평소보다 안 좋다면 가족과 상의하여 의료기관을 방문한다.
④ 관장을 해달라고 요구하는 경우 시설장이 직접 해야 한다.
⑤ 식사를 하지 않는 경우 가족과 상의하고 시설장(관리책임자)에게 보고한다.

> 관장을 해달라고 요구하는 경우 의료인(간호사 등)과 상의해야 한다.

정답 03 ② | 01 ⑤ 02 ④

03 다음은 어떤 질환의 주요 원인인가?

> • 충분히 씹지 못한 음식물 섭취
> • 자극적인 약물이나 화학성분 섭취
> • 과식 등 무절제한 식습관
> • 부패한 음식 섭취

① 위암 ② 위염
③ 독감 ④ 설사
⑤ 노로바이러스

04 다음에서 설명하는 질환은 무엇인가?

> • 속쓰림, 소화불량, 새벽 1~2시에 속쓰림과 상복부 불편감이 있다.
> • 치료를 위해서는 규칙적인 식사와 충분한 수면, 심신 안정이 필요하다.
> • 출혈, 천공, 협착이 발생하면 즉각 병원치료를 받아야 한다.
> • 반드시 금연을 해야한다.

① 위궤양 ② 각막염
③ 위암 ④ 대장암
⑤ 설사

05 위염을 치료하는 방법이 아닌 것은?

① 하루 정도 금식하여 위의 부담을 줄인다.
② 금식 후에는 미음 등 유동식으로 위의 부담을 줄인다.
③ 과음, 과식을 피하고 찬 음식을 먹는다.
④ 자극적인 음식을 피하고 규칙적인 식사를 한다.
⑤ 제산제, 진정제 등의 약물로 치료하기도 한다.

○ 과음, 과식을 피하고 너무 뜨겁거나 찬 음식은 피한다.

정답 03 ② 04 ① 05 ③

06 짠 음식, 염장식품, 가족력, 음주, 흡연 등으로 인해 악성 세포가 위의 점막, 점막하층에 퍼져 있는 질환은 무엇인가?

① 위궤양　　　　　　　　　② 위염
③ 위암　　　　　　　　　　④ 대장암
⑤ 설사

○ 위암은 가족력, 짠 음식, 음주, 흡연, 탄음식 등을 섭취했을 때 발생한다.

07 위암의 증상으로 맞지 않는 것은?

① 체중감소　　　　　　　　② 소화불량, 식욕감퇴
③ 구토　　　　　　　　　　④ 진단검사에서 복부 종양 덩어리
⑤ 수분이 많은 양의 변 배출

○ 수분이 많은 양의 변 배출은 설사의 증상이다.

08 위암을 치료 및 예방하기 위한 방법으로 맞지 않는 것은?

① 치료 후 5년간 정기검진　　② 수술, 화학요법, 방사선 치료
③ 음주, 흡연　　　　　　　　④ 헬리코박터균을 치료
⑤ 스트레스를 줄인다.

○ 위암을 치료하고 예방하기 위해서는 금주와 금연을 해야 한다.

09 다음은 어떤 질환에 관한 설명인가?

- 체중감소, 소화불량, 오심, 복부통증, 빈혈, 피로, 구토 등
- 진단 검사에서 종양의 발견

① 위염　　　　　　　　　　② 위궤양
③ 대장암　　　　　　　　　④ 위암
⑤ 변비

정답　06 ③　07 ⑤　08 ③　09 ④

10 대장암 환자에게 적합한 음식은?

① 구운고등어　② 라면　③ 현미밥
④ 오징어젓갈　⑤ 쇠고기

○ 대장암 환자는 통곡식, 생채소, 생과일 등을 섭취하고 동물성 지방이나, 가공식품, 인스턴트 식품, 훈연식품을 피해야 한다.

11 대장암 환자의 식사방법으로 맞지 않는 것은?

① 싱겁게 먹으며 통곡식, 생채소, 생과일을 먹는다.
② 천천히 꼭꼭 씹어먹는다.
③ 가급적 수분섭취를 줄인다.
④ 식사를 소량으로 규칙적으로 한다.
⑤ 건강을 위해 식물성 지방을 섭취한다.

○ **대장암 환자의 식사**
- 영양소가 골고루 있는 식사를 소량씩 규칙적으로 한다.
- 천천히 꼭꼭 씹어 먹으며 잦은 간식, 늦은 식사를 피한다.
- 싱겁게 먹으며 통곡식, 생채소, 생과일을 먹는다.
- 식물성 지방을 섭취하고 가공·인스턴트·훈연식품을 피한다.
- 하루에 6~8잔의 물을 마시며 금연, 절주하고 적당량의 운동을 한다.

12 설사의 원인으로 옳은 것은?

① 과식　② 흡연
③ 장의 감염　④ 소화제 복용
⑤ 소화기능의 증가

○ 설사의 원인 : 장의 감염, 스트레스, 균에 오염된 음식물, 식중독, 장 질환, 하제 등의 약물 남용

13 하루에 70~90%의 수분이 포함된 대변을 보는 것을 무엇이라 하는가?

① 대변　② 소변　③ 위암
④ 대장암　⑤ 설사

정답 10 ③　11 ③　12 ③　13 ⑤

관련 요인	• 장의 감염, 스트레스, 균에 오염된 음식물, 식중독, 장 질환, 하제 등의 약물 남용
증상	• 하루에 수 회씩 수분이 포함된 변을 배출 • 혈성 설사

14 설사의 치료 및 예방법으로 가장 거리가 먼 것은?

① 장운동을 증가시키는 음식의 섭취를 피한다.
② 물을 충분히 마셔 탈수를 예방한다.
③ 지사제는 의사의 지시에 따라 복용한다.
④ 심신을 안정하고 몸을 따뜻하게 한다.
⑤ 운동을 꾸준히 한다.

15 변비 증상이 아닌 것은?

① 수분이 많이 섞인 변을 본다.
② 배변 후 잔변감이 3개월 이상 지속된다.
③ 변을 1주일에 2~3회 이하이다.
④ 변을 보는데 시간이 많이 걸린다.
⑤ 변을 보는 것이 힘들고 변이 딱딱하다.

○ 수분이 많이 섞인 변을 보는 것은 설사이다.

16 변비의 발생원인에 해당하는 것은?

① 장운동의 증가
② 대장암, 뇌졸중, 심부전 등의 합병증
③ 지사제 사용으로 인한 부작용
④ 매운고추나 카페인의 섭취
⑤ 병원균에 오염된 음식

정답 14 ⑤ 15 ① 16 ②

○ **변비의 발생 원인**
  - 스트레스, 식사량 감소, 섬유질 음식 섭취 감소
  - 운동량 감소, 복부근육의 힘 약화, 장 운동의 저하, 합병증(대장암, 뇌졸중, 심부전 등), 수분섭취 부족, 저작능력 저하

17 대상자의 소화기계 상태가 정상적이지 않을 경우 요양보호사가 해야 할 일이 아닌 것은?

① 가족과 상의하여 의료기관을 찾도록 한다.
② 시설장이나 관리책임자에게 신속하게 보고한다.
③ 관장을 해 달라고 하면 의료인과 상의한다.
④ 식사를 하지 않을 경우 가족과 상의하고 시설장이나 관리책임자에게 보고한다.
⑤ 증세를 잘 보았다가 대상자의 질병명을 알려준다.

○ 질병명을 예측하여 말하거나 수술이 필요하다는 등의 말을 해서 대상자와 가족의 걱정을 유발해서는 안된다.

18 요양보호사가 시설장이나 관리책임자에게 보고해야 하는 경우가 아닌 것은?

① 대상자가 식사를 거부하는 경우
② 식사량을 늘려달라고 하는 경우
③ 혈성 설사를 하는 경우
④ 출혈이 있거나 토혈을 하는 경우
⑤ 오심, 구토가 있을 경우

○ 대상자의 상태가 정상적이지 않을 경우 시설장이나 관리책임자에게 보고한다.

19 노화가 진행됨에 따라 나타나는 호흡기계의 특징이 아닌 것은?

① 콧속의 점막이 건조해진다.
② 폐포의 탄력성 저하로 쉽게 숨이 차다.
③ 폐활량의 감소로 식사량이 줄어든다.
④ 섬모운동의 저하로 미세 물질들이 쉽게 침투한다.
⑤ 기관지 분비물의 증가로 호흡기계 감염이 쉽게 발생한다.

정답 17 ⑤ 18 ② 19 ③

○ 노화에 따른 특성
  • 콧속의 점막 건조
  • 호흡근육의 위축과 근력의 약화로 쉽게 숨이 찬다.
  • 섬모운동 저하, 기관지 내 분비물 증가로 호흡기계 감염

20 인플루엔자 바이러스에 의해 감염되는 호흡기계 질병은 무엇인가?

① 만성기관지염 ② 폐렴
③ 독감 ④ 천식
⑤ 폐결핵

질환	관련요인
만성 기관지염	흡연, 매연에 노출, 세균성 바이러스 감염
폐렴	세균, 바이러스 등에 의해 폐 조직에 염증이 생겨 기관지가 두꺼워지며 산소를 흡수하는 능력이 감소
독감	인플루엔자 바이러스 감염, 호흡기 비말을 통해 전파
천식	• 감기, 비염과 같은 염증, 스트레스, 긴장감 • 알러지(꽃가루, 집먼지 진드기, 강아지털, 배설물, 곰팡이) • 대기오염, 황사, 매연, 기후변화, 노화에 따른 폐기능 감소
폐결핵	• 폐에 결핵균이 들어가 염증을 일으킨다. • 결핵균의 호흡기 감염이나 알코올이나 약물중독 • 면역력 저하, 당뇨병 등과 같은 만성질병 약화 • 스테로이드와 같은 면역 억제제

21 독감의 치료 및 예방법으로 맞지 않는 것은?

① 충분한 휴식
② 수분 섭취
③ 예방접종으로 인플루엔자 감염을 예방
④ 지사제 복용
⑤ 처방받은 항바이러스제를 복용

○ 지사제는 설사가 나올 때 처방받는 의약품이다.

22 다음은 어떤 질환의 증상에 관한 설명인가?

- 가래 끓는 기침
- 점진적 호흡곤란
- 잦은 호흡기 감염
- 흰색, 회색의 점액성 가래

① 만성 기관지염 ② 독감
③ 폐렴 ④ 천식
⑤ 폐결핵

23 만성 기관지염의 치료 및 예방법으로 옳은 것은?

① 심호흡과 기침으로 가래를 배출한다
② 거담제는 복용하지 않는다.
③ 뜨거운 음식을 먹는다.
④ 식사는 한 번에 많은 양을 먹는다.
⑤ 습기가 많아야 하므로 가습기를 사용한다.

○ ② 거담제와 기관지 확장제를 처방받아 복용한다.
  ③ 찬음식, 뜨거운 음식은 피한다.
  ④ 식사는 여러 번에 나누어서 한다.
  ⑤ 금연, 공기오염이 심한 지역, 습기가 많은 지역은 피하고 공기청정기를 사용한다.

24 음식물이나 이물질이 기도 내로 넘어가 기관지나 폐에 염증을 유발하는 질환을 무엇이라 하는가?

① 천식 ② 흡인성 폐렴
③ 가래 ④ 기관지염
⑤ 감기

○ **폐렴의 원인**
  - 세균, 바이러스
  - 흡인성 폐렴 : 이물질이 기도 내로 넘어가 기관지나 폐에 염증을 유발

정답 22 ① 23 ① 24 ②

25 폐렴의 치료 및 예방법으로 맞지 않는 것은?

① 세균성 폐렴은 항생제를 사용한다.
② 심호흡 등으로 산소공급을 유지한다.
③ 실내를 건조하게 한다.
④ 영양과 수분을 충분히 섭취한다.
⑤ 사람이 많은 곳의 출입을 제한한다.

○ 폐렴의 치료 및 예방법
- 세균성 폐렴은 항생제를 사용하며 바이러스성 폐렴은 치료 방법이 다르다.
- 심호흡 등으로 산소공급을 유지하며 환기와 습도를 맞춘다.
- 영양을 충분히 섭취하고 외출 후 손발을 씻고 사람이 많은 곳의 출입을 제한한다.
- 폐렴구균 예방접종을 한다.

26 노인천식 환자의 치료 및 예방법으로 옳은 것은?

① 미세먼지나 황사가 많은 날은 마스크를 착용하고 외출한다.
② 항생제를 미리 투여한다.
③ 11월~12월에 독감예방접종을 한다.
④ 찬물을 자주 마신다.
⑤ 운동을 하지 않는다.

○ 치료 및 예방법
- 운동 전 기관지확장제를 투여하거나, 처방받은 약물을 정확하게 투여한다.
- 담배, 벽난로, 곰팡이 등을 피하고 휴식과 수면을 취하며 스트레스를 줄인다.
- 침구류는 뜨거운 물로 세탁하며 매년 인플루엔자 백신을, 65세 이상은 폐렴구균 백신을 접종한다.
- 공기가 안 좋을 때는 야외활동을 줄이고, 외출 시 마스크를 착용해야 한다.

27 폐결핵에 관한 설명으로 맞지 않는 것은?

① 상태가 호전되면 약물복용을 줄이거나 중단해도 된다.
② 주기적으로 검사(간 기능, 객담)를 한다.
③ 타인에게 감염되지 않도록 주의한다.
④ 2주 이상의 기침과 흉통이 있다.
⑤ 오후에 고열이 있다가 늦은 밤에 식은땀과 함께 열이 내린다.

정답 25 ③ 26 ① 27 ①

○ 항생제는 복용기간이 길고, 약의 양이 많지만 충실하게 복용해야 완치된다.

28 결핵감염 예방을 위한 기침 예절로 맞지 않는 것은?

① 기침이나 재치기를 할 때 코와 입을 가리고 한다.
② 사용한 휴지는 바로 버린다.
③ 감염증상이 있는 사람은 마스크를 사용한다.
④ 일회용 마스크도 여러 번 사용할 수 있다.
⑤ 비누나, 물 없이 사용하는 알코올 제제로 손을 씻는다.

○ 일회용 마스크는 재사용하지 않는 것이 원칙이다.

29 대상자의 호흡기계 상태가 정상적이지 않을 경우 요양보호사가 해야 할 일이 아닌 것은?

① 대상자에게 의심되는 질병명을 알려주어 빨리 병원에서 치료를 받게 한다.
② 대상자의 상태가 안좋다면 가족과 상의 없이 의료기관을 방문한다.
③ 기관지확장흡인기를 미리 준비한다.
④ 기관지확장흡인기는 가급적 대상자가 스스로 사용하도록 도와준다.
⑤ 결핵전파가 우려되는 대상자를 돌볼 때는 보호장구를 착용한다.

○ **요양보호사의 활동**
- 대상자의 질병명을 예측하거나 수술이나 약물치료가 필요하다는 말을 하지 않는다.
- 대상자의 상태가 평소보다 안 좋다면 가족과 상의하여 의료기관을 방문하며 시설장이나 책임자에게 보고한다.
- 기관지확장흡인기를 미리 준비하고 어르신 스스로 사용하도록 도와준다.
- 호흡곤란 중에는 반 앉은 자세를 취하고, 편안한 호흡을 유도하며 옆에서 안심시켜준다.
- 대상자에게 감염성 질환이 생긴것으로 의심되면 기관장에게 보고하고 감염성이 없다고 판정될 때까지 격리한다.
- 감염대상자와 접촉을 했을 때는 요양보호사와 가족은 2주~1개월 후 보건소에서 흉부방사선 촬영을 통해 감염 여부를 확인한다.
- 결핵전파가 우려되는 대상자를 돌볼 때는 보호장구를 착용한다.

30 노화에 따른 신경계의 질환에 대한 설명으로 맞지 않은 것은?

① 신경세포의 기능이 저하되며 반응성 저하로 신체활동이 감소된다.
② 정서조절이 불안정해지며 수면장애, 단기간 기억감퇴 등이 있다.

정답 28 ④ 29 ① 30 ④

③ 주요 질환은 치매, 뇌졸중, 파킨슨 질환 등이 있다.
④ 감각이 예민해져 균형유지능력이 감소하지 않는다.
⑤ 앞으로 구부린 자세로 느려지고 걸음걸이가 발을 끌게 된다.

○ 감각이 둔해지며 균형유지능력이 감소한다.

31 노화에 따른 심혈관계의 특성이 아닌 것은?

① 심장이 얇아져 탄력성이 떨어진다.
② 혈액순환이 감소한다.
③ 체위의 변화에 따라 기립성 저혈압이 발생한다.
④ 하지 부종과 정맥류, 치질이 생긴다.
⑤ 최대 심박출량과 심박동수가 감소한다.

○ 심장이 두꺼워져 탄력성이 떨어진다.

32 다음은 어떤 질환에 관한 설명인가?

음식 섭취, 음주, 감정, 계절에 따라 혈관 내부가 좁아지거나 막혀 혈액의 흐름에 장애를 일으키고 혈관 벽이 굳어지면서 발생한다.

① 동맥경화증　　② 당뇨　　③ 타박상
④ 심장판막　　　⑤ 심부전

○ 동맥경화증
동맥 혈관의 안쪽 벽에 지방이 축적되어 혈관 내부가 좁아지거나 막혀 혈액의 흐름에 장애가 생기고 혈관 벽이 굳어지면서 발생하는 것이다.

33 고혈압의 치료에 관한 설명으로 옳은 것은?

① 증상이 없으면 방치해도 된다.
② 증상(두통 등)이 있을 때만 약을 먹는다.
③ 혈압약을 장기간 복용하면 몸이 약해진다.
④ 혈압이 조절되면 약을 끊어도 된다.
⑤ 적절한 운동과 식이요법을 병행한다.

정답 31 ① 32 ① 33 ⑤

○ **고혈압 약물치료에 대한 편견**
① 증상이 없어도 혈압이 높으면 치료해야 한다.
② 증상이 없기 때문에 의사 처방이 있으면 약을 복용해야 한다.
③ 약의 장기 복용이 고혈압의 합병증 보다는 안전하다.
④ 약을 복용하지 않으면 혈압이 다시 올라가므로 의사 처방이 있으면 약을 복용해야 한다.

34 고혈압 대상자가 즐겨 섭취해야 하는 음식은 무엇인가?

① 소시지
② 오징어 젓갈
③ 돼지고기, 쇠고기
④ 오이, 토마토
⑤ 커피

○ 고혈압 대상자는 절주, 금연, 저염식, 저지방식이를 하며 카페인도 절제해야 한다.

35 정상혈압의 범위?

① 수축기 120mm/Hg 이하, 이완기 : 80mm/Hg 이상
② 수축기 120mm/Hg 이하, 이완기 : 80mm/Hg 이하
③ 수축기 130mm/Hg 이하, 이완기 : 80mm/Hg 이하
④ 수축기 140mm/Hg 이하, 이완기 : 80mm/Hg 이하
⑤ 수축기 140mm/Hg 이하, 이완기 : 90mm/Hg 이하

36 동맥경화의 증상이 아닌 것은?

① 불면증
② 언어장애
③ 식욕저하
④ 뇌혈관의 막힘이나 터짐
⑤ 손발의 냉증

○ **동맥경화의 증상**
• 불면증, 언어장애, 뇌혈관의 막힘이나 터짐
• 손발의 냉증, 보행장애, 협심증, 심근경색, 발작, 의식장애, 혼수
• 현기증, 기억력 저하, 하지 조직의 괴사

정답 34 ④ 35 ② 36 ③

37 동맥경화의 치료와 예방을 위해서 해야 할 일이 아닌 것은?

① 음주, 흡연　　② 고혈압 관리　　③ 혈당조절
④ 저염식, 저지방식이　　⑤ 규칙적인 운동

○ 동맥경화의 관리를 위해서는 금주와 금연을 해야한다.

38 심부전의 치료와 예방을 위해서 해야 할 일이 아닌 것은?

① 규칙적인 운동을 한다.　　② 독감, 폐렴을 예방한다.
③ 약물치료를 하지 않는다.　　④ 식사는 소량씩 한다.
⑤ 고혈압, 고지혈증을 치료한다.

○ • 원인을 제거하는 약물을 투여한다.
　 • 과식은 심장에 부담을 주므로 음식을 소량씩 나누어 먹어야 한다.

39 빈혈 예방과 해소에 좋은 음식으로 가장 적절한 것은?

① 귤　　② 사과　　③ 붉은 살코기
④ 배　　⑤ 고등어

○ 빈혈 예방과 해소에 좋은 음식 : 굴, 달걀 노른자, 붉은 살코기, 콩류, 시금치

40 고혈압 대상자가 "심장이 아프다"고 증상을 말할 때 요양보호사의 역할로 적절하지 않은 것은?

① 가족과 상의하고 시설장이나 관리책임자에게 보고한다.
② "심장병인 것 같으니 빨리 병원으로 가자"고 한다.
③ 최대한 안정적이고 편안하게 해준다.
④ 뇌졸중이 발생하는지 철저히 관찰한다.
⑤ 응급상황에 대처할 준비를 한다.

○ 대상자의 혼란을 유도할 수 있으므로 대상자의 병명을 말하거나 수술 혹은 약물치료가 필요하다고 말하지 않는다.

정답　37 ①　38 ③　39 ③　40 ②

41 대상자가 갑자기 어지럽다고 하면 즉시 어떤 조치를 취해야 하는가?

① 잠시 세워두고 약을 사러 간다.
② 119로 전화해서 구급차를 부른다.
③ 가족과 상의하고 시설장이나 관리책임자에게 보고한다.
④ 뇌졸중이 발생하는지 철저히 관찰한다.
⑤ 그 자리에 주저앉도록 한다.

○ 갑자기 어지럼증을 느끼는 대상자는 낙상으로 인한 뇌 손상을 예방하기 위해 그 자리에 바로 주저앉힌다.

42 노화에 따른 특성으로 옳은 것은?

① 키가 줄어들지만 머리는 뻣뻣하게 된다.
② 치아의 골격의 성장이 둔화된다.
③ 근육경련과 근육피로를 느낀다.
④ 어깨가 넓어지고 골반이 좁아진다.
⑤ 전체적으로 지방이 감소한다.

○ **노화에 따른 특성**
- 키가 줄어들며 등뼈가 굽어 머리를 낮추며 가슴을 향해 보게 된다.
- 치아가 상실되며 골격이 작아지고 작은 충격에도 골절된다.
- 신체활동과 운동능력이 감소하며 근육경련과 근육피로를 느낀다.
- 관절운동이 제한되며 어깨가 좁아지고 골반이 커진다.
- 관절이 마모되어 염증, 통증 등이 생긴다.
- 팔, 다리의 지방은 감소하고 엉덩이와 허리의 지방은 증가한다.

43 다음은 어떤 질환에 관한 설명인가?

- 관절을 싸고 있는 조직의 퇴화로 생긴다.
- 연골의 탄력성 저하로 생긴다.
- 날씨나 활동의 정도에 따라 통증의 상태가 달라진다.

① 골다공증　　② 퇴행성관절염　　③ 고관절 골절
④ 심근경색　　⑤ 고혈압

정답 41 ⑤　42 ③　43 ②

44 퇴행성관절염 대상자가 해야 하는 운동으로 적절한 것은?

① 체조   ② 등산   ③ 줄넘기
④ 농구   ⑤ 운동장 뛰기

○ 관절이 부담되지 않는 범위에서 규칙적인 운동(수영, 걷기, 체조)이 적절하다.

45 폐경, 여성호르몬 부족, 저체중, 운동부족으로 인해 생기는 질환은?

① 퇴행성관절염   ② 고관절 골절   ③ 골다공증
④ 비만   ⑤ 고지혈증

○ 골다공증의 원인
- 폐경, 여성호르몬 부족, 저체중, 운동부족
- 감상선 질환, 척추골절, 영양 흡수부족, 칼슘섭취 부족
- 음주, 흡연, 카페인 과다섭취, 유전적 요소

46 골다공증을 치료 및 예방하는 방법으로 옳은 것은?

① 칼륨을 섭취한다.
② 호르몬치료를 하면 악화된다.
③ 체중부하운동은 하지 않는다.
④ 비타민 C만 섭취한다.
⑤ 금주, 금연을 한다.

○ 골다공증 치료와 예방 : 칼슘섭취, 호르몬치료, 체중부하운동, 비타민 D 섭취, 금주, 금연

47 골다공증이 있는 대상자가 낙상을 하면 발생하는 질환은?

① 고관절 골절   ② 관절염   ③ 고혈압
④ 당뇨   ⑤ 뇌경색

○ 고관절 골절
- 외부 힘(낙상 등)에 의해 고관절이 골절되는 것이다.
- 고령, 하지 기능 부전, 시력장애, 골다공증, 저체중, 음주 등이 관련 요인이다.

정답 44 ① 45 ③ 46 ⑤ 47 ①

48 근골격계 질환을 가진 대상자에 대한 요양보호사의 활동으로 맞지 않는 것은?

① 대상자의 질병명을 예측하거나 수술이나 약물치료가 필요하다는 말을 하지 않는다.
② 근육이나 관절 부위의 통증을 관찰한다.
③ 지방을 충분히 섭취할 수 있도록 도와준다.
④ 대상자의 보조기구 사용법을 정확하게 설명한다.
⑤ 재활과 회복을 위해 잔존기능을 최대한 활용하도록 도와준다.

○ 근골격계 대상자는 칼슘을 충분히 섭취할 수 있도록 해야 한다.

49 노화에 따른 특징 중 노인의 비뇨·생식계에 생기는 질환은?

① 골다공증 ② 요실금 ③ 폐렴
④ 위암 ⑤ 골절

○ 노화에 따른 비뇨·생식계 질환 : 빈뇨증, 요실금, 야뇨증, 전립선 비대

50 자신의 의지와 상관없이 소변이 밖으로 흘러나오는 증상은?

① 변실금 ② 당뇨병 ③ 요실금
④ 치매 ⑤ 전립선 비대증

○ **요실금의 종류**
  • 복압성 요실금 : 기침, 재치기 등 순간 압력 증가로 소변이 나온다.
  • 절박성 요실금 : 소변을 보고싶다고 느끼는 순간 소변이 나온다.
  • 역류성 요실금 : 소변의 배출이 원활하지 않아 소변이 나온다.

51 요실금의 치료 방법으로 옳은 것은?

① 지방 섭취를 늘린다. ② 카페인 섭취를 늘린다.
③ 최대한 수분섭취를 줄인다. ④ 칼슘의 섭취를 늘린다.
⑤ 골반근육운동을 강화한다.

○ **요실금의 치료, 예방**
  • 약물요법, 수술, 골반근육운동 강화, 체중조절
  • 수분섭취로 방광기능 유지, 식이섬유 섭취로 방광기능 유지

정답 48 ③ 49 ② 50 ③ 51 ⑤

52 다음은 어떤 질환에 관한 설명인가?

- 호르몬 불균형(남성호르몬 감소, 여성호르몬 증가)
- 고지방, 고콜레스테롤 음식의 섭취로 비만
- 방광의 압박

① 고지혈증 ② 전립선비대증 ③ 절박성 요실금
④ 변실금 ⑤ 역류성 요실금

53 전립선비대증의 증상으로 옳은 것은?

① 소변줄기가 가늘어지고 잔뇨감이 있다.
② 배뇨 후 다시 소변이 마렵다.
③ 소변을 참기 힘들다.
④ 밤에 소변을 보려고 잠이 깬다.
⑤ 본인도 모르게 소변이 흘러나온다.

○ ② 배뇨 후 다시 소변이 마렵다 : 빈뇨
③ 소변을 참기 힘들다 : 긴박뇨
④ 밤에 소변을 보려고 잠이 깬다 : 야뇨
⑤ 본인도 모르게 소변이 흘러나온다 : 요실금

54 비뇨기계 질환에 대한 요양보호사의 활동으로 옳은 것은?

① 대상자의 상태를 보고 수술이나 약물 치료를 권장한다.
② 배뇨 조절을 힘들어 하면 적극적으로 도와준다.
③ 요실금, 긴박뇨로 밤에 잠이 깨는지 관찰한다.
④ 스스로 문제를 해결할 때 까지 모른척 한다.
⑤ 도뇨관의 교체, 방광세척 시 시설장(관리책임자)에게 보고하고 도와준다.

○ 비뇨기계 질환에 대한 요양보호사의 활동
- 대상자의 질병명을 예측하거나 수술이나 약물치료가 필요하다는 말을 하지 않는다.
- 배뇨의 조절이 힘든 대상자도 스스로 할 수 있도록 유도하고 훈련한다.
- 스스로 배뇨문제를 해결하지 못하더라도 사생활 보호를 위해 가려준다.
- 도뇨관의 교체, 방광세척시 시설장(관리책임자)에게 보고하고 의료인과 연계한다.
- 피부자극, 욕창 등의 합병증에도 주의를 기울인다.

정답 52 ② 53 ① 54 ③

55 노화에 따른 피부의 특성은?

① 피하지방이 두터워져 기온에 둔감해진다.
② 수분이 증가하여 눈꺼풀이 생기고 이중 턱이 된다.
③ 피부가 회색으로 변색된다.
④ 머리와 수염의 털이 증가하고 뺨의 털이 감소한다.
⑤ 가려움증, 통증에 둔감해 진다.

○ **노화에 따른 피부의 특성**
- 피하지방 감소로 기온에 민감해진다.
- 수분이 소실되어 주름이 생기며 눈꺼풀이 늘어지고 이중 턱이 된다.
- 피부가 회색으로 변색된다.
- 머리와 수염의 털이 줄고 뺨의 털이 증가한다.
- 가려움증, 통증, 지각이상 등이 생기며 겨울에 심해진다.

56 상처회복이 지연되고 궤양이 쉽게 생기는 것은 무엇의 특징인가?

① 노화에 따른 피부의 특성이다.
② 노화에 따른 비뇨기계의 특성이다.
③ 노화에 따른 근골격계의 특성이다.
④ 노화에 따른 심혈관계의 특성이다.
⑤ 노화에 따른 호흡기계의 특성이다.

○ 노화가 진행되면 상처회복이 지연되고 궤양이 쉽게 생기며 가려움증, 통증, 지각이상 등이 생긴다.

57 다음은 어떤 질환에 관한 설명인가?

> 병상에 오래 누워 있는 대상자의 피부가 바닥면과 접촉하는 부분에 혈액공급의 부족으로 괴사되는 것이다.

① 피부건조증　　　　　② 대상포진
③ 옴　　　　　　　　　④ 욕창
⑤ 무좀

정답 55 ③　56 ①　57 ④

58 욕창의 초기 증상 대처법으로 맞는 것끼리 짝지어진 것은?

> ㉮ 약간 미지근한 수건으로 찜질하고 마른 수건으로 닦는다.
> ㉯ 나선형으로 마사지를 하고 가볍게 두드려 혈액순환을 돕는다.
> ㉰ 춥지 않을 때는 30분 정도 햇볕을 쪼인다.
> ㉱ 겨울에도 창문을 열어 환기를 시킨다.
> ㉲ 미지근한 바람으로 건조시킨다.
> ㉳ 파우더와 도우넛 베개를 이용하여 자세를 바꾸어준다.

① ㉮, ㉰, ㉱, ㉲, ㉳
② ㉮, ㉯, ㉰, ㉲, ㉳
③ ㉮, ㉯, ㉰, ㉱, ㉲, ㉳
④ ㉮, ㉯, ㉰, ㉲
⑤ ㉯, ㉰, ㉱, ㉲

59 욕창의 치료 및 예방법으로 옳은 것은?

① 피부상태는 2일 단위로 점검한다.
② 침대는 2시간 마다, 의자나 휠체어는 1시간 마다 자세를 변경한다.
③ 대상자의 이동시 옷이 밀리지 않도록 주의한다.
④ 습기가 많이 없다면 자주 시트를 교환하지 않아도 된다.
⑤ 뼈 주위를 보호하고 목은 베개를 끼워 마찰을 방지한다.

> **○ 욕창의 치료 및 예방**
> ① 매일 피부상태를 점검한다.
> ③ 대상자의 이동시 피부가 밀리지 않도록 주의한다.
> ④ 습기가 없는 시트로 자주 교체하며 오염물질이 묻어 있으면 씻어서 말린다.
> ⑤ 뼈 주위를 보호하고 무릎 사이는 베개를 끼워 마찰을 방지한다.

60 와상 상태의 대상자의 피부가 분홍색이나 푸른색을 띠고 있을 때 대처방법은?

① 드라이기로 피부를 말려준다.
② 냉찜질을 해준다.
③ 주위를 나선형 그리듯 마사지하고 가볍게 두드려준다.
④ 꽉 끼는 옷을 입힌다.
⑤ 파우더와 도넛베개를 사용하여 치료한다.

정답 58 ④ 59 ② 60 ③

○ 피부가 분홍색이나 푸른색은 욕창 초기단계이다.

욕창의 초기 대처
- 약간 미지근한 수건으로 찜질하고 마른 수건으로 닦는다.
- 나선형으로 마사지를 하고 가볍게 두드려 혈액순환을 돕는다.
- 춥지 않을 때는 30분 정도 햇볕을 쪼인다.

61 노화에 따라 피부가 건조해지며 특히 겨울철에 나타나는 현상은?

① 피부건조증 ② 대상포진
③ 옴 ④ 욕창
⑤ 무좀

○ 피부건조증은 피부의 외층이 건조해지면 나타나며 겨울에 더 심해진다.

62 피부건조증의 치료와 예방에 대한 설명으로 맞지 않은 것은?

① 습도를 조절하며 물을 충분히 마신다.
② 자주 샤워를 하여 피부에 수분을 공급한다.
③ 샤워시 따뜻한 물과 순한 비누를 사용한다.
④ 물기는 두드려 말린다.
⑤ 수분이 마르기 전 보습제를 충분히 바른다.

○ 자주 샤워를 하면 피부를 더욱 건조시키기 때문에 삼가해야한다.

63 대상포진이 생기는 원인으로 볼 수 없는 것은?

① 감기를 앓았던 사람
② 면역력이 저하된 사람
③ 고령, 과로, 스트레스
④ 백혈병, 골수나 장기이식
⑤ 자가면역 질환, 면역억제제 복용

○ 과거 수두를 앓았던 사람에게 주로 발생한다.

정답 61 ① 62 ② 63 ①

64 대상포진의 치료와 예방법으로 옳은 것은?

① 안약을 국소부위에 바른다.
② 수포를 천천히 건조시킨다.
③ 대상포진백신 투여로 면역성을 증가시킨다.
④ 와인을 마시고 휴식과 안정을 취한다.
⑤ 예방접종을 하고, 너무 가려우면 약간 긁는다.

> ① 국소치료제(항바이러스제, 항염증제, 진통제, 냉찜질 등)를 사용한다.
> ② 수포를 빨리 건조시킨다.
> ④ 충분한 휴식과 안정을 취한다.
> ⑤ 예방접종을 하고, 가려워도 긁지 않는다.

65 옴이 생기는 부위가 아닌 곳은?

① 손가락 사이
② 팔이 접히는 부분
③ 코와 입술 사이
④ 겨드랑이
⑤ 엉덩이

> 옴은 피부의 주름진 곳에 많이 생긴다.

66 옴의 치료와 예방법으로 옳은 것은?

① 옴은 전염되지 않기 때문에 가족이나 요양보호사는 치료받지 않아도 된다.
② 전신 치료용 연고를 손바닥으로 바른다.
③ 치료 1주 후 병원에서 완치여부를 확인한다.
④ 오염된 것으로 생각되는 침구, 옷, 수건 등은 뜨거운 물로 세탁하고 세탁 후 3일간 사용하지 않는다.
⑤ 많이 가려우면 약을 바른다.

> ① 대상자와 가족, 요양보호사 등 신체적 접촉이 있는 사람은 증상유무와 관계 없이 동시에 치료받는다.
> ② 장갑과 가운 착용 후 전신 치료용 연고를 바른다.
> ③ 치료 2주 후 병원에서 완치여부를 확인한다.
> ⑤ 알레르기와 혼동하기 쉬우나 많이 가려우면 병원에 간다.

정답 64 ③ 65 ③ 66 ④

67 다음은 어떤 질환에 관한 설명인가?

- 가려움, 수면장애, 피부상처
- 두피염
- 심한 곳은 피부가 변색되고 딱딱하게 됨

① 옴 ② 욕창 ③ 피부건조증
④ 대상포진 ⑤ 머릿니

68 머릿니의 치료 및 관리방법으로 옳은 것은?

① 머릿니는 일년 중 여름에만 발생한다.
② 일반적인 샴푸로 치료가 가능하다.
③ 감염자가 사용한 비품으로 전파되지 않는다.
④ 머리에 햇볕을 쬐면 머릿니를 사멸시킬 수 있다.
⑤ 세탁할 수 없는 의류는 건식세탁을 하거나 2주 동안 보관한다.

○ ① 일년 중 언제나 발생 가능하다.
② 살충성분이 포함된 샴푸제제로 치료한다.
③ 감염환자와 직접 머리 부위 접촉, 침규류나 머리빗 공동사용으로 감염된다.
④ 병의원에 방문하여 치료를 받으며 처방된 치료제로 머리를 일정한 간격으로 자주 감는다.

69 피부질환과 관련하여 요양보호사의 활동으로 옳은 것은?

① 대상자의 피부를 항상 깨끗하고 수분이 유지되게 한다.
② 피부에 점이 있는지 살펴본다.
③ 건조로 인한 피부 균열이나 가려움증이 있는지 살핀다.
④ 욕창 대상자의 체중, 식사량은 점검하지 않아도 된다.
⑤ 빗과 브러시는 30분 정도 일광소독을 한다.

○ **요양보호 대상자의 활동**
- 욕창예방법을 충분히 숙지하여 노력하며 대상자의 피부를 항상 깨끗하고 건조하게 유지한다.
- 두피, 머리, 목 등의 피부 상태를 보며 출혈반이나 사마귀 등이 있는지 살펴본다.
- 피부에 생긴 환부의 진행상태를 관찰하며, 건조로 인한 피부 균열이나 가려움증이 있는지 살핀다.
- 욕창 대상자의 영양상태를 보기 위해 체중, 식사량을 점검한다.
- 머릿니 감염예방을 위해 빗, 수건 등의 공동사용을 금지하며, 5~10분 정도 뜨거운 물에 담가 소독한다.

정답 67 ⑤ 68 ⑤ 69 ③

70 피부질환과 관련하여 요양보호사가 살펴야 할 것으로 맞게 짝지어진 것은?

> ㉮ 손톱의 두께   ㉯ 체중, 식사량   ㉰ 안구의 상태
> ㉱ 의복 상태   ㉲ 혈압   ㉳ 두피의 건조 상태

① ㉯, ㉰, ㉱, ㉲, ㉳
② ㉮, ㉯, ㉱, ㉳
③ ㉮, ㉰, ㉱, ㉲
④ ㉯, ㉰, ㉱, ㉳
⑤ ㉰, ㉱, ㉲, ㉳

○ ㉮, ㉳ 땀을 적게 흘리고 두피의 건조, 손톱의 두께를 확인한다.
㉯ 욕창 대상자의 영양상태를 보기 위해 체중, 식사량을 점검한다.
㉱ 침구나 의복에 습기가 있으면 욕창에 쉽게 걸린다.

71 신경계 노화의 특징으로 옳은 것은?

① 신경세포의 기능이 저하되지만 반응성은 증가한다.
② 신체활동이 감소되어 감각이 예민해진다.
③ 균형유지 능력이 감소한다.
④ 정서조절이 안정되지만 수면장애, 단기간 기억이 감퇴된다.
⑤ 구부린 자세가 나타나지만 발은 정확하게 옮긴다.

○ 노화에 따른 특성
① 신경세포의 기능이 저하되며 반응성이 저하된다.
② 신체활동이 감소되어 감각이 둔해진다.
④ 정서조절이 불안정해지며 수면장애, 단기간 기억감퇴.
⑤ 구부린 자세와 발을 끄는 걸음걸이가 나타난다.
• 신경계 질환은 치매, 뇌졸중, 파킨슨 질환이 있다.

72 감각기계 질환 중 노화에 따른 시각의 특징으로 옳은 것은?

① 눈꺼풀이 처지고 눈이 튀어 나온다.
② 눈물의 양이 증가하며 안구질환이 생긴다.
③ 밝은 것을 싫어하게 된다.
④ 안질의 원인(눈부심, 시력 저하, 빛 순응 등)이 증가한다.
⑤ 색의 식별력이 뚜렷해진다.

정답 70 ② 71 ③ 72 ④

- ① 눈꺼풀이 처지고 눈이 깊게 들어간다.
  ② 눈물의 양이 감소하며 건조증이 생긴다.
  ③ 밝은 것을 좋아한다.
  ⑤ 색의 식별력이 떨어져 색의 구분(특히 보라, 남색, 파란색 등)이 어렵다.

73 감각기계 질환 중 노화에 따른 청각의 특징으로 옳은 것은?

① 귓바퀴가 수축되고 작아진다.
② 귀지가 많이 줄어든다.
③ 고막이 얇아지는 등 음의 전달 능력이 증가한다.
④ 말의 이해, 평형 유지가 어려우며 노인성 난청이 나타난다.
⑤ 이명이 생기며 소리에 민감해진다.

- ① 귓바퀴가 커지고 늘어난다.
  ② 귀지가 많아진다.
  ③ 고막이 두꺼워지는 등 음의 전달 능력이 감소한다.
  ⑤ 이명이 생기며 소리의 청취에 어려움을 느낀다.

74 감각기계 질환 중 노화에 따른 미각의 특징으로 옳은 것은?

① 단맛과 짠맛을 감지하는 능력이 증가된다.
② 신맛과 쓴맛을 싫어하며 조미료를 넣은 음식을 기피한다.
③ 입과 입술의 근육 탄력이 떨어진다.
④ 침 분비량이 늘어난다.
⑤ 후각은 무뎌지지만 식욕은 변화가 없다.

- ① 단맛과 짠맛을 감지하는 능력이 저하된다.
  ② 신맛과 쓴맛을 더 잘 감지하며 조미료를 넣은 음식을 좋아한다.
  ④ 침 분비량이 줄어든다.
  ⑤ 후각이 무뎌져 식욕에 변화가 온다.

75 노화에 따른 특성으로 감각기관과 변화가 맞게 연결된 것은?

① 시각 : 망막에 빨간색 점이 생긴다.
② 청각 : 이명이 생겨 소리에 더 민감해진다.
③ 미각 : 단맛과 짠맛을 감지하는 기능이 발달한다.

정답 73 ④ 74 ③ 75 ④

④ 후각 : 후각세포가 감소되어 후각이 둔화된다.
⑤ 촉각 : 통증에 대한 반응이 빨라진다.

> ① 시각 : 공막에 갈색 점이 생긴다.
> ② 청각 : 이명이 생겨 소리를 잘 못 알아듣는다.
> ③ 미각 : 단맛과 짠맛을 감지하는 기능이 떨어진다.
> ⑤ 촉각 : 통증에 대한 반응이 느려진다.

76 녹내장의 증상으로 옳은 것은?

① 넓어진 시야, 시력의 일시적 회복 ② 밝음에 적응 장애
③ 사물이 더 잘 보임 ④ 색깔변화 감지에 예민
⑤ 심하면 실명

> ① 좁은 시야, 이물감 ② 어두움에 적응 장애, 안구통증
> ③ 혼탁한 시야 ④ 색깔변화 감지 어려움

77 녹내장 대상자가 일상에서 주의할 점이 아닌 것은?

① 편한 복장을 한다.
② 술과 담배는 그대로 복용한다.
③ 물구나무 서기 등은 하지 않는다.
④ 고개를 숙인 자세에서 장시간 독서를 하지 않는다.
⑤ 기온변화에 유의한다.

> 술은 1~2잔 정도로 줄인다.

78 백내장의 관련 요인으로 옳은 것은?

| ㉮ 두피염 | ㉯ 음주, 흡연 | ㉰ 고혈압의 합병증 |
| ㉱ 욕창 | ㉲ 과도한 TV 시청 | ㉳ 방광압박 |

① ㉮, ㉯, ㉰, ㉱, ㉲, ㉳
② ㉯, ㉰, ㉲, ㉳
③ ㉱, ㉲, ㉳
④ ㉮, ㉯, ㉱, ㉲, ㉳
⑤ ㉯, ㉰, ㉲

정답 76 ⑤ 77 ② 78 ⑤

○ **백내장 관련 요인**
- 노화, 음주, 흡연, 눈 주변의 부상, 스테로이드 약물 복용
- 당뇨, 고혈압의 합병증, 과도한 자외선 노출 및 TV 시청

79 백내장의 치료 및 예방법으로 옳은 것은?

① 치료제 복용, 점안액 사용으로 회복할 수 있다.
② 초기에 인공수정체로 교체 수술한다.
③ 백내장 유발원인을 억제한다.
④ 샤워를 자주하여 청결을 유지한다.
⑤ 환경을 개선하여 감염을 줄인다.

○ **백내장 치료 및 예방**
- 치료제 복용, 점안액 사용으로 진행속도 감속
- 증상이 심해지면 인공수정체로 교체 수술
- 백내장 유발원인 억제

80 노인성 난청의 치료 및 예방으로 옳은 것은?

① 수술로 난청을 회복한다.
② 어두운 곳에서는 얼굴을 보이며 빨리 말을 한다.
③ 보청기를 사용한다.
④ 고음의 큰소리로 말을 한다.
⑤ 손짓 발짓으로 대화를 한다.

○ **노인성 난청의 치료와 예방**
① 청력을 근본적으로 복구할 수 없다.
② 밝은 곳에서 얼굴을 보이며 천천히 또박또박 말을 한다.
④ 보청기를 사용한다.
⑤ 저음으로 차분하게 말한다.

81 감각기계와 관련하여 요양보호사의 활동으로 옳은 것은?

① 대상자의 질병명을 예측하여 미리 알려준다.
② 수술이나 약물치료가 필요하다는 조언을 해준다.

정답 79 ③ 80 ③ 81 ④

③ 시각 · 청각장애는 개선될 수 있다고 격려를 해준다.
④ 감각기능의 결함이 노화로 인한 과정임을 알려주고 지지한다.
⑤ 청각, 시각 장애로 인한 사고는 없으므로 안전에 유의하지 않아도 된다.

> ① 대상자의 질병명을 예측하거나 수술이나 약물치료가 필요하다는 말을 하지 않는다.
> ② 노화에 따른 시각 · 청각장애는 개선될 수 없음을 인지하고 대상자를 관찰한다.
> ③ 감각기능의 결함이 노화로 인한 과정임을 대상자에게 알려주고 지지한다.
> ⑤ 노화에 따른 장애(청각, 시각)로 인한 사고 발생의 우려가 있으므로 안전한 환경을 조성한다.

82 노화에 따른 내분비계의 특징으로 옳은 것은?

① 뇌하수체, 부신 등이 커진다.
② 포도당대사 능력이 증가한다.
③ 인슐린 분비의 이상으로 저혈당이 된다.
④ 갑상선 크기가 줄어들고 호르몬 분비량도 감소한다.
⑤ 근육질량이 증가하여 기초대사량이 증가한다.

> ① 뇌하수체, 부신 등은 변화가 없다.
> ② 포도당대사 능력이 감소한다.
> ③ 인슐린 분비의 이상으로 고혈당이 된다.
> ⑤ 근육질량의 감소로 기초대사량이 감소한다.

83 당뇨병의 증상으로 옳은 것은?

① 다음증(물을 많이 마신다)
② 소변량이 줄어든다.
③ 체중이 갑자기 늘어난다.
④ 배가 고프지 않아진다.
⑤ 땀이 나지 않는다.

> **당뇨병의 증상**
> • 다음증, 다뇨증, 체중감소, 두통, 흐릿한 시력, 무기력
> • 발기부전, 질 분비물 및 감염의 증가
> • 상처 치유 지연, 감각의 이상
> • 고혈당(체중감소, 피로감, 식욕 증가)
> • 저혈당(시야의 흐릿함, 배고픔, 어지러움, 다한증, 두통)

82 ④ 83 ①

84 당뇨병의 치료 및 예방법으로 옳은 것은?

① 체중보다 적게 열량을 섭취하며 약간 짜게 먹는다.
② 육식 위주의 음식을 섭취하고 당이 높은 음식을 섭취한다.
③ 운동은 2시간 이상 한다.
④ 인슐린주사약은 반드시 주사로 주입한다.
⑤ 공복, 장기간 등산 시에는 고혈당에 대비한다.

○ ① 체중에 맞는 열량을 섭취하며 싱겁게 먹는다.
  ② 채소 위주의 음식을 섭취하고 금주, 금연, 당이 높은 음식을 제한한다.
  ③ 규칙적으로 무리하지 않게 운동한다.
  ⑤ 공복, 장기간 등산 시에는 저혈당에 대비한다.

85 내분비계와 관련하여 요양보호사의 활동으로 맞지 않는 것은?

① 대상자의 질병명을 예측하거나 수술이나 약물치료가 필요하다는 말을 하지 않는다.
② 고혈당, 저혈당 등이 관찰되면 시설장(관리책임자)에게 신속하게 보고한다.
③ 식이요법, 운동요법, 약물요법을 병행하여 합병증이 나타나지 않도록 한다.
④ 대상자의 발을 주의해서 관리(발 씻고 말리기, 발 건조 예방, 양말 착용, 발톱 일자로 자르기 등)한다.
⑤ 상태가 급하면 인슐린주사약을 입으로 투여한다.

○ 인슐린주사약을 입으로 복용하면 위장관에서 파괴되므로 반드시 주사로 주입한다.

86 노화에 따른 심리·정신적 특성으로 옳은 것은?

① 밝고 활동적이며, 외향적 능동성이 증가한다.
② 조심성이 없어진다.
③ 미래의 계획을 세운다.
④ 사물에 대한 애착심이 감소한다.
⑤ 의존성이 증가한다.

○ **노화에 따른 특성**
  • 우울증, 내향성, 수동성, 경직성, 조심성 등이 증가한다.
  • 생의 회고시간이 증가한다.
  • 친근한 사물에 대한 애착심, 의존성이 증가한다.

정답 84 ④ 85 ⑤ 86 ⑤

87 다음은 어떨 질환에 관한 설명인가?

> • 우울성 증가, 주변에 관심이 없고 즐거운 일이 없음
> • 불면 또는 과도한 수면, 식욕변화와 체중변화, 불안, 초초, 무기력
> • 부정적 사고, 자살에 대한 생각을 많이 한다.
> • 건망증 등의 인지기능 증상이 있으므로 치매와 구별하여야 한다.

① 우울증
② 섬망
③ 치매
④ 건망증
⑤ 뇌졸중

○ 이 외에도 우울증은 표면적으로 특징이 나타나지 않아 발견하기 어려워진다.

88 우울증에 대한 치료·예방법으로 옳은 것은?

① 외견상 잘 드러나므로 드러나면 관찰한다.
② 우울증이 심하면 자살 위험이 증가하므로 결박해 두어야 한다.
③ 본인 스스로 극복할 수 있으므로 관찰만 한다.
④ 대상자의 감정이 특별하지 않으면 그냥 두어도 된다.
⑤ 대상자에게 지속적으로 관심을 표현하며 신뢰관계를 형성한다.

○ **우울증의 치료와 예방**
① 외견상 드러나지 않는 경우가 있으므로 잘 관찰하여야 함
② 우울증이 심하면 자살 위험이 증가하므로 자살에 관해 언급하면 집중하여 관찰하여야 함
③ 본인 스스로 극복하기 어려우므로 주변의 지지가 필요함
④ 대상자의 감정을 수용하고 언어로 표현하도록 한다.
• 햇볕을 받으며 규칙적으로 운동하고 사회적 활동을 늘린다.
• 대상자에게 지속적으로 관심을 표현하며 신뢰관계를 형성한다.

정답 87 ① 88 ⑤

89 치매와 우울증의 차이 중 ㉠, ㉡에 맞게 표시된 것은?

우울증	치 매
㉠	㉡
정신과 병력 있음	정신과 병력 없음
기억력 장애 호소	기억력 문제 없다고 답변
모른다고 대답함	근사치의 답변
인지기능 저하의 편차가 있음	전체적인 인지기능 저하
단기기억, 장기기억 저하	단기기억 심하게 저하
우울증이 먼저 시작	기억력 저하가 먼저 시작

　　　　㉠　　　　　　　　　　　　　　㉡
① 급격한 발병, 급격한 발병　　② 오랜시간 발병, 생리적 현상
③ 급격한 발병, 오랜시간 발병　　④ 오랜시간 발병, 급격한 발병
⑤ 생리적 현상, 오랜시간 발병

90 섬망의 특징으로 옳은 것은?

① 주의력이 좋아진다.
② 점차적으로 악화된다.
③ 시간·장소·사람에 대해 기억을 한다.
④ 잠에서 덜 깼거나 몹시 졸리운 상태에서 행동하는 사람처럼 보인다.
⑤ 항상 치매를 동반한다.

○ **섬망의 특징**
  • 주의력 감퇴, 호전과 악화의 반복, 시간·장소·사람에 대한 장애(지남력)
  • 잠이 덜 깼거나 졸린 사람처럼 보이는 의식 수준의 변화
  • 인지장애, 초조, 지각장애 등 정서불안, 치매와 동반되기도 함
  • 증상의 기복이 심함

정답 89 ③　90 ④

91 섬망의 치료 및 예방으로 옳은 것은?

① 육류 위주의 식사를 제공한다.
② 초조하거나 불안해 하면 카페인 음료를 제공한다.
③ 밤에는 눈을 가리고 있게 한다.
④ 철분제를 오렌지주스와 함께 복용하게 한다.
⑤ 일상생활의 절차, 규칙 등을 반복적으로 알려준다.

- 지남력 유지
  - 낮에 커튼을 열어 시간을 알게 하며, 애착이 있는 사물을 가까이 두게 한다.
  - 일상생활의 절차, 규칙 등을 반복적으로 알려준다.
- 신체통합성 유지
  - 대상자가 할 수 있는 일은 스스로 하게 하며 말로 지지한다.
  - 관절운동, 목욕, 마사지 등을 제공한다.
- 개인의 정체성 유지 : 대상자를 마주 보며 위협을 느끼지 않도록 부드러운 목소리로 말을 한다.
- 초조의 관리 : 대상자의 말을 경청하며 현실을 확인할 수 있는 환경을 조성한다.
- 착각 및 환각 관리 : 대상자의 말을 경청하고, 현실을 확인할 수 있는 환경을 만들어 준다.
- 야간의 혼돈 방지 : 밤에는 창문을 닫고 커튼을 치고 불을 켜 둔다.

92 심리·정신계 요양보호사의 활동으로 옳은 것은?

① 어떤 수술이나 약물치료가 필요한지 알려준다.
② 원인불명의 신체증상이 계속되면 꾸준히 관찰한다.
③ 우울증은 자살과 연결되므로 압박해서 자살 시도를 막는다.
④ 인간관계를 차단하여 우울증의 전파를 막는다.
⑤ 긍정적인 사고와 즐거운 마음을 갖도록 도와준다.

요양보호사의 활동
- 대상자의 질병명을 예측하거나 수술이나 약물치료가 필요하다는 말을 하지 않는다.
- 우울증은 알기가 어려우므로 원인불명의 신체증상이 계속되면 가족과 상의한다.
- 노인의 우울은 자살과 연결되므로 말과 행동을 잘 관찰한다.
- 햇볕을 쬐며 가볍게 산책하며 기분전환이 되도록 하며 인간관계와 취미활동을 하도록 한다.
- 긍정적인 사고와 즐거운 마음을 갖도록 도와주며 기억력을 높이는 활동을 격려한다.

정답 91 ⑤ 92 ⑤

93 요양보호사의 활동으로 옳은 것은?

① 질병명을 짐작하여 약물치료나 수술에 대한 정보를 제공한다.
② 대상자가 질병에 대해 마음의 준비를 하도록 알려준다.
③ 대상자의 응급상황에 대비하여 가족에게 알린다.
④ 잔존기능을 최대한 보존하도록 사용을 금지한다.
⑤ 근육이나 관절부위의 통증을 관찰한다.

○ ① 질병명을 짐작하여 말하지 않는다.
② 대상자를 안정적이고 편안하게 해준다.
③ 대상자의 응급상황에 대비하여 준비한다.
④ 잔존기능을 최대한 활용하도록 도와준다.

94 노화에 따른 특성으로 옳은 것은?

① 폐포의 탄력성이 증가한다.
② 팔, 다리의 지방이 증가하고 허리지방은 감소한다.
③ 호흡근육의 위축과 근력의 약화로 쉽게 숨이 찬다.
④ 상처나 궤양이 생기지 않는다.
⑤ 혈액순환이 증가한다.

○ ① 폐포의 탄력성이 저하된다.
② 팔, 다리의 지방이 감소하고 허리지방은 증가한다.
④ 상처회복이 지연되고 궤양이 쉽게 생긴다.
⑤ 혈액순환이 감소한다.

3. 노인증후군과 노쇠

본문 37쪽

01 노인성 증후군에 대한 설명으로 적절하지 않은 것은?

① 질병다발성과 다약제복용이 상호작용을 일으킨다.
② 주로 경제적인 이유로만 발생한다.
③ 기능저하와 노인증후군으로 발현한다.
④ 섬망, 식욕부진 등의 증상이 생길 수 있다.
⑤ 의학적 요인 외에도 복잡한 이유로 발현한다.

정답 93 ⑤ 94 ③ | 01 ②

○ 경제적, 사회적, 심리적 이유들로 복잡성이 증폭된다.

02 근감소증에 대한 설명으로 맞지 않은 것은?

① 근력(악력) 감소
② 보행능력(속도나 거리) 감소
③ 근육량 감소
④ 종아리 가장 큰 둘레가 32cm 이하
⑤ 시력의 약화로 거리감을 측정하지 못함

○ 시력의 약화로 거리감을 측정하지 못하는 것은 근감소등과는 거리가 먼 내용이다.

03 노인증후군의 공통된 특징들로 적절하지 않은 것은?

① 삶의 질과 기능에 영향을 준다.
② 여러 원인들이 여러 장기에 영향을 주어 발생한다.
③ 주된 증상은 특정한 병적 상태로 설명된다.
④ 서로 연관성 없는 두 기관에 동시에 관여하기도 한다.
⑤ 노인증후군끼리 많은 위험 인자들을 공유한다.

○ 주된 증상은 특정한 병적 상태로 설명되지 않는 경우가 많다.

02절 치매, 뇌졸중, 파킨슨질환

01_ 치매
본문 38쪽

01 나이가 들면서 뇌에 발생한 질환으로 인지기능을 상실하여 일상생활을 할 수 없는 상태의 질환은?

① 치매　　② 뇌졸중　　③ 파킨슨 질환
④ 우울증　　⑤ 섬망

정답 02 ⑤ 03 ③ | 01 ①

○ ② 뇌졸중 : 중풍이라 부르기도 하며 뇌에 혈액을 제대로 공급하지 못하면 혈관에 이상(혈관이 막히거나 터짐)이 생겨 신체장애가 나타나는 뇌혈관질환이다.
③ 파킨슨 질환 : 신경전달물질인 도파민 생성 세포가 파괴되어 천천히 신경세포가 파괴되면서 나타난다.
④ 우울증 : 우울성 증가로 주변에 관심이 없고 즐거운 일이 없으며 초조와 무기력을 동반한다.
⑤ 섬망 : 의식 장애로 주의력 저하, 감정·정서·사고·언어 등 인지기능 저하가 짧은 시간에 급격히 발생, 증상의 기복이 심함

02 건망증과 치매의 차이에서 ㉠, ㉡에 알맞게 짝지어진 것은?

건망증	치매
㉠	㉡
덜 중요한 일을 잊는다	일 전체를 잊는다
힌트를 주거나 시간이 지나면 기억한다	시간이 지나도 거의 기억하지 못한다
일상생활에 지장이 없다	일상생활에 지장이 있다
타인의 도움이 필요 없다	타인의 도움이 필요하다

　　　　㉠　　　　　　　　　　　　　㉡
① 생리적 현상, 뇌 질환　　　　② 생리적 현상, 오랜시간 발병
③ 뇌 질환, 오랜시간 발병　　　④ 뇌 질환, 생리적 현상
⑤ 만성질환, 급성질환

○ 건망증은 뇌의 생리적 현상이며, 치매는 뇌의 질환이다.

03 치매의 증상 중 약속을 잊고 물건을 잃어버리는 것은 어디에 속하는가?

① 기억력 저하　　　　　　② 언어능력 저하
③ 지남력 저하　　　　　　④ 시공간 파악능력 저하
⑤ 실행기능 저하

○ 인지장애가 생기면 기억력·언어능력·지남력·시공간파악능력·실행기능 등이 저하된다.

04 다음에서 설명하는 인지장애의 증상으로 옳은 것은?

> • 혼자서 옷을 입지 못한다.
> • 복장이 지저분해 진다.
> • 위생 상태에 관심이 없다.
> • 가정생활을 제대로 하지 못한다.

① 기억력 저하
② 언어능력 저하
③ 지남력 저하
④ 시공간 파악능력 저하
⑤ 실행기능 저하

05 치매대상자의 인지장애 증상으로 옳은 것은?

① 우울증
② 정신증
③ 초조 및 공격성
④ 수면장애
⑤ 언어능력저하

> • 인지장애 : 기억력 저하, 언어능력 저하, 지남력 저하, 시공간 파악 능력 저하, 실행기능 저하
> • 정신행동 증상 : 우울증, 정신증, 초조 및 공격성, 수면장애 등

06 치매대상자의 인지장애 중 지남력 저하에 해당하는 것은?

① 언어구사능력(어휘, 말문 등)이 떨어진다.
② 혼자서 옷을 입지 못한다.
③ 약속을 잊고, 물건을 잃어버린다.
④ 가족의 얼굴을 구분하지 못한다.
⑤ 길을 자주 잃어 버린다.

> ① 언어구사능력(어휘, 말문 등)이 떨어진다 : 언어능력 저하
> ② 혼자서 옷을 입지 못한다 : 실행기능 지하
> ③ 약속을 잊고, 물건을 잃어버린다 : 기억력 저하
> ⑤ 길을 자주 잃어 버린다 : 시공간 파악능력 저하

정답 04 ⑤ 05 ⑤ 06 ④

07 다음에서 설명하는 치매의 장애는?

- 물건을 자주 잃어 버린다.
- 약속을 잊는다.
- 최근에 했던 일을 기억하지 못한다.

① 기억력 저하 ② 언어능력 저하
③ 지남력 저하 ④ 시공간 파악능력 저하
⑤ 실행기능 저하

08 치매대상자의 정신행동증상에 해당하는 것은?

① 수면 양상이 변한다.
② 혼자서 옷을 입지 못한다.
③ 약속을 잊는다.
④ 밤낮을 구분하지 못한다.
⑤ 타인의 이야기를 이해하지 못한다.

○ ② 혼자서 옷을 입지 못한다. 인지장애(실행기능 저하)
  ③ 약속을 잊는다 : 인지장애(기억력 저하)
  ④ 밤낮을 구분하지 못한다 : 인지장애(지남력 저하)
  ⑤ 타인의 이야기를 이해하지 못한다 : 인지장애(언어능력 저하)

09 정신행동증상 중 우울증으로 옳은 것은?

① 타인이 자신의 물건을 훔쳐 갔다고 주장한다.
② 말수가 줄고 의욕이 없다.
③ 고집이 세지고 자주 화를 자주 낸다.
④ 밤과 낮이 바뀐다.
⑤ 물건을 숨겨 놓기도 한다.

○ ① 타인이 자신의 물건을 훔쳐 갔다고 주장한다 : 정신증
  ③ 고집이 세지고 자주 화를 자주 낸다 : 초조 및 공격성
  ④ 밤과 낮이 바뀐다 : 수면장애
  ⑤ 물건을 숨겨 놓기도 한다.

정답 07 ① 08 ① 09 ②

10 치매돌봄에 관한 내용으로 적절하지 않은 것은?

① 혼자 할 수 있는 것은 혼자 하게 하고 부족한 부분만 도와준다.
② 건강 문제를 세심히 보살핀다.
③ 급작스러운 사고에 대한 대비가 필요하다.
④ 매월 병원에서 진료를 받는다.
⑤ 존중받는 노인으로 대해야 한다.

○ 치매 대상자는 3~6개월 간격으로 병원에서 진료를 받는다.

11 치매돌봄의 치료방법이나 예방방법으로 맞지 않은 것은?

① 단순하고 안정적인 환경을 제공한다.
② 행동수정을 위해 설득, 강화, 격리 등의 방법을 사용한다.
③ 인지 및 활동 자극을 위해 두 가지 이상의 업무수행을 한다.
④ 적절한 운동을 꾸준히 하며, 취미활동, 사교모임 등의 사회활동을 한다.
⑤ 기억력장애 증상이 있는 경우 조기검진을 받는다.

○ 치매 대상자의 인지 및 활동 자극을 위해 수공예, 간단한 물건 만들기, 원예, 독서, 그림 그리기, 음악을 듣거나 노래 부르기 등 대상자에게 익숙하여 성공적으로 수행할 수 있는 활동을 한다.

12 치매의 단계별 특징과 증상으로 옳은 것은?

① 초기 : 최근의 기억력 상실, 판단력 및 생활 기능 저하
② 초기 : 독립적 생활이 불가능
③ 중기 : 가까운 사람들은 알아차리지만 혼자서 생활이 가능
④ 말기 : 물건을 자주 잊어 버리고 남을 의심
⑤ 말기 : 의사소통이 거의 불가능하고 대변을 만지는 등의 이상행동

○ ① 초기 : 가까운 사람들은 알아차리지만 혼자서 생활이 가능
② 초기 : 물건을 자주 잊어 버리고 남을 의심
③ 중기 : 최근의 기억력 상실, 판단력 및 생활 기능 저하
④ 말기 : 독립적 생활이 불가능

정답 10 ④ 11 ③ 12 ⑤

13 치매의 합병증으로 옳은 것은?

① 식욕의 감퇴
② 갑작스러운 행동 변화, 환시, 불면증
③ 노안
④ 설사
⑤ 백내장

○ **치매의 합병증**
- 갑작스러운 행동변화, 환시, 불면증, 주의력 장애 등이 보일 때 섬망일 수 있다.
- 낙상, 골절, 요실금, 영양실조, 말기에는 발작을 보이기도 한다.
- 약물 부작용 : 인지기능 감퇴, 기립성 저혈압, 초조, 변비 등이 발생한다.

14 치매의 치료방법으로 옳은 것은?

① 1년 단위로 병원에서 진료를 받는다.
② 인지기능개선제, 정신행동증상은 항정신병약물 등을 복용한다.
③ 안전한 환경을 위해 대상자를 묶어 놓는다.
④ 행동수정을 위해 체벌을 강화한다.
⑤ 인지기능 개선을 위해 퍼즐과 같은 고난이도 업무를 수행하게 한다.

○ **치매의 치료**
- 3~6개월 간격으로 병원에서 진료를 받는다.
- 약물요법 : 인지기능개선제, 정신행동증상은 항정신병약물 등을 복용한다.
- 비약물 요법
  - 환경개선 : 단순하고 안정적인 환경을 제공한다.
  - 행동개입 : 행동수정을 위해 설득, 강화, 격리 등의 방법을 사용한다.
  - 인지 및 활동 자극 : 간단한 업무수행(물건 만들기, 원예, 독서, 노래 부르기 등)을 한다.

15 다음은 무엇을 예방하는 방법에 관한 설명인가?

- 성인병(고혈압, 당뇨병, 심장병 등)을 관리한다.
- 균형잡힌 식사와 항산화영양소를 섭취한다.
- 적절한 운동을 꾸준히 한다.
- 취미활동, 사교모임 등의 사회활동을 한다.
- 기억력 장애가 있다면 조기 검진을 받는다.

정답 13 ② 14 ② 15 ⑤

① 우울증
② 뇌졸중
③ 파킨슨질환
④ 낙상
⑤ 치매

02 _ 뇌졸중 ♥ 본문 40쪽

01 뇌의 혈액이 막히거나 터져서 뇌에 손상이 오는 뇌혈관 질환은?

① 치매
② 낙상
③ 고혈압
④ 뇌졸중(중풍)
⑤ 당뇨병

02 뇌졸중의 관련요인으로 옳은 것은?

① 퇴행성 관절염
② 근골격계 손상
③ 비만, 혈액 내 콜레스테롤 수치가 높은 고지혈증
④ 독감으로 인한 폐질환
⑤ 잔뇨량의 증가

○ 뇌졸중의 요인 : 흡연, 스트레스, 고령, 가족력, 고혈압, 당뇨병, 심장병, 비만, 고지혈증

03 뇌졸중 중 한쪽으로 쓰러지려하고 물건을 정확하게 잡지 못하는 증상은?

① 반신마비
② 전신마비
③ 언어장애
④ 운동 실조증
⑤ 시력장애

○ ① 반신마비 : 손상된 뇌의 반대쪽으로 마비가 온다.
② 전신마비 : 뇌간 손상 시 전신 마비와 함께 의식장애가 온다.
③ 언어장애 : 말을 제대로 못하거나 이해하지 못하며 발음이 부정확하다.
⑤ 시력장애 : 사물이 두 개로 보이는 복시가 나타나거나 시야장애가 발생한다.

정답 01 ④ 02 ③ 03 ③

04 뇌졸중의 증상으로 옳은 것은?

① 메스껍고 토하는 증상과 함께 몸이 불균형해진다.
② 구토, 메스꺼움, 오한, 복통, 설사의 증상이 있다.
③ 밤에 가렵고 가족이 함께 발생하는 경우가 있다.
④ 등 쪽 허리부터 시작하여 다리로 뻗치는 방사통이 있다.
⑤ 의지와 상관없이 소변이 밖으로 흘러나온다.

○ ② 구토, 메스꺼움, 오한, 복통, 설사의 증상이 있다 : 노로바이러스 감염
③ 밤에 가렵고 가족이 함께 발생하는 경우가 있다 : 옴
④ 등 쪽 허리부터 시작하여 다리로 뻗치는 방사통이 있다 : 요통
⑤ 의지와 상관없이 소변이 밖으로 흘러나온다 : 요실금

05 뇌졸중의 증상으로 옳은 것은?

① 설사
② 옴
③ 폐결핵
④ 오한
⑤ 삼킴장애

○ 뇌졸중의 증상 : 반신마비, 전신마비, 반신감각장애, 언어장애 두통 및 구토, 의식장애, 어지럼증, 운동 실조증, 시력장애, 삼킴장애, 치매

06 뇌졸중의 치료 및 예방으로 옳은 것은?

① 축구나 농구와 같은 운동을 한다.
② 혈전용해제, 항응고제를 사용한다.
③ 지방이 많은 육류를 섭취한다.
④ 독감예방주사를 맞는다.
⑤ 마라톤을 한다.

○ 뇌경색 발생 4시간 이내는 혈전용해제로 치료하며 혈전용해제, 항응고제 등을 복용하며 약물 복용환자는 재발가능성이 있으므로 약을 계속 복용해야 한다.

정답 04 ① 05 ⑤ 06 ②

07 뇌졸중의 전구 증상으로 옳은 것은?

① 눈꺼풀이 처지고 눈이 깊게 들어간다.
② 고막이 두꺼워지고 음의 전달 능력이 감소된다.
③ 일어서거나 걸으려 하면 한 쪽으로 넘어진다.
④ 피부저림이나 작열감을 포함한 발진이 온다.
⑤ 의지와 상관 없이 소변이 밖으로 흘러 나온다.

> ① 눈꺼풀이 처지고 눈이 깊게 들어간다 : 시각의 노화에 따른 특성
> ② 고막이 두꺼워지고 음의 전달 능력이 감소된다 : 청각의 노화에 따른 특성
> ④ 피부저림이나 작열감을 포함한 발진이 온다 : 대상포진
> ⑤ 의지와 상관없이 소변이 밖으로 흘러나온다 : 요실금
>
> **뇌졸중의 전구 증상**
> • 한쪽 팔다리가 마비되거나 감각이 이상하다.
> • 말할 때 발음이 분명하지 않거나 말을 잘 못한다.
> • 일어서거나 걸으려 하면 한쪽으로 넘어진다.
> • 갑자기 눈이 안 보이거나 둘로 보인다.
> • 갑자기 벼락 치듯이 심한 두통이 온다.

03 _ 파킨슨 질환

본문 **41**쪽

01 파킨슨 질환의 관련요인은?

① 약물 중독으로 인한 신경 손상
② 낙상으로 인한 골절
③ 백내장으로 인한 시력 손실
④ 병원균에서 오염된 음식물, 식중독
⑤ 도파민 분비 장애, 염색체의 돌연변이

> **파킨슨질환 관련요인**
> • 도파민 분비 장애, 염색체의 돌연변이
> • 각종 중독(중금속, 약물 등)과 뇌졸중
> • 다발성 신경계 위축 등의 퇴행성 뇌질환

02 파킨슨 증상의 치료 및 예방으로 옳은 것은?

① 관절과 근육이 경직되지 않도록 가벼운 운동을 한다.
② 물을 많이 마신다.
③ 하루에 10분 이상은 먼 곳을 주시한다.
④ 약을 꾸준히 복용하고 홍조, 위장장애, 발열 등의 부작용이 있는지 관찰한다.
⑤ 야외활동을 줄이고, 외출 시 마스크를 착용한다.

○ 파킨슨 질환의 치료 및 예방
- 약물요법을 지속하며 관절과 근육이 경직되지 않도록 가벼운 운동을 한다.
- 많이 웃고 질병에 대처할 수 있도록 정신적으로 지지해 준다.

03 파킨슨 증상으로 옳은 것은?

① 상처회복이 지연되고 궤양이 쉽게 생긴다.
② 동작이 느려지고 근육경직 및 안정 시 떨리고 굽은 자세가 된다.
③ 가려움, 피부저림, 피부에 통증을 수반한 수포, 작열감이 있다.
④ 고막, 내이의 노화로 청력 감소가 일어난다.
⑤ 발기부전, 질 분비물 및 감염의 증가한다.

○ ① 상처회복이 지연되고 궤양이 쉽게 생긴다 : 피부계 질환
③ 가려움, 피부저림, 피부에 통증을 수반한 수포, 작열감이 있다 : 대상포진
④ 고막, 내이의 노화로 청력 감소가 일어난다 : 노인성 난청
⑤ 발기부전, 질 분비물 및 감염의 증가한다 : 당뇨병

파킨슨 질환의 증상
- 동작의 느려짐, 무표정, 근육경직 및 안정 시 떨림, 굽은 자세 등
- 피로, 수면장애, 자율신경(변비, 방광 등)의 장애, 감각의 불편함
- 인지능력와 사고능력 감소, 우울, 근심

정답 02 ① 03 ②

04 치매, 뇌졸중, 파킨슨 대상자에 대한 요양보호사의 활동으로 맞게 짝지어진 것은?

> ㉮ 질병명을 알려주고 수술이나 약물치료에 관한 정보도 알려준다.
> ㉯ 일상생활이 불가능하므로 설득하고 지도해야 한다.
> ㉰ 대상자의 치매 정도가 다르므로 인내심을 가지고 부드럽게 대한다.
> ㉱ 보호자도 힘들기 때문에 정서적으로 지지해 준다.
> ㉲ 체위변경, 올바른 자세 유지, 관절운동 등의 재활치료를 조기에 시작해야 한다.

① ㉮, ㉯
② ㉯, ㉰, ㉱, ㉲
③ ㉰, ㉱, ㉲
④ ㉮, ㉯, ㉰
⑤ ㉮, ㉯, ㉱, ㉲

> ㉮ 질병명을 예측하거나 수술이나 약물치료가 필요하다는 말을 하지 않는다.
> ㉯ 일상생활이 불가능 하므로 따뜻한 분위기의 보호, 수용, 지지를 해야한다.

03절 노인의 건강증진 및 질병예방

01_ 영양
본문 42쪽

01 적절한 영양이 노인에게 중요한 이유는?

① 가족 간의 화목을 유지하게 한다.
② 요양원에서의 생활을 편하게 한다.
③ 건강유지, 질병 예방, 질병의 진행 속도를 늦춰준다.
④ 적절한 취미생활을 영유한다.
⑤ 인지능력의 향상을 도와준다.

> 적절한 영양은 건강유지, 질병 예방, 질병의 진행 속도를 늦춰주므로 삶의 질을 향상시키는 중요한 요소이다.

정답 04 ③ | 01 ③

02 노인의 영양에 관한 문제점으로 옳은 것은?

① 미각과 후각의 저하로 단맛의 음식을 선호한다.
② 시력이 좋아져 유통기한을 확인할 수 있다.
③ 치매가 오면 영양에 문제가 줄어든다.
④ 복부팽만, 식욕부진, 침의 분비 저하로 음식물 취식 능력이 저하된다.
⑤ 고독감 등으로 폭식을 하게 된다.

○ ① 미각과 후각의 저하로 짠맛의 음식을 선호하여 고혈압 등이 발생할 수 있다.
② 시력의 저하로 유통기한을 확인하기 어려워 상한 음식을 먹을 수 있다.
③ 치매가 와도 과도하게 섭취하거나 영양상의 문제가 올 수 있다.
⑤ 고독감 등으로 음식섭취에 문제가 생겨 영양부족이 나타날 수 있다.

03 활동량 감소, 칼슘 섭취의 부족으로 발생할 수 있는 문제는?

① 골다공증 발생　　② 이명 발생　　③ 녹내장 발생
④ 백내장 발생　　⑤ 요실금 발생

○ 소화흡수 능력이 저하되며 활동량 감소, 칼슘 섭취 감소로 골다공증이 발생할 수 있다.

04 일반적으로 영양섭취가 불량해질 수 있는 노인은?

① 독거노인　　　　　　② 가족들과 있는 노인
③ 시설에 있는 노인　　④ 운동량이 부족한 노인
⑤ 과식을 하는 노인

○ 독거노인이나 사회적으로 고립된 노인, 치아가 없는 노인 등은 영양섭취가 불량할 수 있다.

05 노인의 영양관리로 옳은 것은?

① 지방이 많은 식단으로 1일 3끼를 하여 과체중을 유지한다.
② 칼슘은 계란으로 보충하고, 칼슘 흡수를 돕기위해 우유를 섭취한다.
③ 고혈압, 심장병 등을 예방하기 위해 저염식으로 한다.
④ 지방이 많은 육류의 섭취를 통해 비타민 D를 섭취한다.
⑤ 육류를 매일 섭취하며 지방을 포함하여 섭취한다.

정답 02 ④ 03 ① 04 ① 05 ③

○ ① 균형잡힌 영양소로 1일 3끼를 규칙적으로 하여 이상적인 체중을 유지한다.
② 칼슘은 우유로 보충하고, 칼슘 흡수를 돕기위해 비타민 D를 섭취한다.
④ 물, 섬유소가 풍부한 과일을 섭취하여 비타민 D를 섭취한다.
⑤ 콩, 유제품은 매일 섭취하며 육류는 기름을 제거하고 섭취한다.

06 다음은 무엇에 관한 설명인가?

- 간경화, 심부전, 신부전증, 부신기능저하증, 심한 갑상선저하증은 물을 조금만 마신다.
- 6가지 식품군을 골고루 섭취하여 균형잡힌 식사를 한다.
- 탄 음식은 먹지 않는다.
- 붉은고기, 육가공식품(햄, 소시지 등)의 섭취를 줄인다.

① 골다공증 예방
② 질병 예방
③ 치매 예방
④ 요실금 예방
⑤ 낙상 예방

○ 노인에게 생기는 질병을 예방하고 건강한 생활을 유지하기 위해 지켜야 하는 영양관리 요령에 대한 설명이다.

07 음식을 싱겁게 먹기 위한 조리법으로 옳은 것은?

① 간장, 고추장 등은 평소만큼 사용한다.
② 국물을 만들 때는 새우, 멸치, 표고버섯 등을 이용한다.
③ 김치류, 장류, 라면 등을 통해 소금을 섭취한다.
④ 식초, 겨자, 후추, 파, 마늘 등을 사용하면 음식의 맛이 떨어진다.
⑤ 음식이 뜨거울 때 간을 해야 정확하게 할 수 있다.

○ ① 간장, 고추장 등은 평소의 2/3만 사용한다.
③ 김치류, 장류, 라면 등은 소금을 많이 섭취할 수 있으니 주의한다.
④ 식초, 겨자, 후추, 파, 마늘 등을 사용한다.
⑤ 뜨거울 때는 짠맛을 제대로 알 수 없으므로 뜨거울 때는 간을 맞추지 않는다.

정답 06 ② 07 ②

08 암 예방을 위한 식생활로 옳은 것은?

① 유제품과 과일류는 섭취하지 않아도 된다.
② 육류 위주로 식사를 한다.
③ 조금 짜게 먹는다.
④ 햄, 소시지 등을 구워 먹는다.
⑤ 채소와 과일을 충분히 섭취한다.

○ **암 발생을 예방하는 식생활**
- 여섯 가지(곡류, 채소류, 고기·생선·달걀·콩류, 과일류, 유제품, 당류) 식품군을 골고루 섭취한다.
- 채소와 과일을 충분히 섭취한다.
- 짠 음식을 덜 먹고 탄 음식은 피한다.
- 붉은 고기와 육가공식품(햄, 소시지 등)은 섭취를 줄인다.

09 다음 중 수분을 충분히 섭취해야 하는 질병은?

① 간경화　　　　　　　② 폐렴
③ 심부전　　　　　　　④ 신부전증
⑤ 심한 갑상선 기능저하증

○
- 수분섭취를 제한해야 하는 질병 : 간경화, 심부전, 신부전증, 부신기능저하증, 심한 갑상선저하증
- 수분을 충분히 섭취해야하는 질병 : 염증성 비뇨기 질환(요로감염, 방광염, 전립선염 등), 폐렴, 고혈압, 당뇨병

02_ 운동

본문 43쪽

01 노화에 따른 신체의 변화로 옳은 것은?

① 심장근육이 얇아진다.
② 폐조직의 탄력성이 증가한다.
③ 관절이 뻣뻣해진다.
④ 자극에 대해 민감하게 반응한다.
⑤ 건강해지려는 욕구로 운동량이 증가한다.

정답

> ① 심장근육이 두꺼워지고 쉽게 피곤해진다.
> ② 폐조직의 탄력성이 감소하여 쉽게 숨이 찬다.
> ④ 자극에 대해 반응이 느려지고 관절 움직임에 제한이 생긴다.
> ⑤ 운동에 대한 두려움(낙상 등), 외로움 같은 심리상태가 운동을 방해한다.

02 적절한 운동의 효과로 옳은 것은?

① 시력이 좋아진다.
② 당뇨병이 사라진다.
③ 신체적 변화를 지연시킬 수 있다.
④ 낙상을 해도 다치지 않는다.
⑤ 식사량이 줄어서 비만예방에 도움이 된다.

> **운동의 효과**
> • 심리적, 신체적 변화를 지연시킨다.
> • 관상동맥 질환, 고혈압, 비만, 당뇨병의 발생률을 낮춘다.

03 운동을 하기 위해 관리해야 하는 것으로 옳은 것은?

① 테니스, 탁구 등 빠른 움직임의 운동을 한다.
② 운동량을 현재 수준보다 약간 높게 잡는다.
③ 몸에 꽉 끼는 옷을 입어 땀을 낸다.
④ 쉬지 않고 운동을 하여 효과를 배가한다.
⑤ 근육피로, 호흡곤란, 협심증, 혈압의 변화에 주의한다.

> ① 빠르게 방향을 바꾸는 운동은 하지 않는다.
> ② 점차 강도를 조절하여 최대 심박동수의 80%까지 조절한다.
> ③ 시원하고 바람이 잘 통하며 땀 흡수를 하는 옷을 입는다.
> ④ 운동 중간중간에 휴식을 취한다.

04 운동을 할 때의 상황으로 맞지 않은 것은?

① 준비운동을 10분 이상 한다.
② 즐거운 마음으로 한다.
③ 운동의 강도, 기간, 빈도를 서서히 증가시킨다.

④ 비만과 당뇨병 환자는 운동을 하면 안된다.
⑤ 안정 시의 심장박동수가 되도록 마무리 운동을 한다.

○ 비만과 당뇨병 환자도 개인의 능력에 맞게 운동을 해야 한다.

03 _ 수면 / 04 _ 성생활   본문 44쪽

01 노화로 인한 수면관리 방법으로 옳은 것끼리 짝지어진 것은?

> ㉮ 금주, 금연을 한다.
> ㉯ 카페인 섭취를 많이 한다.
> ㉰ 공복감이 있는 경우 따뜻한 우유를 마신다.
> ㉱ 매일 규칙적으로 운동을 한다.
> ㉲ 늦게까지 텔레비전을 시청한다.
> ㉳ 저녁 때는 과식을 하지 않는다.

① ㉮, ㉯, ㉰, ㉱, ㉲, ㉳
② ㉮, ㉰, ㉱, ㉲
③ ㉮, ㉰, ㉱, ㉳
④ ㉮, ㉰, ㉲, ㉳
⑤ ㉯, ㉲

○ **수면관리**
- 금주, 금연을 하고 카페인이 든 음료를 줄이거나 오후에는 금한다.
- 매일 일정한 시간에 기상하며 저녁에는 과식을 하지 않고 편한 옷을 입고 잔다.
- 공복감이 있으면 잠을 못 자므로 따뜻한 우유 등을 마시고 일정한 시간에 잠에 든다.
- 약(수면제, 진정제)은 장기복용하지 않고 매일 규칙적으로 운동을 하고 낮잠을 자지 않는다.

02 노인의 성생활에 관한 설명 중 옳은 것은?

① 노화가 진행되면 성적 욕구가 사라진다.
② 당뇨병 노인은 지속적으로 발기가 되어 문제가 된다.
③ 과도한 알코올 섭취는 성생활에 도움이 된다.
④ 항파킨슨 약물치료제는 성생활 수행능력을 높여준다.
⑤ 전립선 절제술은 발기하는데 문제가 되지 않는다.

정답 01 ③ 02 ⑤

① 노화가 진행되어도 성적 욕구는 있다.
② 당뇨병 노인은 발기부전을 경험할 수 있다.
③ 과도한 알코올 섭취는 발기지연이나 오르가슴 지연으로 나타날 수 있다.
④ 항파킨슨 약물치료제는 성적욕구를 높여주지만 성생활 능력은 높여주지 않는다.

03 노인의 성생활 관리로 옳은 것은?

① 사생활을 존중하고 개인의 특성에 맞게 도와준다.
② 성적욕구는 부끄러운 것이므로 참아야한다.
③ 다양한 약물을 복용한다.
④ 윤활제를 사용해서는 안된다.
⑤ 부부관계가 원활하지 않을 때는 강제로라도 한다.

○ 성생활 관리
 • 성적욕구 및 표현은 기본 욕구 중의 하나이며 개인차를 이해하고 사생활을 존중한다.
 • 여성 노인은 윤활제를 사용하는 것이 좋다.
 • 성기능에 영향을 미치는 약물을 알고 정기검진을 받으며 운동을 하여 건강한 체력을 유지한다.

04 편안한 수면을 위한 지원으로 적절하지 않은 것은?

① 온도 15~25℃, 습도 50~60%를 유지한다.
② 야간에는 편안한 수면복장을 한다.
③ 통기성 좋은 침구를 사용한다.
④ 취침 전 구강 및 몸의 각 부분에 맞는 요양을 제공한다.
⑤ 방에 불을 환하게 켜 놓고 안전하게 취침한다.

○ 야간에는 수면에 적절하게 조명을 조절한다.

05 생활시설에서의 인권실천을 위한 가이드라인에 대한 설명으로 적절하지 않은 것은?

① 시설 종사자들도 노인의 성을 이해하고 생활상담을 할 수 있도록 교육한다.
② 노인의 성적 욕구를 건강하게 해소할 수 있는 프로그램을 개발해야 한다.
③ 시설생활노인의 욕구에 부응하도록 노력해야 한다.
④ 흡연, 음주 등은 허용하지 않아야 한다.
⑤ 윤리적 의사결정 과정이 필요한 경우 서비스판정위원회를 개최하여 결과를 문서로 기록한다.

정답 03 ① 04 ⑤ 05 ④

- 흡연, 음주 등 개별적인 욕구는 주어진 환경 안에서 해결할 수 있는 방법을 생활노인이 참여한 가운데 모색하도록 한다.

05 _ 약물사용

본문 45쪽

01 노인의 약물 관련 특징으로 옳은 것은?

① 만성질환으로 한 가지 약물을 사용한다.
② 불편한 증상을 약물이 아닌 운동으로 해결하려 한다.
③ 약물 중독의 위험이 증가한다.
④ 투약에 대한 지식은 없어도 된다.
⑤ 약물의 효과가 빠르게 나타난다.

- ① 만성질환으로 여러 가지 약물을 사용한다.
  ② 불편한 증상을 약물로 해결하려 한다.
  ④ 투약에 대한 부적절한 지식은 치명적 문제를 초래할 수 있다.
  ⑤ 위산 분비가 감소하여 약물 효과가 늦게 나타난다.

02 약물사용 원칙으로 옳은 것은?

① 증상이 같으면 다른 사람의 약을 복용해도 된다.
② 비처방 약은 그냥 복용해도 된다.
③ 진료나 건강 상담 시 평소 복용 중인 약물에 대한 메모를 제시한다.
④ 약물의 부작용은 그다지 확인할 필요가 없다.
⑤ 약물의 알러지 반응은 개인정보이므로 알려줄 필요가 없다.

- **약물사용 주의사항**
  - 복용하는 약물의 효과를 알고 적합한 약, 정해진 양, 올바른 복용방법, 정해진 시간, 올바른 경로로 복용한다.
  - 비처방 약도 복용 전 의사와 상담하며 약물의 부작용이 있는지 확인한다.
  - 타인이 처방받은 약은 복용해서는 안되며 자신이 처방받은 약물에 대한 기록을 가지고 다니게 한다.
  - 진료나 건강 상담 시 평소 복용 중인 약물에 대한 기록을 사전에 제시하게 한다.

정답 01 ③ 02 ③

03 편의점에서 구입 가능한 비상약으로 짝지어진 것은?

> ㉮ 해열진통제　　㉯ 고혈압약　　㉰ 감기약
> ㉱ 소화제　　㉲ 당뇨병약　　㉳ 파스

① ㉮, ㉯, ㉱, ㉲, ㉳
② ㉮, ㉯, ㉰, ㉱, ㉲, ㉳
③ ㉮, ㉰, ㉱, ㉲
④ ㉮, ㉰, ㉱, ㉳
⑤ ㉰, ㉱, ㉲, ㉳

○ 고혈압약과 당뇨병약은 의사의 처방이 있어야 구입이 가능하다.

04 약물사용방법으로 옳은 것은?

① 상태가 좋아지면 복용하던 약을 스스로 중단해도 된다.
② 증상이 비슷하면 다른 사람의 약을 복용해도 된다.
③ 가급적이면 여러 약국을 돌아다니며 처방을 받는 것이 유리하다.
④ 약 복용시간을 놓쳤다면 다음 번 먹을 때 2배를 복용한다.
⑤ 약 복용 시 다른 것과 함께 복용하면 안된다.

○ ① 복용하던 약을 중단하려면 의사와 상담해야한다.
② 증상이 비슷해도 타인에게 처방된 약을 먹지 않는다.
③ 가급적이면 단골 병원과 약국을 지정하여 다닌다. 다른 병원과 약국을 다닐 경우 이전에 받은 처방전을 보여주어 약물의 부작용을 막는다.
④ 약 복용을 잊어 버렸으면 다음 복용 시 정량만 복용한다. 약을 2배 복용하면 심각한 부작용이 생길 수 있다.

05 약물 사용방법으로 맞지 않는 것은?

① 약은 미지근한 물과 함께 복용하는 것이 좋다.
② 분할선이 있는 약만 쪼개거나 분쇄하여 복용할 수 있다.
③ 건강기능식품은 그냥 복용하면 된다.
④ 약의 효과가 모자라도 양을 늘리면 안된다.
⑤ 철분제는 오렌지주스와 함께 복용하면 흡수가 잘 된다.

정답 03 ④　04 ⑤　05 ③

○ 건강기능식품도 의약품은 아니지만 의사, 약사와 상의한 후 복용하는 것이 좋다.

06 약 복용 시 주의해야 하는 것들로 맞지 않은 것은?

① 자몽주스는 고지혈증약, 혈압약, 수면제 등과 부작용이 있을 수 있다.
② 시금치는 과량 섭취 시 부정맥 약인 와파린의 효과를 줄일 수 있다.
③ 약은 대상자에 따라 커피나 음료수와 함께 복용해도 된다.
④ 소염진통제 복용 시 신장이나 심부전에 이상이 있다면 의사와 상의가 필요하다.
⑤ 당뇨병약을 복용 시 식사가 불규칙하면 저혈당이 올 수 있다.

○ 약은 반드시 물과 함께 복용한다.

07 약물의 부작용으로 대상자에게 부작용이 생겼을 때 돕는 방법으로 옳은 것은?

① 의식을 잃었을 때는 인공호흡을 한다.
② 먹고 남은 물질과 용기, 토사물 등은 깨끗하게 치운다.
③ 환자에게 약간의 물을 마시게 한다.
④ 구토를 할 수 있으면 하게 한다.
⑤ 약은 반드시 물과 함께 복용한다.

○ ① 의식을 잃었을 때는 호흡과 맥박을 확인한다.
② 먹고 남은 물질과 용기, 토사물 등을 의료진에게 준다.
③ 환자에게 마실 것을 주지 않는다.
④ 구토를 유도하라는 지시사항이 없다면 구토시키지 않는다.

08 약물의 부작용 증상으로 맞지 않는 것은?

① 오심과 구토
② 복통과 설사
③ 가슴 두근거림과 흉통
④ 호흡곤란과 혼돈
⑤ 배고픔과 목마름

○ 배고픔과 목마름은 생리적인 욕구이다.

정답 06 ③ 07 ⑤ 08 ⑤

09 안전하게 약을 사용하는 방법으로 옳은 것은?

① 약은 음료수나 커피와 함께 복용해도 된다.
② 비슷한 의약품은 중복처방을 받아도 된다.
③ 현재 복용 중인 의약품은 개인정보이므로 말하면 안된다.
④ 약의 복용은 편한 방법으로 한다.
⑤ 약 부작용이 있었다면 의사 또는 약사에게 설명한다.

> ① 약은 반드시 물과 함께 복용한다.　　② 비슷한 의약품의 중복처방을 방지한다.
> ③ 현재 복용 중인 모든 의약품에 대해 알려 준다.
> ④ 정해진 방법에 따라 약을 복용한다.

10 약의 복용방법에 관한 설명으로 옳은 것은?

① 약 먹기가 어렵다면 잘라서 먹는다.
② 약 복용을 잊었을 경우 즉시 복용한다.
③ 약 복용을 한 번 못했다면 다음에 2배 용량을 복용한다.
④ 비슷한 효능이면 타인의 약을 복용해도 된다.
⑤ 건강기능 식품은 그냥 복용해도 된다.

> ① 약을 잘라서 사용하는 것은 의사와 상의한다.
> ③ 약 복용을 한 번 못했다면 다음에 2배 용량을 복용하면 안된다.
> ④ 본인이 처방받은 약만 복용한다.　　⑤ 건강기능 식품도 의사와 상의한다.

11 안전하게 약을 복용하기 위한 방법으로 옳은 것은?

① 약이 남았으면 진료 이전의 처방약부터 복용한다.
② 약은 일반적으로 실온의 그늘에 보관한다.
③ 냉장보관이 필요한 경우 상하지 않게 얼려서 보관한다.
④ 고혈압 약을 먹을 때는 자몽주스와 함께 복용한다.
⑤ 상태가 좋아지면 약의 복용을 중단한다.

> ① 약이 남았어도 진료 이전의 처방약은 복용하지 않는다.
> ③ 약의 냉장보관은 얼지 않게 짧은 기간만 보관한다.
> ④ 고혈압 약을 먹을 때는 자몽주스를 복용하면 안된다.
> ⑤ 상태가 좋아져도 의사와 상의하여 복용을 중단한다.

정답　09 ⑤　10 ②　11 ②

06 _ 금연과 절주

01 흡연에 관한 설명으로 옳은 것은?

① 흡연은 나쁜습관이며 중독성이다.
② 잠깐 끊는 것은 건강에 도움이 되지 않는다.
③ 담배연기를 맡는 것은 괜찮다.
④ 건강에 문제가 있다고 해서 금연할 필요는 없다.
⑤ 흡연은 요실금의 원인이다.

○ 흡연
 • 흡연은 나쁜 습관이며 중독성 질환이다.
 • 각종 질병의 원인이 되며 담배 연기를 맡아도 질병을 유발할 수 있다.
 • 담배를 잠깐이라도 끊는 것으로 건강을 증진할 수 있다.

02 과도하게 섭취했을 때 췌장염, 간염, 유방암 등을 일으키며 심하면 중독에 이르는 것은 무엇인가?

① 흡연   ② 음주
③ 영양제   ④ 단백질
⑤ 지방질

○ 과도한 음주는 건강을 위협하며 췌장암, 알코올성 간염, 뇌병변, 뇌졸중, 뇌출혈, 고혈압, 각종 암의 발병과 연관되어 있다.

03 술을 적당히 마시기 위한 권장사항으로 맞지 않는 것은?

① 알코올이 없는 음료 마시기
② 음주 시 낮은 도수의 술을 마시기
③ 큰 잔에 마시기
④ 음주 시 물을 함께 마시기
⑤ 일주일에 술을 마시지 않는 날을 정하기

○ 작은 잔에 마셔야 적당히 마실 수 있으며, 안주로는 채소를 선택하는 것이 좋다.

정답 01 ① 02 ② 03 ③

04 절주의 방법으로 가장 적절한 것은?

① 가족들과는 마셔도 된다.
② 흡연과 같이 하면 괜찮다.
③ 한 병 정도까지는 괜찮다.
④ 빈속에 술을 마시지 않는다.
⑤ 운동 후에는 마셔도 된다.

> **절주방법**
> • 암 예방을 위해 완전 절주한다.
> • 음주 대신 할 수 있는 일을 찾는다.
> • 필요한 경우 전문가의 도움을 받는다.
> • 절주 환경을 조성한다.
> • 음주 일지를 작성한다.
> • 빈속에 술을 마시지 않는다.

07_예방접종 / 08_온열질환 및 한랭질환

본문 46쪽

01 다음 중 65세 이상의 노인에게 권장하는 예방접종은?

| ㉮ 인플루엔자 | ㉯ 폐렴구균 | ㉰ 대상포진 |
| ㉱ 파상풍 | ㉲ 디프테리아 | |

① ㉮, ㉯, ㉰, ㉱, ㉲
② ㉮, ㉯, ㉱, ㉲
③ ㉯, ㉱, ㉲
④ ㉯, ㉰, ㉲
⑤ ㉰, ㉱, ㉲

> 65세 이상 노인은 반드시 인플루엔자, 폐렴구균, 대상포진, 파상풍, 디프테리아 예방접종을 하도록 권장하고 있다

02 폭염에 따른 안전수칙으로 맞지 않는 것은?

① 야외 활동을 자제한다.
② 외출 시에는 따뜻한 옷을 입고 나간다.
③ 몸에 이상이 있을 시는 시원한 장소에서 쉰다.
④ 식사는 가볍게 하고 물을 자주 마신다.
⑤ 햇볕을 가리고 환기가 되는 상태에서 선풍기를 사용한다.

> 부득이 외출 시에는 헐렁한 옷차림에 챙이 넓은 모자와 물을 휴대한다.

정답 04 ④ | 01 ① 02 ②

03 한랭질환에 관한 내용으로 적절하지 않은 것은?

① 저체온증　　　② 동상　　　③ 심혈관계 질환
④ 열경련　　　　⑤ 낙상사고

○ 열경련은 온열질환이다.

04 한랭질환 예방수칙으로 적절하지 않은 것은?

① 가벼운 실내운동과 적절한 영양을 섭취한다.
② 옷은 가볍고 따뜻한 옷을 착용한다.
③ 손을 주머니에 넣고 걷지 않는다.
④ 외출 시에는 내복과 얇은 옷을 겹쳐 입는다.
⑤ 운동 시 준비운동과 마무리 운동을 생략한다.

○ 운동 시 준비운동과 마무리 운동을 평소보다 충분히 한다.

05 예방접종에 관한 내용으로 맞지 않은 것은?

① 65세 이상 권장 예방접종은 인플루엔자, 폐렴구균, 대상포진, 파상풍, 디프테리아이다.
② 접종은 전국 보건소에서만 가능하다.
③ 폐렴구균은 50세~64세까지 위험군만 년 1~2회 접종한다.
④ 대상포진은 60세 이상 1회 접종한다.
⑤ 폐렴구균, 대상포진은 해당 연령 중 위험군만 접종한다.

○ 접종은 전국 보건소 및 지정 의료기관에서 한다.

06 계절별 안전수칙으로 옳은 것은?

① 여름철에는 야외활동 시 알코올 섭취를 한다.
② 겨울철에는 실내운동을 한다.
③ 여름철에는 현기증이 있으면 햇볕 아래서 휴식을 취한다.
④ 겨울철에는 외출 시 시원한 복장으로 외출한다.
⑤ 비나 눈이 오는 날에만 외출을 한다.

정답 03 ④　04 ⑤　05 ②　06 ②

① 여름철에는 야외활동 시 물을 자주 마신다.
③ 여름철에는 현기증이 있으면 시원한 장소에서 휴식을 취한다.
④ 겨울철에는 외출시 양말, 목도리, 방한복 등을 착용한다.
⑤ 비나 눈이 오는 날에는 외출을 삼가한다.

Ⅲ장 요양보호와 생활지원

01절 의사소통과 정서 지원

01_ 효과적인 의사소통과 정서 지원

본문 48쪽

01 의사소통의 유형 중 메라비언의 법칙에 해당하는 것으로 순서대로 맞게 짝지어진 것은?

> 메라비언의 법칙에 의하면 상대방과의 의사소통에 영향을 미치는 요소 중 가장 중요한 것은 비언어적 요소(㉮)이며, 그 다음은 음성 (㉯), 언어적 요소(㉰)이다. 이 중 (㉮)는(은) 자세, 용모와 복장, 제스처 등 외적으로 보이는 부분을 말하며, (㉯)은(는) 목소리의 톤이나 음색처럼 언어의 품질을 말하고, 언어는 (㉰)을(를) 말한다.

① 시각적 요소, 청각적 요소, 말의 내용
② 청각적 요소, 말의 내용, 시각적 요소
③ 시각적 요소, 말의 내용, 청각적 요소
④ 말의 내용, 시각적 요소, 청각적 요소
⑤ 청각적 요소, 시각적 요소, 말의 내용

○ 메라비언의 법칙에 의하면 의사소통에 가장 영향을 미치는 것은 시각적 요소, 청각적 요소, 언어적 요소 순이다.

02 언어적 의사소통 방법으로 옳은 것은?

① 화려한 옷을 입는다.
② 명확하고 쉬운 용어를 사용한다.
③ 먹을 것을 건네준다.
④ 미소를 지으며 다가간다.
⑤ 크게 웃으며 지나간다.

정답 01 ① 02 ②

○ 언어적 의사소통을 할 때는 명확하고 쉬운 용어를 비언어적 표현과 적절히 병행하여 사용한다.

03 비언어적 의사소통의 방법으로 옳은 것은?

① 무표정한 표정을 짓는다.
② 대상자를 향해 기울인 자세를 취한다.
③ 대상자보다 높은 곳에서 바라본다.
④ 시선을 고정한다.
⑤ 팔짱을 낀다.

얼굴표정	• 따뜻하고 배려하는 표정	• 적절하게 짓는 미소
자세	• 대상자를 향해 약간 기울인 자세	• 관심을 보이며 편안한 자세
눈맞춤	• 대상자와 같은 눈높이	• 적절한 시선의 움직임

04 비언어적 의사소통에서 중요한 요소가 아닌 것은?

① 눈맞춤 ② 얼굴표정
③ 재산 ④ 자세
⑤ 몸짓

○ 비언어적 의사소통은 감정적, 정서적 부분이 크게 작용한다.

05 의사소통의 정의 및 필요성에 대한 설명으로 적절하지 않은 것은?

① 대상자 가족과 신뢰관계 형성
② 대상자에 대한 이해와 서비스의 질 향상
③ 자신의 생각과 감정 표현으로 좋은 관계 형성
④ 업무일지에 기록할 내용의 습득
⑤ 타 전문직과 업무협조에 도움

○ 의사소통은 요양보호서비스를 제공하기 위해 대상자와 가족의 욕구나 과제, 문제를 정확하게 파악하기 위한 과정으로 원활한 의사소통은 정보수집에 많은 도움이 된다.

정답 03 ② 04 ③ 05 ④

06 다음은 무엇에 대한 설명인가?

- 대상자와 신체언어를 맞춘다.
- 눈을 맞춘다.
- 개입상태에서는 몸을 앞쪽으로 기울인다.
- 리듬을 맞춘다.
- '마음의 유대'라는 의미이다.

① 조사
② 라포(rapport)
③ 청취
④ 수용
⑤ 학습

07 경청에 대한 설명으로 옳은 것은?

① 상대방의 말을 끊고 화제를 돌린다.
② 의미를 파악할 필요는 없다.
③ 의견이 다르면 비판적 태도를 끝까지 지킨다.
④ 의견이 다르면 상대방의 말을 들을 필요가 없다.
⑤ 시선을 맞추고 적극적으로 듣는다.

○ ① 상대방의 말에 상호작용을 한다.
② 의미를 잘 파악하고 이해한다.
③ 흥분하지 않고 비판적 태도를 버린다.
④ 의견이 다르더라도 상대방의 말을 먼저 들어준다.

08 경청의 방법으로 옳은 것은?

① 대충 짐작한다.
② 상대방의 말의 의미를 이해한다.
③ 말을 끊고 내 말을 한다.
④ 듣고 싶지 않은 말은 끊는다.
⑤ 나 자신의 경험만 말한다.

○ ①, ③, ④, ⑤는 경청을 방해하는 요소이다.

정답 06 ② 07 ⑤ 08 ②

09 다음 대화에서 요양보호사의 대답으로 가장 적절한 것은?

> • 대상자 : "나를 어린애 취급하지 마세요. 옷입어라, 밥먹어라 명령하고, 하지 않으면 신경질 내잖아요"
> • 요양보호사 : "_____"

① "애들처럼 말 안하면 못 하고 계시잖아요"
② "어른 대접 받고 싶으면 알아서 하시면 되잖아요"
③ "제가 개인위생에 일일이 간섭하는 것 같아서 화가나셨군요"
④ "저도 신경쓰고 싶지 않지만 제 일이니까 그러는 거예요"
⑤ "그럼 그건 다른 분이랑 하세요"

○ 상대방의 불만사항을 듣고 충분히 이해했다는 표현을 한다.

10 공감형성을 위한 요양보호사의 대답으로 가장 적절한 것은?

> • 대상자 : "이전에 있던 요양보호사가 더 잘 했는데..."
> • 요양보호사 : "_____"

① "그분이 마음에 들게 일을 참 잘 하셨나봐요"
② "그렇게 비교해서 말씀하시니 기분이 안 좋네요"
③ "그럼 그분 다시 모셔다 드릴께요"
④ "저도 잘 해요"
⑤ "그런 말씀을 왜 하시는데요"

○ 상대방의 말을 경청하고 자신의 말로 요약해서 다시 반복해 준다.

11 다음은 무엇에 대한 내용인가?

> • 대상자 : "이전에 있던 요양보호사는 참 잘 했는데..."
> • 요양보호사 : "전에 계시던 분이 마음에 들게 잘 하셨나봐요"

① 경청　　② 공감　　③ 침묵
④ 수용　　⑤ 비난

정답 09 ③ 10 ① 11 ②

○ 상대방의 관점에서 상대방을 이해하고 감정을 느끼는 공감에 관한 내용이다.

12 공감형성을 위한 요양보호사의 반응으로 가장 적절한 것은?

> • 대상자 : "여기저기 너무 아파. 갈수록 더 아픈 것 같아"
> • 요양보호사 : "＿＿＿＿＿＿＿＿＿＿"

① "연세가 있으시면 아픈게 당연해요"
② "어디가 아프세요? 병원으로 갈까요?"
③ "119에 전화할게요"
④ "건강하게 지내고 싶은데 아프시니까 많이 힘드시죠"
⑤ "다른 분들도 다 아프대요"

○ 상대방의 말을 듣고 이해하며 자신의 말로 요약해서 반복해 준다.

13 효과적인 말하기의 방법으로 옳은 것은?

① 솔직한 감정은 숨기고 이야기 한다.
② 내 생각을 정리해서 먼저 말한다.
③ 비판적인 단어, 부정적인 비교, 위협하는 말을 하지 않는다.
④ 나쁜 내용이라도 필요하면 회고해준다.
⑤ 상대방을 감정적으로 공격해서 말싸움에서 이긴다.

○ ① 자신의 솔직한 감정을 분명하게 한다.
② 상대의 말을 수용하고 자신의 생각을 정리한다.
④ 나쁜 내용을 회고하지 않는다.
⑤ 상대방을 감정적으로 공격하지 않는다.

14 말하기 중 나-전달법에 대한 설명으로 옳은 것은?

① 상대방의 행동이 나에게 미친 영향에 촛점을 둔다.
② 부정적 정서도 강조해서 말한다.
③ 본인의 의사를 감정까지 전달한다.
④ 상대방을 평가해야 한다.
⑤ 말하고 나서 대화를 종료한다.

정답 12 ④ 13 ③ 14 ①

○ ② 부정적 정서를 강조하지 않는다.　　③ 본인의 의사를 감정 없이 전달한다.
　④ 상대방을 평가하지 않는다.　　　　⑤ 말하고 나서 다시 경청한다.

15 대상자가 식사를 하지 않으려 할 경우 '나-전달법'을 활용한 표현으로 옳은 것은?

① "먹기 싫으면 그만두세요"　　　　② "아드님에게 말할께요"
③ "건강이 이상이 있을까 걱정되요"　④ "저녁도 안 드실거면 준비 안 할께요"
⑤ "빨리 드셔야 저도 다른 일을 하죠"

○ 상황에 대해 요양보호사가 느끼는 감정을 솔직하게 표현한다.

16 다음의 밑줄에 들어갈 대화로 가장 적절한 것은?

> 김씨 할머니와 병원에 가기로 했는데 김씨 할머니가 나갈 생각을 안하신다.
> 요양보호사 : "할머니 준비 다 됐으니까 이제 나가요."
> 김씨 할머니 : "…"
> 요양보호사 : "더 준비할거 있으면 말씀해주세요."
> 김씨 할머니 : "…"
> 요양보호사 : "_____"

① "또 왜 이러세요"
② "지난번에도 늦게 가서 한참을 기다렸잖아요"
③ "더 늦으면 진료 시간을 놓칠것 같아서 걱정되요"
④ "저랑 가기 싫으시면 나중에 아드님과 같이 가세요"
⑤ "나 아파서 병원 가는거 아니니까 알아서 하세요"

○ 대상자의 행동으로 내가 어떤 영향을 받는지 말한다.

17 최씨 할아버지를 같이 옮기기로 한 동료요양보호사가 계속 전화만 하고 있을 때 '나-전달법'으로 옳은 것은?

① "근무시간에는 전화를 하지 말아요"
② "최씨 할아버지가 너무 오래 기다려 힘들까봐 걱정이 되요"

정답　15 ③　16 ③　17 ②

③ "통화를 너무 오래하는거 아닌가요?"
④ "통화 너무 오래한다고 관리자에게 말할께요"
⑤ "나 혼자는 최씨 할아버지를 옮길 수 없다구요"

○ 동료의 행동으로 내가 어떤 영향을 받는지 말한다.

18 다음의 상황에서 '나-전달법'으로 대화할 때 가장 적절한 표현은?

> 재가 어르신의 집에 가보니 방바닥에 밥풀이 말라붙어 있다.

① "방바닥에 밥풀이 붙어 있으면 청소하기가 힘들어요"
② "식사를 하셨으면 밥풀 정도는 치우셔야지요"
③ "이건 좀 너무 하신거 아니예요?"
④ "이 정도는 혼자 치우실 수 있으시잖아요"
⑤ "이런 거는 제가 해 드리지 않습니다"

19 상대방의 표현을 비판 없이 받아들이는 것으로 상대방을 존중하는 의사소통 방법은?

① 수용 ② 설득 ③ 침묵
④ 공감 ⑤ 경청

○ 수용은 대상자의 감정과 태도를 그대로 받아들이는 것이다.

20 다음 대화는 말벗하기 중 어느 기법에 속하는가?

> 김씨 할머니는 평소와 달리 식사도 잘 안하시고 시무룩하다.
> 요양보호사 : "어르신, 오늘은 날씨가 아주 좋아요"
> 김씨 할머니 : "그런가 보네..."
> 요양보호사 : "햇살도 좋은데 나가서 산책하실래요?"

① 감정의 거부   ② 공감과 관심
③ 대화와 타협   ④ 설득과 침묵
⑤ 정보 제공

정답 18 ① 19 ① 20 ②

> 어르신의 반응을 보며 공감을 표시하고 어르신들이 관심이 있는 외출에 대해 이야기 함으로 흥미를 유발한다.

21 대상자와 말벗하기의 방법으로 옳은 것은?

① 신체적·심리적·사회적 특성은 무시한다.
② 대상자의 삶을 굳이 수용할 필요는 없다.
③ 기분이나 감정에 공감하지 않는다.
④ 과도한 의존관계를 형성하지 않는다.
⑤ 친해지면 반말로 해도 된다.

> ① 개인적 특성, 질병, 생활력 등을 존중한다.
> ② 대상자의 삶을 차이와 다양성으로 수용한다.
> ③ 기분이나 감정에 공감한다.
> ⑤ 친하다고 해서 반말이나 명령조로 하지 않는다.

22 의사소통의 원칙으로 맞지 않은 것은?

① 대상자를 개인으로 파악한다.
② 대상자의 감정 표현은 일부분만 수용한다.
③ 자신의 감정을 자각하고 조절한다.
④ 대상자의 행동을 받아들인다.
⑤ 대상자의 비밀을 유지한다.

> • 대상자의 감정 표현을 존중한다.
> • 대상자를 일방적으로 비난하지 않는다.
> • 대상자의 자기 결정을 돕고 존중한다.
> • 비밀을 유지하여 신뢰를 쌓는다.

정답 21 ④ 22 ②

02_ 상황별 의사소통의 실제

01 다음과 같은 특징을 가진 사람은?

- 잘 듣지 못하기 때문에 자신을 속인다고 생각한다.
- 의사소통에 소극적이다.
- 목소리 크기나 높낮이가 조절이 안되어 큰 소리로 말을 한다.

① 노인성 백내장 ② 노인성 이해력 장애
③ 노인성 척추장애 ④ 노인성 언어장애
⑤ 노인성 난청

○ 난청이 있는 대상자는 자신이 잘 듣지 못하기 때문에 타인이 자신을 속인다고 의심하는 경향이 있다.

02 노인성 난청 대상자와 대화하는 올바른 방법은?

① 옆에 서서 이야기 한다.
② 입을 크게 벌리며 정확히 천천히 이야기 한다.
③ 표정은 짓지 않고 이야기한다.
④ 말을 이해했는지 확인할 필요는 없다.
⑤ 고음의 큰 소리로 말한다.

○ ① 눈을 보며 정면에서이야기 한다.
③ 몸짓, 얼굴 표정 등으로 의미를 전달한다.
④ 말을 이해했는지 확인한다.
⑤ 저음의 차분한 소리로 말한다.

03 시각장애 대상자와 이야기 하는 방법으로 옳은 것은?

① 대상자의 후면에서 위치를 이쪽, 저쪽 등으로 표현한다.
② 신체접촉을 할 때는 말을 하지 않는다.
③ 이미지 전달이 어려운 사물은 이야기 하지 않는다.
④ 보행 시 에는 반보 뒤에서 대상자의 팔을 미는 듯한 자세로 한다.
⑤ 대필 시 정확하게 받아쓰고 내용을 확인한다.

정답 01 ⑤ 02 ② 03 ⑤

① 대상자의 정면에서 위치를 왼쪽, 오른쪽 등으로 표현한다.
② 신체접촉을 하기 전에 말을 건네어 알게한다.
③ 이미지 전달이 어려운 사물은 촉각으로 이해시킨다.
④ 보행 시에는 반보 앞에서 대상자의 팔을 끄는 듯한 자세로 한다.

04 "오른쪽 1m 앞에 문턱이 있어요"라고 말을 해 주어야 하는 대상자는?

① 청각장애 대상자
② 시각장애 대상자
③ 이해력장애 대상자
④ 판단력장애 대상자
⑤ 거식증 환자

시각장애 대상자는 대상자를 중심으로 사물이 왼쪽, 오른쪽 등 어느 쪽에 있는지 설명해 주어야 한다.

05 언어장애 대상자와 대화하는 올바른 방법은?

① 얼굴과 눈을 응시하며 빠르게 말한다.
② 소음이 있는 곳은 피한다.
③ 대상자가 말하는 중간이라도 알아 들었으면 미리 말을 한다.
④ 의사 표현은 "예", "아니오"로만 하게한다.
⑤ 잘 표현해도 칭찬을 하지 않는다.

① 얼굴과 눈을 응시하며 천천히 말한다.
③ 대상자의 말이 끝날 때까지 기다린 후 말을 한다.
④ 의사 표현은 예, 아니오, 손짓, 눈의 깜빡임 등으로 하게 한다.
⑤ 잘 표현하면 칭찬과 긍정적 공감을 비언어적으로 표현한다.

06 대화를 할 때 실물, 그림판, 문자판 등이 필요한 사용자는?

① 시각장애 대상자
② 언어장애 대상자
③ 청각장애 대상자
④ 이해력장애 대상자
⑤ 판단력장애 대상자

언어장애 대상자는 실물, 그림판, 문자판 등을 이용하여 대화를 한다.

정답 04 ② 05 ② 06 ②

07 다음에서 설명하는 장애를 가진 대상자는?

- 상대방이 말하는 것을 이해하지 못해서 오해하는 경우가 있다.
- 실물, 그림, 문자판 등도 사용한다.
- 짧은 문장으로 천천히 몸짓, 손짓을 사용하여 이해를 돕는다.
- 무시하거나 불쾌감을 주는 언어를 사용하지 않는다.

① 청각장애 대상자 ② 이해력장애 대상자
③ 주의력결핍 대상자 ④ 언어장애 대상자
⑤ 시각장애 대상자

08 판단력·이해력장애 대상자와 대화하는 방법으로 옳은 것은?

① 짧지만 빠르게 설명한다.
② 손짓은 사용하지 않는다.
③ 이해가 되었을 경우 고개를 끄덕여준다.
④ 실물, 그림판, 문자판을 이용해서 대화한다.
⑤ 친해지면 반말을 사용해도 된다.

○ ① 짧은 문장으로 천천히 이야기한다.
② 몸짓, 손짓을 사용하여 천천히 이야기한다.
③ 이해가 되었을 경우 예, 아니오로 짧게 대답한다.
⑤ 불쾌감을 주는 단어를 사용하거나 반말을 하지 않는다.

09 치매로 인한 장애를 가진 사람과 대화하는 방법이 아닌 것은?

① 노인의 페이스에 맞춘다.
② 스킨쉽은 최대한 자제한다.
③ 이해하기 쉬운 단어로 간결하게 전달한다.
④ 말보다 감정표현을 자주한다.
⑤「그 사람다움」을 소중히 한다.

○ 불안과 소외감을 느끼기 쉬운 치매노인은 타인의 차가운 태도에 민감하다. 따라서, 손과 어깨 등을 부드럽게 스킨쉽 하면서 위압감을 주지 않기 위해 시선은 같은 높이가 되도록 맞춘다.

정답 07 ② 08 ④ 09 ②

10 상황별 의사소통에서 가족과의 의사소통에 관한 내용으로 적절하지 않은 것은?

① 가족을 존중하는 태도를 가진다.
② 대상자에 대한 정보는 수시로 주고받는다.
③ 대상자에 대한 정보 제공 시 직설적으로 전달한다.
④ 가족과 의견이 상충 시 시설장에게 보고한다.
⑤ 부정으로 정보를 제공하지 않는다.

○ 대상자의 치매로 인한 행동심리증상에 대한 정보를 제공할 때 부정적이고 직설적으로 전달하지 않는다.

11 의사소통에 장애가 없는 대상자와의 의사소통 방법으로 적절하지 않은 것은?

① 대상자를 존중하는 태도와 관심을 가진다.
② 대상자의 말하는 속도에 맞춘다.
③ 명확하고 이해하기 쉬운 언어를 사용한다. 한다.
④ 최대한 큰 목소리로 말한다.
⑤ 호칭은 대상자의 동의하에 어르신 등으로 부를 수 있다.

○ 대상자와의 대화 시 너무 작거나 크게 말하지 않는다.

03 _ 여가활동 지원

본문 51쪽

01 여가활동의 필요성에 관한 내용으로 맞지 않은 것은?

① 시간을 효율적으로 활용하여 자신감을 높인다.
② 적응력을 키우고 일상생활 만족도를 높인다.
③ 신체와 두뇌 기능 감소를 예방하고 건강 증진에 도움을 준다.
④ 지역사회 주민과 접하지 않는 범위에서 활동한다.
⑤ 지속적인 인간관계 유지를 위한 활동을 지원한다.

○ 지역사회에 참여하고 주민들과 함께 활동하며 지속적인 인간관계를 유지할 수 있도록 한다.

정답 10 ③ 11 ④ | 01 ④

02 다리가 불편한 김씨 할머니에게 가장 적절한 여가 활동으로 옳은 것은?

① 텃밭 가꾸기　　② 야외 나들이
③ 서예교실　　　　④ 성당 가기
⑤ 체조

○ 거동이 불편한 대상자는 움직임이 많이 없는 정적인 여가활동을 하는 것이 가장 적절하다.

03 여가활동 돕기의 방법으로 옳은 것은?

① 거동이 불편한 대상자는 여가활동을 자제한다.
② 요양시설에서는 전체가 한꺼번에 참여할 수 있는 프로그램을 운영하는것이 좋다.
③ 할 수 있는 사람만 여가활동에 참여하게 한다.
④ 상태, 성격, 선호에 따라 맞는 개별적 프로그램을 지원한다.
⑤ 누구나 의무적으로 하게 하여 동기유발을 촉진한다.

○ ① 거동이 불편한 대상자도 흥미를 느낄 수 있는 것이 좋다.
　② 요양시설에서도 개인의 욕구에 맞는 프로그램을 지원하는 것이 좋다.
　③ 적극적으로 참여 가능한 동기를 부여한다.
　⑤ 여가활동에 대해 설명하고 동의를 얻어야 한다.

04 대상자 중심 여가활동 선택 시 확인해야 하는 사항은?

① 대상자의 교육 수준
② 대상자의 현재 거주지
③ 대상자가 하고 싶은 여가활동
④ 대상자의 현재 직업 상태
⑤ 대상자 가족의 상태

○ **대상자 중심 여가활동 선택**
- 대상자가 즐겨하던 여가활동을 가족에게 물어본다.
- 심신기능 및 환경에 있어 강점과 약점을 파악한다.
- 여가활동 후 대상자의 말과 행동을 기록하고 향후 방향을 결정한다.

정답 02 ③　03 ④　04 ③

05 장기요양 대상자의 여가활동 유형에 따른 내용으로 적절하지 않은 것은?

① 자기계발 활동 : 텔레비전 시청, 종이접기, 퍼즐놀이
② 가족중심 활동 : 가족 소풍, 가족과의 대화, 외식나들이 등
③ 사교오락 활동 : 영화, 연극, 음악회, 전시회 등
④ 운동 활동 : 체조, 가벼운 산책 등
⑤ 소일 활동 : 텃밭 야채 가꾸기, 식물가꾸기

- 자기계발 활동 : 책읽기, 독서교실, 그림그리기, 서예교실, 시낭송, 악기연주, 백일장, 민요교실, 창작 활동 등
- 소일 활동 : 텃밭 야채 가꾸기, 식물가꾸기, 신문 보기, 텔레비전 시청, 종이접기, 퍼즐놀이 등

02절 요양보호 기록 및 업무보고

 01 _ 요양보호 관찰과 기록

01 요양보호 기록을 하는 목적으로 가장 적절한 것은?

① 행정기관에 보고하기 위해서다.
② 대상자의 상태를 감시하기 위해서다.
③ 질 높은 서비스를 제공하는데 도움이 되기 위해서다.
④ 대상자에게 확인을 받기 위해서다.
⑤ 동료요양보호사에게 인정받기 위해서이다.

요양보호 기록의 목적
- 질 높은 서비스를 제공하는데 도움이 된다.
- 요양보호사의 활동을 입증할 수 있다.
- 서비스의 연속성을 유지할 수 있다.
- 시설장 및 관련전문가에게 정보를 제공한다.
- 가족과 정보공유를 통해 의사소통을 원활하게 한다.
- 요양보호서비스의 표준화와 요양보호사의 책임성을 높인다.

정답 05 ① | 01 ③

02 다음은 요양보호 기록의 목적 중 어디에 해당하는가?

> 다른 요양보호사에게 대상자를 인수 · 인계를 할 때 그동안의 기록을 준다.

① 요양보호서비스의 연속성 유지 ② 요양보호사의 활동 입증
③ 시설장 및 전문가에게 정보 제공 ④ 가족과의 정보공유를 통한 의사소통
⑤ 질 높은 서비스를 제공

03 요양보호 기록을 하는 목적으로 맞지 않은 것은?

① 사고발생 시 책임 증명 ② 원활한 인수 · 인계
③ 질 높은 서비스 제공 ④ 가족과의 정보공유
⑤ 소비패턴 검증

04 요양보호 기록을 하면서 주의해야 할 내용으로 옳은 것은?

① 개인정보도 함께 기록한다.
② 기록공개를 염두에 두고 기록한다.
③ 대상자에 대한 감정도 함께 기록한다.
④ 대상자의 감정도 함께 기록한다.
⑤ 대상자가 소비한 물건의 금액을 기록한다.

○ 대상자나 가족이 기록공개를 요구하는 사례가 늘고 있으므로 이를 염두에 두고 기록하며 불필요한 개인정보는 기록하지 않는다.

05 다음 내용에 해당하는 요양보호 기록은 무엇인가?

> • 제공한 서비스의 내용과 시간, 특이사항을 기록한다.
> • 수기로 작성하는 방법과 무선주파수 인식기술(RFID)을 이용하여 기록하는 방법이 있다.

① 장기요양급여 제공 기록지 ② 상담일지
③ 상태기록지 ④ 방문일지
⑤ 사고일지

정답 02 ① 03 ⑤ 04 ② 05 ①

- ② 상담일지 : 상담내용 및 결과 기록
- ③ 상태기록지 : 섭취, 배설, 목욕 등의 상태 기록
- ④ 방문일지 : 대상자 방문 시 상담내용 기록
- ⑤ 사고일지 : 사고내용과 대응 결과 기록

06 대상자의 배설, 목욕, 식사섭취, 수분섭취, 외출 등의 내용을 기록한 것은 무엇인가?

① 사고보고서
② 인숙인계서
③ 장기요양급여 제공 기록지
④ 상태기록지
⑤ 인수인계서

- 대상자의 현재 상태를 기록한것은 상태기록지이다.

07 요양보호 기록의 원칙으로 옳은 것은?

① 육하원칙을 바탕으로 기록한다.
② 결과만 정확하게 기록한다.
③ 한 번에 몰아 놓았다가 작성한다.
④ 전문적인 용어를 이용하여 자세하게 기록한다.
⑤ 누구나 기록할 수 있으므로 기록자는 명시하지 않는다.

- ② 과정과 결과를 정확하게 기록한다.
- ③ 그때 그때 작성한다.
- ④ 공식화된 용어를 사용하여 간단명료하게 기록한다.
- ⑤ 기록자를 명확하게 한다.

08 요양보호 기록의 방법으로 옳은 것은?

① 기록자는 누구인지 남길 필요가 없다.
② 기록을 정정할 때는 화이트로 지운 후 정정한다.
③ 기록은 가능한 한 늦게 기록한다.
④ 요양보호 서비스를 중심으로 기록한다.
⑤ 상황묘사는 감정까지 함께 기록한다.

정답 06 ④ 07 ① 08 ④

- ① 기록자는 반드시 서명을 남긴다.
- ② 기록을 정정할 때는 밑줄을 긋고 빨간 펜으로 정정한 후 서명한다.
- ③ 기록은 가능한 한 빠른 시간 내에 작성한다.
- ⑤ 상황묘사는 객관적 사실만 작성한다.

09 요양보호 기록 시 주의할 사항으로 옳은 것은?

① 요양보호 기록은 책장에 보관한다.
② 요양보호 기록은 누구나 볼 수 있어야 한다.
③ 대상자의 사생활을 존중한다.
④ 대상자의 소비생활을 기록한다.
⑤ 대상자의 감정을 시간별로 기록한다.

- 요양보호 기록은 잠금장치가 있는 장소에 보관한다.
- 요양보호 기록은 서비스와 관련된 사람만 볼 수 있다.
- 개인정보를 수집할 때는 반드시 동의를 얻어야 한다.

10 대상자의 관찰 기록으로 옳은 것은?

① "옆 방의 최씨 할머니와 자주 점심을 드신다"
② "손주들에게 주신다고 용돈을 ○○은행에 보관하신다"
③ "8월 2일은 몸무게가 1kg 감량되었다"
④ "저녁 식사 후 잠깐 걸었는데 피곤해 하신다"
⑤ "아침을 먹고 2시간 후에 간식으로 과자를 몇 개 드셨다"

객관적인 내용을 숫자와 함께 명료하게 기록한다.
① 옆 방의 최씨 할머니와 1주일에 4회 점심을 같이 드신다.
② 개인정보는 기록하지 않는다.
④ 6시 저녁 식사 후 10분 정도 걸었는데 피곤해 하신다.
⑤ 아침을 먹고 2시간 후에 간식으로 과자를 3개 드셨다.

11 방문요양 기록지에 기록하지 않는 내용은?

① 수급자 성명
② 장기요양등급
③ 장기요양인정번호
④ 장기요양기관명
⑤ 장기요양신청일

정답 09 ③ 10 ③ 11 ⑤

02_ 업무보고 / 03_ 사례관리지원과 업무회의 본문 53쪽

01 업무보고를 하는 목적으로 거리가 먼 것은?

① 업무에 대한 공적을 인정받을 수 있다.
② 요양보호서비스를 향상시킬 수 있다.
③ 타 전문가와 업무협조와 의사소통을 원활하게 할 수 있다.
④ 사고 대응을 신속하게 할 수 있다.
⑤ 피해를 최소한으로 할 수 있다.

02 정기보고 외에 업무보고를 해야 하는 때로 옳은 것은?

① 대상자가 잠들었을 때
② 대상자가 식사를 마쳤을 때
③ 대상자가 약을 먹었을 때
④ 대상자가 사고를 당했을 때
⑤ 하루 일과를 이상 없이 마쳤을 때

○ 정기보고 외에 업무보고를 해야하는 때
 • 대상자의 상태에 변화가 있을 때
 • 서비스를 추가하거나 변경할 필요가 있을 때
 • 새로운 정보를 파악했을 때
 • 새로운 업무방법을 찾았을 때
 • 업무를 잘못 수행했을 때 • 사고 발생 시

03 상황이 급하거나 사안이 가벼울 때 많이 이용되는 보고 형태는?

① 구두보고 ② 서면보고
③ 전산망보고 ④ 대면보고
⑤ 유선보고

○ 보고의 형식
 • 구두보고 : 상황이 급한 경우에는 구두보고 후 서면보고를 한다.
 • 서면보고 : 보고내용이 복잡하거나 지표가 필요한 경우에 한다.
 • 전산망보고 : 시간을 절약할 수 있고 편리하다.

정답 01 ① 02 ④ 03 ①

04 전산을 이용하여 정확한 기록을 남길 수 있는 장점이 있는 보고형태는?

① 구두보고　　② 서면보고　　③ 전산망보고
④ 대면보고　　⑤ 유선보고

○ 전산망보고는 시간을 절약할 수 있고, 서면보고와 같이 기록을 남길 수 있다는 장점을 가지고 있다.

05 업무회의의 목적으로 맞지 않는 것은?

① 대상자의 상황과 제공되는 서비스를 점검·평가한다.
② 욕구에 맞는 서비스를 제공하기 위한 회의이다.
③ 제공되는 서비스의 질을 지속적으로 관리하며 서비스 내용을 조정한다.
④ 대상자에 관한 정보를 교환하여 서비스의 질을 높인다.
⑤ 직종들의 역할을 통합하여 서비스의 질을 높인다.

○ 직종들의 역할 분담을 명확히 한다.

06 월례회의의 특징으로 맞지 않는 것은

① 대상자에 대한 처우개선을 정부에 건의한다.
② 요양보호사들의 경험담을 공유한다.
③ 요양보호사들의 애로사항을 듣기위한 회의이다.
④ 관리자가 요양보호업무와 관련하여 전달사항을 전달한다.
⑤ 요양보고사가 대상자에 대한 요양보고와 애로사항 등을 전달한다.

○ 월례회의는 요양보호사들의 경험담을 공유하고 요양보호사들의 애로사항을 들으며 관리자가 전달사항을 전달하는 간담회이다.

07 대상자에게 제공되는 서비스의 질을 지속적으로 관리하며 서비스 내용을 조정하는 회의는?

① 주간회의　　② 임원회의　　③ 사례회의
④ 월례회의　　⑤ 긴급회의

정답 04 ③ 05 ⑤ 06 ① 07 ③

○ **사례회의**
- 대상자의 상황과 제공되는 서비스를 점검·평가하여 욕구에 맞는 서비스를 제공하기 위한 회의이다.
- 제공되는 서비스의 질을 지속적으로 관리하며 서비스 내용을 조정한다.
- 대상자에 관한 정보를 교환하여 서비스의 질을 높이며 직종들의 역할분담을 명확히 한다.

08 월례회의에 관한 내용으로 적절하지 않은 것은?

① 요양보호사들의 경험담을 공유한다.
② 요양급여 제공 일수를 조절한다.
③ 요양보호사들의 애로사항을 듣는다.
④ 관리자가 요양보호업무와 관련하여 전달사항을 전달한다.
⑤ 가족요양을 하는 요양보호사는 임원 및 해외출국에 대한 보고 필요성을 전달한다.

○ 요양급여 제공 일수는 법으로 정해져 있다.

03절 신체활동 지원

 01_ 식사와 영양 요양보호 본문 54쪽

01 섭취 요양보호의 일반적 원칙으로 옳은 것은?

① 대상자의 질병만을 고려한다.
② 대상자가 많이 식사할 수 있도록 배려한다.
③ 식사 후 손을 씻는 등 청결에 유의한다.
④ 식사 전·후 대상자의 상태를 주의깊게 관찰한다.
⑤ 처음부터 흘리지 않도록 먹여준다.

○ **섭취 요양보호의 일반 원칙**
- 신체적, 심리적, 사회적 상황, 질병 등을 고려한다.
- 즐겁게 식사하도록 식사방법 등을 배려한다.
- 식사 전 손을 씻는 등 청결에 유의하고
- 식사 전·후 대상자의 상태를 주의깊게 관찰한다.

- 대상자의 요구를 최대한 존중한다.
- 스스로 할 수 있는 것은 스스로 하게한다.

02 대상자가 식사하는 동안 관찰해야 할 내용으로 옳은 것은?

① 사레, 구토, 청색증 ② 발작
③ 위염 ④ 우울증
⑤ 고혈압

○ 식사 중의 건강상태(오심, 기침, 사레, 구토, 청색증 등)를 관찰한다.

03 노인의 영양부족임을 확인할 수 있는 지표로 옳은 것은?

① 체중증가 ② 신체기능 증가
③ 상처회복 빠름 ④ 피로회복
⑤ 배변 양상 변화

○ 영양부족을 확인할 수 있는 지표 : 체중감소, 신체기능 저하, 상처회복 지연, 탈수

04 노인 영양부족의 위험요인으로 맞지 않은 것은?

① 많은 식사량 ② 영양불균형인 식사
③ 약물 사용 ④ 급성질환
⑤ 알코올 중독

○ 영양부족 위험 요인 : 너무 적은 식사량, 영양적으로 불균형적인 식사, 약물사용, 고령, 급성질환 또는 만성질환, 사회적 고립, 빈곤, 우울, 알코올 중독, 인지장애, 식욕부진, 오심, 연하곤란

05 식사관찰의 자세로 옳은 것은?

① 좋아하는 음식은 기록하지 않는다.
② 취침시간을 기록한다.
③ 먹는 음식의 가격을 기록한다.
④ 식사 중 음식물이 호흡기로 넘어가는지 기록한다.
⑤ 24시간 식사일지를 기록하는 것은 대상자가 직접 한다.

정답 02 ① 03 ⑤ 04 ① 05 ④

◉ 식사 관찰
① 대상자가 좋아하는 음식과 식습관을 파악한다.
② 대상자의 식사시간, 섭취한 음식물의 종류를 기록한다.
③ 대상자가 잘 삼키는지를 기록한다.
⑤ 24시간 식사일지를 기록하는 것은 글씨를 쓸 수 있는 대상자는 본인이 기록하고 글씨를 쓸 수 없다면 도움을 받아서 기록한다.

06 다음의 ( )에 맞는 내용은?

요양보호사는 대상자의 (㉮) 및 (㉯)에 따라 식재료의 크기를 조절하여 식사를 제공한다.

	㉮	㉯		㉮	㉯
①	치아	연하능력	②	식성	치아
③	치아	저작능력	④	저작능력	연하능력
⑤	연하능력	식욕			

◉ 요양보호사는 대상자의 (치아) 및 (연하능력)에 따라 식재료의 크기를 조절하여 식사를 제공한다.

07 연하능력이 없거나 의식장애가 있는 대상자에게 제공하는 식사는?

① 일반식
② 잘게 썬 음식
③ 갈아서 만든 음식
④ 유동식
⑤ 음료수

◉ 연하 능력이 없거나 의식장애가 있는 대상자에게 제공하며 경구유동식과 경관유동식이 있다.

08 유동식에 관한 설명으로 옳은 것은?

① 맛은 상관없이 영양에 맞게 준비한다.
② 유동식은 차갑게 한다.
③ 경구유동식은 비위관을 통해서 제공한다.
④ 유동식은 수분을 최대한 줄여서 만든다.
⑤ 유동식은 미음형태로 만든다.

정답 06 ① 07 ④ 08 ⑤

○ **경구 유동식**
① 대상자가 맛을 느낄 수 있으므로 대상자의 입맛에 맞게 준비한다.
② 유동식은 너무 뜨겁거나 차갑지 않게 한다.
③ 경관유동식은 비위관을 통해서 제공한다.
④ 유동식은 수분이 많은 미음형태로 만든다.

09 올바른 식사자세는?

① 의자에 앉았을 때 식탁의 윗부분이 가슴 높이에 오도록 한다.
② 안쪽 깊숙이 앉게 하여 식탁에 팔꿈치가 올라오지 못하게 한다.
③ 침대머리를 올렸을 때는 침대를 10~20° 정도 높인다.
④ 편마비대상자의 마비된 쪽을 아래로 하고 옆으로 눕힌다.
⑤ 편마비대상자의 마비된 쪽은 베개나 쿠션으로 지지한다.

○ ① 의자에 앉았을 때 식탁의 윗부분이 배꼽 높이에 오도록 한다.
② 안쪽 깊숙이 앉게 하여 식탁에 팔꿈치를 올릴 수 있도록 한다.
③ 침대머리를 올렸을 때는 침대를 30~60° 정도 높인다.
④ 편마비대상자의 건강한 쪽을 아래로 하고 옆으로 눕힌다.

10 올바른 식사자세로 옳은 것은?

① 의자의 높이는 발바닥이 바닥에 닿지 않아도 된다.
② 의자에 팔받침, 등받이가 없다면 쿠션을 받쳐준다.
③ 침대에 걸터앉을 때에 발이 바닥에 닿지 않아도 된다.
④ 발이 바닥에 닿지 않으면 받침대를 받쳐준다.
⑤ 휠체어는 식탁에서 좀 떨어져도 된다.

○ ① 의자의 높이는 발바닥이 바닥에 닿을 정도가 되어야 한다.
② 팔받침, 등받이가 있는 의자가 안전하다.
③ 침대에 걸터앉을 때에 발이 바닥에 닿아야 한다.
⑤ 휠체어도 식탁 가까이 붙이고 팔을 올려 편한 자세가 되게 한다.

정답 09 ⑤ 10 ④

11 식사돕기의 기본원칙으로 옳은 것은?

① 입맛이 없다면 식사를 중단한다.
② 요양시설 입소 대상자는 제공된 식사를 전부 다 할 수 있도록 한다.
③ 재가 대상자는 섭취하는 것만 도우면 된다.
④ 씹는 능력을 고려하여 일반식부터, 유동식까지 준비한다.
⑤ 사레들리거나 숨 쉬기 어려울 때는 식사를 중단하고 기다렸다 다시 한다.

> ① 입맛이 없다면 다양한 색깔의 반찬을 조금씩 준비하여 식욕을 돋운다.
> ② 요양시설 입소 대상자는 적절한 양을 섭취하도록 돕는다.
> ③ 재가 대상자는 음식 준비부터 섭취까지 돕는다.
> ⑤ 사레들리거나 숨 쉬기 어려울 때는 식사를 중단하고 시설장(관리책임자)에게 연락한다.

12 사레에 들리지 않도록 하는 올바른 방법은?

① 배와 가슴을 압박하는 옷을 입는다.
② 상체를 똑바로 하고 턱을 높이는 자세로 식사한다.
③ 식사하기 전 물을 마시지 않는다.
④ 대화하면서 식사를 한다.
⑤ 신맛이 강한 음식은 사레를 조심하며 먹게 한다.

> ① 배와 가슴을 압박하지 않는 옷을 입는다.
> ② 상체를 약간 앞으로 숙이고 턱을 당기는 자세로 식사한다.
> ③ 식사하기 전 음식물의 온도를 확인하고 물을 한 모금 마시게 한다.
> ④ 식사 중 질문을 하지 말아야 한다.

13 다음의 ( )에 맞는 내용은?

> (㉮)은 삼키기 어렵고 (㉯)은 사레가 들릴 수 있다.

	㉮	㉯
①	수분이 적은 음식,	신맛이 강한 음식
②	매운맛이 나는 음식,	신맛이 강한 음식
③	짠맛이 나는 음식,	수분이 많은 음식
④	신맛이 강한 음식,	수분이 적은 음식
⑤	매운맛이 나는 음식,	수분이 적은 음식

정답 11 ④ 12 ⑤ 13 ①

○ (수분이 적은 음식)은 삼키기 어렵고 (신맛이 강한 음식)은 사레가 들릴 수 있다.

14 식사를 돕는 방법으로 옳은 것은?

① 자신의 소개 없이 바로 식사를 돕는다.
② 식사 후에 대상자의 배설여부를 확인한다.
③ 시력이 저하된 대상자는 직접 먹여준다.
④ 대상자의 상태에 맞춰 최대한 스스로 식사할 수 있도록 한다.
⑤ 누워있는 대상자는 누운 상태에서 식사를 하게 한다.

○ ① 대상자를 확인한 후 자신을 소개한다.
② 식사 전에 대상자의 배설여부를 확인한다.
③ 시력이 저하된 대상자는 스스로 식사할 수 있도록 음식을 시계방향으로 둔다.
⑤ 누워있는 대상자도 가능한한 상체를 세워서 식사하게 한다.

15 식사를 돕는 방법으로 옳은 것은?

① 음식물은 한 입 가득 넣어준다.
② 음식물을 삼키기 쉽게 식사 전 떡을 조금 준다.
③ 편마비 대상자는 음식을 삼키기 어려워 하므로 식사동안 더 주의한다.
④ 식사하기 전에 입 안을 헹구면 식욕이 떨어진다.
⑤ 식사 후에는 바로 눕혀 휴식을 취하게 한다.

○ ① 음식은 조금씩만 제공하여 삼키기 쉽게 한다.
② 식사 전에 물을 조금 마시게 하면 사레를 예방할 수 있다.
④ 식사 전에 물로 입 안을 헹구면 좋다.
⑤ 식사 후 30분 정도 앉아 있게 한다.

16 스스로 식사하는 대상자를 지켜보는 방법으로 옳은 것은?

① 사레, 질식 등이 발생하지 않는지 관찰한다.
② 음식을 많이 먹도록 한다.
③ 가급적이면 빠르게 먹도록 지지한다.
④ 식사는 혼자 할 수 있도록 한다.
⑤ 좋아하는 반찬이 있다면 많이 갖다 준다.

정답 14 ④ 15 ③ 16 ①

- ② 음식을 한 입에 많이 넣는지 살펴본다.
- ③ 천천히 먹도록 살펴본다.
- ④ 식사 중 도움이 필요하면 도와준다.
- ⑤ 반찬을 골고루 먹도록 격려한다.

17 혼자 식사하기 힘든 대상자의 식사를 돕는 방법으로 옳은 것은?

① 숟가락을 빠르게 대상자의 입으로 이동한다.
② 대상자가 오른손잡이라면 왼쪽에서 먹여준다.
③ 편마비 대상자는 마비된 쪽에서 먹여준다.
④ 입가에 묻은 음식물은 식사 후 한 번에 닦아준다.
⑤ 음식물을 다 삼킨 것을 확인한 후에 음식물을 다시 넣어준다.

- ① 한 손으로 숟가락을 받쳐서 대상자에게 가져간다.
- ② 대상자가 오른손잡이라면 오른쪽에서 먹여준다.
- ③ 편마비 대상자는 건강한 쪽에서 먹여준다.
- ④ 입가에 묻은 음식물은 식사하면서 닦아준다.

18 경관영양을 하는 경우는?

① 대상자가 액체음식을 고집할 때
② 대상자가 편식이 심할 때
③ 대상자가 혼수에 빠진 경우
④ 음식을 먹기 힘들 정도로 지쳐있을 때
⑤ 대상자가 음식 씹는 것을 거부할 때

- 경관영양을 하는 경우
  - 대상자가 의식이 없거나 혼수에 빠진 경우
  - 음식을 먹기 힘들 정도의 손상을 입었을 때
  - 삼키기 힘들 때

19 경관영양의 기본 원칙으로 맞지 않는 것은?

① 대상자가 의식이 없다면 굳이 식사시간임을 말하지 않아도 된다.
② 적당한 농도의 영양을 천천히 주입한다.
③ 영양액은 유효기간 내의 것만 사용한다.
④ 영양주머니는 매번 깨끗이 씻어 말린다.
⑤ 관의 상태를 살펴 역류되거나 새지 않도록 한다.

정답 17 ⑤ 18 ③ 19 ①

○ 대상자가 의식이 없어도 시작과 끝을 말해준다.

20 경관영양의 기본 원칙으로 옳은 것은?

① 영양액의 온도는 약간 뜨거운 것이 적당하다.
② 1분에 50mL 이상 주입하지 않는다.
③ 비위관이 새거나 역류하면 바로 다시 밀어넣는다.
④ 경관영양 대상자는 손, 발을 자주 씻어준다.
⑤ 비위관이 빠지지 않게 접착제로 잘 고정한다.

○ ① 영양액의 온도는 체온정도가 적당하다.
③ 비위관이 새거나 역류하면 간호사에게 알린다.
④ 경관영양 대상자는 입 안을 자주 청결하게 한다.
⑤ 비위관이 빠지지 않게 반창고 등으로 잘 고정한다.

21 경관영양을 돕는 방법으로 옳은 것은?

① 식사시간임을 알리고 앉게 하거나 침상머리를 올린다.
② 대상자가 일어나지 못하면 왼쪽으로 눕힌다.
③ 영양액은 대상자의 심장정도의 높이에 건다.
④ 대상자가 토하거나 청색증이 생기면 비위관을 뺀다.
⑤ 경관영양 후 하체를 높이고 10분 정도 누워있게 한다.

○ ② 대상자가 일어나지 못하면 오른쪽으로 눕힌다.
③ 영양액은 대상자의 위장보다 높은 위치에 건다.
④ 토하거나 청색증이 생기면 비위관을 잠근 후 간호사가 관리책임자에게 알린다.
⑤ 경관영양 후 상체를 높이고 30분 정도 앉아있게 한다.

정답 20 ② 21 ①

02 _ 배설 요양보호

01 배설돕기의 일반원칙으로 옳은 것은?

① 배설할 때 낙상 예방을 위해 지켜본다.
② 배설물은 모아 두었다가 한 번에 치운다.
③ 대상자가 할 수 있는 부분은 스스로 하게 하여 자존감을 높여준다.
④ 대상자가 도움을 요청해도 무시한다.
⑤ 항문은 뒤에서 앞으로 닦아 요로계 감염을 예방한다.

> ① 배설할 때 가려주어 프라이버시를 지켜준다.
> ② 배설물을 즉시 깨끗하게 치운다.
> ④ 대상자의 요구를 최대한 반영하고 존중한다.
> ⑤ 항문은 앞에서 뒤로 닦아 요로계 감염을 예방한다.

02 배설 관찰내용으로 옳은 것은?

① 배설요구, 스스로 배설 가능, 배설물의 상태를 관찰한다.
② 배설 전에는 통증, 불편함, 배변·배뇨의 어려움 등을 관찰한다.
③ 배설 중에는 색깔, 혼탁 여부, 배설 시간, 배설량, 잔변감 등을 관찰한다.
④ 배설 후에는 요의, 변의 확인, 하복부 팽만, 배설 간격 등을 관찰한다.
⑤ 말로 표현할 때만 화장실에 데려간다.

> ② 배설 전 : 요의, 변의 확인, 하복부 팽만, 배설 간격
> ③ 배설 중 : 통증, 불편함, 배변·배뇨의 어려움
> ④ 배설 후 : 색깔, 혼탁 여부, 배설 시간, 배설량, 잔변감
> ⑤ 배설요구의 언어적·비언어적 표현을 살펴서 화장실에 데려간다.

03 화장실 이용 돕기의 원칙으로 옳은 것은?

① 화장실 조명은 최소한으로 하여 절약한다.
② 대변을 볼 때 안전을 위해 옆에서 지켜본다.
③ 밖에서 기다릴 때는 요양보호사가 비상벨을 들고 대기한다.
④ 밖에서 기다릴 때 침묵을 유지한다.
⑤ 불필요하거나 넘어질 우려가 있는 물건은 치운다.

정답 01 ③ 02 ① 03 ⑤

- ① 화장실은 밝고 미끄러지지 않게 한다.
  ② 옆에 있기를 원하면 대기하고 있다가 요구하는 것을 도와준다.
  ③ 밖에서 기다릴 때는 호출벨을 대상자의 손 가까이 둔다.
  ④ 밖에서 기다릴 때 중간 중간 말을 건다.

04 화장실 돕기의 방법으로 옳은 것은?

① 화장실이 가까울 때는 휠체어에 걸터 앉힌다.
② 급할 때는 대상자를 빠르게 일으킨다.
③ 뒤처리는 앞에서 뒤로 닦는다.
④ 화장실 밖에서 기다릴 때는 조용히 기다린다.
⑤ 밤에는 조명을 최대한 어둡게 한다.

- ① 화장실이 가까워도 정확하게 앉힌다.
  ② 대상자를 빠르게 일으키면 어지러울 수 있다.
  ④ 밖에서 기다릴 때 중간 중간 말을 건다.
  ⑤ 밤에도 밝고 미끄러지지 않게 한다.

05 화장실을 이용을 돕는 방법으로 적절하지 않은 것은?

① 대상자를 침대에서 일으켜 걸터앉힐 때는 잠시 앉아서 어지러워하는지 살핀다.
② 화장실 밖에서 기다릴 때는 중간중간 말을 걸어 상태를 살핀다.
③ 화장실이 멀지 않을 때는 슬리퍼를 신고 부축해서 다녀온다.
④ 여성의 경우 앞쪽에서 뒤쪽으로 닦는다.
⑤ 배설물에 이상이 있을 때는 시설장이나 간호사에게 연락한다.

- 화장실이 멀지 않아도 반드시 휠체어에 제대로 앉혀서 다녀온다.

06 휠체어 사용자의 화장실 돕기로 옳은 것은?

① 휠체어에서 내릴 때나 앉아 있을 때는 잠금장치를 푼다.
② 휠체어에서 내릴 때는 발 받침대를 펴 둔다.
③ 이동 중에는 바퀴나 팔걸이에 옷이 걸리지 않도록 주의한다.
④ 휠체어를 침대에서 떨어져 붙이거나, 90° 직각으로 붙인다.
⑤ 휠체어에 앉힌 후에는 발 받침대를 올려서 발을 내리도록 한다.

정답 04 ③ 05 ③ 06 ③

① 휠체어에서 내릴 때나 앉아 있을 때는 잠금장치를 잠근다.
② 휠체어에서 내릴 때는 발 받침대는 접어둔다.
④ 휠체어를 침대에 빈틈없이 붙이거나, 35~45° 비스듬히 붙인다.
⑤ 휠체어에 앉힌 후에는 발 받침대를 내려서 발을 올려 놓는다.

07 왼쪽 편마비 대상자가 화장실을 이용할 때 휠체어의 위치로 옳은 것은?

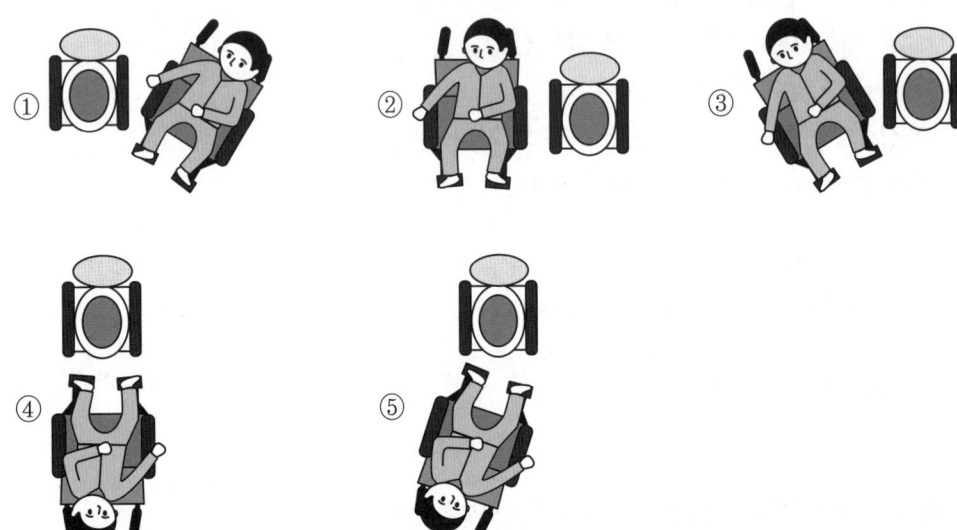

변기가 대상자의 건강한 쪽에 30~45° 정도 오도록 휠체어를 위치해야 한다.

08 침상 배설의 기본 원칙으로 옳은 것은?

① 변의를 호소해도 시간이 될 때까지 참으라고 한다.
② 요의나 변의를 참고 있을 수 있으므로 배변 시간을 가늠해 둔다.
③ 대상자의 안전을 위해 배설하는 것을 지켜보도록 한다.
④ 대상자의 배변을 돕기 위해 배변 시 배를 눌러준다.
⑤ 대상자가 실수를 하였을 경우 주의를 줘서 조심하도록 한다.

① 변의를 호소하면 즉시 배설할 수 있도록 도와준다.
③ 프라이버시 보호를 위해 커튼이나 스크린으로 가려준다.
④ 대상자가 스스로 배설 할 수 있도록 도와준다.
⑤ 대상자가 실수를 하였을 경우 심리적으로 위축되지 않도록 주의한다.

정답 07 ① 08 ②

09 침상 배설 돕기에 관한 설명으로 옳은 것은?

① 변이 끝나면 요양보호사만 손을 씻는다.
② 대상자의 피부를 확인하며 닦는다.
③ 대상자의 바지를 벗긴 후 변을 보게 한다.
④ 양 손으로 대상자의 허리를 올리고 대상자가 변기를 빼게 한다.
⑤ 변의가 없다면 변이 나올 때까지 있게 한다.

○ ① 대상자도 손을 씻게한다.
  ③ 대상자의 바지를 내린 후 변을 보게 한다.
  ④ 한 손으로 대상자의 허리를 올리고 변기를 뺀다.
  ⑤ 변의가 없다면 변의가 생길 때 다시 시도한다.

10 배설물의 상태가 어떠할 때 시설장이나 관리책임자에게 보고해야 하는가?

① 소변의 양이 적다.
② 대변이 되직하게 나온다.
③ 소변의 색이 투명하다.
④ 소변의 색이 진하다.
⑤ 대변이 약간 설사처럼 나온다.

○
소변	대변
• 소변이 탁하거나 뿌옇다. • 거품이 많다. • 색이 진하다. • 피가 섞여 나오거나 푸른빛이 난다.	• 피가 섞여 나와 검붉거나 선홍색이다. • 심하게 묽거나 점액질이 섞여 나온다.

11 대상자가 변의를 느낄 수 없을 때 하는 방법으로 가장 옳은 것은?

① 미지근한 물을 항문이나 요도에 끼얹는다.
② 매운 음식을 먹게 한다.
③ 배를 꾹꾹 눌러준다.
④ 지사제를 복용하게 한다.
⑤ 변이 나올 때까지 변기에 앉아있게 한다.

○ 미지근한 물을 항문이나 요도에 끼얹으면 괄약근과 주변 근육이 이완되어 변의를 느낄 수 있다.

정답 09 ② 10 ④ 11 ①

12 이동변기 사용 돕기의 기본 원칙으로 옳은 것은?

① 대상자가 변의를 호소할 때까지 기다린다.
② 배설 시 불필요한 노출을 줄인다.
③ 스스로 배설이 안되면 배를 눌러 배설을 하게 한다.
④ 이동변기는 화장지로 우선 대충 닦는다.
⑤ 찬물로 항문이나 요도를 자극하여 변의를 유도한다.

○ ① 대상자가 말로 표현하지 못해도 의도를 파악해 배설할 수 있게 도와준다.
　③ 스스로 배설 할 수 있도록 훈련 참여를 유도한다.
　④ 이동변기는 매번 깨끗이 씻는다.
　⑤ 미지근한 물로 항문이나 요도를 자극하여 변의를 유도한다.

13 이동변기 배설을 돕는 방법으로 옳은 것은?

① 변기를 차갑게 해서 침대 옆에 놓는다.
② 배변 시에는 조용한 환경을 만들어 준다.
③ 배설물에 이상이 있는 경우 시설장이나 관리책임자에게 보고한다.
④ 변기 높이는 침대 높이보다 약간 아래로 한다.
⑤ 배설 후 뒤처리는 반드시 해 준다.

○ ① 변기를 따뜻한 물로 데워 침대 옆에 놓는다.
　② 음악이 TV를 틀어 소리가 나는 것에 부담을 느끼지 않게 한다.
　④ 변기 높이는 침대 높이와 비슷하게 한다.
　⑤ 배설 후 가능하면 뒤처리를 스스로 하게 한다.

14 이동변기 배설을 돕는 방법으로 옳은 것은?

① 배설 중에는 하반신을 벗긴다.
② 이동 변기가 침대보다 낮게 높이를 맞춘다.
③ 편마비 대상자는 변기를 건강한 쪽으로 30~45°로 붙인다.
④ 대상자의 다리가 발판에 닿게 한다.
⑤ 배설 시에는 조용하게 해 준다.

○ ① 배설 중에는 하반신을 수건 등으로 덮어준다.
　② 침대와 이동 변기의 높이가 같도록 맞춘다.

정답 12 ② 13 ③ 14 ③

④ 대상자의 다리가 바닥에 닿게 한다.
⑤ 배설 시 나는 소리가 들리지 않게 음악을 틀어준다.

15 이동변기 배설 후에 하는 행동으로 옳은 것은?

① 스스로 할 수 있어도 배설 후 뒤처리를 해준다.
② 배설 후 손을 휴지로 닦아준다.
③ 이동변기 내에 있는 배설물을 즉시 처리한다.
④ 설거지용 고무장갑을 착용하고 뒤처리를 한다.
⑤ 이동변기에서 침대로 안전하게 이동하도록 지켜본다.

○ ① 가급적이면 스스로 뒤처리를 하게 한다.
  ② 배설 후 물과 비누로 손을 씻게 한다.
  ④ 일회용 장갑을 착용하고 뒤처리를 한다.
  ⑤ 이동변기에서 침대로 안전하게 이동하도록 보조한다.

16 스스로 배설하는 대상자를 지켜보는 방법으로 옳은 것은?

① 대상자가 불쾌해 하더라도 신경써서 살펴본다.
② 빨리 배설 할 수 있는 환경을 조성한다.
③ 배설 도중 고혈압 등으로 쓰러질 수 있으므로 주의한다.
④ 기저귀를 준비한다.
⑤ 배설 중 요구하는 것이 있으면 배설이 끝난 후 도와준다.

○ ① 불쾌하지 않도록 배려하면서 살펴본다.
  ② 편안히 배설할 수 있도록 환경을 조성한다.
  ④ 스스로 하는 대상자에게 기저귀는 필요 없다.
  ⑤ 배설 중 요구하는 것이 있으면 도와준다.

17 기저귀 사용 돕기의 원칙으로 옳은 것은?

① 실금을 하면 즉시 기저귀를 사용한다.
② 대상자는 수치심을 느끼지 못하므로 배려하지 않아도 된다.
③ 배변, 배뇨시간과 상관 없이 가끔 살펴본다.
④ 대상자의 피부를 관찰하여 욕창 등을 예방한다.
⑤ 냄새예방을 위해 기저귀를 꼭 채운다.

- ① 실금이 빈번한 경우에만 부득이하게 기저귀를 사용한다.
- ② 대상자가 수치심을 느끼지 않도록 배려한다.
- ③ 배변, 배뇨시간에 맞추어 살펴본다.
- ⑤ 냄새예방을 위해 환기를 자주한다.

18 젖은 기저귀를 즉시 교환해야 하는 이유로 가장 옳은 것은?

① 시간에 맞는 배변훈련
② 냄새 방지
③ 배설습관 개선
④ 프라이버시 보호
⑤ 피부손상과 욕창 예방

- 젖은 기저귀를 사용하면 피부손상이 생기므로 신속하게 기저귀를 교환해야 한다.

19 협조가 불가능한 대상자에게 기저귀 사용 돕기 방법으로 옳은 것은?

① 허리를 들 수 있으면 허리를 들게하여 교환한다.
② 협조가 불가능한 대상자는 엎어 놓고 교환한다.
③ 배설물이 보여도 상관 없지만 안전에 신경을 쓴다.
④ 일회용 기저귀를 빨아서 사용한다.
⑤ 테이프는 몸을 옆으로 돌려서 붙인다.

- ② 협조가 불가능한 대상자는 옆으로 돌려 교환한다.
- ③ 배설물이 보이지 않도록 기저귀를 만다.
- ④ 일회용 기저귀는 바로 버린다.
- ⑤ 테이프는 바로 눕혀서 붙인다.

20 유치도뇨관의 소변주머니 관리로 옳은 것은?

① 유치도뇨관은 감염 예방에 신경을 쓰지 않아도 된다.
② 소변주머니는 방광보다 아래에 놓는다.
③ 소변량과 색깔을 6시간마다 확인한다.
④ 유치도뇨관을 자주 세척한다.
⑤ 유치도뇨관의 교환은 3년 이상 경력의 요양보호사가 한다.

정답 18 ⑤ 19 ① 20 ②

- ① 유치도뇨관 감염 예방에 주의를 기울여야 한다.
  ③ 소변량과 색깔을 2~3시간마다 확인한다.
  ④ 유치도뇨관의 세척은 방문간호사나 의료기관에서 한다.
  ⑤ 유치도뇨관의 삽입, 방광세척은 방문간호사나 의료기관에 연계한다.

21 유치도뇨관 사용자가 아랫배가 아프다고 할 때 요양보호사가 해야 할 일은?

① 수분을 충분히 공급한다.
② 유치도뇨관이 막혀 있거나 꼬여 있는지 확인한다.
③ 일으켜 세운다.
④ 복부 마사지를 한다.
⑤ 관장을 한다.

- 유치도뇨관이 막히거나 꼬여서 소변의 배출이 원활하지 않으면 아랫배에 팽만감과 불편감이 있을 수 있다.

22 유치도뇨관 관리 방법으로 옳은 것은?

① 배출구를 열어 소변을 받은 후 공기 중에서 말린다.
② 소변주머니는 가슴보다 밑으로 가도록 한다.
③ 소변기의 소변은 이상 유무 확인을 위해 세면대에 버린다.
④ 소변 이상 여부를 확인한 후 바로 비운다.
⑤ 도뇨관에 이상이 있다면 관을 즉시 제거한다.

- ① 소변을 비우고 배출구를 잠근 후 알코올 솜으로 닦는다.
  ② 소변주머니는 아랫배보다 밑으로 가도록 한다.
  ③ 소변기의 소변은 지정된 장소에 버린다.
  ⑤ 도뇨관에 이상이 있다면 즉시 간호사에게 알린다.

정답 21 ② 22 ④

03 _ 개인위생 및 환경관리

01 입안 닦아내기의 방법으로 옳은 것은?

① 빨대를 사용하거나 칫솔을 사용한다.
② 안면마비, 치매 대상자에게 한다.
③ 대상자는 엎드린 자세나 구부린 자세를 취한다.
④ 윗니와 잇몸을 닦고 아래쪽 잇몸과 이를 닦는다.
⑤ 입안을 닦는 동안 얼굴 부분을 관찰한다.

> ① 빨대 달린 컵을 사용하거나 거즈를 사용한다.
> ② 연하장애, 의식없는 대상자, 사레들리기 쉬운 대상자에게 한다.
> ③ 대상자는 앉은 자세나 옆으로 누운 자세를 취한다.
> ⑤ 입안을 닦는 동안 치아와 입안을 관찰한다.

02 누워있는 대상자에게 양치질을 하는 방법으로 옳은 것은?

① 가급적이면 똑바로 누운 자세에서 한다.
② 칫솔질은 치아에서 잇몸방향으로 빠르게 닦는다.
③ 칫솔을 45°각도로 치아에 대고 잇몸에서 치아쪽으로 닦는다.
④ 앉은 자세가 안되면 마비된 쪽을 아래로 하고 누워서 한다.
⑤ 칫솔질은 치아와 입안도 닦는다.

> ① 누운자세에서 칫솔질을 하면 사레에 들리므로 가급적이면 앉아서 한다.
> ② 칫솔질은 잇몸에서부터 치아방향으로 천천히 원을 그리듯이 닦는다.
> ④ 앉은 자세가 안되면 건강한 쪽을 아래로 하고 누워서 한다.
> ⑤ 칫솔질은 치아와 혀도 닦는다. 입안은 상처가 날 수 있으므로 닦지 않는다.

03 칫솔질 할 때 유의사항으로 옳은 것은?

① 사레들릴 위험이 있으면 입을 크게 벌리고 한다.
② 칫솔모는 가급적 딱딱한 것으로 한다.
③ 칫솔질은 강하고 빠르게 한다.
④ 혈액응고장애 대상자는 치실을 사용해야 한다.
⑤ 가급적이면 대상자 스스로 하게 한다.

정답 01 ④ 02 ③ 03 ⑤

- ① 사레들릴 위험이 있으면 입을 반쯤 벌리고 한다.
  ② 칫솔모는 부드러운 것으로 한다.
  ③ 칫솔질은 잇몸에서 치아쪽으로 부드럽게 한다.
  ④ 혈액응고장애 대상자는 치실을 사용하면 안된다.

04 의치에 관한 내용으로 옳은 것은?

① 압박자극을 해소하기 위해 취침 전에는 빼서 보관한다.
② 변형을 막기 위해 양치질을 한 후 끼고 취침한다.
③ 의치의 세척은 알코올에 담가서 한다.
④ 뜨거운 물에 삶아서 세척한다.
⑤ 의치를 뺄 때는 아래 의치를 먼저 뺀다.

- ②, ③ 변형을 막기 위해 물이 담긴 용기에 보관한다.
  ④ 의치세정제나 치약을 의치용 솔에 묻혀 미온수로 닦는다.
  ⑤ 의치를 뺄 때는 위쪽 의치를 먼저 뺀다.

05 의치의 보관 방법으로 옳은 것은?

① 건조한 상태로 보관한다.
② 알코올로 소독한 후 끼고 생활한다.
③ 끓는 물에 삶아서 보관한다.
④ 물이 담긴 용기에 보관한다.
⑤ 멸균을 위해 냉동실에 얼려서 보관한다.

- 의치는 물이 담긴 용기에 보관해야 변형을 막을 수 있다.

06 두발 청결 돕기의 원칙으로 옳은 것은?

① 머리 감기 전 약을 복용한다.
② 머리 감는 절차는 설명할 필요가 없다.
③ 공복, 식후는 피한다.
④ 잠자기 전에 머리를 감고 말리고 잔다.
⑤ 머리 감을 때 기저귀를 차고 감는다.

정답 04 ① 05 ④ 06 ③

- ① 머리 감기 전 기분, 안색, 통증 유무 등을 확인한다.
- ② 머리 감기 전 절차를 설명한다.
- ④ 덜 추운 낮시간대에 감는다.
- ⑤ 머리를 감기 전 대·소변을 보게 한다.

07 통 목욕 시 머리 감기에 관한 설명으로 옳은 것은?

① 물이 들어가지 않도록 휴지로 귀를 막는다.
② 실내 온도는 16℃ 이상 유지한다.
③ 목욕 의자에 앉히고 머리 장신구를 제거한다.
④ 찬 물로 머리를 적신다.
⑤ 샴푸 마사지는 손톱으로 한다.

- ① 물이 들어가지 않도록 귀막이 솜으로 귀를 막는다.
- ② 장애인이나 노인은 20℃ 이상으로 유지한다.
- ④ 따뜻한 물로 머리를 적신다.
- ⑤ 샴푸 마사지는 손가락 끝으로 한다.

08 침대에서 머리 감기기 방법으로 옳은 것은?

① 문과 창문을 열어 환기를 한다.
② 방수포를 침대 전체에 깐다.
③ 목욕담요를 덮고 이불은 허리까지 접어 내린다.
④ 면봉으로 귀를 막고, 눈에 이불을 올려놓는다.
⑤ 머리를 감은 후 솜을 이용하여 양쪽 귀의 물기를 제거한다.

- ① 문과 창문을 닫고 실내온도를 20℃ 이상으로 유지한다.
- ② 방수포를 어깨 밑까지 깐다.
- ④ 솜으로 귀를 막고, 눈에 수건을 올려놓는다.
- ⑤ 머리를 감은 후 면봉을 이용하여 양쪽 귀의 물기를 제거한다.

09 머리 손질하는 방법으로 옳은 것은?

① 관리하기 편하게 일괄적인 모양으로 손질한다.
② 머리카락이 엉켰을 경우 물에 적신 후 손질한다.

③ 온몸을 덮고 머리핀만 제거한다.
④ 빗질은 2일에 한 번 한다.
⑤ 마비 등으로 누워있는 대상자는 긴머리가 좋다.

- ① 기호와 의견을 물어서 머리를 손질한다.
  ③ 어깨에 수건을 덮고 안경과 머리핀을 제거한다.
  ④ 빗질은 매일 한다.
  ⑤ 마비 등으로 누워있는 대상자는 짧은 머리가 좋다.

10 손발 청결 돕기의 방법으로 옳은 것은?

① 오일이나 로션 등은 바르지 않도록 조심한다.
② 피부에 상처가 나지 않도록 조심한다.
③ 모직제품을 사용하는 것이 좋다.
④ 분비물의 유·무, 상처 등은 동료에게 이야기한다.
⑤ 찬물에 10~15분 정도 담근 후 이물질을 제거한다.

- ① 오일이나 로션 등을 자주 발라준다.
  ③ 면제품을 사용하는 것이 좋다.
  ④ 피부색이나 상처 등은 시설장이나 관리책임자에게 보고한다.
  ⑤ 따뜻한 물에 10~15분 정도 담근 후 이물질을 제거한다.

11 손톱, 발톱은 어떤 모양으로 자르는 것이 좋은가?

①    ②    ③

④    ⑤

- 손톱은 둥근 모양으로, 발톱은 일자로 자른다.

정답 10 ② 11 ①

12 회음부 청결 돕기의 방법으로 옳은 것은?

① 대상자가 수치심을 느끼지 않도록 한다.
② 뒤쪽에서 앞쪽으로 닦아낸다.
③ 손을 소독한 후 직접 닦아낸다.
④ 장염의 원인이 되므로 청결을 유지한다.
⑤ 회음부나 음경을 닦을 때는 알코올 솜을 사용한다.

> ② 감염되지 않도록 앞쪽에서 뒤쪽으로 닦아낸다.
> ③ 손을 소독한 후 일회용 장갑을 착용한다.
> ④ 방광염, 요로감염의 원인이 되므로 청결을 유지한다.
> ⑤ 회음부나 음경을 닦을 때는 전용수건, 거즈를 사용한다.

13 세수 돕기의 원칙으로 옳은 것은?

① 눈곱은 눈곱이 있는 쪽부터 닦는다.
② 귀지를 제거하고 귓바퀴도 따뜻한 물수건으로 닦는다.
③ 밖으로 나온 코털은 이비인후과에서 제거한다.
④ 귀의 뒷면-귓바퀴-목의 순서로 닦는다.
⑤ 안경을 사용하는 경우 비누로 잘 닦아준다.

> ① 눈곱은 눈곱이 없는 쪽부터 닦는다.
> ② 귀 입구의 귀지를 제거한다. 귀지의 제거는 의료기관에서 한다.
> ③ 밖으로 나온 코털은 요양보호사가 제거해도 된다.
> ⑤ 안경을 사용하는 경우 안경 닦는 천이나 물로 닦아준다.

14 스스로 세수를 할 수 없는 경우 세수 돕기의 방법으로 옳은 것은?

① 얼굴을 깨끗이 씻어주어 혈액순환을 촉진한다.
② 눈의 바깥쪽에서 안으로 닦는다.
③ 이마를 먼저 닦은 후, 입 주위를 닦는다.
④ 습기를 유지하도록 약간 젖은 수건으로 얼굴을 닦는다.
⑤ 알코올을 발라 피부를 부드럽게 한다.

> ② 눈의 안쪽에서 바깥쪽으로 닦는다.
> ③ 입 주위를 닦고, 이마를 머리쪽으로 쓸어 올리며 닦는다.

정답 12 ① 13 ④ 14 ①

④ 마른수건으로 얼굴의 물기를 제거한다.
⑤ 피부유연제를 발라 피부를 부드럽게 한다.

15 면도 돕기의 방법으로 옳은 것은?

① 면도 전 차가운 물수건을 덮어 건조함을 완화한다.
② 상처가 있다면 밴드를 붙인 후 면도한다.
③ 충전식 전기면도기를 사용한다.
④ 면도날은 피부와 90°각도를 유지하며 한다.
⑤ 알코올을 충분히 바른다.

○ ① 면도 전 따뜻한 물수건을 덮어 건조함을 완화한다.
② 상처가 있다면 건드리지 않도록 주의한다.
④ 면도날은 피부와 45°각도를 유지하며 한다.
⑤ 폼클렌징의 거품을 충분히 내서 바른다.

16 목욕 돕기의 원칙으로 옳은 것은?

① 목욕물은 60℃ 내외로 한다.
② 식사를 하고 목욕을 한다.
③ 목욕 전 소변, 대변을 보게하고 대상자의 몸 상태를 확인한다.
④ 대상자의 안전을 위해 요양보호사가 다 해준다.
⑤ 목욕은 한 시간 정도 하는 것이 좋다.

○ ① 목욕물은 40℃ 내외로 한다.
② 식사 직전·직후에는 하지 않는다.
④ 대상자가 할 수 있는 부분은 스스로 하게 한다.
⑤ 20~30분 내로 목욕을 마친다.

17 대상자들이 목욕을 거부할 때는 어떻게 하는 것이 좋은가?

① 평소 좋아하는 화제로 돌려 목욕을 유도한다.
② 강제로 옷을 벗긴다.
③ 다음에 시키기 위해 이번에는 그냥 둔다.
④ 같이 목욕을 하자고 한다.
⑤ 목욕을 하지 않으면 병에 걸린다고 말한다.

정답 14 ③ 16 ③ 17 ①

○ 평소 좋아하는 화제(세탁, 걸레 빨기, 손 씻기 등)로 돌려 목욕을 유도한다.

18 목욕 돕기 중 안전사고를 예방하기 위한 방법으로 옳은 것은?

① 슬리퍼를 준비한다.
② 피부유연제를 전신에 바른다.
③ 목욕 전 대·소변을 보게한다.
④ 평소에 먹는 약을 복용한다.
⑤ 욕조에 손잡이를 붙이거나 미끄럼방지매트를 깐다.

19 몸씻기 도움에 관한 내용으로 적절하지 않은 것은?

① 욕실 온도는 22~26℃를 유지한다.
② 물 온도는 약 35℃를 기준으로 한다.
③ 귀에 물이 들어가지 않도록 머리를 뒤로 젖힌다.
④ 미끄러지지 않게 물기를 완전히 다 닦은 후 움직인다.
⑤ 목욕의자에 앉아 발 → 다리 → 팔 → 몸통 순으로 물을 적신다.

○ 편안하고 안정된 상태로 목욕의자에 앉아 가능한 앞쪽으로 머리를 숙이게 하며, 머리를 앞으로 숙이기 힘든 경우 샤워 캡을 씌우고, 귀에 물이 들어가지 않도록 귀마개 등으로 막는다.

20 침상 목욕 시 세안 순서로 옳은 것은?

① 목 → 입 주위 → 귀 → 눈 → 코 → 뺨 → 이마
② 입 주위 → 눈 → 목 → 코 → 뺨 → 이마 → 귀
③ 목 → 귀 → 눈 → 코 → 입 주위 → 뺨 → 이마
④ 눈 → 코 → 뺨 → 입 주위 → 이마 → 귀 → 목
⑤ 입 주위 → 코 → 뺨 → 이마 → 귀 → 눈 → 목

○ 침상 목욕 시 세안 순서
눈 → 코 → 뺨 → 입 주위 → 이마 → 귀 → 목

정답 18 ⑤ 19 ③ 20 ④

21 침상 목욕의 방법으로 옳은 것은?

① 얼굴은 반드시 비누로 닦아야 한다.
② 눈은 바깥쪽에서 안쪽으로 닦는다.
③ 복부는 배꼽을 중심으로 반시계방향으로 닦는다.
④ 등과 둔부는 엎드리게 하여 닦는다.
⑤ 회음부는 씻을 부위 이외는 가려 준다.

○ ① 얼굴은 비누를 사용하지 않는다.
　② 눈은 안쪽에서 바깥쪽으로 닦는다.
　③ 복부는 배꼽을 중심으로 시계방향으로 닦는다.
　④ 등과 둔부는 옆으로 눕게 하여 닦는다.

22 침상 목욕의 방법 중 닦는 방법으로 맞지 않는 것은?

① 유방은 아래 위로 닦는다.
② 복부는 배꼽을 중심으로 시계방향으로 닦는다.
③ 팔은 손목 쪽에서 팔쪽으로 닦는다.
④ 다리는 발끝에서 허벅지 쪽으로 닦는다.
⑤ 등과 둔부는 목 뒤에서 둔부까지 닦는다.

○ 유방은 원을 그리듯이 닦는다.

23 침상 청결 등 쾌적한 환경 만들기의 방법으로 옳은 것은?

① 침구는 비닐 제품이 가장 좋다.
② 침구는 세탁하고 그늘에 말려야 한다.
③ 더러워진 시트는 즉시 교환한다.
④ 쾌적한 습도는 20~30%이다.
⑤ 방과 복도의 온도는 같게, 화장실의 온도는 낮게 한다.

○ ① 침구는 부드럽고 땀 흡수가 잘 되는 면제품이 좋다.
　② 침구는 정기적으로 세탁하고 햇볕에 말려야 한다.
　④ 쾌적한 습도는 40~60%이다. ㅍ⑤ 방과 복도, 화장실의 온도는 일정하게 유지한다.

정답 21 ⑤　22 ①　23 ③

24 쾌적한 환경 유지방법으로 맞게 짝지어진 것은?

① 습도 - 쾌적한 환경을 위해 40~60%를 유지한다.
② 채광 - 창문을 이용하여 직사광선을 조절한다.
③ 조명 - 화장실은 어둡게, 복도, 계단은 밝은 조명을 사용한다.
④ 실내구조 - 화장실의 문턱만 없앤다.
⑤ 실내구조 - 복도에 미끄럼 방지 매트를 설치한다.

○ ② 채광 - 스크린, 커튼을 이용하여 직사광선을 조절한다.
③ 조명 - 복도, 화장실, 계단은 밝은 조명을 사용한다.
④ 실내구조 - 현관, 화장실의 문턱은 없앤다.
⑤ 실내구조 - 복도 벽에 손잡이를 설치한다.

25 옷 갈아 입히기의 기본 원칙으로 옳은 것은?

① 빨기 편하고 보관하기 편한 옷을 입는다.
② 가볍고 신축성이 좋은 옷을 선택한다.
③ 상·하의가 분리되지만 벗기 불편한 옷을 선택한다.
④ 편마비가 있는 경우 벗을 때는 마비된 쪽부터 벗는다.
⑤ 장애가 있는 경우 건강한 쪽부터 입는다.

○ ① 계절과 개인의 취향을 고려하여 입는다.
③ 상·하의가 분리되어 입고 벗기 편한 옷을 선택한다.
④ 편마비가 있는 경우 벗을 때는 건강한 쪽부터 벗는다.
⑤ 장애가 있는 경우 불편한 쪽부터 입는다.

26 편마비 대상자에게 옷을 입고 벗기는 방법으로 맞지 않는 것은?

① 건강한 쪽 팔은 스스로 넣을 수 있도록 도와준다.
② 상의는 마비된 쪽부터 벗긴다.
③ 상의는 마비된 쪽부터 입힌다.
④ 하의는 건강한 쪽을 먼저 벗긴다.
⑤ 하의는 마비된 쪽을 먼저 입힌다.

○ 상의를 벗길 때는 건강한 쪽을 먼저 벗긴다.

정답 24 ① 25 ② 26 ②

27 체위 변경이 필요한 왼쪽 편마비 대상자의 상의를 갈아입히는 방법으로 옳은 것은?

① 옷을 벗길 때는 왼쪽부터 벗긴다.
② 먼저 오른쪽 팔꿈치를 구부려 머리방향으로 올리게 한다.
③ 옷을 입힐 때는 오른쪽부터 입힌다.
④ 통풍을 위해 신체노출을 많이 하면서 갈아입힌다.
⑤ 양팔을 잡고 옷을 벗긴다.

○ 옷을 벗길 때는 건강한 쪽부터, 입힐 때는 마비된 쪽부터 입힌다.

28 하의를 갈아 입히는 방법으로 맞지 않는 것은?

① 편마비 대상자는 벗길 때는 건강한 쪽부터 벗긴다.
② 편마비 대상자는 입힐 때는 마비된 쪽부터 입힌다.
③ 침대에 누워 있어도 엉덩이를 들 수 있으면 엉덩이를 들게 한다.
④ 엉덩이를 들 수 없다면 좌우로 체위를 변경하며 한쪽씩 바지를 내린다.
⑤ 편마비 대상자는 마비된 쪽 다리를 들게 하여 바지를 입힌다.

○ 마비된 쪽 다리는 들 수 없다.

29 대상자의 옷을 갈아입힐 때 주의 사항으로 맞지 않은 것은?

① 하의를 갈아입힐 때는 다리를 들게 하여 바지를 입힌다.
② 편마비 대상자의 경우 마비된 쪽 팔은 잡아당기지 않는다.
③ 의자에서 미끄러지지 않도록 주시한다.
④ 의자에 앉아있을 경우 앞으로 고꾸라지지 않도록 주의한다.
⑤ 앞이 막힌 상의는 마비된 쪽 어깨 → 팔꿈치 → 손목 순으로 벗긴다.

○ 하의를 갈아입힐 때는 엉덩이를 들게 하여 바지를 입힌다.

정답 27 ② 28 ⑤ 29 ①

04 _ 체위변경과 이동

01 신체정렬의 방법으로 옳은 것은?

① 요양보호사의 허벅지와 허리 정도 높이로 몸을 가까이 한다.
② 발을 오므리고 한 발은 약간 앞에 놓는다.
③ 양다리에 체중을 지지한 후 중심을 높여 골반을 안정시킨다.
④ 대상자 이동 시 다리와 몸통의 근육을 이용하여 척추의 안정성을 유지한다.
⑤ 한 번에 힘을 써서 옮기고 휴식을 취한다.

> ① 요양보호사의 허리와 가슴 사이 높이로 몸을 가까이 한다.
> ② 발을 적당히 벌리고 한 발은 약간 앞에 놓는다.
> ③ 양다리에 체중을 지지한 후 중심을 낮게하여 골반을 안정시킨다.
> ⑤ 갑작스러운 동작을 피하고 휴식을 취한다.

02 침대 위에서 이동할 때 주의할 점은?

① 대상자가 스스로 할 수 있어도 안전을 위해 요양보호사가 해야 한다.
② 이동 후 식욕저하, 수면장애 등이 있는지 확인한다.
③ 하나 둘 셋, 구령을 붙이고 한 번에 이동한다.
④ 침대 위에서 일으켜 세울 때는 대상자의 뒤쪽에서 한다.
⑤ 대상자를 끌어당길 경우 피부손상과 통증에 주의한다.

> ① 대상자가 스스로 할 수 있는 것은 협조하게 한다.
> ② 이동 후 안면창백, 오심, 구토 등이 있는지 확인한다.
> ③ 조금씩 나누어서 이동한다.
> ④ 침대 위에서 일으켜 세울 때는 대상자의 앞쪽에서 한다.

03 두 사람이 대상자를 휠체어서 침대로 이동하는 방법으로 맞지 않은 것은?

① 대상자에게 휠체어에서 침상으로 이동하는 동작에 대해 설명한다.
② 휠체어를 침대와 평행하게 붙인 후 잠금장치를 잠근다.
③ 한 사람은 뒤에서 다른 한 사람은 앞에서 지원한다.
④ 키가 크고 힘센 사람이 대상자 다리 바깥쪽에 서고 다른 한 사람은 대상자 뒤쪽에 선다.
⑤ 하나, 둘, 셋의 구령과 함께 들어 올린다.

정답 01 ④ 02 ⑤ 03 ④

○ • 키가 크고 힘센 사람이 대상자 뒤쪽에 서고 다른 한 사람은 대상자 다리 바깥쪽에 선다.
• 뒤쪽에 있는 사람이 대상자의 겨드랑이 아래로 팔을 집어넣어 대상자의 팔을 안쪽에서 바깥쪽으로 붙들고, 다른 쪽에 있는 사람은 한 손을 대상자의 종아리 아래에, 다른 한 손은 대퇴 아래에 집어넣어 올바른 신체정렬을 한다.

04 침대머리 쪽으로 이동할 경우의 방법으로 옳은 것은?

① 침대 매트를 높이고 베개를 발쪽으로 옮긴다.
② 협조가 가능하면 양팔을 모으게 한다.
③ 대상자가 협조할 수 없다면 두 사람에서 이동한다.
④ 침대 커버와 옷은 대상자가 정리하게 한다.
⑤ 이동하면서 침대의 위치가 이동했는지 확인한다.

○ ① 침대 매트를 수평으로 하고 베개를 머리쪽으로 옮긴다.
② 협조가 가능하면 침대 머리쪽 난간을 잡게한다.
④ 침대 커버와 옷이 구겨져 있다면 편다.
⑤ 이동하면서 찰과상이나 팔의 위치가 제대로인지 확인한다.

05 침상 목욕, 머리 감기기 등을 위해 침대 가장자리로 이동할 때도 적용할 수 있는 이동 방법은?

① 침대머리 쪽으로 이동하기　② 침대 오른쪽 또는 왼쪽으로 이동하기
③ 옆으로 눕히기　④ 일어나기
⑤ 일으켜 세우기

○ 오랜 시간 누워 있는 대상자가 침대의 한쪽으로 쏠려있을 때 침대 중앙으로 이동하는 체위이다.

06 다음은 무엇에 관한 설명인가?

• 상반신과 하반신을 나누어 이동한다.
• 하반신은 허리와 엉덩이 밑에 손을 넣어 이동한다.
• 상반신은 목에서 겨드랑이를 받치고 다른 손은 허리 아래 넣어서 이동한다.
• 침상목욕, 머리감기 등에도 사용할 수 있다.

정답　04 ③　05 ②　06 ③

① 침대머리 쪽으로 이동하기
② 옆으로 눕히기
③ 침대 오른쪽 또는 왼쪽으로 이동하기
④ 일어나 앉기
⑤ 침대에서 내려오기

○ 침상목욕, 머리감기 등에도 사용할 수 있는 이동은 침대 오른쪽 또는 왼쪽으로 이동하기이다.

07 **휠체어의 이용방법에 관한 내용으로 적절하지 않은 것은?**

① 침상에 붙일 때는 건강한 쪽으로 휠체어를 붙인다.
② 휠체어에서 내릴 때는 발 바퀴를 풀어 놓는다.
③ 휠체어에서 바닥으로 이동 시 대상자가 이동하는 동안 상체를 지지해준다.
④ 바닥에서 일어설 때는 휠체어를 대상자의 건강한 쪽에 놓는다.
⑤ 대상자를 자동차로 이동 시 안정된 자세를 취할 수 있도록 공간을 확보한다.

○ 휠체어에서 내릴 때는 발 바퀴를 고정한다.

08 **침대에 있는 대상자를 이동할 때 주의할 점으로 맞지 않은 것은?**

① 조금씩 나누어 이동한다.
② 끌어당길 경우 피부 손상이나 통증에 유의하며 조금씩 들어서 이동한다.
③ 체위변경은 대상자의 뒤쪽에서 시도한다.
④ 돌려 눕힐 때는 돌려 눕히려고 하는 쪽에 선다.
⑤ 필요하면 베개를 등과 필요한 부위에 받쳐준다.

○ 체위변경은 대상자의 앞쪽에서 시도한다.

09 **침대에서의 자세에 관한 설명으로 적절하지 않은 것은?**

① 엎드린 자세는 등에 상처가 있거나 등 근육을 쉬게 해줄 때의 자세이다.
② 옆으로 누운 자세(측위)는 둔부의 압력을 피하거나 관장할 때의 자세이다.
③ 반 앉은 자세(반좌위)는 숨차거나 얼굴을 씻을 때의 자세이다.
④ 옆으로 누운 자세는 식사 시나 위관 영양을 할 때 자세이다.
⑤ 앉은 자세는 일반적인 식사 시의 자세이다.

- 반 앉은 자세(반좌위) : 숨차거나 얼굴을 씻을 때, 식사 시나 위관 영양을 할 때 자세
- 옆으로 누운 자세(측위) : 둔부의 압력을 피하거나 관장할 때 자세

10 침대에서 옆으로 돌려 눕히기의 방법으로 옳은 것은?

① 돌려 눕히려고 하는 반대방향에 선다.
② 돌려 눕히려고 하는 쪽으로 엉덩이를 돌린다.
③ 반대쪽 어깨와 엉덩이에 손을 대고, 옆으로 돌려 눕힌다.
④ 스스로 돌아누울 수 있어도 안전을 위해 요양보호사가 한다.
⑤ 대상자를 움직일 때 대상자의 뒤에서 수행한다.

○ ① 돌려 눕히려고 하는 방향에 선다.
② 돌려 눕히려고 하는 쪽으로 머리를 돌린다.
④ 스스로 돌아누울 수 있는 대상자는 스스로 하게한다.
⑤ 대상자를 움직일 때 대상자의 앞에서 수행한다.

11 편마비 대상자의 침대에서 일어나 앉기방법으로 맞지 않은 것은?

① 대상자의 마비된 쪽에 선다.
② 마비된 손을 가슴 위에 올려 놓는다.
③ 양쪽 무릎을 굽혀 세운 후 어깨와 엉덩이 또는 넙다리를 지지하여 요양보호사 쪽으로 돌려 눕힌다.
④ 요양보호사의 팔을 대상자의 목 밑 깊숙이 넣어 손바닥과 등으로 어깨를 지지한다.
⑤ 일으켜 앉힌 후 건강한 손으로 짚고 일어나게 한다.

○ ① 요양보호사는 편마비 대상자의 건강한 쪽에 선다.

12 침대에 걸터 앉는 방법으로 옳은 것은?

① 앉히고자 하는 반대 쪽에서 대상자를 향하여 선다.
② 두 다리를 모아 무릎을 세운다.
③ 대상자를 똑바로 눕히고 양손을 가슴에 올려 놓는다.
④ 돌려 눕히려는 반대 쪽으로 머리를 돌린다.
⑤ 신체정렬을 유지한 상태에서 어깨쪽 팔에 힘을 주어 일으킨다.

정답 10 ③ 11 ① 12 ⑤

○ **침대에 걸터앉기**
대상자에게 설명한다. → 앉히고자 하는 쪽에서 대상자를 향하여 선다. → 대상자 가까이 서서 돌려 눕히는 방법에 따라 돌려 눕힌다. → 대상자의 목 밑으로 팔을 깊숙이 넣고 다른 한 손은 다리를 지지한다. → 신체정렬을 유지한 상태에서 어깨쪽 팔에 힘을 주어 일으켜 앉힌다.

13 일으켜 세우는 방법으로 옳은 것은?

① 대상자는 침대에 걸터앉아 발을 무릎보다 바깥쪽으로 옮겨준다.
② 양손은 겨드랑이를 잡고 대상자의 상체를 뒤로 밀면서 일으켜 세운다.
③ 대상자가 무릎을 펴고 설 때까지 잡아준다.
④ 옆에서 보조할 경우 마비된 쪽 가까이 서서 도와준다.
⑤ 대상자가 일어서면 가슴에 있던 손을 대퇴부 부위로 옮겨 안정되게 한다.

○ ① 대상자는 침대에 걸터앉아 발을 무릎보다 안쪽으로 옮겨준다.
② 양손은 허리를 잡고 대상자의 상체를 앞으로 숙이며 일으켜 세운다.
③ 대상자가 무릎을 펴고 서면 균형을 잡을 때까지 잡아준다.
⑤ 대상자가 일어서면 대퇴부에 있던 손을 가슴부위로 옮겨 안정되게 한다.

14 침대에서 체위변경 시 주의해야 할 점은?

① 대상자의 몸을 잡고 변경 시 관절 윗 부분을 지지한다.
② 체위에 따라 들어간 부분이나 다리 사이를 베개나 수건으로 지지한다.
③ 4시간 마다 체위를 변경한다.
④ 베개나 타월을 사용하면 장시간 체위변경을 하지 않아도 된다.
⑤ 욕창이 발생한 경우 3시간 간격으로 체위를 변경한다.

○ ① 대상자의 몸을 잡고 변경 시 관절 밑 부분을 지지한다.
③ 2시간 마다 체위를 변경한다.
④ 베개나 타월의 장시간 사용은 구축이 발생할 수 있으므로 주의해야한다.
⑤ 욕창이 발생한 경우 2시간 보다 더 자주 변경한다.

15 침대에서의 체위에 관한 설명으로 맞게 짝지어진 것은?

① 바로 누운 자세 : 등에 상처가 있거나 등의 근육을 쉬게 할 때
② 반 앉은 자세 : 숨차거나 얼굴을 씻을 때, 위관 영양 시

정답 13 ④ 14 ② 15 ②

③ 엎드린 자세 : 둔부의 압력을 피하거나 관장할 때
④ 옆으로 누운 자세 : 휴식하거나 잠을 잘 때 자세
⑤ 앉은 자세 : 관장을 하거나 세수를 할 때

○ ① 바로 누운 자세 : 휴식하거나 잠을 잘 때 자세
　③ 엎드린 자세 : 등에 상처가 있거나 등의 근육을 쉬게 할 때
　④ 옆으로 누운 자세 : 둔부의 압력을 피하거나 관장할 때

16 반 앉은 자세(반좌위)의 체위 설명으로 맞지 않는 것은?

① 천장을 보며 누운자세로 침상머리를 45° 올린 자세이다.
② 등 뒤에 베개를 두세 개 사용하여 A자 형태로 자세를 유지한다.
③ 다리 쪽 침대를 살짝 올리면 미끄러져 내려가지 않는다.
④ 베개 하나를 사용하여 목과 어깨 밑을 받쳐 준다.
⑤ 머리, 몸통, 엉덩이가 바르게 정렬한 상태로 옆으로 누운 것이다.

○ ⑤는 옆으로 누운 자세(측위)에 관한 설명이다.

17 관장을 하거나 둔부의 압력을 피할 때 취하는 자세로 옳은 것은?

① 바로 누운 자세　　② 반 앉은 자세　　③ 엎드린 자세
④ 옆으로 누운 자세　⑤ 앉은 자세

○ ① 바로 누운 자세 : 휴식하거나 잠을 잘 때 자세
　② 반 앉은 자세 : 숨차거나 얼굴을 씻을 때, 위관 영양 시
　③ 엎드린 자세 : 등에 상처가 있거나 등의 근육을 쉬게 할 때

18 휠체어를 펴는 방법으로 순서대로 맞게 연결된 것은?

| ㉮ 시트를 눌러 편다. | ㉯ 팔걸이를 펼친다. |
| ㉰ 잠금장치를 잠근다. | ㉱ 발 받침대를 내린다. |

① ㉮ → ㉯ → ㉰ → ㉱　　② ㉰ → ㉯ → ㉮ → ㉱
③ ㉰ → ㉱ → ㉮ → ㉯　　④ ㉯ → ㉰ → ㉮ → ㉱
⑤ ㉰ → ㉱ → ㉯ → ㉮

정답　16 ⑤　17 ④　18 ②

19 휠체어를 뒤쪽으로 기울이고 앞바퀴를 들어 앞으로 이동해야 하는 상황은?

① 문턱(도로 턱) 내려갈 때
② 오르막길을 갈 때
③ 내리막길을 갈 때
④ 엘리베이터를 탈 때
⑤ 문턱(도로 턱) 오를 때

○ 문턱을 오를 때는 양팔에 힘을 주고 휠체어 뒤를 조심스럽게 누르고 앞바퀴를 들어 문턱을 오른다.

20 다음 중 엘리베이터를 타고 내릴 때 옳은 방법은?

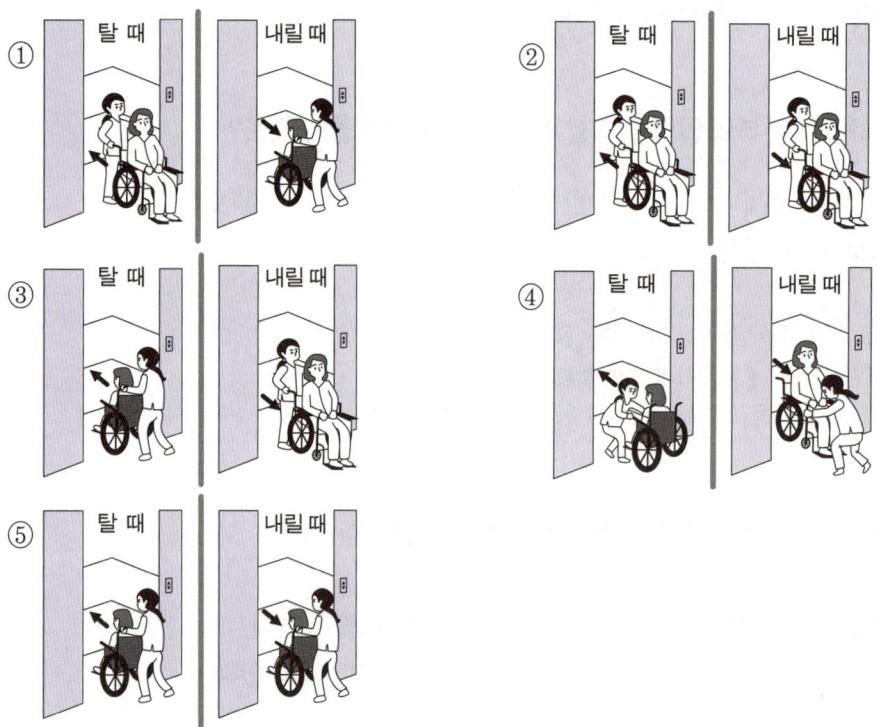

○ 엘리베이터를 탈 때는 뒤로 들어가고, 내릴 때는 앞으로 향하고 내린다.

정답 19 ② 20 ②

21 다음 그림은 어디서에 이동하는 방법인가?

① 내리막길을 내려갈 때
② 오르막길을 올라갈 때
③ 울퉁불퉁한 길을 갈 때
④ 엘리베이터를 탈 때
⑤ 평지를 빠르게 이동할 때

○ 울퉁불퉁한 길을 갈 때는 휠체어 앞바퀴를 들어 올려 뒤로 젖힌 상태에서 이동한다.

22 휠체어로 문턱(도로 턱)을 내려가는 방법으로 옳은 것은?

① 양팔에 힘을 주고 휠체어 뒤를 발로 살짝 눌러 뒤쪽으로 기울이고 앞바퀴를 든다.
② 휠체어를 뒤로 돌려 뒷걸음질로 뒷바퀴를 내린 후 앞바퀴를 내린다.
③ 자세를 낮추고 다리에 힘을 주어 밀고 올라간다.
④ 휠체어를 뒤로 돌려 뒷걸음으로 뒤를 돌아보며 간다.
⑤ 휠체어 앞바퀴를 살짝 들어올려 대상자가 진동을 느끼지 않게 이동한다.

○ ① 양팔에 힘을 주고 휠체어 뒤를 발로 살짝 눌러 뒤쪽으로 기울이고 앞바퀴를 들어 턱을 오른다 : 문턱(도로 턱) 오를 때
③ 자세를 낮추고 다리에 힘을 주어 밀고 올라간다 : 오르막길을 갈 때
④ 휠체어를 뒤로 돌려 뒷걸음으로 뒤를 돌아보며 가고자 하는 방향을 살피며 지그재그로 내려간다 : 내리막길을 갈 때
⑤ 휠체어 앞바퀴를 살짝 들어올려 대상자가 진동을 느끼지 않게 이동한다 : 울퉁불퉁한 길

23 대상자의 체중이 많이 나가서 지그재그로 밀어야 하는 곳은?

① 문턱(도로 턱) 내릴 때
② 오르막길을 갈 때
③ 엘리베이터를 탈 때
④ 울퉁불퉁한 길을 갈 때
⑤ 문턱(도로 턱) 오를 때

○ 오르막길은 가급적 자세를 낮추고 다리에 힘을 주어 밀고 올라간다.

정답 21 ③ 22 ② 23 ②

24 휠체어 앞바퀴를 들어 올려 진동을 최소화해야 하는 경우는?

① 문턱(도로 턱) 내릴 때　　② 엘리베이터를 탈 때
③ 오르막길을 갈 때　　　　④ 문턱(도로 턱) 오를 때
⑤ 울퉁불퉁한 길을 갈 때

○ 크기가 작은 앞바퀴가 지면에 닿으면 진동이 많이 느껴지기 때문에 앞바퀴를 들어 올려야 한다.

25 엘리베이터를 타고 내릴 때의 방법으로 옳은 것은?

① 탈 때는 뒷걸음질로, 내릴 때는 앞으로 향한다.
② 타고 내릴 때 지그재그로 이동한다.
③ 타고 내릴 때 앞 바퀴를 들고 이동한다.
④ 타고 내릴 때 뒷걸음질로 한다.
⑤ 타고 내릴 때 힘껏 밀면서 이동한다.

26 침대에서 휠체어로 옮기는 방법으로 옳은 것은?

① 건강한 쪽을 침대난간에 30~45°로 붙인 후 잠금장치를 잠근다.
② 양발이 휠체어의 뒤쪽 바닥을 지지하게 한다.
③ 요양보호사 무릎으로 건강한 쪽 무릎을 지지한다.
④ 건강한 손으로 요양보호사를 잡게한다.
⑤ 허리 밑으로 손을 넣어 의자 깊숙이 앉힌다.

○ ② 양발이 휠체어의 앞쪽 바닥을 지지하게 한다.
　③ 요양보호사 무릎으로 마비 측 무릎을 지지한다.
　④ 건강한 손으로 휠체어 팔걸이를 잡게 한다.
　⑤ 겨드랑이 밑으로 손을 넣어 의자 깊숙이 앉힌다.

27 휠체어에서 침대로 옮길 때 건강한 쪽을 침대 쪽으로 하는 이유로 옳은 것은?

① 심리적인 안정감을 주기 위해서
② 마비측이 침대 쪽으로 향하다 넘어지면 부상을 입을 수 있어서
③ 휠체어를 손으로 잡을 수 있으므로

정답　24 ⑤　25 ①　26 ①　27 ②

④ 건강한 쪽이 침대 쪽으로 향하다 넘어지면 부상을 입을 수 있어서
⑤ 요양보호사가 말하는 것을 잘 듣기 위해

○ 휠체어에서 침대로 이동할 때 마비 측이 침대 쪽으로 향하면 넘어져 부상을 입을 수 있으며, 침대로 올라가는 것이 힘들어진다.

28 오른쪽 편마비 대상자를 침대로 이동 시 휠체어의 위치로 옳은 것은?

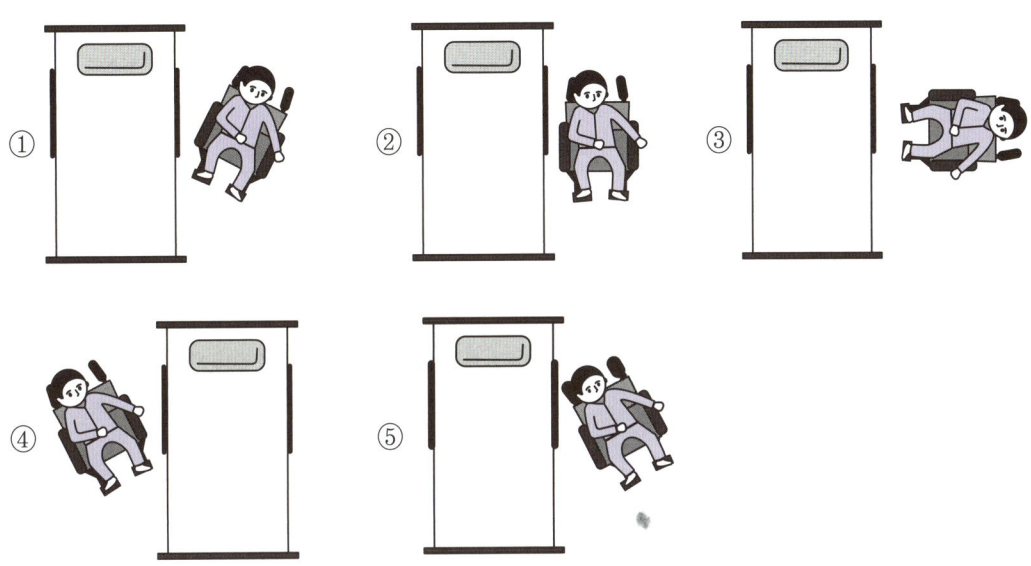

○ 대상자의 건강한 쪽이 침대와 30~45° 되도록 휠체어를 위치한다.

29 편마비 대상자를 바닥에서 휠체어로 옮기는 방법으로 옳은 것은?

① 대상자 가까이 휠체어를 이동한 후 잠금장치를 푼다.
② 바닥을 무릎을 대고 한 손으로 요양보호사를 잡게한다.
③ 대상자의 엉덩이를 바닥에 지지한 상태로 무릎을 꿇고 엉덩이를 든다.
④ 한손으로 어깨를 잡아주고 다른 손으로 엉덩이를 지지한다.
⑤ 건강한 쪽 무릎을 세워 일어나도록 한 후 휠체어에 앉힌다.

○ ① 대상자 가까이 휠체어를 이동한 후 잠금장치를 잠근다.
  ② 바닥을 무릎을 대고 한 손으로 휠체어를 잡게한다.
  ③ 대상자의 양쪽 무릎을 바닥에 지지한 상태로 무릎을 꿇고 엉덩이를 든다.
  ④ 한손으로 허리를 잡아주고 다른 손으로 어깨를 지지한다.

정답 28 ④ 29 ⑤

30 휠체어를 사용하는 오른쪽 편마비 대상자의 이동방법으로 옳은 것은?

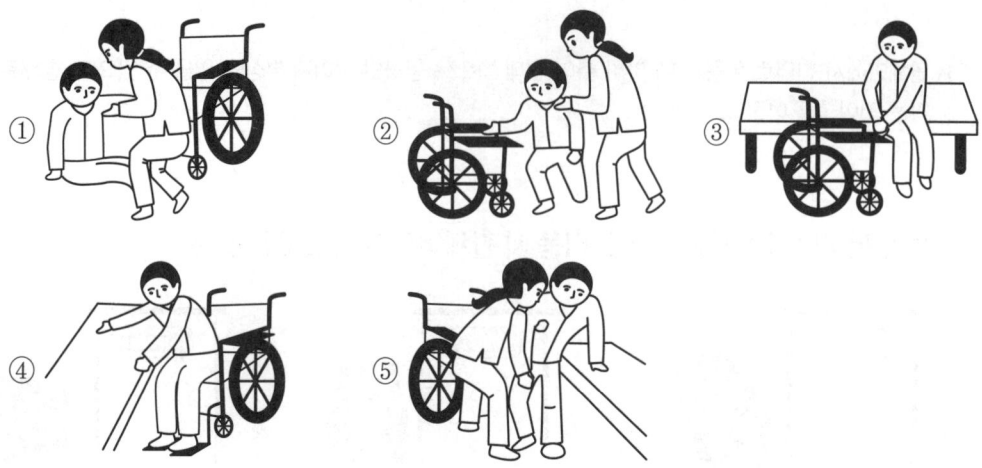

○ 건강한 손(왼쪽)으로 침대를 짚게 하고 마비된 쪽(오른쪽)을 부축한다.

31 왼쪽 편마비 대상자를 바닥에서 휠체어로 이동할 때 휠체어의 위치로 옳은 것은?

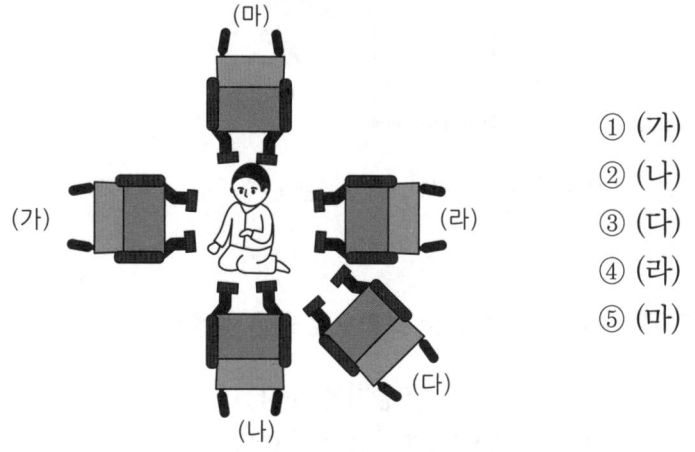

① (가)
② (나)
③ (다)
④ (라)
⑤ (마)

32 편마비 대상자를 휠체어에서 바닥으로 옮기는 방법으로 옳은 것은?

① 휠체어의 잠금 장치를 풀어 놓는다.
② 발 받침대를 내린 후 발을 올려 놓는다.
③ 요양보호사는 대상자의 건강한 측에서 어깨와 몸통을 지지한다.
④ 건강한 손으로 바닥을 짚고 마비된 다리에 힘을 주어 바닥에 앉는다.
⑤ 요양보호사는 상체를 지지해 준다.

정답 30 ⑤ 31 ① 32 ⑤

- ① 휠체어의 잠금 장치를 잠근다.
- ② 발 받침대를 올린 후 발을 바닥에 내려놓는다.
- ③ 요양보호사는 대상자의 마비 측에서 어깨와 몸통을 지지한다.
- ④ 건강한 손으로 바닥을 짚고 건강한 다리에 힘을 주어 바닥에 앉는다.

33 사지마비 대상자를 침대에서 침대로 이동할 때의 방법으로 옳은 것은?

① 힘센 사람이 대상자 뒤쪽에서 겨드랑이에 양쪽 겨드랑이에 팔을 넣는다.
② 한 명은 대상자의 머리와 어깨를 지지한다.
③ 한 명은 대상자의 어깨와 허리를 지지한다.
④ 힘센 사람이 대상자 허리쪽에서 허리와 종아리를 지지한다.
⑤ 힘센 사람이 대상자 앞쪽에서 겨드랑이에 양쪽 겨드랑이에 팔을 넣는다.

- ① 휠체어를 침대와 평행하게 붙인 후 잠금장치를 잠근다.
- ② 힘센 사람이 대상자 뒤쪽에서 겨드랑이에 양쪽 겨드랑이에 팔을 넣는다.
- ③ 다른 사람은 대상자 다리 바깥쪽에서 한 손은 대상자의 종아리 아래, 다른 손은 넙다리에 넣는다.
- ④ 하나, 둘, 셋의 구령과 함께 들어 올린다.

34 대상자를 옮길 때 주의사항으로 옳은 것은?

① 빠르게 이동하고 보조 후 적절한 휴식을 취한다.
② 대상자와 보호사 둘 다 심혈관계 손상을 주의한다.
③ 어느 정도까지 도움이 필요한지 파악한다.
④ 대상자의 몸집과 몸무게 등은 고려 사항이 아니다.
⑤ 대상자를 옮길 때 병적 상태는 무시한다.

- ① 갑작스러운 동작은 피하고 보조 후 적절한 휴식을 취한다.
- ② 대상자와 보호사 둘 다 근골격계 손상을 주의한다.
- ④ 대상자의 몸집과 몸무게 움직일 수 있는 능력, 이해력 등을 고려한다.
- ⑤ 대상자를 옮길 때 병적 상태에 미치는 영향을 고려한다.

정답 33 ① 34 ③

35 휠체어에서 자동차로 옮길 때의 방법으로 옳은 것은?

① 자동차의 뒷문을 열고 휠체어의 잠금장치를 푼다.
② 발판을 올리고 대상자의 건강한 쪽 발이 바닥을 지지하게 한다.
③ 요양보호사의 무릎으로 마비 측 무릎을 잘 지지하고 건강한 손으로 자동차 손잡이를 잡게한다.
④ 휠체어에서 일으켜 세워 무릎부터 자동차시트에 앉힌다.
⑤ 대상자의 상체를 좌우로 이동시켜 깊숙이 앉게한다.

> ① 자동차의 뒷문을 열고 휠체어를 평행하게 놓은 후 잠금장치를 고정한다.
> ② 발판을 접고 대상자의 양쪽 발이 바닥에 지지하도록 한다.
> ④ 휠체어에서 일으켜 세워 엉덩이부터 자동차시트에 앉힌다.
> ⑤ 대상자의 엉덩이를 좌우로 이동시켜 깊숙이 앉게한다.

36 자동차에서 휠체어로 옮기는 방법으로 옳은 것은?

① 휠체어를 자동차와 30°되게 놓는다.
② 안전벨트를 풀고 한쪽 팔로 대상자의 다리를 지지한다.
③ 상체부터 자동차 밖으로 내린다.
④ 양쪽 팔로 자동차 손잡이를 지지하게 한다.
⑤ 요양보호사 무릎으로 마비 측 무릎을 지지하며 일으켜 휠체어로 돌려 앉힌다.

> ① 휠체어를 자동차와 비스듬하거나 평행하게 놓는다.
> ② 안전벨트를 풀고 한쪽 팔로 대상자의 어깨를 지지한다.
> ③ 다리부터 자동차 밖으로 내린다.
> ④ 양쪽 발이 바닥을 지지하게 한다.

37 대상자 혼자서 의자나 손잡이 등을 한 손으로 잡고 3분 이상 서 있는 것은 무엇을 연습하기 위해서 인가?

① 보행벨트 사용
② 선 자세에서 균형잡기
③ 차량기다리기
④ 근력유지
⑤ 지팡이 사용

> 의자나 손잡이를 잡고 3분 이상 서 있도록 균형잡기 연습 후 가볍게 제자리 걸음을 하는 연습을 한다.

정답 35 ③ 36 ⑤ 37 ②

38 보행 돕기의 방법으로 옳은 것은?

① 보행 도구는 휴대성에 중점을 두고 선택한다.
② 가격에 중점을 두고 보행 돕기 기구를 구매한다.
③ 기구의 상태(지팡이 끝, 보행보조장치의 바퀴, 잠금 장치 등)를 확인한다.
④ 대상자의 기능이 정상인 쪽에서 돕는다.
⑤ 요양보호사의 안전에 우선을 두고 사용한다.

○ ①, ② 보행 도구는 신체기능, 사용공간에 맞는 것을 선택한다.
　④ 대상자의 기능이 불안정한 쪽에서 돕는다.
　⑤ 대상자의 안전에 우선을 두고 사용한다.

39 성인용 보행기(보행보조차)에 관한 내용으로 적절하지 않은 것은?

① 휴식 시에는 반드시 잠금장치를 잠가야 한다.
② 대상자의 보행이 불안정할 때는 도와주는 사람이 손에 닿는 위치에 있어야 한다.
③ 보행보조차는 잠시 앉을 곳이 필요한 대상자에게 적합하다.
④ 바퀴가 부착된 보행보조기는 잠금장치가 있어야 한다.
⑤ 보행보조차는 보행 능력이 현저히 부족한 대상자가 사용해야 한다.

○ 보행보조차는 어느 정도 균형감각과 보행 능력이 있는 대상자가 사용해야 한다.

40 보행기의 점검사항으로 옳은 것은?

① 보행기의 손잡이, 고무받침의 닳기 등을 확인한다.
② 접이식 보행기라면 접혀지는지 확인한다.
③ 대상자의 팔꿈치가 약 90°로 구부러지도록 둔부 높이로 조정한다.
④ 보행기 사용 시 많이 이동하도록 한다.
⑤ 가벼운 체중 이동시 미끄러질 수 있으므로 주의한다.

○ ② 접이식 보행기라면 잠김버튼이 제대로 되어 있는지 확인한다.
　③ 대상자의 팔꿈치가 약 30°로 구부러지도록 둔부 높이로 조정한다.
　④ 보행기 사용 시 조금씩 이동하도록 한다.
　⑤ 과도한 체중 이동시 미끄러질 수 있으므로 주의한다.

정답 38 ③ 39 ⑤ 40 ①

41 한쪽 다리만 약한 대상자의 보행기 사용법으로 맞지 않은 것은?

① 보행기를 앞으로 한 걸음 정도 옮긴다.
② 체중을 보행기에만 싣는다.
③ 미끄럼 방지 양말이나 신발을 신는다.
④ 보행기의 높이는 대상자의 팔꿈치가 약 30°로 구부러지는 위치에 둔다.
⑤ 나머지 발을 먼저 옮긴 발이 나간 지점까지 옮긴다.

○ 체중은 보행기와 약한 다리에 같이 싣는다.

42 다음 중 지팡이를 놓는 위치가 올바른 것은?

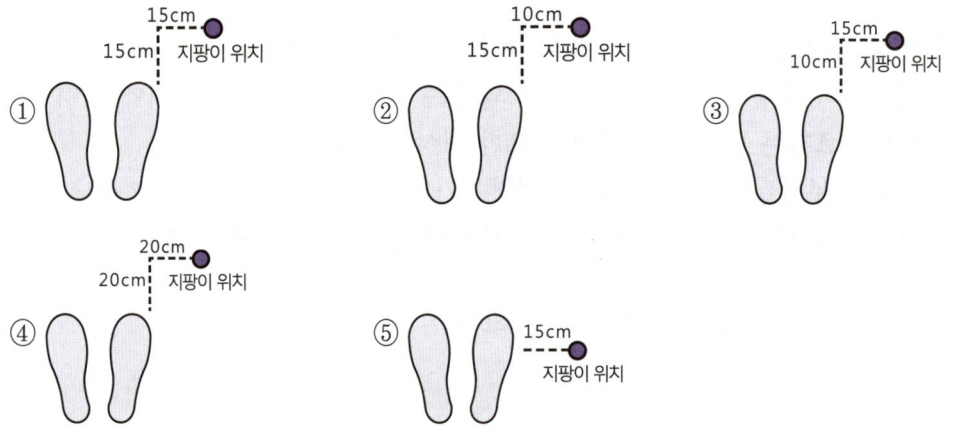

○ 대상자의 발끝 15cm에서 옆으로 15cm 지점에 지팡이 끝을 놓는다.

43 지팡이의 길이를 결정하는 방법은?

① 팔꿈치 각도 약 30°, 손잡이 둔부 높이
② 팔꿈치 각도 약 60°, 손잡이 둔부 높이
③ 팔꿈치 각도 약 10°, 손잡이 허리 높이
④ 팔꿈치 각도 약 30°, 손잡이 허리 높이
⑤ 팔꿈치 각도 약 60°, 손잡이 허리 높이

정답 41 ② 42 ① 43 ①

44 지팡이 이용 보행 돕기에 대한 설명으로 옳은 것은?

① 발끝 앞 10cm에서 옆 10cm 지점에 지팡이를 놓는다.
② 지팡이의 손잡이는 대상자의 종아리 높이 정도가 적당하다.
③ 지팡이의 손잡이는 신발을 신고 섰을 때 손끝 높이 정도가 적당하다.
④ 방향 전환 시 건강한 다리에 체중을 실어 방향을 바꾼다.
⑤ 방향 전환은 넘어지지 않게 빠르게 전환한다.

○ ① 발끝 앞 15cm에서 옆 15cm 지점에 지팡이를 놓는다.
② 지팡이의 손잡이는 대상자의 둔부 높이 정도가 적당하다.
③ 지팡이의 손잡이는 신발을 신고 섰을 때 손목 높이 정도가 적당하다.
⑤ 방향 전환은 넘어지지 않게 천천히 반원을 그리며 한다.

45 오른쪽 편마비 대상자가 지팡이를 짚고 계단을 오를 때 순서가 올바른 것은?

① 오른쪽 다리 → 지팡이 → 왼쪽 다리
② 지팡이 → 왼쪽 다리 → 오른쪽 다리
③ 지팡이 → 오른쪽 다리 → 왼쪽 다리
④ 오른쪽 다리 → 왼쪽 다리 → 지팡이
⑤ 왼쪽 다리 → 오른쪽 다리 → 지팡이

○ 지팡이 → 건강한 다리(왼쪽 다리) → 마비된 다리(오른쪽 다리)

46 왼쪽 다리가 마비된 사람이 계단을 내려갈 때 순서가 올바른 것은?

① 오른쪽 다리 → 왼쪽 다리 → 지팡이
② 왼쪽 다리 → 오른쪽 다리 → 지팡이
③ 오른쪽 다리 → 지팡이 → 왼쪽 다리
④ 지팡이 → 왼쪽 다리 → 오른쪽 다리
⑤ 지팡이 → 오른쪽 다리 → 왼쪽 다리

○ 지팡이 → 마비된 다리(왼쪽 다리) → 건강한 다리(오른쪽 다리)

정답 44 ④ 45 ② 46 ④

47 오른쪽 편마비 대상자가 지팡이 없이 계단을 내려갈 때의 방법으로 적절한 것은?

① 불편한 쪽 손으로 계단 손잡이를 잡는다.
② 요양보호사는 뒤에서 허리를 붙잡아서 내려간다.
③ 오른쪽 다리 → 왼쪽 다리 → 지팡이 순으로 이동한다.
④ 지팡이 → 왼쪽 다리 → 오른쪽 다리 순으로 이동한다.
⑤ 건강한 쪽 손으로 계단 손잡이를 잡는다.

- 건강한 쪽(왼쪽) 손으로 계단 손잡이를 잡는다.
- 불편한 쪽 다리(오른쪽)부터 아래로 내린 후 건강한 쪽 다리(왼쪽)를 내린다.

48 왼쪽 편마비 대상자가 지팡이를 이용하여 버스에서 내릴 때 순서로 옳은 것은?

① 왼쪽 다리 - 지팡이 - 오른쪽 다리
② 지팡이 - 왼쪽 다리 - 오른쪽 다리
③ 오른쪽 다리 - 왼쪽 다리 - 지팡이
④ 지팡이 - 오른쪽 다리 - 왼쪽 다리
⑤ 오른쪽 다리 - 지팡이 - 왼쪽 다리

- 지팡이 → 마비된 다리(왼쪽 다리) → 건강한 다리(오른쪽 다리)

정답 47 ⑤ 48 ②

05 _ 복지용구

01 복지용구 중 걷기 힘든 대상자를 이동시켜 주기 위한 복지용구는?

① 휠체어
② 전동침대
③ 배회감지기
④ 욕창예방매트리스
⑤ 요실금팬티

○ ② 전동침대 : 요양보호 대상자가 쉽게 일어나고 활동하기 쉽게 하기 위한 장치이다.
③ 배회감지 : 치매증상, 배회, 길 잃음의 행동이 있는 대상자의 실종을 미연에 방지하는 장치이다.
④ 욕창예방매트리스 : 장기간 누어 있는 대상자의 욕창을 예방하기 위한 도구이다.
⑤ 요실금팬티 : 요실금이 있는 대상자를 위한 도구이다.

02 휠체어 사용 시 주의해야 할 점으로 옳은 것은?

① 휠체어는 표면이 딱딱해야 한다.
② 사용하지 않을 시에는 잠금장치를 풀어둔다.
③ 타고 내릴 때 잠금장치 잠금 여부를 확인한다.
④ 바퀴의 공기는 많이 넣어서 탄력을 유지하게 한다.
⑤ 편 상태에서 비에 맞지 않게 보관한다.

○ ① 휠체어는 표면이 부드럽고, 날카로운 부분이 없어야 한다.
② 사용하지 않을 시에는 잠금장치를 잠가 두어야 한다.
④ 바퀴의 공기압을 적정하게 유지한다.
⑤ 접은 상태에서 비에 맞지 않게 보관한다.

03 휠체어의 잠금장치 기능이 이상이 있을 때 확인해야 하는 부분은 어디인가?

① 방석
② 다리지지대
③ 받침쇠
④ 타이어 공기압
⑤ 팔걸이

○ 타이어의 공기압이 맞지 않으면 잠금장치를 제대로 사용할 수 없다.

정답 01 ① 02 ③ 03 ④

04 휠체어 타이어의 적정 공기압은?

① 엄지손가락으로 힘껏 눌렀을 때 1cm 정도 들어가는 상태
② 엄지와 검지로 눌렀을 때 들어가지 않는 상태
③ 손가락으로 힘껏 튕겼을 때 "팅팅"하는 소리가 나는 상태
④ 엄지손가락으로 힘껏 눌렀을 때 0.5cm 정도 들어가는 상태
⑤ 엄지와 검지로 눌렀을 때 1cm 정도 들어가는 상태

05 휠체어의 보관 방법으로 맞지 않는 것은?

① 소독용 알코올을 적신 천으로 깨끗하게 닦는다.
② 가동부분은 말린 후 윤활 처리한다.
③ 바퀴, 구동장치, 발판 등은 물걸레질을 한다.
④ 접은 상태에서 비에 맞지 않게 보관한다.
⑤ 다리지지대와 발판은 휴지로 닦는다.

○ 다리지지대와 발판도 물걸레로 닦는다.

06 오랫동안 누워있는 사람의 압력을 분산하여 질병을 예방하는 복지용구는?

① 휠체어　　　　　　　　② 침대
③ 요실금팬티　　　　　　④ 욕창예방 매트리스
⑤ 목욕의자

○ 욕창예방 매트리스와 욕창예방 방석은 신체압력을 분산하여 욕창을 예방하는 복지용구이다.

07 침대 사용 시 주의하여야 할 것은?

① 요양보호에 편리하도록 침대 난간은 항상 내려 놓는다.
② 바퀴는 항상 이동하기 쉽게 풀어 놓어야 한다.
③ 자주 사용하는 물건은 바구니에 넣어 따로 보관한다.
④ 고정볼트 등은 확인하여 흔들리지 않게 한다.
⑤ 침대는 벽에 바짝 붙여 놓는다.

정답 04 ④ 05 ⑤ 06 ④ 07 ④

○ ① 대상자가 있을 때는 침대 난간을 항상 올려 놓는다.
② 바퀴는 항상 고정되어 있어야 한다.
③ 자주 사용하는 물건은 가까이 둔다.
⑤ 항상 이동할 수 있도록 작동 손잡이 주변 공간을 확보한다.

08 지팡이 사용 시 미끄러져 넘어지는 것을 방지하려면 무엇을 확인해야 하는가?

① 고무의 닳음 여부
② 팔걸이의 안전 유무
③ 대상자의 팔 힘
④ 대상자의 다리 힘
⑤ 지팡이 높이

○ 지팡이 바닥 끝 고무의 닳은 정도를 수시로 확인해야 한다.

09 성인용 보행기 사용에 관한 설명으로 옳은 것은?

① 사용 후 볼트 고정 상태를 확인한다.
② 휴식 시에는 잠금장치를 풀어 놓아 낙상을 예방한다.
③ 도움을 주는 사람이 손을 뻗으면 닿는 위치에 있어야 한다.
④ 반드시 바퀴가 있는 것을 사용해야 한다.
⑤ 반신마비 대상자는 보행차를 자주 사용하는 것이 좋다.

○ ① 사용 전 볼트 고정 상태를 확인한다.
② 휴식 시에는 잠금장치를 잠가 낙상을 예방한다.
④ 사용자의 상태에 따라 바퀴가 있는 것을 사용한다.
⑤ 반신마비 대상자는 보행차의 사용에 주의해야 한다.

10 이동변기의 사용에 관한 설명으로 옳은 것은?

① 변기통은 물 휴지로 닦아낸다.
② 소독한 변기통은 햇볕이 비치는 곳에 보관한다.
③ 팔걸이와 등받이가 없어야 한다.
④ 미끄러짐이나 넘어짐에 주의한다.
⑤ 재질은 가볍고 푹신한 스펀지가 좋다.

정답 08 ① 09 ③ 10 ④

> ① 변기통은 소독하거나 뜨거운 물로 세척한다.
> ② 소독한 변기통은 서늘한 곳에 보관한다.
> ③ 오랫동안 사용가능하도록 팔걸이와 등받이가 있어야 한다.
> ⑤ 재질은 물 세탁이나 소독이 가능해야 한다.

11 간이변기에 관한 설명으로 옳은 것은?

① 햇볕에 소독할 정도의 내열성이 있어야 한다.
② 반듯이 누운 자세에서 사용한다.
③ 옆으로 돌아 누운 자세에서 사용한다.
④ 소변기의 색상은 검정색이나 불투명해야 한다.
⑤ 뚜껑이 없어서 내용물을 확인할 수 있어야 한다.

> ① 열탕에 소독할 정도의 내열성이 있어야한다.
> ③ 반듯이 누운 자세에서 사용한다.
> ④ 소변기의 색상은 흰색이나 투명해야 한다.
> ⑤ 뚜껑이 있어서 오염물이 나오지 않아야 한다.

12 대상자에게 자립성을 높여주는 도구로 거동이 불편한 대상자가 자주 왕래하는 장소에 설치하는 복지용구는?

① 안전손잡이　　② 비상벨　　③ 목욕의자
④ 배회감지기　　⑤ 목욕리프트

> 안전손잡이는 대상자가 자주 왕래하는 장소에 설치하여 자립심을 높여주는 도구이며 녹이 슬지 않고 미끄러지지 않는 재질이 좋다.

13 다음은 어떤 복지용구에 관한 설명인가?

- 앉는 면이 높지 않아야 한다.
- 등받이가 높아야 한다.
- 팔걸이가 있으며 기대어도 넘어지지 않아야 한다.
- 소독액 또는 비누칠로 깨끗하게 말려야 한다.

① 휠체어　　　　　　　　② 전동침대

정답　11 ②　12 ①　13 ④

③ 안전손잡이　　　　　　　④ 목욕의자
⑤ 보행차

14 복지용구의 사용에 관한 설명으로 옳은 것은?

① 목욕리프트는 성능향상을 위해 전원코드용을 사용한다.
② 이동욕조의 표면은 미끄러워야 한다.
③ 미끄럼 방지액은 욕실 바닥에 물기가 있어도 사용가능하다.
④ 휴대용 경사로는 추락사고를 예방할 수 있어야 한다.
⑤ 자세변환용 시트는 마찰이 큰 재료가 좋다.

> ① 목욕리프트는 감전예방을 위해 충전용 전원을 사용해야한다.
> ② 이동욕조의 표면은 미끄럼 방지가 있어야 한다.
> ③ 미끄럼 방지액은 욕실 바닥의 물기를 완전히 제거하고 바른다.
> ⑤ 자세변환용 시트는 마찰이 적은 재료여야 한다.

 가사 및 일상생활 지원

01 _ 일상생활 지원 원칙

01 일상생활 지원의 기본 원칙으로 옳은 것은?

① 대상자의 욕구충족을 최우선으로 한다.
② 잔존능력을 최대한 사용하지 않는다.
③ 인지능력이 없다면 그냥 서비스를 제공한다.
④ 일회용품의 사용을 장려한다.
⑤ 서비스 제공은 상세하게 기록한다.

> ① 대상자의 안전을 최우선으로 한다.
> ② 잔존능력을 최대한 활용한다.
> ③ 인지능력이 없다면 보호자의 동의를 받는다.
> ④ 일회용품의 사용을 자제한다.

정답 14 ④ | 01 ⑤

02 일상생활 지원 중 동거가족이 청소, 세탁의 요구를 할 경우에는 어떻게 하는 것이 옳은가?

① 돈을 더 받고 지원한다.
② 단호하게 거부하고 서비스를 중단한다.
③ 대상자 및 가족에게 제도를 설명하고 이해를 구한다.
④ 경찰에 신고한다.
⑤ 기관장에게 즉시 보고한다.

03 일상생활 지원에 관한 내용으로 적절하지 않은 것은?

① 신체활동 지원은 대상자의 세면, 몸단장, 식사 등이 포함된다.
② 동거가족에 대한 서비스 요구가 있으면 추가금을 받고 지원한다.
③ 일상생활 지원은 세탁, 청소 등이다.
④ 서비스는 대상자에게만 제공해야 한다.
⑤ 급여의 제공 절차는 방문 → 일정관리 → 사전확인 → 서비스 제공 → 기록 순이다.

> 요양보호사가 제공하는 서비스는 대상자에게만 제한하여 제공하는 것이 원칙으로 동거가족에 대한 서비스 요구가 있으면 제도를 설명하고 이해를 구한다.

02 _ 식사관리

본문 80쪽

01 식사준비의 기본 원칙으로 옳은 것은?

① 모든 대상자에게 같은 식재료와 조리법을 선택한다.
② 식단은 요양보호사가 정한다.
③ 식재료 영수증은 모아서 한 번에 전달한다.
④ 구매한 식재료의 적절한 보관 및 관리를 지원한다.
⑤ 혼자 사는 대상자는 양을 많이 해서 나누어 섭취하게 한다.

> ① 대상자에 따라 적절한 식재료와 조리법을 선택한다.
> ② 식단은 대상자와 함께 정한다.
> ③ 식재료 영수증은 잔돈과 함께 전달한다.
> ⑤ 혼자 사는 대상자는 한 번에 섭취할 수 있는 양만큼씩 나누어 준비한다.

정답 02 ③ 03 ② | 01 ④

02 식재료 구매 시 수칙으로 옳은 것은?

① 대상자의 의견을 반영한다.
② 활동 가능한 대상자라도 구매는 요양보호사만 한다.
③ 필요한 구매목록을 요양보호사가 알아서 작성한다.
④ 가격을 고려하여 많은 양을 한 번에 구매한다.
⑤ 냉동식품과 냉장식품은 함께 보관한다.

○ ② 활동 가능한 대상자는 구매 시 동행한다.
　③ 대상자와 함께 필요한 구매목록을 작성하여
　④ 필요한 양만 유통기한, 영양표시 등을 확인하여 구매한다.
　⑤ 냉동식품과 냉장식품은 따로 보관한다.

03 식재료 준비 시 고려하여야 할 점으로 맞지 않은 것은?

① 대상자의 질환 및 섭취 능력에 따라 조리방법을 택한다.
② 저작능력 저하 대상자는 부드러운 재료를 준비한다.
③ 연하능력 저하 대상자는 믹서에 갈아서 준비한다.
④ 한 번에 많이 먹지 못하면 소량으로 나누어서 준비한다.
⑤ 대상자의 식욕을 자극하지 않는 재료를 준비한다.

○ 대상자의 식욕을 돋울 수 있는 재료를 준비한다.

04 조리 시 고려해야 할 사항은?

① 부드럽게 조리하기 위해 튀기거나 굽는 방법을 사용한다.
② 질환 상 허용되는 범위 내에서 외부 음식을 주문한다.
③ 식욕 증진을 위해 자극적으로 조리한다.
④ 연하능력 증진을 위해 딱딱하게 조리한다.
⑤ 저작능력 저하 대상자를 위해 재료를 갈거나 다진다.

○ ① 부드럽게 조리하기 위해 충분히 끓인다.
　② 질환 상 허용되는 범위 내에서 조리법을 사용한다.
　③ 자극적(짜거나 맵지 않게)이지 않게 조리한다.
　④ 딱딱하지 않게 부드럽게 조리한다.

정답 02 ① 03 ⑤ 04 ⑤

05 조리 방법으로 맞게 연결된 것은?

① 볶기 : 채소는 오래 데쳐 볶는다.
② 삶기 : 생선은 오래 삶는다.
③ 튀기기 : 기름기가 많은 조리방법을 사용한다.
④ 무침 : 식초나 소스로 무침을 한다.
⑤ 찜 : 센 불로 단시간에 가열한다.

> • 볶기 : 채소는 살짝 데쳐 볶으면 기름도 적게 들고 색깔도 선명하게 유지할 수 있다.
> • 삶기 : 야채, 육류는 오래 삶으면 부드러워지고, 생선은 오래 삶으면 질기고 딱딱해진다.
> • 튀기기 : 지방질 소화력이 약해지므로 기름기가 적은 조리법을 선택하는 것이 좋다.
> • 무침 : 식초나 소스로 무침을 하면 입맛을 찾는데 도움이 된다.
> • 찜 : 센 불로 가열하다 약한 불로 오래 가열하면 담백하고 부드럽게 된다.
> • 굽기 : 적당히 구워야 수분이 유지된다.

06 노인의 영양문제로 옳은 것은?

① 열량부족, 영양과잉 비율이 높다.
② 적정체중 비율이 높다.
③ 결식률, 혈청지질 수준이 높다.
④ 지방섭취, 나트륨(소금) 섭취가 부족하다.
⑤ 활동의 제한이 없다.

> ① 열량과잉, 영양부족 비율이 높다.
> ② 체중과다, 저체중 비율이 높다.
> ④ 지방섭취, 나트륨(소금) 섭취가 과다하다.
> ⑤ 만성퇴행성질환과 활동제한이 있다.

07 어르신을 위한 식생활 지침으로 옳은 것은?

① 고기, 생선, 달걀, 콩은 가급적 먹지 않는다.
② 미각의 증진을 위해 소금을 좀 더 넣는다.
③ 식욕이 있을 때 자주 먹는다.
④ 가급적 물을 적게 마신다.
⑤ 활동량을 늘리고 건강한 체중을 유지한다.

정답 05 ④ 06 ③ 07 ⑤

○ ① 고기, 생선, 달걀, 콩 중 하나 이상은 매일 먹는다.
② 짠 음식 피하고 싱겁게 섭취한다.
③ 규칙적이고 안전하게 식사한다.
④ 물을 많이 마시고 음주는 소량으로 한다.

08 당뇨병 대상자의 식사관리로 옳은 것은?

① 식사를 많이한다.
② 단순당질(설탕, 엿, 꿀)을 섭취한다.
③ 혈당지수를 고려한 식품(현미, 바나나, 포도, 보리밥, 우유, 당면)을 선택한다.
④ 지방섭취를 늘리고 비타민과 무기질 섭취를 줄인다.
⑤ 술은 주량만큼 마신다.

○ ① 과식하지 않는다.
② 복합당질(전분, 식이섬유, 올리고당)을 섭취한다.
④ 지방섭취를 줄이고 비타민과 무기질을 섭취한다.
⑤ 술을 제한하고 규칙적인 식사를 한다.

09 당뇨병 환자가 저혈당 증세가 나타났을 때 대처하는 옳은 방법은?

① 생선을 먹인다.
② 과일이나 탄산음료를 마시게 한다.
③ 육류를 섭취하게 한다.
④ 술을 마시게 한다.
⑤ 식빵을 먹게 한다.

○ 저혈당 증세는 제 시간에 식사를 못 했을 경우 나타나며 증세가 나타나면 과일, 주스, 탄산음료, 설탕 등을 섭취하게 한다.

10 고혈압 대상자의 식사관리로 옳은 것은?

① 소금, 동물성 지방 섭취를 늘인다.
② 칼륨(통밀, 고등어, 바나나, 오렌지 등)을 충분히 섭취한다.
③ 복합당질(전분, 식이섬유, 올리고당) 섭취를 늘인다.
④ 섬유소 섭취를 금지한다.
⑤ 카페인, 알코올 섭취를 늘인다.

정답 08 ③ 09 ② 10 ②

○ ① 소금, 동물성 지방 섭취를 줄인다.
③ 복합당질 섭취를 줄인다.
④ 섬유소를 섭취한다.
⑤ 카페인, 알코올 섭취를 줄인다.

11 저염식 식사를 위한 방법으로 맞지 않는 것은?

① 채소는 생으로 먹는 것이 좋다.
② 생선 조리 시 카레가루 등을 첨가하여 굽는다.
③ 국, 찌개 등의 국물은 되도록 적게 먹는다.
④ 설렁탕 등은 소금을 넣지 않고 먹는다.
⑤ 젓갈을 매끼 먹는다.

○ 식탁에 소금, 간장, 젓갈, 짱아찌 등을 놓지 않는다.

12 씹기장애와 삼킴장애 대상자를 위한 식사관리 방법으로 옳은 것은?

① 단단하거나 질긴 음식은 섭취를 금지한다.
② 음식은 천천히 꼭꼭 씹어 섭취한다.
③ 식사 후 바로 눕는다.
④ 밥은 국이나 물에 말아 먹는다.
⑤ 유제품은 마시는 것으로 구매한다.

○ ① 단단하거나 질긴 음식은 잘게 잘라서 섭취한다.
③ 식사 후 30분 정도 똑바로 앉는다.
④ 밥은 국이나 물에 말아 먹지 않는다.
⑤ 유제품은 떠서 먹는 것을 구매한다.

13 변비 대상자의 식사 관리방법으로 옳은 것은?

① 육류의 섭취를 증가한다.
② 가급적 물을 마시지 않는다.
③ 우유를 마시지 않는다.
④ 규칙적인 식사와 배변습관을 갖는다.
⑤ 칼슘보충제만 섭취한다.

정답 11 ⑤ 12 ② 13 ④

- ① 식이섬유, 해조류, 견과류, 통곡류, 감자류의 섭취를 증가한다.
  ② 하루 8잔 이상의 물을 마신다.
  ③ 우유는 장의 운동력을 높이고 변의를 느끼게 하므로 적극적으로 섭취한다.
  ⑤ 칼슘보충제는 식이섬유와 수분과 함께 복용한다.

14 변비 완화에 도움이 되는 식품으로 짝지어진 것은?

| ㉮ 검정콩 | ㉯ 돼지고기 | ㉰ 미역 |
| ㉱ 땅콩 | ㉲ 고등어 | ㉳ 양배추 |

① ㉮, ㉰, ㉱, ㉳
② ㉯, ㉰, ㉲, ㉳
③ ㉰, ㉱, ㉲, ㉳
④ ㉮, ㉱, ㉲, ㉳
⑤ ㉮, ㉯, ㉰, ㉳

- 변비 완화에 도움이 되는 식품 : 현미, 보리, 고구마, 통밀, 콩류, 무청, 양배추, 상추, 오이, 참외, 자두, 사과, 미역, 김, 파래, 호두, 땅콩 등

15 골다공증 예방을 위한 방법으로 옳은 것은?

① 유제품과 칼슘 섭취를 금지한다.
② 달리기, 빠른 걷기 등의 운동을 한다.
③ 육류를 많이 섭취한다.
④ 색이 진한 녹색채소와 해조류를 섭취한다.
⑤ 커피, 탄산음료를 섭취한다.

- ① 유제품을 1일 1회 이상 섭취하고 칼슘을 섭취한다.
  ② 걷기, 산책 등 체중이 실리는 운동을 한다.
  ③ 콩이나 두부 요리를 섭취한다.
  ⑤ 커피, 탄산음료의 섭취를 줄인다.

정답 14 ① 15 ④

03 _ 식품·주방위생관리

본문 82쪽

01 식품 위생관리의 기본원칙으로 옳은 것은?

① 식품을 다루기 전에만 손을 씻는다.
② 유통기한이 지난 음식은 냉동실에 보관한다.
③ 식중독이 발생하지 않도록 위생관리를 철저히 한다.
④ 냉동식품은 빨리 사용하며 남은 것은 다시 냉동한다.
⑤ 부패·변질된 음식은 대상자 모르게 빨리 폐기한다.

> ① 식품을 다루기 전과 후에는 반드시 손을 깨끗하게 씻는다.
> ② 유통기한을 확인하고 유통기한이 지난 음식은 폐기한다.
> ④ 냉동식품은 해동 후 빨리 사용하며 재 냉동하지 않는다.
> ⑤ 음식물을 폐기할 때는 대상자에게 반드시 설명한다.

02 식품별 보관법으로 옳은 것은?

① 두부, 달걀, 어묵, 우유는 항상 냉동보관한다.
② 쇠고기, 돼지고기, 생선, 어패류는 당일 사용량만 냉장보관하며 이외에는 냉동보관한다.
③ 달걀은 뾰족한 부분이 위로 오게 보관한다.
④ 열대과일은 냉동보관하며 일반과일은 실온에 보관한다.
⑤ 닭고기는 삶아서 보관한다.

> ① 두부, 달걀, 어묵, 우유는 항상 냉장보관한다.
> ③ 달걀은 둥근부분이 위로 오게 보관한다.
> ④ 열대과일은 실온보관하며 일반과일은 냉장보관한다.
> ⑤ 닭고기는 술과 소금으로 밑간 후 보관한다.

03 안전한 식품섭취를 위한 원칙으로 맞지 않는 것은?

① 조리기구 세척, 손을 자주 씻는다.
② 익힌 음식과 익히지 않은 음식은 분리해서 보관한다.
③ 뼈가 있는 고기 및 계란, 해산물은 완전히 익힌다.
④ 조리 식품은 상온에서 보관한다.
⑤ 오염되지 않은 재료를 사용한다.

정답 01 ③ 02 ② 03 ④

○ **안전한 식품섭취를 위한 5가지 원칙**
- 청결유지 : 조리기구 세척, 손을 자주 씻는다.
- 익히지 않은 음식과 익힌 음식 분리 : 익힌 음식과 미생물이 있는 음식은 분리해서 보관한다.
- 완전히 익히기 : 뼈가 있는 고기 및 계란, 해산물은 완전히 익힌다.
- 안전한 온도에서 보관하기 : 조리 식품은 5℃ 이하에서 보관한다.
- 안전한 물과 원재료 사용하기 : 오염되지 않은 재료를 사용한다.

04 계란 프라이와 된장국으로 식사를 한 후 설거지 하는 순서로 옳은 것은?

① 기름 두른 프라이팬 → 반찬 그릇 → 밥그릇, 국그릇 → 수저 → 유리컵
② 수저 → 유리컵 → 밥그릇, 국그릇 → 반찬 그릇 → 기름 두른 프라이팬
③ 기름 두른 프라이팬 → 밥그릇, 국그릇 → 수저 → 반찬 그릇 → 유리컵
④ 유리컵 → 수저 → 밥그릇, 국그릇 → 반찬 그릇 → 기름 두른 프라이팬
⑤ 기름 두른 프라이팬 → 유리컵 → 수저 → 반찬 그릇 → 밥그릇, 국그릇

○ 설거지는 기름기가 적은 그릇부터 한다.

05 식중독 방지를 위한 예방법으로 옳은 것은?

① 손 씻기를 하며 물은 반드시 수돗물을 마신다.
② 2차 오염 방지를 위해 조리에 사용된 기구는 물로 씻는다.
③ 도마, 칼 등을 구분하여 사용한다.
④ 오염된 조리기구는 3분간 전자레인지에 소독한다.
⑤ 육류는 충분히 가열하고 생선류는 회로 섭취한다.

○ **식중독 예방법**
- 개인위생(손 씻기)을 철저히 하며 물은 반드시 끓여 먹는다.
- 2차 오염 방지를 위해 조리에 사용된 기구는 세척·소독을 한다.
- 도마, 칼 등을 구분하여 사용하며, 오염된 조리기구는 10분간 세척·소독한다.
- 육류, 생선류는 충분히 가열한다.
- 생육과 조리된 음식을 구분하여 보관한다.
- 조리된 음식은 실온에 장시간 방치하지 않으며 음식물이 남지 않도록 조리한다.

정답 04 ④ 05 ③

06 식기 및 주방의 위생관리 방법으로 옳은 것은?

① 싱크대 : 배수구에 뜨거운 물을 부어 악취를 제거한다.
② 냉장실의 냄새 : 탄산음료 뚜껑을 열어 탈취한다.
③ 찬장·싱크대 : 뜨거운 물로 닦아 냄새를 제거한다.
④ 식기류 : 포개놓아 건조한다.
⑤ 고무장갑 : 조리용, 비조리용을 구분하고 안팎을 뒤집어 세제로 씻어 건조한다.

> ① 싱크대 : 배수구에 소다를 부어 악취를 제거한다.
> ② 냉장실의 냄새 : 숯, 탄 빵조각, 녹차 티백으로 탈취한다.
> ③ 찬장·싱크대 : 희석한 알코올로 닦아 냄새를 제거한다.
> ④ 식기류 : 건조되도록 엎어 놓아 건조한다.

07 식중독을 예방하는 방법으로 적절하지 않은 것은?

① 손씻기
② 익혀먹기
③ 끓여먹기
④ 마스크 착용
⑤ 세척·소독하기

> 식중독 예방 6대 수칙 : 손 씻기, 익혀 먹기, 끓여 먹기, 세척·소독하기, 구분 사용하기, 보관온도 지키기

08 식기 및 주방의 위생관리에 관한 내용으로 적절하지 않은 것은?

① 냉장고는 월 1회 청소한다.
② 행주는 냉동한 후 말려서 보관한다.
③ 고무장갑은 조리용과 비조리용으로 구분하여 사용한다.
④ 찬장이나 조리대는 자주 환기하고 건조한다.
⑤ 수세미는 스펀지형보다 그물형이 더 위생적이다.

> 행주는 세척한 후 삶아서 건조한 후 보관한다.

정답 06 ⑤ 07 ④ 08 ②

04 _ 의복 및 침상 청결 관리

본문 85쪽

01 의복의 선택 및 관리 시 주의 사항으로 옳은 것은?

① 꽉 끼며 보온성이 좋고 입고 벗기 불편해야 한다.
② 교통사고 방지를 위해 어두운 색이 들어간 옷이 좋다.
③ 양말과 신발은 미끄럼 방지가 되어 있는 것이 좋다.
④ 속옷은 흡습성이 없는 소재여야 한다.
⑤ 화려한 장식이 있어야 한다.

○ ① 느슨하며 보온성이 좋고 입고 벗기 편해야 한다.
② 교통사고 방지를 위해 밝은색이 들어간 옷이 좋다.
④ 속옷은 흡습성이 좋은 소재이어야 한다.
⑤ 과도한 장식이 없어야 한다.

02 의복 관리의 기본 원칙으로 옳은 것은?

① 옷감의 색깔에 따라 세탁방법을 구분한다.
② 더럽거나 얼룩이 심하면 따로 모아 놓았다 세탁한다.
③ 감염대상자의 의류는 구분하여 세탁한다.
④ 의류를 버릴 때는 대상자 모르게 버린다.
⑤ 평소 입는 옷은 바깥에 내어 놓는다.

○ ① 옷감의 종류에 따라 세탁방법을 구분한다.
② 더럽거나 얼룩이 심하면 즉시 세탁하며 세탁 시에는 충분히 헹군다.
④ 의류를 버릴 때는 대상자의 동의를 반드시 구한다.
⑤ 평소 입는 옷은 찾기 쉽게 수납하고 장소를 대상자에게 알려준다.

03 침상 청결관리의 원칙으로 맞지 않는 것은?

① 정리할 때는 대상자의 동의를 구할 필요가 없다.
② 대상자가 넘어지지 않도록 한다.
③ 필요한 물품은 손에 닿는 위치에 둔다.
④ 물건을 찾기 쉽게 정리한다.
⑤ 용기에 들어 있는 물건은 이름을 적어둔다.

정답 01 ③ 02 ③ 03 ①

- 침상을 정리할 때도 대상자의 동의를 구한다.

04 침구의 선택 및 정리 방법으로 옳은 것은?

① 이불 : 담요, 이불은 두 달에 한 번은 세탁·교체한다.
② 이불 커버 : 커버는 합성수지 제품이 좋다.
③ 요(매트리스) : 탄력성이 없으며 습기를 머금을 수 있는 것으로 한다.
④ 리넨류 : 풀을 먹이거나 재봉선이 있어야 한다.
⑤ 베개 : 습기를 흡수하지 않고, 열에 강하며 촉감 좋은 재질을 사용한다.

이불	• 따뜻하고 가벼우며 보습성이 좋아야한다. • 커버는 면제품이 좋으며 담요, 이불은 한 달에 한 번은 세탁·교체한다.
요 (매트리스)	• 탄력성이 있으며 습기를 배출할 수 있는 것으로 한다. • 최소한 한 달에 한 번은 말린다.
리넨류	• 소재는 튼튼하고 흡습성이 좋으며 요 밑에 넣을 수 있는 크기를 사용한다. • 욕창의 원인이 될 수 있는 풀을 먹이거나 재봉선이 있는 것은 피한다. • 더러워진 시트는 수시로 교환하고 3~5일에 한 번은 햇볕에 말리고, 교환 중에 먼지가 발생하므로 환기를 한다.
베개	• 습기를 흡수하지 않고, 열에 강하며 촉감 좋은 재질을 사용한다. • 2~3개 정도 준비하며 체위변경 시 사용하며, 척추와 머리와 수평이 되는 높이가 좋다.

05 _ 세탁하기

01 오염된 세탁물의 세탁방법으로 옳은 것은?

① 약제를 사용하여 얼룩을 제거한 후 물에 불린다.
② 오염물질을 제거하지 않고 바로 빨래한다.
③ 오염이 심한 빨래는 물을 묻혀 살살 비벼준다.
④ 얼룩은 생긴 즉시 처리하는 것이 좋다.
⑤ 세탁물의 색상을 구분하여 세탁한다.

- ① 약제를 사용하여 얼룩을 제거한 후 헝겊으로 반복하여 두드린다.
  ② 오염물질을 미리 제거하면 더 깨끗하게 세탁할 수 있다.
  ③ 오염이 심한 빨래는 세제를 묻혀 살살 비벼준다.
  ⑤ 세탁물의 종류, 세탁표시에 따라 세탁한다.

정답 04 ⑤ | 01 ④

02 물세탁물의 기호에 대한 설명으로 맞지 않는 것은?

①  • 95℃ 물로 세탁
• 삶기 가능

② • 40℃ 물로 세탁
• 약하게 세탁

③ • 30℃ 물로 세탁
• 약하게 세탁
• 중성세제

④ 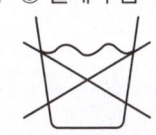 • 30℃ 물로 세탁
• 세탁기 사용 불가
• 약하게 손세탁

⑤ • 물세탁 금지

○ ⑤ 물세탁 금지

03 염소계 표백제로 표백할 수 있는 기호는?

①    ②    ③

④    ⑤

정답 02 ⑤ 03 ①

염소 표백 △	• 염소계 표백제 가능	염소 표백 △ (X)	• 염소계 표백제 안됨
산소 표백 △	• 산소계 표백제 가능	산소 표백 △ (X)	• 산소계 표백제 안됨
염소 산소 표백 △	• 염소・산소계 표백제 가능	염소 산소 표백 △ (X)	• 염소・산소계 표백제 안됨

04 삶기의 방법으로 옳은 것은?

① 세탁 후에는 세제없이 물에 넣고 삶는다.
② 삶을 때는 뚜껑을 열고 삶는다.
③ 삶는 제품의 종류가 다르면 그냥 삶는다.
④ 면직물, 행주, 속옷을 삶으면 살균효과가 있다.
⑤ 색이 빠질 우려가 있는 의류는 삶지 않는다.

> ① 세탁 후 합성세제나 비눗물에 반쯤 잠길 정도로 넣고 삶는다.
> ② 삶을 때는 상함을 방지하기 위해 뚜껑을 닫고 삶는다.
> ③ 삶는 제품의 종류가 다르면 비닐봉투에 넣어서 삶는다.
> ⑤ 색이 빠질 우려가 있는 의류는 비닐봉투에 넣어서 삶는다.

05 옷의 건조 시 옷걸이에 걸어서 햇볕에 건조하라는 표시는?

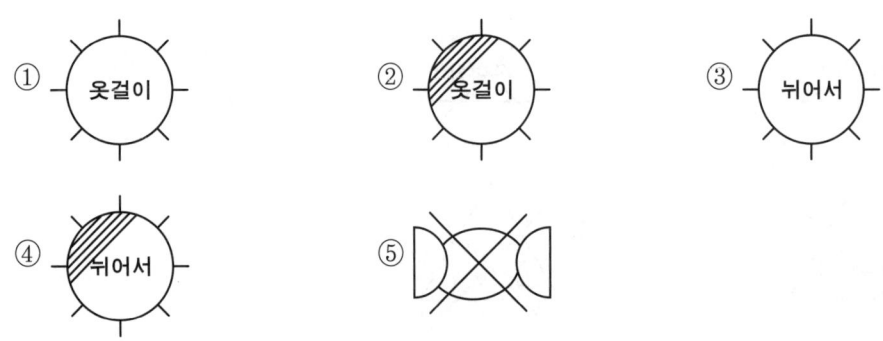

옷걸이 (원)	• 햇볕에 건조 • 옷걸이에 걸어서 건조	뉘어서 (원)	• 햇볕에 건조 • 뉘어서 건조
옷걸이 (빗금 원)	• 그늘에 건조 • 옷걸이에 걸어서 건조	뉘어서 (빗금 원)	• 그늘에 건조 • 뉘어서 건조
✕ 표시	• 짜면 안됨		

06 의복정리의 방법으로 옳은 것은?

① 의복류는 색깔별로 분류한다.
② 사용빈도가 적은 옷은 수납한다.
③ 수납장소를 기록하면 마구 꺼내므로 기록하지 않는다.
④ 옷장에는 내의나 수건을 섞어서 넣어 놓는다.
⑤ 매일 사용하는 의복류도 정리해서 수납한다.

> ① 의복류는 용도별, 가족별로 분류한다.
> ③ 수납장소를 기록하거나 이름표를 붙인다.
> ④ 옷장에는 내의나 수건을 정리하여 이름표를 붙인다.
> ⑤ 매일 사용하는 의복류는 침대 옆에 둔다.

07 다음과 같은 건조표시가 있는 옷은 어떤 종류인가?

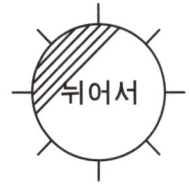

① 흰색 면직물 : 햇볕에 건조
② 합성섬유 의류 : 그늘에서 건조
③ 무늬가 있는 옷 : 그늘에서 건조
④ 니트(스웨터) : 통기성이 좋은 곳에서 뉘어서 건조
⑤ 청바지류 : 뒤집어서 건조

정답 06 ② 07 ④

08 세탁 후 관리법으로 옳은 것은?

① 다리미가 앞으로 나갈 때는 앞에 힘을 주고 뒤로 보낼 때는 뒤에 힘을 준다.
② 다림질 후 습기를 두어 변형을 방지한다.
③ 풀(스프레이) 먹인 천은 위에 신문지를 깔고 다린다.
④ 모직물이나 견직물은 방충제를 넣어 보관한다.
⑤ 방충제는 공기보다 무거우므로 보관용기를 아래에 둔다.

> ① 앞으로 나갈 때는 뒤에 힘을 주고 뒤로 보낼 때는 앞에 힘을 준다.
> ② 다림질 후 건조하여 습기를 제거하여 변형을 방지한다.
> ③ 풀(스프레이) 먹인 천은 위에 천을 깔고 다린다.
> ⑤ 방충제는 공기보다 무거우므로 보관용기를 위에 둔다.

09 다음 중 탈수 표시는 어느 것인가?

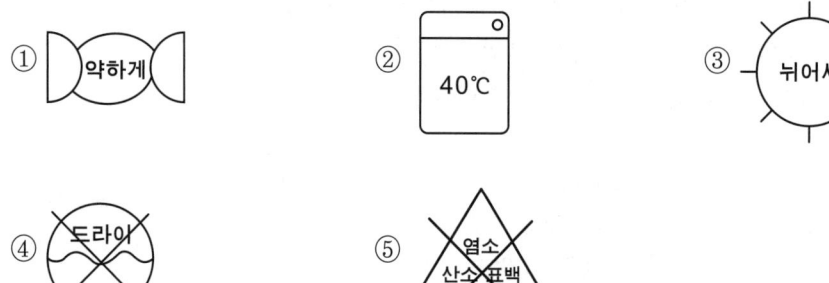

정답 08 ④ 09 ①

06 _ 외출동행 및 일상업무 대행

01 대상자에 대한 개인활동지원 서비스로 이루어지는 정보제공에 관한 설명으로 맞지 않는 것은?

① 대상자가 어떤 정보에 관심이 있는지 파악한다.
② 검색방법, 특성에 맞는 정보를 수집·정리한다.
③ 대상자의 가족에게 정보를 전달한다.
④ 정보를 이해했는지 확인한다.
⑤ 추가로 필요한 정보가 있는지 알아본다.

○ 대상자의 특성을 고려하여 직접 전달한다.

02 외출동행 돕기의 방법으로 옳은 것은?

① 안전에 유의하며 개인물품의 분실에 유의한다.
② 외출의 목적에 따라 대상자를 감시한다.
③ 외출은 건강상태에 주의하지 않아도 된다.
④ 필요한 준비물품은 대상자가 직접 챙긴다.
⑤ 무리한 요구라도 외출 시에는 들어준다.

○ ② 외출의 목적을 파악한다.
　③ 건강상태를 고려하여 계획한다.
　④ 필요한 준비물품(신분증, 여벌 옷, 약 등)을 점검한다.
　⑤ 무리한 요구 시 시설장(관리책임자)에게 보고한다.

03 외출동행 돕기와 동행 후의 방법으로 옳은 것은?

① 예기치 못한 상황은 시설장과 상의하여 대처한다.
② 이동시는 빨리 움직이며 승하차 시에도 빠르게 움직인다.
③ 개인물품이 분실되지 않도록 하고 안전에 각별히 유의한다.
④ 동행 후 손발을 씻게하며 외출복장으로 쉬게 한다.
⑤ 동행 후 외출에 대해서 이야기 하지 않는다.

정답 01 ③ 02 ① 03 ③

○ ① 예기치 못한 상황은 대상자 및 가족과 상의하여 대처한다.
② 이동시는 천천히 하며 승하차 및 차량 이동시 안전하게 한다.
④ 동행 후 손발을 씻게하며 평상복으로 갈아입고 쉬게 한다.
⑤ 동행 후 외출의 만족도를 확인한다.

04 일상업무 대행이 아닌 것은?

① 병원진료
② 은행업무
③ 약 타기
④ 관공서 가기
⑤ 물품 구매

○ 병원진료는 본인이 직접 가야하며 외출동행에 해당한다.

05 병원동행에 관한 내용으로 맞지 않는 것은?

① 대상자의 건강상태, 복약상태를 보호자에게 확인한다.
② 기저귀, 약 등을 준비하지 않는다.
③ 대상자가 증상을 설명하지 못하는 경우 보충하여 설명한다.
④ 약 복용은 약사에게 자세히 물어 복용법을 대상자에게 알려준다.
⑤ 신분증, 진료비 영수증, 거스름돈을 확인하고 돌려준다.

○ 병원 진료 시 신분증과 진료비 등을 준비하며, 항상 다니는 병원과 대상자의 건강상태, 복약상태를 보호자에게 확인한다. 필요시 기저귀, 여벌옷, 약, 물 등을 준비한다.

06 대상자에게 정보를 제공하는 내용으로 적절하지 않은 것은?

① 대상자가 어떤 정보를 원하는지 파악한다.
② 정보를 구하는 방법을 알아본다.
③ 자료를 수집하고 대상자가 정리하도록 한다.
④ 더 알고 싶은 정보가 있는지 알아본다.
⑤ 충분히 인지할 수 있도록 시간적 여유를 가진다.

○ 대상자의 개인특성을 고려하여 자료를 수집하고, 수집한 자료는 알기 쉽게 정리하여 전달한다.

정답 04 ① 05 ② 06 ③

07 _ 주거환경관리

본문 89쪽

01 안전한 주거환경 조성을 위한 것으로 옳은 것은?

① 문턱이 없다면 경사로를 설치한다.
② 현관문의 손잡이는 원형으로 설치한다.
③ 입구를 넓게 하여 휠체어 이동이 가능하게 한다.
④ 거실은 CCTV를 설치한다.
⑤ 거실은 이동하기에 불편함이 있어야 한다.

○ ① 문턱이 있다면 경사로를 설치한다.
  ② 현관문의 손잡이는 막대형으로 설치한다.
  ④ 거실은 긴급 경보장치와 화재경보기를 설치한다.
  ⑤ 거실은 이동하기에 불편함이 없도록 한다.

02 쾌적한 환경을 유지하는 방법으로 적절하지 않은 것은?

① 큰 소리는 건강에 악영향이 있으므로 큰 소리가 나지 않게 한다.
② 하루에 2~3시간 간격으로 3번 정도 환기를 한다.
③ 직사광선이 좋지 않으므로 커튼, 블라인드 등을 적절히 사용한다.
④ 일반적으로 여름 22~25℃, 겨울 18~22℃가 쾌적한 온도이다.
⑤ 습도는 60~70%가 적합하다.

○ 습도는 40~60%가 적합하며, 습기가 많은 곳에서는 환풍기를 작동하고 여름에는 제습기, 겨울에는 가습기를 사용한다.

03 치매노인의 환경지원에 관한 내용으로 맞지 않은 것은?

① 지남력 지원
② 인간성 변형과 인격 변화
③ 기능적인 능력 지원
④ 자기 선택을 위한 지원
⑤ 대상자의 교류를 위한 지원

정답 01 ③ 02 ⑤ 03 ②

- 환경지원 지침(PEAP) : 8개 영역
  - 지남력 지원
  - 환경적 자극의 질과 조정
  - 생활의 지속성을 위한 지원
  - 사생활 확보를 위한 지원
  - 기능적인 능력 지원
  - 안전·안심을 위한 지원
  - 자기 선택을 위한 지원
  - 대상자의 교류를 위한 지원

04 쾌적한 환경을 위한 방법으로 옳은 것은?

① 실내 온도를 여름은 28℃, 겨울은 15℃로 맞춘다.
② 계단에 보조등을 달아 안전사고를 예방한다.
③ 조명은 한 부분을 비치는 조명을 설치한다.
④ 습도는 20~30%를 유지한다.
⑤ 대상자들을 하루 5분간 햇볕을 쬐게한다.

- ① 실내 온도를 여름은 22~25℃, 겨울은 18~22℃로 맞춘다.
- ③ 조명은 전체적으로 골고루 퍼지는 조명등을 설치한다.
- ④ 습도는 40~60%를 유지한다.
- ⑤ 하루 20~30분간 햇볕을 쬐게하면 숙면에 도움이 된다.

05 환경지원 지침(PEAP)과 내용이 올바르게 연결된 것은?

① 환경적 자극의 질과 조정 : 있고 싶은 공간을 선택할 수 있도록 환경 지원
② 기능적인 능력 지원 : 존엄과 프라이버시를 지킬 수 있도록 환경 지원
③ 생활의 지속성을 위한 지원 : 생활이 지속되도록 환경 지원(장기요양기관)
④ 자기 선택을 위한 지원 : 환경의 다양한 자극의 질을 조정하여 심리적 안정 지원
⑤ 사생활 확보를 위한 지원 : 안전(안심)한 생활환경 지원

- 지남력 지원 : 인지기능(시간, 장소, 사람) 저하를 보완하는 환경 지원
- 기능적인 능력 지원 : 일상생활능력의 저하를 보완하는 환경 지원
- 환경적 자극의 질과 조정 : 환경의 다양한 자극의 질을 조정하여 심리적 안정 지원
- 안전·안심을 위한 지원 : 안전(안심)한 생활환경 지원
- 생활의 지속성을 위한 지원 : 생활이 지속되도록 환경 지원(장기요양기관)
- 자기 선택을 위한 지원 : 있고 싶은 공간을 선택할 수 있도록 환경 지원
- 사생활 확보를 위한 지원 : 존엄과 프라이버시를 지킬 수 있도록 환경 지원
- 대상자의 교류를 위한 지원 : 대상자와 지역사회와의 교류를 활성화하는 환경 지원

정답 04 ② 05 ③

06 다음은 무엇에 관한 설명인가?

> • 만남을 유도하는 공간을 만든다.
> • 만남을 촉진하는 공간 배치를 한다.
> • 만남의 계기가 되는 소품을 제공한다.

① 사생활 확보를 위한 지원
② 자기 선택을 위한 지원
③ 생활의 지속성을 위한 지원
④ 대상자의 교류를 위한 지원
⑤ 안전·안심을 위한 지원

○ 사회와의 교류가 이어지도록 지원한다.

정답 06 ④

Ⅳ장 상황별 요양보호 기술

01절 치매 요양보호

01_ 치매 대상자와 가족

본문 91쪽

01 치매가족이 느끼는 부담의 종류가 아닌 것은?

① 정서적 부담
② 신체적 부담
③ 가족관계의 긍정적 변화
④ 시간적 제약과 사회활동의 제한
⑤ 경제적 부담

 사회와의 교류가 이어지도록 지원한다.

02 가족이 느끼는 정서적 부담으로 적절하지 않은 것은?

① 분노
② 쾌활
③ 죄책감
④ 우울
⑤ 슬픔

 정서적 부담 : 분노, 무기력감, 죄책감, 우울, 슬픔, 소외감, 불안감

03 치매가족과의 의사소통 기법으로 맞지 않은 것은?

① 비언어적 표현으로 공감하는 것도 좋은 방법이다.
② 표정과 목소리 크기로 상대방을 편안하게 한다.
③ 정보를 제공하고 스스로 결정할 수 있도록 한다.
④ 최대한 가까이서 대화한다.
⑤ 가족들의 숨겨진 감정을 이해한다.

정답 01 ③ 02 ② 03 ④

○ 적절한 거리를 유지하며 대화한다.

04 나-메시지 전달법에 대한 내용으로 적절하지 않은 것은?

① 문자와 그림 등을 이용하여 표현한다.
② 부정적인 표현을 사용하지 않는다.
③ 부드러운 방식으로 나의 생각을 전달할 수 있다.
④ 상대방이 다른 사람에게 어떻게 받아들여졌는지를 객관적으로 이해할 수 있게 돕는다.
⑤ "네가 (행동의 과정)해서 (행동의 결과)되었고, 나는 (감정)을 느꼈어"와 같이 표현할 수 있다.

○ 문자와 그림 등을 이용하여 표현하는 것은 지남력이 부족한 대상자와의 대화방법이다.

02_치매 대상자의 일상생활 지원
본문 92쪽

01 치매대상자의 약물복용법으로 적절하지 않은 것은?

① 약물의 용량을 늘렸을 때 부작용이 없는지 관찰하여 메모를 병원에 제출한다.
② 정신행동증상 개선제는 망상, 환각, 우울, 공격성 등을 개선한다.
③ 인지기능개선제를 복용하며 인지기능이 현저하게 개선된다.
④ 항우울제는 수면 각성주기장애, 불안할 때 복용한다.
⑤ 항경련제는 초초, 공격성, 조증 유사증상이 있을 때 복용한다.

○ 인지기능개선제는 악화를 지연하기 위해 투여한다.

02 치매대상자의 일상생활 지원 목적으로 맞지 않는 것은?

① 대상자 상태를 정확히 파악한다.
② 남아있는 정신기능을 최대한 활용한다.
③ 정상적인 신체기능으로 최대한 복귀한다.
④ 새로운 능력을 개발한다.
⑤ 의미 있는 환경을 조성한다.

정답 04 ① | 01 ③ 02 ④

○ 잔존기능을 최대한 활용하지만 새로운 능력을 개발하지는 않는다.

03 치매대상자의 일상생활 돕기의 기본 원칙으로 옳은 것은?

① 대상에게 엄격한 규칙을 적용한다.
② 편하게 누워서 생활하도록 한다.
③ 다치지 않게 모든 서비스를 요양보호사가 제공한다.
④ 요양보호사의 상황에 맞게 서비스를 제공한다.
⑤ 안전한 분위기를 조성한다.

○ ① 치매 대상자를 따뜻하게 응대하고 존중한다 : 대상자의 생활을 존중하여 환경을 바꾸지 않으며 무시하지 않는다.
② 규칙적인 생활을 하게 한다 : 3일~3주 정도 누워있으면 걷지도 못하게 된다.
③ 남아있는 기능을 최대한 살린다 : 사소한 것이라도 할 수 있는 것은 하게 한다.
④ 상황에 맞는 요양보호를 한다 : 대상자의 상태가 변해가는 것을 이해하고 수용한다.
⑤ 안전에 주의한다 : 안전한 분위기를 조성한다.

04 치매대상자의 일상생활 돕기 기본 원칙 중 다음에 해당하는 것은?

- 인간의 존엄성을 지켜주는 요양보호를 한다.
- 정면에서 야단치거나 부정하지 않는다.

① 규칙적인 생활을 하게 한다.
② 남아있는 기능을 최대한 살린다.
③ 상황에 맞는 요양보호를 한다.
④ 안전에 주의한다.
⑤ 따뜻하게 응대하고 존중한다.

05 치매대상자의 약물을 바꾸거나 늘렸을 때 요양보호사가 해야 할 일로 적절한 것은?

① 시설장에게 보고한다.
② 부작용이 없는지 관찰하여 메모를 병원에 제출한다.
③ 빠른 시간 내에 119에 연락한다.
④ 동료요양보호사에게 알린다.
⑤ 아무에게도 말하지 않는다.

정답 03 ⑤ 04 ⑤ 05 ②

06 치매대상자의 식사돕기의 원칙으로 옳은 것은?

① 의치를 제거하고 식사한다.
② 고혈압, 당뇨병이 있다면 음식을 가까이 둔다.
③ 사발을 이용하여 덜 흘리게 한다.
④ 색이 없는 투명한 제품을 사용한다.
⑤ 양념(소금, 간장 등)은 가까이 둔다.

○ ① 의치의 고정여부를 확인한다.
② 지병(고혈압, 당뇨병)이 있다면 대상자가 음식을 접근할 수 없는 곳에 둔다.
④ 색깔이 있는 플라스틱 제품을 사용한다.
⑤ 양념(소금, 간장 등)은 식탁 위에 놓지 않는다.

07 치매 대상자에게 식사를 제공하지 않아야 하는 경우는?

① 대상자가 계속 음식을 먹으려 하는 경우
② 대상자가 졸려하거나 초조해하는 경우
③ 대상자가 음식물을 흘리는 경우
④ 사레가 자주 걸리는 경우
⑤ 씹는 것을 잊어버리는 경우

○ ① 식사시간을 정해 규칙적으로 제공한다.
③ 음식물을 흘리면 사발을 이용한다.
④ 사레가 자주 걸리면 걸쭉한 액체 음식을 제공한다.
⑤ 씹는 것을 잊어버리는 음식을 갈아서 제공한다.

08 치매대상자의 식사를 돕는 방법으로 옳은 것은?

① 음식의 온도를 확인한다.
② 흘리는 것에 대비하여 음식을 조금만 준다.
③ 등받이를 높인다.
④ 음식을 크게 잘라 씹는 연습을 한다.
⑤ 뚜껑이 없는 컵을 사용한다.

정답 06 ③ 07 ② 08 ①

○ ② 흘리는 것에 대비하여 식탁용 매트나 비닐을 깔아준다.
　③ 앞치마를 입힌다.
　④ 음식을 잘게 잘라서 쉽게 먹을 수 있도록 한다.
　⑤ 빨대와 플라스틱 덮개가 있는 컵을 사용한다.

09 치매대상자의 식사 중 돕기의 방법으로 옳은 것은?

① 빨대와 덮개가 부착된 컵을 사용한다.
② 약간 가벼운 숟가락을 준다.
③ 여러 가지 음식을 한 번에 제공한다.
④ 한 번에 많이 먹고 잘게 씹는다.
⑤ 컵에 가득 물을 따라준다.

○ ② 숟가락을 들고 있다는 것을 인지시키기 위해 약간 무거운 숟가락을 준다.
　③ 한 가지 음식을 먹고 난 후 다른 음식을 제공한다.
　④ 조금씩 먹이고 음식을 삼킬 때까지 기다린다.
　⑤ 컵에 적당히 물을 따라준다.

10 치매 대상자의 식사 시 고려할 점으로 맞지 않은 것은?

① 식사 습관과 음식에 대한 기호를 반영한다.
② 안정된 분위기를 조성한다.
③ 규칙적으로 식사한다.
④ 식탁에 앉으면 바로 식사하도록 준비한다.
⑤ 지정된 시간 내에 먹도록 빨리 먹여준다.

○ 치매 대상자가 한 번에 조금씩 먹이고 음식을 삼킬 때까지 충분히 기다린다.

11 치매대상자의 배설문제의 원인이 아닌 것은?

① 뇌기능 저하로 배설할 수 없는 경우
② 배설 방법을 잊은 경우
③ 관심을 받기 위한 경우
④ 행동이 느려진 경우
⑤ 옷을 벗고 입는데 시간이 걸리는 경우

정답 09 ① 10 ⑤ 11 ③

12 치매대상자가 화장실에 가고 싶을 때 보내는 비언어적 신호로 옳은 것은?

① 바지의 뒷 부분을 움켜잡는다. ② 옷을 챙겨입는다.
③ 넓은 곳을 찾는다. ④ 대중 앞에서 이야기 하려한다.
⑤ 침착하게 행동한다.

- ② 옷을 올린다.
  ③ 구석진 곳을 찾는다.
  ④ 대중 앞에서 옷을 벗으려 한다.
  ⑤ 안절부절 못한다.

13 치매대상자의 배설돕기의 기본원칙에 관한 설명으로 옳은 것은?

① 대상자의 방은 화장실 먼 곳에 배정한다.
② 배설기록지에 배설시간과 양 등 습관을 기록한다.
③ 실금을 하면 훈련차원에서 엄하게 대한다.
④ 주간에는 이동변기를 사용한다.
⑤ 낮에는 기저귀를 착용한다.

- ① 대상자의 방은 화장실 가까운 곳에 배정한다.
  ③ 실금을 해도 '괜찮다'고 말한다.
  ④ 야간에는 이동변기를 사용한다.
  ⑤ 낮에는 가급적 기저귀를 착용하지 않는 것이 좋다.

14 최씨 할아버지는 변비가 있다. 변비를 해결하기 위한 방법으로 옳은 것은?

① 운동을 하게 한다.
② 지방질이 많은 육류를 많이 섭취하게 한다.
③ 가급적 물의 섭취를 줄인다.
④ 염산이 포함된 제산제를 제공한다.
⑤ 발효식품의 섭취를 금지한다.

- ② 섬유질이 많은 야채를 많이 섭취하게 한다.
  ③ 물을 많이 마시게 한다.
  ④ 칼슘이 포함된 제산제를 제공한다.
  ⑤ 발효식품을 섭취하게 한다.

정답 12 ① 13 ② 14 ①

15 변비를 해결하기 위해 요양보호사가 할 수 있는 것으로 옳은 것은?

① 손바닥으로 등 마사지를 한다.
② 하루 1500~2000cc 정도의 수분을 섭취하게 한다.
③ 변이 나올 때까지 변기에 앉혀 배변을 유도한다.
④ 관장을 한다.
⑤ 탄산음료, 커피 등을 제공한다.

> ① 손바닥으로 배 마사지를 한다.　　③ 일정시간마다 변기에 앉혀 배변을 유도한다.
> ④ 관장은 의료인이 해야한다.　　⑤ 요구르트, 토마토 주스 등을 제공한다.

16 치매대상자를 목욕시킬 때 원칙으로 옳은 것은?

① 목욕탕에서 미끄러질 수 있으므로 단호하게 이야기한다.
② 필요한 때 마다 목욕을 시킨다.
③ 욕실바닥에 미끄럼방지 매트를 깔아둔다.
④ 대상자 혼자 목욕탕에 들어갈 수 있게 한다.
⑤ 안전을 위해 혼자서 목욕을 시킨다.

> ① 조용하고 부드럽게 강요하지 말고 과정을 단순화 한다.
> ② 규칙적으로 목욕을 하여 거부감을 줄인다.
> ④ 대상자를 혼자 두지 않고 욕조에 들어갈 때는 옆에서 부축한다.
> ⑤ 혼자서 목욕 시키지 않는다.

17 치매대상자의 목욕을 돕는 방법으로 옳은 것은?

① 대상자가 할 일을 여러 가지 제시한다.
② 물에 거부반응을 보이면 찬물을 끼얹어 거부반응을 없앤다.
③ 많은 양의 물을 욕조에 받아 미끄러지더라도 다치지 않게 한다.
④ 샤워실에 지지대를 설치하거나 목욕의자를 사용한다.
⑤ 안구 상태를 관찰한다.

> ① 대상자가 할 일을 한 가지씩 차례로 정중하게 제시한다.
> ② 물에 거부반응을 보이면 그릇에 물을 떠서 장난하게 한다.
> ③ 적당량의 물을 욕조에 받아 미끄러지더라도 다치지 않게 한다.
> ⑤ 목욕 후 피부 상태를 관찰한다.

정답　15 ②　16 ③　17 ④

18 누워서 생활하는 치매대상자의 구강관리를 하는 방법으로 옳은 것은?

① 면봉으로 입술을 닦아낸다.
② 주전자로 입 아래쪽에 뜨거운 물 100~160cc를 넣어준다.
③ 물을 받아 낼 그릇을 바닥에 두어 입 안의 물이 흘러내리게 한다.
④ 치약은 성인용을 사용한다.
⑤ 음식물이 입 안에 있는지 확인한다.

○ ① 칫솔 또는 면봉으로 이와 이 사이를 닦는다.
② 부리가 긴 주전자로 입 아래쪽에 따뜻한 물 50~60cc를 넣어준다.
③ 볼에 물을 받아 낼 그릇을 밀착시켜 입 안의 물이 흘러내리게 한다.
④ 치약은 삼켜도 되는 어린이용을 사용한다.

19 치매대상자의 구강위생을 돕는 방법으로 옳은 것은?

① 양치한 물을 뱉지 않는 경우 손으로 입을 벌려 물을 뱉게 한다.
② 의치는 아침 시간에 닦아준다.
③ 양치질 거부 시 나중에 닦는다.
④ 의치는 의치보관용기에 물을 넣어 담가둔다.
⑤ 치아가 없다면 아무것도 안해도 된다.

○ ① 양치한 물을 뱉지 않는 경우 칫솔이나 숟가락을 넣어 말을 걸어 물을 뱉게 한다.
② 의치는 대상자가 협조할 수 있는 시간에 닦아준다.
③ 양치질 거부 시 물치약을 일회용 스펀지 브러시에 묻혀 치아와 입 안을 닦는다.
⑤ 치아가 없다면 식후에 물이나 차를 마시게 해 입 안을 깨끗하게 해준다.

20 치매대상자의 옷 입기 기본원칙으로 옳은 것은?

① 몸에 달라붙고 장신구가 화려한 옷을 제공한다.
② 빨래하기 쉬워야 한다.
③ 실내에서 생활하므로 계절과 무관하게 옷을 제공한다.
④ 옷을 입을 때 적극적으로 도와준다.
⑤ 혼자 입을 때는 쳐다보지 않는다.

○ ① 몸에 끼지 않고, 장식이 없는 옷을 제공한다.   ③ 깨끗하며 계절에 맞는 옷을 제공한다.
④ 시간이 걸려도 혼자 입도록 격려한다.   ⑤ 안전을 위해 옆에서 지켜본다.

정답 18 ⑤ 19 ④ 20 ②

21 치매대상자의 옷 입기 돕기 방법으로 옳은 것은?

① 겉옷 부터 입는 순서대로 정리해 놓는다.
② 옷 입는 것을 거부하면 그대로 둔다.
③ 단추 대신 지퍼로 여미는 옷을 이용한다.
④ 앞뒤를 뒤바꿔 입어도 괜찮은 옷을 입힌다.
⑤ 대상자의 옷이 아니라고 하면 동의하에 버린다.

> ① 속옷 부터 입는 순서대로 정리해 놓는다.
> ② 옷 입는 것을 거부하면 목욕시간에 갈아입힌다.
> ③ 단추 대신 부착용 접착천으로 여미는 옷을 이용한다.
> ⑤ 옷 라벨에 이름을 써 놓아 대상자의 옷임을 알게한다.

22 치매대상자의 운동돕기 기본원칙으로 옳은 것은?

① 운동기능을 평가하여 실행한다.
② 요양보호사와 친분과 관계 없이 운동을 한다.
③ 움직임이 가능하다면 빨리 움직이게 한다.
④ 고혈압, 심장병이 있다면 즉시 운동을 시작한다.
⑤ 운동은 머리 쪽에서 시작하여 다리 쪽으로 진행한다.

> ② 요양보호사와 친해진 후 운동을 한다.
> ③ 움직임이 가능한 범위에서 천천히 움직이게 한다.
> ④ 고혈압, 심장병이 있다면 의사에게 점검을 받아야 한다.
> ⑤ 운동은 다리 쪽에서 시작하여 머리 쪽으로 진행한다

23 치매대상자의 운동돕기에 대한 방법으로 옳은 것은?

① 스스로 운동할 수 있도록 유도한다.
② 굽이 높은 신발이나 샌들을 신는다.
③ 대상자의 기호도는 고려하지 않는다.
④ 앉은 자세에게 운동을 하는 것이 효과적이다.
⑤ 마라톤이 가장 효과적인 운동이다.

> ② 굽이 낮고 편안한 신발을 신는다.　　③ 대상자가 즐거워하는 운동을 한다.
> ④ 선 자세에게 운동을 하는 것이 효과적이다.　　⑤ 산책이 가장 효과적인 운동이다.

정답 21 ④ 22 ① 23 ①

24 치매대상자의 안전사고 예방을 위한 기본 원칙으로 옳은 것은?

① 인지개선을 위해 복잡한 단서를 이용한다.
② 언어에 대한 이해가 떨어지면 말을 하지 않는다.
③ 어두워 진 후에 불을 켠다
④ 대상자의 손상(감각 및 기능)을 고려하여 환경을 바꾼다.
⑤ 인지자극을 위해 복잡한 환경을 만든다.

○ ① 안내를 위해 단순한 단서(시계, 달력, 신문 등)를 이용한다.
  ② 언어에 대한 이해가 떨어지면 그림을 사용한다.
  ③ 어두워 지기 전에 불을 켠다.
  ⑤ 지나친 자극을 받지 않도록 환경을 단순화한다.

25 치매대상자의 방과 주변에서 안전사고를 예방하기 위한 방법으로 옳은 것은?

① 방은 2층으로 하되 외부의 접촉이 없게 한다.
② 출입구, 난간 등에는 검정 테이프를 붙여 접근을 금지한다.
③ 위험한 물건은 숨겨 놓는다.
④ 환기를 위해 창문은 항상 열어 놓는다.
⑤ 24시간 밝게 불을 켜 놓는다.

○ ① 방은 1층으로 하되 잘 관찰할 수 있는 곳이 좋다.
  ② 출입구, 난간 등에는 야광테이프를 붙여 구분이 가능하도록 한다.
  ④ 창문이 닫혀 있는지 확인한다.
  ⑤ 낮에는 방을 밝게, 밤에는 밝지 않게 하여 시간을 알게 한다.

26 치매대상자가 거주하는 방을 안전하게 하기 위한 방법으로 옳은 것은?

① 휠체어를 이용해서 옷을 걸 수 없도록 옷걸이를 높이 단다.
② 침대에서 먼 곳에 비상벨을 설치한다.
③ 침대를 방 중앙에 위치한다.
④ 난방기구를 켜 놓고 대상자를 혼자 두지 않는다.
⑤ 다니는 곳에 양탄자나 깔개를 깔아 놓는다.

정답 24 ④ 25 ③ 26 ④

- ① 휠체어를 이용해서 옷을 걸 수 있도록 옷걸이 높이를 조절한다.
- ② 침대에서 손이 닿을 수 있는 곳에 비상벨을 설치한다.
- ③ 침대를 벽쪽으로 붙인다.
- ⑤ 다니는 곳에 양탄자나 깔개를 두지 않는다.

27 치매대상자가 있는 곳의 화장실의 안전을 위해 해야 할 것은?

① 방에서 화장실은 먼 곳으로 한다.
② 낮에만 불을 켜 놓는다.
③ 대상자가 알아볼 수 있도록 '화장실'이라고 표시한다.
④ 문은 밖에서도 잠글 수 있게 한다.
⑤ 화장실 바닥은 물기를 뿌려 놓는다.

- ① 방에서 화장실은 가까운 곳으로 한다.
- ② 밤에도 불을 켜둔다.
- ④ 문은 밖에서도 열 수 있게 한다.
- ⑤ 화장실 바닥은 미끄러지지 않게 물기를 제거한다.

28 치매대상자가 있는 욕실의 안전을 위해서 해야 할 일로 가장 적절한 것은?

① 문턱을 없애 걸리지 않도록 한다.
② 목욕탕 문에 손잡이를 설치한다.
③ 미끄럼방지 매트를 입구에 설치한다.
④ 온수기의 온도를 높인다.
⑤ 온수수도꼭지는 검정색으로 표시한다.

- ② 목욕탕에 난간이나 손잡이를 설치한다.
- ③ 미끄럼방지 매트를 바닥에 설치한다.
- ④ 온수기의 온도를 낮춘다.
- ⑤ 온수수도꼭지는 빨간색으로 표시한다.

29 치매대상자의 안전을 위해 해야 할 일로 옳은 것은?

① 차를 탈 때는 안전띠를 하지 않는다.
② 화상예방을 위해 노출된 온수 파이프는 제거한다.

③ 목욕탕의 세제는 눈에 띄지 않는 곳에 보관한다.
④ 목욕탕 거울은 보기 쉬운 위치에 놓는다.
⑤ 차의 문은 쉽게 열도록 해 놓는다.

○ ① 차를 탈 때는 반드시 안전띠를 한다.
② 화상예방을 위해 노출된 온수 파이프는 절연체로 감싼다.
④ 목욕탕 거울은 대상자가 놀라지 않게 덮개를 씌운다.
⑤ 차의 문은 열지 못하도록 잠금장치를 한다.

30 치매대상자가 있는 부엌의 안전을 위해서 해야 할 일로 옳은 것은?

① 가스선은 밖에서 잠근다.
② 위험한 물건은 비닐팩에 보관한다.
③ 과일, 채소모양의 자석은 냉장고에 붙여 사물을 구분하게 한다.
④ 음식물 쓰레기는 부엌에 보관한다.
⑤ 화기의 사용법을 알려준다.

○ ② 위험한 물건은 보관장에 넣은 후 자물쇠로 잠근다.
③ 과일, 채소모양의 자석은 먹을 수 있으므로 사용하지 않는다.
④ 음식물 쓰레기는 부엌에 두지 않는다.
⑤ 가급적 화기를 사용하지 않게 한다.

03 _ 치매 대상자의 행동심리증상 대처

본문 97쪽

01 정씨 할아버지가 딸의 이야기를 반복해서 할 경우 요양보호사의 행동으로 가장 적절한 것은?

① 시설관리자에게 보고한다.
② 간호사에게 보고한다.
③ 가족에게 알린다.
④ 딸과 관련된 이야기를 나눈다.
⑤ 주의를 주며 다시는 이야기 하지 못하게 한다.

○ 치매대상자는 관심을 얻기 위해 행동하므로 이야기에 관심을 가져주는 것이 좋다.

정답 30 ① | 01 ④

02 치매대상자가 휴지를 주머니에 모으는 행동을 할 때 요양보호사의 행동으로 가장 적절한 것은?

① 좋아하는 음악을 들려준다.
② 야단을 친다.
③ 손을 잡아 제지한다.
④ 싫어하는 것을 보여준다.
⑤ 간호사에게 알린다.

> **대상자가 반복되는 행동을 할 때 돕는 방법**
> - 관심을 다른 곳으로 돌리기 위해 손뼉을 치는 등 소음을 낸다.
> - 대상자가 좋아하는 음식을 주거나 노래를 함께 부른다.
> - 과거의 경험, 고향과 관련된 대화를 한다.
> - 단순하게(나물 다듬기, 빨래개기, 콩 고르기 등) 할 수 있는 일거리를 제공한다.

03 다음과 같은 상황에서 요양보호사의 적절한 반응은 무엇인가?

> 송씨 할아버지는 점심을 먹고 금방 또 식사를 달라고 하신다.

① "좀 전에 점심 드셨잖아요"
② "저녁 시간은 아직 멀었어요"
③ "지금 준비하고 있으니까 조금만 기다리세요"
④ "자꾸 그런 말씀 하시면 퇴소시킬거예요"
⑤ "점점 심해지시네요"

04 치매대상자의 음식섭취를 돕는 방법으로 옳은 것은?

① 그릇의 크기를 일정하게 하여 식사량을 고정한다.
② 도구를 사용하지 못해도 숟가락과 젓가락을 사용하게 한다.
③ 음식을 잘게 썰어주거나 걸죽하게 만들어 준다.
④ 위험한 물건의 위험성을 알리기 위해 그냥 둔다.
⑤ 먹고 난 식기를 빨리 치워 청결을 유지한다.

> ① 그릇의 크기를 조정하여 식사량을 조절한다.
> ② 도구를 사용하지 못하면 손으로 먹을 수 있는 음식을 공급한다.
> ④ 위험한 물건은 먹지 못하게 치운다.
> ⑤ 먹고 난 식기를 그대로 두어 식사를 했음을 알게 한다.

정답 02 ① 03 ③ 04 ③

05 수면장애가 있는 치매대상자를 돕는 방법으로 옳은 것은?

① 낮에 야외활동으로 운동하도록 한다.
② 낮 시간에 졸면 큰소리를 내서 잠을 깨운다.
③ 시끄러운 환경에서 불쾌감을 느낄 정도의 온도를 유지한다.
④ 오후나 저녁에는 커피나 술을 제공한다.
⑤ 야간 외출을 금지한다.

○ ② 낮 시간에 졸면 말을 걸어 자극을 준다.
　③ 조용한 환경에서 적정 실내온도를 유지한다.
　④ 오후나 저녁에는 커피나 술을 주지 않는다.
　⑤ 야간 외출 시 요양보호사가 동반한다.

06 다음과 같은 경우 요양보호사가 해야 할 대처방법으로 옳은 것은?

> 권씨 할머니는 밤 12시 정도가 되면 성격이 달라져 욕을 하거나 도깨비가 보인다고 소리를 지른다.

① 신체를 억압한다.
② 방을 밝게 하고 따뜻하게 해 준다.
③ 그렇게 하지 못하도록 야단을 친다.
④ 수면유도제를 복용하도록 한다.
⑤ 찬물을 제공하여 정신을 차리게 한다.

○ 가벼운 야간섬망이 있는 경우 방을 밝게 하고 따뜻하게 해주면 진정되며, 심각한 수준이라면 시설장이나 관리책임자에게 보고한다.

07 다음은 무엇에 관한 설명인가?

> 기억력 상실, 시간과 방향감각의 저하로 혼란, 정서적 불안 등으로 화장실을 찾지 못하거나 낙상을 하거나 신체적 손상을 입는다.

① 섬망　　② 우울증　　③ 배회
④ 의심　　⑤ 환상

정답 05 ①　06 ②　07 ③

① 섬망 : 의식 장애로 주의력 저하, 감정·정서·사고·언어 등 인지기능 저하가 짧은 시간에 급격히 발생, 증상의 기복이 심하다.
② 우울증 : 불면 또는 과도한 수면, 식욕변화와 체중변화, 불안, 초초, 무기력 증상이 보인다.
④ 의심 : 타인이 물건을 훔쳐갔다고 말한다.
⑤ 환상 : 보이지 않는 사물이나 사람과 대화를 나누는 증상이다.

08 배회하는 치매대상자를 돕는 방법으로 옳은 것은?

① 낙상방지를 위해 주변환경을 어둡게 한다.
② 대상자의 심리적 욕구를 우선 해결해 준다.
③ 복잡한 일거리를 주어 배회 증상을 줄인다.
④ 신분증을 소지하도록 하거나 연락처가 적힌 이름표를 달아준다.
⑤ 시설의 규칙을 설명하여 관심을 다른 곳으로 돌린다.

① 낙상방지를 위해 주변환경을 안전하게 한다.
② 대상자의 신체적 욕구를 우선 해결해 준다.
③ 단순한 일거리를 주어 배회 증상을 줄인다.
⑤ 고향이나 가족에 대한 대화를 하여 관심을 다른 곳으로 돌린다.

09 김씨 할아버지는 종종 집을 나가 배회하며 길을 잃어버리곤 한다. 대처방법으로 옳은 것은?

① 신분증을 집 안에 보관한다.
② 낮에 가족들과 음주를 한다.
③ 창문과 문을 활짝 열어 환기를 한다.
④ 집안을 어둡게 하고 어지러운 환경을 조성한다.
⑤ 주변의 관련 기관에 미리 협조를 구한다.

① 신분증을 소지하도록 한다. ② 낮에 가족들과 쇼핑을 한다.
③ 창문과 문을 잠근다. ④ 집안을 밝게 하고 조용한 환경을 조성한다.

10 정씨 할아버지는 자신의 휴지를 누가 훔쳐갔다고 주장한다. 요양보호사의 대처방법으로 가장 적절한 것은?

① 같은 물건을 준비했다가 찾게 한다.

② 경찰에 신고를 한다.
③ 가족에게 알린다.
④ 잃어 버린 것이 아니라고 설득한다.
⑤ 대상자의 말을 무시한다.

○ **돕는 방법**
- 잃어 버렸다고 하는 물건을 같이 찾아본다.
- 동일한 물건을 자주 잃어 버렸다고 하면, 같은 물건을 준비해 놓았다가 대상자가 물건을 찾도록 도와준다.
- 대상자가 물건을 두는 위치를 알아두며, 좋아하는 노래를 함께 부르거나 음악을 틀어준다.
- 방을 지키기를 원한다면 위험하지 않은 범위에서 허용한다.
- 망상이 심한 경우 시설장(관리책임자)에게 알린다.

11 요양보호사가 물건을 훔쳐갔다고 주장하는 강씨 할아버지 앞에서 해야 할 행동으로 옳은 것은?

① 혼자서 한 번 잘 찾아보시라고 한다.
② 동료요양보호사에게 치매라서 저렇게 한다고 귓속말로 이야기 한다.
③ 잃어버린 물건에 대해서 이야기 한다.
④ 물건을 찾을 경우 다음부터는 의심하지 말라고 이야기 한다.
⑤ 같이 물건을 찾아보게 한다.

○ **물건을 잃어 버렸다고 주장하는 대상자 앞에서 해서는 안되는 행동**
- 잃어버린 물건에 대해 이야기 하지 않는다.
- 귓속말을 하지 않는다.
- 조롱하는 말투를 사용하지 않는다.
- 물건을 찾은 후 비난이나 훈계를 하지 않는다.

12 치매대상자가 욕설을 하고 침을 뱉는 등의 행동을 하는 특징으로 옳은 것은?

① 난폭한 행동을 자주한다.
② 난폭한 행동이 오래 지속된다.
③ 문제가 해결되면 행동을 중지한다.
④ 치매 말기에 나타나며 오랫동안 지속된다.
⑤ 모든 사람에게 난폭한 행동을 한다.

정답 11 ⑤ 12 ⑤

- ① 난폭한 행동을 자주 하지 않는다.
- ② 난폭한 행동이 오래 지속되지 않는다.
- ③ 에너지가 소모되면 행동을 중지한다.
- ④ 치매 초기에 나타나며 수개월 내에 사라진다.

13. 파괴적 행동을 할 때 돕는 방법으로 옳은 것은?

① 이상 행동 시 조용한 장소에서 쉬게 한다.
② 제압이 가능하게 빠르게 움직인다.
③ 대상자의 흥분이 잘 못 되었음을 이해시킨다.
④ 난폭한 행동이 계속되면 장기간 신체를 구속한다.
⑤ 공격적 행동이 사라질 때까지 계속 접촉한다.

- ② 온화하게 말하고 천천히 안정된 태도로 움직인다.
- ③ 대상자가 흥분되어 있음을 이해한다는 표현을 한다.
- ④ 난폭한 행동이 계속되면 신체의 일부만 구속한다.
- ⑤ 공격적 행동이 사라질 때까지 접촉을 줄인다.

14. 치매대상자가 다음과 같은 행동을 할 경우 요양보호사의 대처 방법으로 옳은 것은?

> 항상 조용히 웃던 강씨 할아버지는 저녁 8~9시만 되면 옷을 벗고 방에서 뛰쳐나와 바닥에서 뒹구는 등의 행동을 한다.

① 텔리비젼을 켜 놓거나 조명을 밝게 한다.
② 신체를 제한한다.
③ 8시쯤 되면 혼자 있게 한다.
④ 대상자가 무서워하는 인형을 주어 제어한다.
⑤ 차가운 음료를 주어 정신이 들게한다.

- ② 신체를 제한하면 행동을 악화시킨다.
- ③ 요양보호사가 충분한 시간을 갖고 대상자와 함께 있는다.
- ④ 대상자가 좋아하는 인형을 준다.
- ⑤ 따뜻한 음료를 주어 잠드는데 도움을 주다

정답 13 ① 14 ①

15 해질 녘이 되면 치매대상자가 더욱 혼란해지고 불안정해져 우울증상을 보이는 것을 무엇이라 하는가?

① 섬망
② 의심
③ 배회
④ 수면장애
⑤ 석양증후군

○ ① 섬망 : 의식 장애로 주의력 저하, 감정·정서·사고·언어 등 인지기능 저하가 짧은 시간에 급격히 발생, 증상의 기복이 심하다.
② 의심 : 타인이 물건을 훔쳐갔다고 말한다.
③ 배회 : 기억력 상실, 시간과 방향감각의 저하로 혼란, 정서적 불안 등으로 특정 장소를 찾지 못한다.
④ 수면장애 : 낮과 밤이 바뀌거나 혈관성 침해로 밤에 잠을 이루지 못한다.

16 치매 대상자가 바지를 벗는 행동을 할 때 요양보호사의 대처방법으로 옳은 것은?

① 치매 대상자가 싫어하는 것을 보여준다.
② 공공장소에 데려가 망신을 준다.
③ 바지를 벗었을 때 대소변을 보게한다.
④ 심한 경우 시설장이나 관리책임자에게 보고한다.
⑤ 면박을 주며 옷을 입혀준다.

○ ① 치매 대상자가 좋아하는 것을 가져간다고 경고한다.
② 공공장소에 데려가는 것을 삼가한다.
③ 대소변을 보고 싶은 욕구가 있는지 확인한다.
⑤ 당황하지 않고 옷을 입혀준다.

17 다음과 같은 경우 요양보호사의 대처방법으로 가장 적절한 것은?

> 정씨 할머니는 저녁 무렵이 되면 퇴근한다고 인사를 하고 나가려고 한다.

① 나가지 못하게 신체의 일부분을 잠시 억압한다.
② 시장에 가서 반찬거리를 사오자고 하면서 산책을 하고 돌아온다.
③ 가족에게 알린다.
④ 치매대상자의 실종에 대비해 주변의 관련기관에 협조를 구한다.
⑤ 시설장에게 보고하여 의료조치를 취하게 한다.

04 _ 치매 대상자와의 의사소통

본문 100쪽

01 치매대상자와의 의사소통 방법으로 옳은 것은?

① 대상자별로 의사소통 방법을 달리한다.
② 의사소통의 효과가 없다면 물리적인 힘을 가한다.
③ 같은 대상자에게는 같은 방법으로 소통을 시도한다.
④ 대상자의 신체적 상태와 상관없이 일관성 있게 소통을 시도한다.
⑤ 대상자를 약간 무시하는 태도로 대화한다.

> ② 의사소통의 효과가 없다면 중단했다가 다른 방법으로 시도한다.
> ③ 대상자의 상황에 따라 전에 했던 방법이 통하지 않을 수 있다.
> ④ 대상자의 신체적 상태를 파악하여 대화한다.
> ⑤ 대상자를 존중하는 태도로 대화한다.

02 치매대상자가 의사표현을 하도록 돕는 방법으로 옳은 것은?

① 라디오와 텔레비전을 켠다.
② 대상자를 편하게 한다.
③ 대상자의 말을 이해했음을 확인시킬 필요는 없다.
④ 게시판, 그림 등의 보조수단 보다는 문자를 이용한다.
⑤ 사람이 많은 곳에서 대화한다.

> ① 라디오와 텔레비전을 끈다.   ③ 대상자의 말을 이해했음을 확인시킨다.
> ④ 게시판, 그림 등의 보조수단을 이용한다. ⑤ 사람이 없는 조용한 곳에서 대화한다.

03 치매대상자가 물건을 잃어 버렸을 경우 요양보호대상자의 표현으로 가장 적절한 것은?

① "서랍 속을 한 번 찾아볼까요?"
② "서랍 속은 아까 찾아보셨는데 왜 또 찾아보세요?'
③ "왜 자꾸 서랍 속을 보시는데요?"
④ "거기에는 없다구요!"
⑤ "그냥 계세요. 제가 찾아볼께요"

> 대상자를 부정하거나 설득하려고 하지 않고 대상자의 기억력 장애를 인정하고 이해할 수 있도록 돕는다.

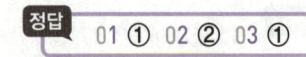

04 권씨 할아버지가 컵의 물을 혼자 마시다 흘렸을 때 요양보호사의 반응으로 적절한 것은?

① "왜 혼자서 드신거예요?"
② "제가 해 드린다고 했잖아요!"
③ "실수하지 마셔야죠"
④ "조금 더 연습하면 더 좋아지실 거예요"
⑤ "젖은 옷 빨리 벗으세요"

○ 치매대상자가 실수를 했더라도 상처를 입거나 자존심이 상하는 말은 하지 않는다.

05 치매대상자와 의사소통 시 원칙으로 옳은 것은?

① 대상자의 속도보다 약간 빠르게 설명한다.
② 어린아이에게 말하듯 한다.
③ 어휘능력 향상을 위해 어려운 표현을 사용한다.
④ 여러 가지를 설명하여 기억하게 한다.
⑤ 과거를 회상하게 유도한다.

○ ① 대상자의 속도에 맞춰 천천히 이야기 한다.
　② 어린아이 대하듯 하지 않는다.
　③ 간단한 단어 및 이해할 수 있는 표현을 사용한다.
　④ 한 번에 한 가지씩 설명한다.

06 치매대상자와 대화 시 가장 적절한 말하기 방법은?

① "어디가 아프세요?"
② "이렇게 하실거면서 지난 번에는 왜 못하셨어요"
③ "저는 요양보호사 ○○○입니다."
④ "아침이예요. 식사 하세요"
⑤ "언제 노래를 해 보셨어요?"

○ ① 왼쪽 손목이 아프세요? : 아픈 부위를 구체적으로 말한다.
　② 지난번 보다 많이 잘 하셨어요 : 대상자를 격려하는 말을 한다.
　④ 아침 8시예요. 아침 식사 하세요 : 현재 상황을 알려준다.
　⑤ 젊었을 때 노래를 잘 하셨나봐요 : 과거를 회상하게 유도한다.

정답 04 ④　05 ⑤　06 ③

07 치매대상자와 대화 시 원칙으로 맞지 않은 것은?

① 반복적으로 설명한다.
② 간단한 단어를 사용한다.
③ 현실을 알려준다.
④ 얼굴을 마주보고 말한다.
⑤ 어린아이 대하듯 한다.

○ 치매대상자를 대할 때는 존칭어를 사용하고 긍정형 문장으로 이야기 한다.

08 치매대상자와 신체적 언어를 사용하여 대화할 때의 방법으로 옳은 것은?

① 대상자의 옆에서 이야기한다.
② 눈높이를 맞추기 위해 무릎을 꿇기도 한다.
③ 팔짱을 끼고 이야기 한다.
④ 접근할 때는 뒤에서 다가간다.
⑤ 손짓, 발짓 보다는 음성으로 이야기한다.

○ ① 정면으로 마주보며 이야기 한다. ③ 위협적인 자세를 취하지 않는다.
④ 접근할 때는 앞에서 다가간다. ⑤ 손짓, 발짓을 사용한다.

09 다음과 같은 치매증상을 보일 때의 대화방법으로 옳은 것은?

• 대화의 일관성 및 연결성이 없다.
• 물건이나 사람의 이름을 부는 것이 어렵다.
• 대화의 주제가 자주 바뀐다.
• 과거, 현재, 미래의 시제 사용이 어렵다.

① 간단하고 직접적인 언어를 사용한다.
② 말을 하지 않는다.
③ 대상자의 반응을 무시하고 말을한다.
④ 강압적인 분위기를 조성하여 대화를 한다.
⑤ 다른 일을 하면서 대상자와 대화를 한다.

정답 07 ⑤ 08 ② 09 ①

○ 보기의 증상은 치매초기이며 모든 치매환자에게는 다음과 같은 대화방법으로 대화해야 한다.
- 대화내용을 정리, 반복해서 이야기한다.
- 집중력이 높은 시간대에 이야기한다.
- 눈을 마주치며 이야기한다.
- 답이 없더라도 대상자가 듣고 있는 것처럼 다정하게 이야기한다.

10 치매말기 대상자와 의사소통하는 방법으로 옳은 것은?

① 대상자를 돕고자 하는 마음을 표현한다.
② 긍정적인 기억이나 사건을 회상하도록 돕는다.
③ 대상자가 반응할 때까지 기다린다.
④ 방에 있는 물건마다 이름표를 붙인다.
⑤ 대상자가 이야기하는 모든 것에 반응한다.

○ ① 대상자를 돕고자 하는 마음을 표현한다 : 초기
② 긍정적인 기억이나 사건을 회상하도록 돕는다 : 초기
③ 대상자가 반응할 때까지 기다린다 : 중기
④ 방에 있는 물건마다 이름표를 붙인다 : 중기

05 _ 인지자극 훈련

본문 101쪽

01 인지훈련에 해당하는 내용으로 맞지 않은 것은?

① 따라 그리기   ② 색칠하기   ③ 맨손체조
④ 한글쓰기   ⑤ 영어단어 외우기

○ 인지훈련은 간단한 내용으로 구성되어 있으며 영어단어 외우기 같은 내용은 포함되지 않는다.

02 인지기능에 문제가 없는 대상자에게 하는 인지자극 훈련의 내용으로 옳은 것은?

① 인지기능을 향상하도록 돕는다.
② 요양보호사가 만족감을 느낄 수 있어야 한다.
③ 인지자극을 통해 신체장애를 정상으로 회복한다.
④ 치매가 있으며 혼자 움직일 수 없는 대상자에게 한다.
⑤ 인지기능 훈련은 강제적으로 한다.

정답 10 ⑤ | 01 ⑤ 02 ①

② 대상자가 만족감을 느낄 수 있도록 돕는다.
③ 인지자극을 통해 신체장애 일부를 극복한다.
④ 치매는 없지만 혼자서 움직이기 힘든 대상자에게 한다.
⑤ 인지기능 훈련에 참여할 수 있는 대상자에게 한다.

03 중증 인지기능 장애 대상자의 프로그램 실행 시 주의할 점이 아닌 것은?

① 환자가 간단한 활동을 유지할 수 있도록 지원
② 환자의 컨디션보다 조금 더 향상된 활동을 제공
③ 과거 환경과 직업을 고려하여 활동 제안
④ 환경 변화에 대한 불안과 성능 저하 주의
⑤ 중증 인지장애에도 감정을 경험하므로 존엄성 유지

- 환자의 컨디션에 맞는 활동 제공(적절한 시간과 공간)
- 몸짓과 표정을 주의 깊게 관찰 및 간단한 지시 활용
- 문제 행동 발생 시 원인 고려 후 대응

02절 임종 요양 보호

01_ 임종기 단계별 지원 / 02_ 임종 대상자 지원 및 가족 요양보호 / 03_ 임종 대상자의 권리   본문 102쪽

01 말기환자일 경우 사전연명의료의향서 작성에 대해 옳은 것은?

① 초기환자 또는 18세 이상 성인이 작성한다.
② 임종과정에 사용할 의약품의 항목을 결정한다.
③ 작성 후 병원에서 보관한다.
④ 한 번 작성한 내용은 변경할 수 없다.
⑤ 가족들에게 사전연명의료의향서의 내용을 미리 전달 해 둔다.

① 말기환자 또는 19세 이상 성인이 작성한다.
② 임종과정 기간을 연장하는 의학적 시술에 대한 의향을 결정한다.
③ 작성 후 사전연명의료의향서 등록기관에 등록한다.
④ 언제든지 내용을 변경하거나 철회할 수 있다.

정답 03 ② | 01 ⑤

02 임종 징후에 관한 설명으로 옳은 것은?

① 누워 있으며 음식물 섭취에 집착한다.
② 의식이 또렷해지고 혈압이 상승한다.
③ 숨을 몰아쉬고 가래가 끓다가 숨을 깊고 천천히 쉬게된다.
④ 손발이 뜨거워지고 피부색이 빨갛게 변한다.
⑤ 실금하게 되며 항문이 좁혀진다.

○ ① 누워 있으며 음식물 섭취에 무관심하다.
② 의식이 흐려지고 혈압이 떨어지고 혼수상태에 빠진다.
④ 손발이 차가워지고 식은땀을 흘리며 피부색이 파랗게 변한다.
⑤ 실금하게 되며 항문이 열린다.

03 임종의 적응 단계 중 "나는 아니야. 왜 하필이면 나야"같은 표현을 하는 단계는?

① 부정단계
② 분노단계
③ 타협단계
④ 우울단계
⑤ 수용단계

○ 자신의 병이 회복될 수 없음을 알고 있으면서도 사실로 받아들이지 않고, 다시 회복될 수 있다고 믿고 싶어 한다.

04 다음과 같은 반응을 보이는 임종대상자의 적응단계로 옳은 것은?

> 이씨 할아버지는 의사에게 "우리 아들이 유학 마치고 올 때 까지만이라도 살게해 주세요"라고 울면서 말했다.

① 부정단계
② 분노단계
③ 타협단계
④ 우울단계
⑤ 수용단계

○ 아무리 부정해도 죽음을 피할 수 없음을 알고 자신의 삶이 얼마간이라도 연장되기를 바란다.

정답 02 ③ 03 ① 04 ③

05 임종대상자가 회복 가능성이 없다고 느끼며 조용히 있거나 슬퍼할 때 요양보호사의 역할로 옳은 것은?

① 감정을 표현하도록 하며 손동작이나 접촉을 한다.
② 감정을 외면하며 객관적 자세를 취한다.
③ 가족에게 연락해서 가족이 위로하게 한다.
④ 의료인에게 보고하여 약을 처방한다.
⑤ 웃으며 위로한다.

> 우울의 단계에 있는 대상자에게는 말보다는 손동작이나 접촉이 필요하며 감정을 표현하도록 그냥 두어야한다.

06 임종적응 단계에 대한 내용으로 옳은 것은?

① 부정 : "우리 애가 학교졸업할 때까지만 살게 해 주세요."
② 분노 : "아니야. 나는 믿을 수 없어" "
③ 타협 : "나는 지쳤어"
④ 우울 : 침울한 단계로 곁에 있어줄 사람을 필요로 한다.
⑤ 수용 : "나는 아니야. 왜 하필이면 나야"

> ① 부정 "아니야. 나는 믿을 수 없어"
> ② 분노 "나는 아니야. 왜 하필이면 나야" "왜 지금이야"
> ③ 타협 "우리 애가 학교졸업할 때까지만 살게 해 주세요."
> ⑤ 수용 "나는 지쳤어" 정리의 시간이다.

07 임종 대상자에 대한 요양보호로 옳은 것은?

① 대상자에게 냉정하게 이야기 한다.
② 전기담요로 따뜻하게 해 준다.
③ 내가(요양보호사) 누구인지 물어본다.
④ 홑이불 밑에 솜이불을 깐다.
⑤ 작은 스프레이에 생수를 담아 입 안에 뿌려준다.

정답 05 ① 06 ④ 07 ⑤

○ ① 대상자의 손을 잡아주며 부드럽게 이야기한다.
② 보온을 위해서 전기기구는 사용하지 않으며 담요를 덮어준다.
③ 내가(요양보호사) 누구인지 먼저 이야기해준다.
④ 홑이불 밑에 방수포를 깐다.

08 임종대상자가 호흡이 불규칙할 경우 돕는 방법으로 옳은 것은?

① 머리를 옆으로 돌려준다.
② 따뜻하게 담요를 덮어준다.
③ 상체와 머리를 높여주고 연하게 가습기를 켜둔다.
④ 이마를 가볍게 문질러 주거나 음악을 들려준다.
⑤ 작은 얼음조각을 입에 넣어준다.

09 임종대상자에게 요양보호 시 고려할 점으로 맞지 않은 것은?

① 대상자의 곁에 함께 있을 것임을 알려준다.
② 대상자에게 관심을 가진다.
③ 만나고 싶은 사람을 만날 수 있도록 돕는다.
④ 대상자의 의견을 무시한다.
⑤ 임종하기를 원하는 장소나 희망하는 종교의식을 알아본다.

○ ④ 대상자의 의견을 존중한다.

10 임종대상자를 돕는 방법으로 옳은 것은?

① 같은 동작을 반복할 때는 못하게 억압한다.
② 음식섭취를 거부할 때는 영양제를 투입한다.
③ 소변배출용 소변줄을 취침 전에 삽입한다.
④ 대상자가 만나고 싶은 사람은 만날 수 있게 한다.
⑤ 실금이나 실변 시에는 바지를 벗겨 놓는다.

○ ① 같은 동작을 반복할 때는 조용한 음악을 들려준다.
② 음식섭취를 거부할 때는 작은 얼음조각을 입에 넣어준다.
③ 소변배출용 소변줄을 의료진과 상의하여 삽입한다.
⑤ 실금이나 실변 시에는 기저귀를 채운다.

정답 08 ③ 09 ④ 10 ④

11 임종대상자가 심리적으로 불안해 하면 요양보호사가 할 수 있는 일로 옳은 것은?

① 회복할 수 있다는 믿음을 심어준다.
② 곁에서 손을 잡아주는 등 정서적 안정감을 준다.
③ 의료진에게 수면유도제를 줄 것을 요청한다.
④ 대상자가 믿는 종교인을 불러준다.
⑤ 인생은 무상하다는것을 알려준다.

○ 대상자의 곁에서 손을 잡아주는 등의 접촉을 통해 편안한 마음이 되도록 한다.

12 임종이 가까운 대상자의 요양보호로 옳은 것은?

① 침상머리를 낮춘다.
② 대상자의 얼굴이 천장을 향하게 한다.
③ 용변을 보더라고 당분간 그냥 둔다.
④ 혼수상태라도 평상시와 같이 요양보호를 제공한다.
⑤ 가족들이 있으면 자리를 피한다.

○ ① 침상머리를 높인다.
② 대상자의 머리를 옆으로 돌려 분비물의 배출을 용이하게 한다.
③ 용변을 보는 즉시 따뜻한 물로 닦아준다.
⑤ 가족들과 함께 지켜보며 도와준다.

13 임종 후 요양보호에 관한 설명으로 옳은 것은?

① 대상자가 사망하였으므로 요양보호 서비스를 종료한다.
② 장례식에 참석하여 가족을 위로한다.
③ 안아주기, 손 잡아주기, 위로의 말 등으로 가족을 공감한다.
④ 대상자의 사후처리는 위생장갑을 착용하고 한다.
⑤ 가족의 태도와 행동에 감정을 이입하여 적극 대응한다.

○ ① 돕는 자로서 도움을 제공한다.
② 장례식이나 장지에는 가지 않는다.
④ 대상자의 사후처리는 의료기관 등에서 한다.
⑤ 가족의 태도와 행동에 중립적인 자세를 유지한다.

정답 11 ② 12 ④ 13 ③

14 임종대상자의 요양보호로 옳은 것은?

① 호흡이 변하면 인공호흡을 실시한다.
② 정신기능이 혼돈하면 대상자에게 내가 누구인지 이야기 해준다.
③ 배설기능이 약해지면 하의를 벗겨 놓는다.
④ 같은 동작을 반복하면 손을 억제하도록 한다.
⑤ 소변량이 줄어들거나 하면 손을 씻고 소변줄을 삽입한다.

○ ① 호흡이 변하면 상체와 머리를 높여준다.
③ 배설기능이 약해지면 홑이불 아래 방수포를 깔고 기저귀를 채운다.
④ 같은 동작을 반복하면 이마를 가볍게 문질러 준다.
⑤ 소변량이 줄어들거나 하면 의료팀과 연계하여 소변줄을 삽입한다.

03절 응급상황 대처 및 감염관리

01_ 위험 및 위기대응
본문 105쪽

01 대상자가 낙상했을 때 돕는 방법으로 맞지 않는 것은?

① 119에 전화한다.
② 전화기가 없다면 큰 소리로 도움을 요청한다.
③ 다친 곳과 아픈 곳이 있는지 물어본다.
④ 호흡을 가다듬고 진정시킨다.
⑤ 일어나서 뛰어보게 한다.

○ 대상자가 스스로 일어나게 해서는 안 되며 우선 호흡을 가다듬게 하고 진정시킨다.

정답 14 ② | 01 ⑤

02 다음의 설명은 무엇에 관한 것인가?

> • 약물 복용 시 의사의 확인, 과음 금지
> • 시력 저하 시 맞는 안경 착용하기
> • 집 안 환경을 안전하게 만들기
> • 하지 근력 강화를 위한 규칙적 운동

① 낙상 예방법
② 요실금 예방법
③ 욕창 예방법
④ 백내장 예방법
⑤ 고혈압 예방법

03 낙상의 유발 위험요인이 아닌 것은?

① 보행장애가 있는 질환자
② 기립성 저혈압이 있는 경우
③ 식욕이 저하된 사람
④ 시력이 떨어져 있는 사람
⑤ 발에 이상이 있는 사람

04 다음은 무엇에 관한 설명인가?

> ㉮ 화장실, 집 안 바닥 물기제거, 조명은 밝게하기
> ㉯ 미끄럼 방지 매트, 스티커 사용
> ㉰ 취침 시 가급적 침대 사용 금지
> ㉱ 난간이 있는 침대에서 취침 시 난간 올리고 취침하기
> ㉲ 문턱을 제거하고 발에 걸리는 물건이 없게 하기
> ㉳ 자세를 바꿀 때는 천천히 움직이기

① 가정에서 목욕 시 주의사항
② 화재 대피 시 주의 사항
③ 지진 발생 시 대피사항
④ 가정에서의 낙상 예방 주의사항
⑤ 전기 사고 시 대피사항

정답 02 ① 03 ③ 04 ④

05 화재 시 대피 요령으로 옳은 것은?

① '불이야'라고 외친 후 문을 두드린다.
② 계단으로 대피하며 아래로 대피할 수 없을 경우 옥상으로 대피한다.
③ 낮은 자세로 마른 수건 등으로 머리를 감싸고 대피한다.
④ 무조건 방문을 열고 대피한다.
⑤ 바람이 없는 쪽에서 구조를 기다린다.

○ ① '불이야'라고 크게 외친 후 화재비상벨을 누른다.
　③ 낮은 자세로 젖은 수건 등으로 코와 입을 감싸고 대피한다.
　④ 방문을 열기 전 문 손잡이가 뜨거운지 확인한다.
　⑤ 바람이 불어오는 쪽에서 구조를 기다린다.

06 수해 발생 시 대처방법으로 옳은 것은?

① 홍수로 밀려온 물이 오염되었을 수 있으므로 젖지 않게 해야 한다.
② 물을 미리 받아둘 필요는 없다.
③ 전기는 차단하고 가스 밸브는 열어둔다.
④ 홍수에 젖었을 때는 응달에 말린다.
⑤ 수해가 끝나면 전기와 가스가 작동되는지 바로 확인한다.

○ ② 상수도 오염에 대비해 물을 받아 둔다.
　③ 전기를 차단하고 가스 밸브는 잠근다.
　④ 홍수에 젖었을 때는 비누로 씻어야 한다.
　⑤ 가스와 전기는 기술자의 안전조사가 끝난 후 사용한다.

07 정전이나 전기사고에 대비하는 방법으로 옳은 것은?

① 정전에 대비해 누전차단기를 내린다.
② 옥내 전기 시설에 이상이 있다면 직접 수리한다.
③ 정전이 오래되면 변질된 음식을 빨리 먹는다.
④ 인공호흡기를 사용하는 요양기관은 보조 전원장치를 마련한다.
⑤ 습기가 있는 곳에서도 전기기구를 사용해야 한다.

정답 05 ② 06 ① 07 ④

- ① 정전 시에는 누전차단기의 이상유무를 확인한다.
- ② 옥내 전기 시설에 이상이 있다면 대상자의 가족과 상의하여 전기공사업체에 수리를 의뢰하도록 한다.
- ③ 정전이 오래되면 변질된 음식은 버린다.
- ⑤ 습기가 있는 곳에서는 전기기구를 사용하지 않는다.

08 화재 시 대처방법으로 옳은 것은?

① 연기가 난 것을 보면 방문을 잠근다.
② 무조건 불을 끈다.
③ 불길이 거세더라도 양동이를 이용하여 불을 끈다.
④ 소화기를 사용할 때는 문을 마주보고 사용한다.
⑤ 옷에 불이 붙으면 얼굴을 가리고 뒹굴어 불을 끈다.

○ **화재 시 대처방법**
① 연기가 나면 불이야 라고 소리치거나 비상벨을 누른다.
② 불을 끌것인지 대피할 것인지 판단한다.
③ 불길이 천정까지 닿지 않으면 소화기나 양동이로 불을 끈다.
④ 소화기를 사용할 때는 문을 등지고 분말 소화기를 사용한다.
⑤ 옷에 불이 붙으면 얼굴(눈, 코, 입)을 가리고 바닥에 뒹굴어 불을 끈다.

09 화재 시 대피하는 방법으로 옳은 것은?

① 엘리베이터를 이용하여 신속하게 대피한다.
② 야간에는 벽을 손으로 짚으며 대피한다.
③ 최대한 몸을 높여서 대피한다.
④ 심호흡을 하면서 대피한다.
⑤ 반드시 아래로 대피한다.

○ ① 화재시에는 엘리베이터를 사용하지 않고 계단으로 대피한다.
③ 최대한 낮은 자세로 대피한다.
④ 젖은 수건 등으로 코와 입을 감싸고 대피한다.
⑤ 아래로 대피할 수 없는 경우 옥상으로 대피한다.

정답 08 ⑤ 09 ②

02 _ 감염예방 및 관리

본문 106쪽

01 감염을 예방하기 위한 가장 손쉬운 방법은?

① 오염된 세탁물은 장갑을 끼고 일반쓰레기로 배출한다.
② 손을 씻는다.
③ 대상자가 입었던 옷은 한 번만 입고 소각한다.
④ 매일 머리를 감고 저녁 때 양치질을 한다.
⑤ 소독할 컵과 카테터는 얼음물에 15~20분 정도 담근다.

- ① 오염된 세탁물은 장갑을 끼고 격리 장소에 따로 배출한다.
  ③ 침구와 대상자가 입었던 옷은 깨끗이 하여 청결을 유지한다.
  ④ 매일 샤워하고 자주 칫솔질을 한다.
  ⑤ 소독할 컵과 카테터는 끓는 물에 15~20분 정도 소독한다.

02 감염의 증상 중 호흡기계 감염으로 옳은 것은?

① 열감, 발적, 통증, 부종
② 인후통, 기침, 객담, 호흡 곤란
③ 하부복통, 배뇨통, 빈뇨, 잔뇨감
④ 안면홍조, 발열, 발진, 피곤, 의욕상실
⑤ 설사, 구토, 오한

- • 감염 발생부위 : 열감, 발적, 통증, 부종, 삼출액 증가
  • 호흡기계 감염 : 인후통, 기침, 객담, 호흡곤란
  • 요로감염 : 하부복통, 배뇨통, 빈뇨, 잔뇨감, 긴박뇨, 야뇨, 소변색 변화(탁뇨, 혈뇨), 악취, 발열, 오한, 오심, 구토
  • 전신증상 : 안면홍조, 발열, 발진, 피곤, 의욕상실, 두통 등

정답 01 ② 02 ②

03 다음의 행동을 한 후에 해야 할 적합한 행동은 무엇인가?

> • 음식 만지기 전·후, 날음식(쇠고기, 돼지고기, 생선 등)을 만지고 나서
> • 가공 안 된 유제품, 씻지 않은 과일, 채소를 만질 때
> • 주방 및 화장실 청소, 컴퓨터의 키보드, 마우스를 만졌을 때
> • 가족 전화기, 아이들 장난감, 애완동물, 흙, 곤충 등을 만졌을 때

① 잠을 자야한다. ② 소화제를 먹어야 한다. ③ 약을 먹어야 한다.
④ 양치질을 해야 한다. ⑤ 손을 꼭 씻어야 한다.

04 대상자의 분비물 처리 방법으로 옳은 것은?

① 오염된 세탁물은 일반 쓰레기로 배출한다.
② 배설물을 만질 때는 촉감을 알기위해 맨손으로 치운다.
③ 신체분비물을 만진 후는 장갑을 꼈더라도 반드시 손을 씻어야 한다.
④ 대상자의 물품에 체액이 묻었을 때는 휴지로 닦아 낸다.
⑤ 배설물이 묻은 의류나 물건은 같이 세탁해도 된다.

> ① 오염된 세탁물은 장갑을 끼고 격리 장소에 따로 배출한다.
> ② 배설물을 만질 때는 장갑을 착용한다.
> ④ 대상자의 물품에 체액이 묻었을 때는 찬물로 닦고 더운 물로 헹군다.
> ⑤ 배설물이 묻은 의류나 물건은 따로 세탁한다.

05 요양보호사 위생관리 방법으로 옳은 것은?

① 손톱은 길게 기르고 손을 자주 씻는다.
② 대상자와 접촉 시 분비물이 묻어도 씻으면 되므로 신경쓰지 않는다.
③ 필요시 장갑만 착용한다.
④ 일회용 보호장구는 잘 빨아서 다시 사용한다.
⑤ 피부에 로션을 자주 발라 보습한다.

> ① 손톱은 짧게 자르고 손을 자주 씻는다.
> ② 대상자와 접촉 시 분비물이 묻지 않게 주의한다.
> ③ 필요시 보호장구(장갑, 마스크, 가운 등)를 착용한다.
> ④ 일회용 보호장구는 정해진 곳에 버린다.

정답 03 ⑤ 04 ③ 05 ⑤

06 흡인 물품을 관리하는 방법으로 옳은 것은?

① 흡인은 요양보호사가 장갑과 마스크를 착용하고 한다.
② 흡인병은 2일 1회 이상 깨끗이 닦아 사용한다.
③ 카테터는 분비물이 빠지도록 물에 담가 놓는다.
④ 소독할 컵과 카테터는 얼음물에 15~20분 정도 냉각소독한다.
⑤ 소독한 컵, 카테터는 쟁반에 널어 햇볕에서 건조한다.

○ ① 흡인은 의료인이 실시하는 것이 원칙이다.
② 흡인병은 1일 1회 이상 깨끗이 닦아 사용한다.
④ 소독할 컵과 카테터는 끓는 물에 15~20분 정도 소독한다.
⑤ 소독한 컵은 자연 건조, 카테터는 그늘에서 건조한다.

07 대상자가 의학적 위기상황에 처했을 때 대처법으로 맞지 않은 것은?

① 상황을 판단한다.
② 동료 요양보호사에게 연락한다.
③ 대상자를 살펴본다.
④ 응급처치를 실시한다.
⑤ 가족(기관장)에게 보고한다.

○ 의학적 위기상황에 처했을 때는 가족 또는 기관장에게 보고한다.

08 의학적 위기상황 이상 징후를 보기 위해 살펴야 하는 것으로 적절하지 않은 것은?

① 상당한 출혈, 심한 통증
② 의식의 변화, 호흡 불안정
③ 피부색의 변화
④ 신체 일부가 부풀어 오름
⑤ 대상자의 소화 여부

○ 대상자의 소화 여부는 응급상황에 대한 징후가 아니다.

정답 06 ③ 07 ② 08 ⑤

09 감염예방을 위한 일반적 원칙으로 적절하지 않은 것은?

① 옴이 있을 때는 장갑을 착용한다.
② 술과 흡연을 멀리하고 영양섭취를 해야한다.
③ 코로나 19 감염자는 최소 7일 이상 자가격리한다.
④ 노로바이러스 장염 감염시 최소 2~3일간 요양보호를 중단한다.
⑤ 이가 있을 때는 살충성분이 함유된 샴푸를 사용한다.

> 옴은 병원에서 처방받은 도포용 약제를 온몸에 골고루 바르고, 옷과 침구류는 뜨거운 물로 삶아서 세탁한다.

03 _ 응급처치 본문 108쪽

01 응급처치의 목적으로 맞지 않는 것은?

① 인명구조
② 고통경감
③ 상처나 질병의 악화 방지
④ 심리적 안정도모
⑤ 봉사점수 획득

02 응급처치의 돕는 방법으로 옳은 것은?

① 대상자 상태를 확인하고 112에 신고한다.
② 가장 나이 어린 요양보호사가 응급처치를 한다.
③ 나이 많은 대상자 순으로 처치한다.
④ 의약품을 사용해서 빨리 치료한다.
⑤ 전문의료인에게 인계할 때까지 응급처치를 계속한다.

> ① 대상자 상태를 확인하고 119에 신속히 신고한다.
> ② 응급처치 교육을 가장 많이 받은 사람이 응급처치를 한다.
> ③ 긴급을 요하는 대상자 순으로 처치한다.
> ④ 요양보호사는 상비약을 제외한 의약품을 사용해서는 안된다.

정답 09 ① 01 ⑤ 02 ⑤

03 대상자의 응급상황 시 요양보호사가 해야 할 일로 옳은 것은?

① 대상자의 이동은 내부 규정에 따라 한다.
② 대상자의 손상된 의복 등은 바로 소각한다.
③ 손상을 입힌 약품, 약물, 구토물은 깨끗이 청소한다.
④ 본인과 주위의 안전에 주의를 기울인다.
⑤ 관리자에게 신속하게 신고한다.

○ ① 대상자의 이동은 119의 안내에 따라 한다.
② 대상자의 증거물이나 소지품을 보존한다.
③ 손상을 입힌 약품, 약물, 구토물도 병원으로 가져간다.
⑤ 119에 신속하게 신고한다.

04 대상자가 다음과 같은 증상을 보일 때 요양보호사가 해야 할 일로 옳은 것은?

- 목을 조르는 듯한 자세를 한다.
- 갑자기 기침을 하고 괴로운 표정을 한다.
- 숨쉴 때 목에서 이상한 소리가 들린다.
- 호흡운동이 보이지만 공기의 흐름이 적거나 없다.

① 의식이 있다면 등을 두들겨 기침을 하게 한다.
② 의식이 없다면 가족에게 알린다.
③ 의식이 없다면 심폐소생술을 실시한다.
④ 입 안에 작은 얼음조각을 넣어준다.
⑤ 의식이 없다면 하임리히법을 시행한다.

○ **질식의 증상이 보일 때는**
① 의식이 있다면 대상자에게 스스로 기침을 하게 한다.
② 의식이 없다면 119에 신고하고 즉시 심폐소생술을 실시한다.
④ 입 안에 이물이 있는지 확인한다.
⑤ 하임리히법은 의식이 있을 때 시행한다.

05 음식을 먹다가 목에 걸려 기침과 호흡곤란을 보이는 대상자에 대한 대처방법으로 옳은 것은?

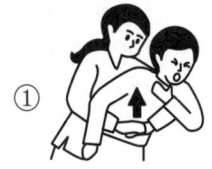  

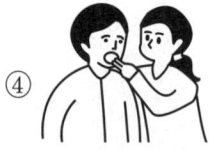 

○ 하임리히법을 시행한다.

06 대상자가 귤을 먹다가 목에 걸린 것이 보였을 때 돕는 방법으로 옳은 것은?

① 하임리히법을 시행한다.　② 119에 신속하게 신고한다.
③ 기침을 해서 뱉어내게 한다.　④ 손가락을 넣어 이물질을 제거한다.
⑤ 얼음찜질을 한다.

○ 이물질이 육안으로 보이면 대상자로 하여금 큰기침을 하게해서 뱉어내게 한다.

07 대상자가 다음과 같은 증상을 보일 때 요양보호사가 해야 할 일로 옳은 것은?

- 몸이 뻣뻣해진다.
- 호흡이 곤란하고 의식의 변화가 있다.
- 침을 흘리기도 한다.
- 괄약근이 이완되어 대소변이 새어 나올 수 있다.

① 단추나 넥타이를 풀어준다.　② 작은 얼음을 입 안에 넣어준다.
③ 담요 등을 덮어준다.　④ 붕대를 감아준다.
⑤ 명치를 눌러준다.

○ 경련을 일으켰을 때는 단추나 넥타이를 풀어서 편하게 해 주고 얼굴을 옆으로 돌려 기도를 유지한다.

08 대상자가 침을 흘리며 경련을 일으켰을 때 응급처치방법으로 옳은 것은?

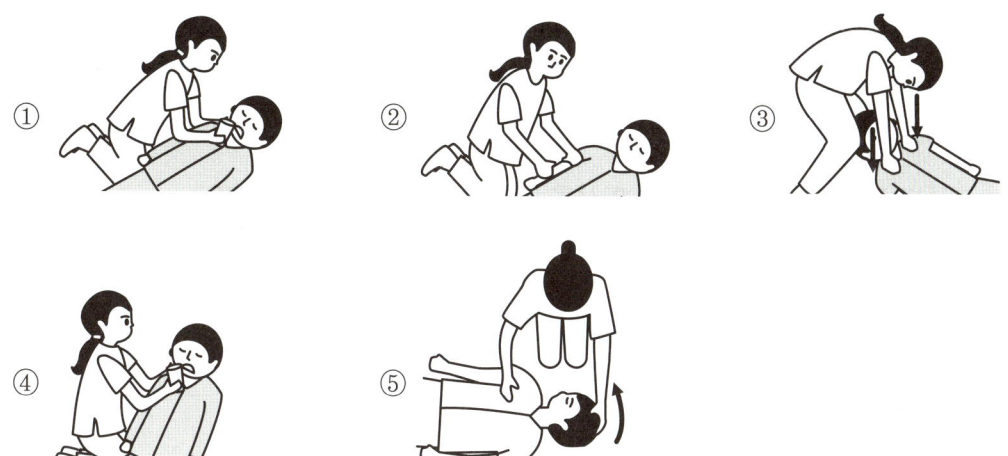

○ 경련을 일으키면 고개를 돌려 기도를 유지한다.

09 경련을 일으켰을 때 요양보호사의 대처방법으로 옳은 것은?

① 머리 아래 딱딱한 물건을 댄다.
② 주변의 위험한 물건을 치운다.
③ 옷의 단추나 넥타이를 조여준다.
④ 경련하는 동안 팔다리를 잡는다.
⑤ 10분 이상 지속되면 119에 신고한다.

○ ① 머리 아래 부드러운 것을 댄다.   ③ 옷의 단추나 넥타이를 풀어 편하게 한다.
④ 경련하는 동안 잠시(1~2분 정도) 기다린다.   ⑤ 5분 이상 지속되면 119에 신고한다.

10 정씨 할아버지가 뜨거운 국그릇을 엎질러 화상을 입었다. 요양보호사의 돕기 방법으로 옳은 것은?

① 미지근한 물에 15분 이상 담근다.
② 벗기기 힘든 옷은 조심해서 벗긴다.
③ 반지, 팔찌 등은 그대로 두어야 한다.
④ 물집은 터트려 2차 감염을 예방한다.
⑤ 얼굴이나 입술에 화상을 입었다면 즉시 병원 치료를 받는다.

정답 08 ⑤ 09 ② 10 ⑤

○ ① 찬물(5~12℃)에 15분 이상 담가 화상면의 확대와 염증을 억제한다.
　② 벗기기 힘든 옷은 잘라낸다.
　③ 반지, 팔찌 등은 최대한 빨리 제거한다.
　④ 물집은 터트리면 안된다.

11 대상자가 화재로 인해 연기를 마셨을 때 돕기 방법으로 옳은 것은?

① 즉시 119에 전화를 한다.
② 찬물에 15분 이상 샤워를 한다.
③ 핸드크림을 발라준다.
④ 인공호흡을 한다.
⑤ 입 안에 작은 얼음조각을 넣어준다.

○ 얼굴이나 입술에 화상을 입거나 가스를 마신 경우 병원치료가 필요하므로 즉시 119에 전화를 한다.

12 화상의 부위에 따른 요양보호사의 돕기 방법으로 옳은 것은?

① 손등에 화상을 입었다면 핸드크림을 바른다.
② 감전으로 인한 화상은 즉시 하임리히 법을 시행한다.
③ 귀걸이, 반지 등은 즉시 벗겨낸다.
④ 입술에 화상을 입었을 경우 찬물을 마시게한다.
⑤ 얼굴에 화상을 입었을 경우 마스크팩을 한다.

○ ① 손등에 화상을 입었다면 찬물에 담그거나 깨끗한 물수건으로 감싼다.
　② 감전으로 인한 화상 시 근처의 안전여부를 확인한다.
　④, ⑤ 입술이나 얼굴에 화상을 입었을 경우 즉시 병원치료를 받게 한다.

13 김씨 할머니가 산책을 하다 넘어져 다쳤다. 돕기 방법으로 옳은 것은?

① 대상자를 움직이게 하여 상처의 정도를 확인한다.
② 옷을 벗겨 상처부위를 확인한다.
③ 손상 부위의 장신구는 그대로 둔다.
④ 상처부위에 따뜻하게 찜질을 한다.
⑤ 상처나 출혈이 있다면 멸균거즈로 상처를 덮어주고 지혈한다.

정답　11 ①　12 ③　13 ⑤

- ① 대상자를 안정시키고 움직이지 않게 한다.
  ② 담요 등을 덮어 따뜻하게 한다.
  ③ 손상 부위의 장신구를 제거한다.
  ④ 상처부위에 냉찜질을 한다.

14 대상자가 욕조에서 넘어져 골절을 입었을 때 요양보호사의 돕는 방법으로 옳은 것은?

① 담요를 덮어주고 골절부위에 냉찜질을 한다.
② 출혈이 있다면 수돗물로 씻어준다.
③ 스스로 움직일 수 있는지 확인한다.
④ 골절부분의 이상여부를 확인하기 위해 만져본다.
⑤ 팔을 다쳤을 경우 팔찌는 그대로 둔다.

- ② 출혈이 있다면 멸균거즈를 덮어 지혈을 한다.
  ③ 움직이지 않게 한다.
  ④ 다친 부위를 손대지 않는다.
  ⑤ 팔찌, 귀걸이 등의 장신구는 제거한다.

15 대상자가 골절을 입은 경우 관찰을 해야 할 내용으로 맞지 않는 것은?

① 입 안에 이물질이 있는지 본다.
② 외형상 변형이 있는지 본다.
③ 손상부위에 통증이 있는지 본다.
④ 손상부위에 출혈이 있는지 본다.
⑤ 노출된 골편이 있는지 본다.

- 입 안에 이물질이 있는지 보는 것은 질식의 위험이 있는 경우이다.

16 대상자가 출혈이 있을 경우 돕는 방법으로 옳은 것은?

① 반드시 장갑을 착용한 뒤 돕는다.
② 출혈부위에 연고를 발라 지혈한다.
③ 압박붕대를 세게 감아 출혈을 멈추게 한다.
④ 출혈부위를 심장보다 아래에 위치한다.
⑤ 불가피하게 맨손으로 지혈을 했다면 휴지로 닦아낸다.

정답 14 ① 15 ① 16 ①

② 출혈부위에 멸균거즈를 이용하여 압박한다.
③ 압박붕대를 적당히 감아 혈액순환이 되게한다.
④ 출혈부위를 심장보다 높게 위치한다.
⑤ 맨손으로 지혈을 했다면 비누와 물로 씻는다.

17 약물의 부작용으로 대상자에게 부작용이 생겼을 때 돕는 방법으로 옳은 것은?

① 의식을 잃었을 때는 인공호흡을 한다.
② 먹고 남은 물질과 용기, 토사물 등은 깨끗하게 치운다.
③ 환자에게 약간의 물을 마시게 한다.
④ 구토를 할 수 있으면 하게 한다.
⑤ 약은 반드시 물과 함께 복용한다.

① 의식을 잃었을 때는 호흡과 맥박을 확인한다.
② 먹고 남은 물질과 용기, 토사물 등을 의료진에게 준다.
③ 환자에게 마실 것을 주지 않는다.
④ 구토를 유도하라는 지시사항이 없다면 구토시키지 않는다.

18 약물의 부작용 증상으로 맞지 않는 것은?

① 오심과 구토
② 복통과 설사
③ 가슴 두근거림과 흉통
④ 호흡곤란과 혼돈
⑤ 배고픔과 목마름

배고픔과 목마름은 생리적인 욕구이다.

19 안전하게 약을 사용하는 방법으로 옳은 것은?

① 약은 음료수나 커피와 함께 복용해도 된다.
② 비슷한 의약품은 중복처방을 받아도 된다.
③ 현재 복용 중인 의약품은 개인정보이므로 말하면 안된다.
④ 약의 복용은 편한 방법으로 한다.
⑤ 약 부작용이 있었다면 의사 또는 약사에게 설명한다.

정답 17 ⑤ 18 ⑤ 19 ⑤

○ ① 약은 반드시 물과 함께 복용한다.
② 비슷한 의약품의 중복처방을 방지한다.
③ 현재 복용 중인 모든 의약품에 대해 알려 준다.
④ 정해진 방법에 따라 약을 복용한다.

20 약의 복용방법에 관한 설명으로 옳은 것은?

① 약 먹기가 어렵다면 잘라서 먹는다.
② 약 복용을 잊었을 경우 즉시 복용한다.
③ 약 복용을 한 번 못했다면 다음에 2배 용량을 복용한다.
④ 비슷한 효능이면 타인의 약을 복용해도 된다.
⑤ 건강기능 식품은 그냥 복용해도 된다.

○ ① 약을 잘라서 사용하는 것은 의사와 상의한다.
③ 약 복용을 한 번 못했다면 다음에 2배 용량을 복용하면 안된다.
④ 본인이 처방받은 약만 복용한다.
⑤ 건강기능 식품도 의사와 상의한다.

 04 _ 심폐소생술 본문 109쪽

01 심폐소생술의 단계로 옳은 것은?

㉮ 반응확인   ㉯ 도움요청   ㉰ 가슴압박
㉱ 기도유지   ㉲ 인공호흡   ㉳ 회복자세

① ㉯ → ㉮ → ㉱ → ㉰ → ㉲ → ㉳
② ㉰ → ㉱ → ㉮ → ㉯ → ㉲ → ㉳
③ ㉲ → ㉳ → ㉮ → ㉯ → ㉰ → ㉱
④ ㉮ → ㉰ → ㉯ → ㉳ → ㉱ → ㉲
⑤ ㉮ → ㉯ → ㉰ → ㉱ → ㉲ → ㉳

○ 반응확인 → 도움요청 → 가슴압박 → 기도유지 → 인공호흡 → 회복자세

정답 20 ② | 01 ⑤

02 심폐소생술을 시행하는 과정으로 옳은 것은?

① 양쪽 뺨을 두드리며 "괜찮으세요?"라고 질문한다.
② 정상적인 호흡과 맥박이라면 일으켜 세운다.
③ 119에 신고한 후 응급의료상담원의 조언에 따라 행동한다.
④ 대상자가 질문에 반응이 없으면 즉시 인공호흡을 한다.
⑤ 대상자가 정상호흡을 하면 똑바로 누운자세를 한다.

> ① 양쪽 어깨를 두드리며 "괜찮으세요?"라고 질문한다.
> ② 정상적인 호흡과 맥박이라면 회복자세를 취하게 하지만 일반인 구조자는 맥박을 확인하지 않고 바로 심폐소생술을 시행한다.
> ④ 대상자가 질문에 반응이 없으면 즉시 도움을 요청한다.
> ⑤ 대상자가 정상호흡을 하면 옆으로 누운자세를 한다.

03 심폐소생술 시행 시 주의해야 할 점으로 옳은 것은?

① 흉부에 있는 칼돌기를 압박하여 시행한다.
② 기도 유지를 위해 턱을 아래로 내린다.
③ 턱 들어올리기가 되지 않으면 환자의 입이 닫히지 않도록 주의한다.
④ 50~80회/분의 속도로 압박한다.
⑤ 112의 경찰관의 지시에 따른다.

> ① 흉부에 있는 칼돌기를 압박하지 않도록 주의한다.
> ② 기도 유지를 위해 턱을 위로 들어준다.
> ④ 100~120회/분의 속도로 압박한다.
> ⑤ 119의 응급의료 상담원의 지시에 따른다.

04 인공호흡의 방법으로 옳은 것은?

① 손가락 전체로 환자의 입을 막는다.
② 과도한 환기가 발생하도록 한다.
③ 가슴 상승이 눈으로 관찰될 정도만 호흡량을 불어 넣는다.
④ 위가 팽창될 정도로 한다.
⑤ 5초에 한 번씩 두 번 가슴이 팽창될 정도로 한다.

정답 02 ③ 03 ③ 04 ③

① 엄지와 검지로 환자의 코를 막는다.
② 과도한 환기가 발생하지 않도록 한다.
④ 위가 팽창되지 않도록 주의한다.
⑤ 1초에 한 번씩 두번 가슴이 팽창될 정도로 한다.

05 심폐소생술 후 대상자가 정상적인 호흡과 순환을 보일 때 회복자세로 옳은 것은?

○ 심폐소생술 후 안정적인 호흡과 순환을 보이면 팔과 다리를 구부린 채로 옆으로 돌려 눕힌다.

06 가슴압박과 인공호흡을 하는 방법으로 옳은 것은?

① 가슴압박 30번과 인공호흡 2번을 번갈아 가며 한다.
② 인공호흡 1번을 10초 이내에 한다.
③ 인공호흡을 위한 가슴압박 중단은 20초 이후에 한다.
④ 손으로만 하는 심폐소생술은 의료인이 해야한다.
⑤ 환자가 정상적인 호흡을 하면 일으켜 세운다.

○ ② 인공호흡 2번을 10초 이내에 한다.
③ 인공호흡을 위한 가슴압박 중단은 10초 이내에 한다.
④ 손으로만 하는 심폐소생술은 일반인도 할 수 있다.
⑤ 환자가 정상적인 호흡을 보이면 옆으로 돌려 눕힌다.

정답 05 ② 06 ①

07 자동심장충격기의 사용 순서로 옳은 것은?

㉮ 제세동을 시행한다.　　㉯ 전원을 켠다.
㉰ 심장 리듬을 분석한다.　㉱ 패드를 붙인다.

① ㉯ → ㉱ → ㉰ → ㉮
② ㉰ → ㉯ → ㉱ → ㉮
③ ㉱ → ㉯ → ㉰ → ㉮
④ ㉱ → ㉰ → ㉯ → ㉮
⑤ ㉯ → ㉰ → ㉱ → ㉮

○ **자동심장충격기의 사용 순서**
전원을 켠다 → 패드를 붙인다 → 심장 리듬을 분석한다 → 제세동을 시행한다.

08 자동심장충격기의 패드 부착 위치로 옳은 것은?

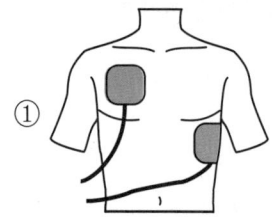 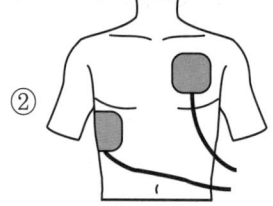 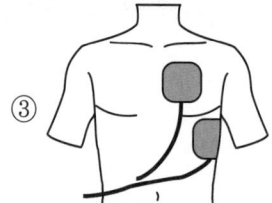

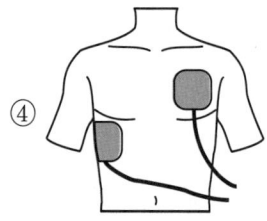 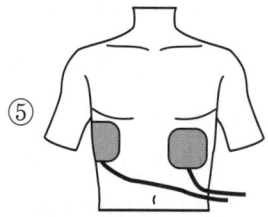

○ 자동심장충격기의 패드는 대상자의 오른쪽 빗장뼈 밑에, 왼쪽 패드는 왼쪽 중간 겨드랑이 선에 붙인다.

PART

03

모의고사

CHAPTER

01회　모의고사
02회　모의고사
03회　모의고사
모의고사 정답 및 해설

01회 적중모의고사

1 교시 필기시험

01 노인의 법적 권익 보호 중 질 높은 서비스를 받을 권리의 내용으로 옳은 것은?

① 개별적 욕구와 선호, 기능 상태를 고려하여 개별적 서비스와 수발계획을 수립한다.
② 차별, 착취, 학대, 방임을 받지 않을 권리이다.
③ 신체를 제한하면 안되며, 일시적으로 신체를 구속할 경우 본인이나 가족, 보호자의 동의를 받아야 한다.
④ 불평과 고충을 처리하기 위한 장치를 마련해야 하며 조치를 취해야 한다.
⑤ 퇴소 후에도 지역사회와 연계하여 정보를 노인 및 보호자에게 제공한다.

02 시설 생활노인의 권리선언 내용으로 옳은 것은?

① 개인재산의 공동사용 권리
② 사생활의 개방과 비밀유지
③ 가정과 같은 환경에서 생활할 권리
④ 질 낮은 서비스의 거부 권리
⑤ 조건에 맞는 이성을 찾을 권리

03 대상자가 학대를 받아 멍든 것을 발견했을 때 신고해야하는 곳으로 옳게 짝지어진 것은?

① 구청, 보건소
② 법원, 종합병원
③ 노인보호전문기관, 경찰서
④ 세무소, 119 구급대
⑤ 시설관리자, 보호자

04 장기요양인정 신청 및 판정 절차 순서에서 ( )에 들어갈 내용으로 맞게 짝지어진 것은?

> 신청 → 방문조사 → (가) → 의사소견서 제출 예외자 통보 → 등급판정위원회 개최 → (나)

	(가)	(나)
①	실태조사	심사위원회 개최
②	방문조사	심사위원회 개최
③	의견청취	의사소견서 제출
④	조사표 입력에 따른 1차 판정	등급판정
⑤	실태조사	등급판정위원회 개최

05 노인의 학대 유형 중 유기에 해당하는 것은?

① 밀치거나 넘어뜨린다.
② 이성교제를 방해한다.
③ 혐오감을 주는 언행을 한다.
④ 임금, 연금, 임대료 등을 가로챈다.
⑤ 자기부담금 등을 미납한다.

06 다음에 해당하는 학대유형은?

> • 김씨 할아버지는 고장난 보청기를 수개월 째 하고 있다.
> • 최씨 할아버지는 난방도 안되고 수도가 단절된 집에서 생활하고 있다.
> • 강씨 할머니는 더러운 의복을 입고 계신다.
> • 정씨 할아버지는 아픈데도 아무도 병원에 모시고 가지 않는다.

① 신체적 학대 ② 정서적 학대 ③ 유기
④ 방임 ⑤ 경제적 학대

07 요양보호사의 역할로 맞지 않은 것은?

① 정보전달자 ② 보호자 ③ 숙련된 수발자
④ 말벗과 상담자 ⑤ 동기유발자

08 대상자가 신체적 접촉을 하거나 성적인 농담을 할 때의 대처방법으로 옳은 것은?

① 경찰에 바로 신고한다.
② 화를 내며 서비스를 중단한다.
③ 감정적 대응을 삼가하고 단호히 거부한다.
④ 금전을 요구한다.
⑤ 가족에게 바로 알린다.

09 요양보호사의 감염예방을 위해 요양보호사가 해야 할 일로 옳은 것은?

① 개인위생을 철저히 하고 적절한 소독법을 시행한다.
② 적절한 보호장구를 지급한다.
③ 예방접종을 실시한다.
④ 정기적 건강검진을 한다.
⑤ 감염예방교육을 한다.

10 소화기계 질환 중 대장암의 증상으로 옳은 것은?

① 명치의 통증, 구토, 트림
② 설사, 변비, 혈변, 직장출혈 등
③ 체중감소, 소화불량, 오심
④ 하루에 수 회씩 수분이 포함된 변을 배출
⑤ 배변 시 어려움, 복부 통증 및 팽만감

11 설사로 인한 탈수를 예방하기 위한 방법으로 가장 적절한 것은?

① 물을 충분히 마신다.
② 천천히 꼭꼭 씹어 먹는다.
③ 싱겁게 먹으며 통곡식을 섭취한다.
④ 가공식품, 훈연식품을 피한다.
⑤ 식물성 지방을 섭취한다.

12 노인에게 변비가 많은 이유로 옳은 것은?

① 균에 오염된 음식물
② 염장식품, 음주, 흡연
③ 과도한 하제 남용
④ 무절제한 식습관
⑤ 소화효소에 의한 점막 손상

13 천식의 증상으로 옳은 것은?

① 기침, 호흡곤란
② 38℃ 이상 발열
③ 흰색, 회색의 점액성 가래
④ 2주 이상의 기침과 흉통
⑤ 점액성, 혈액성 가래

14 고혈압 대상자에 관한 설명으로 옳은 것은?

① 증상이 없어도 약을 꾸준히 복용한다.
② 증상이 없으면 약을 끊어도 된다.
③ 증상이 있을 때만 약을 복용한다.
④ 음주, 흡연과는 관련이 없다.
⑤ 수축기 혈압 110mm/Hg, 이완기 혈압 70mm/Hg 이상이면 고혈압이다.

15 허약감, 피로, 호흡곤란을 느끼며, 걷기, 계단오르기 등 일상활동에 어려움이 있는 것은 무엇인가?

① 동맥경화증
② 빈혈
③ 고관절 골절
④ 심부전
⑤ 요실금

16 요실금의 치료와 예방을 위한 방법으로 옳은 것은?

① 장갑과 가운 착용 후 전신 치료용 연고를 바른다.
② 머리를 자주 감는다.
③ 골반근육운동을 하고 계획된 배뇨훈련을 시킨다.
④ 보청기를 사용하며, 저음으로 차분하게 말한다.
⑤ 햇볕을 받으며 규칙적으로 운동하고 사회적 활동을 늘린다.

17 욕창 초기 대상자의 피부에 홍반이 나타날 경우 대처법으로 옳은 것은?

① 욕창 주위를 마사지하고 가볍게 두드린다.
② 습도를 조절하며 물을 충분히 마신다.
③ 충분한 휴식과 안정, 예방접종, 긁지 않는다.
④ 장갑과 가운 착용 후 전신 치료용 연고를 바른다.
⑤ 감염의 가능성이 있는 물건과 접촉하지 않는다.

18 대상포진의 증상으로 맞게 짝지어진 것은?

| ㉮ 수포 | ㉯ 통증 | ㉰ 가려움 | ㉱ 작열감 등 발진 |

① ㉮, ㉰, ㉱
② ㉮, ㉯, ㉱
③ ㉮, ㉯, ㉰
④ ㉯, ㉰, ㉱
⑤ ㉮, ㉯, ㉰, ㉱

19 치매대상자 중 지남력 저하의 증상으로 옳은 것은?

① 청력 감소가 일어난다.
② 시간개념이 없어진다.
③ 어두운 곳에서는 불빛이 눈부시고, 시력이 감소한다.
④ 발기부전, 질 분비물 및 감염이 증가한다.
⑤ 잠이 덜 깼거나 졸린 사람처럼 보이는 의식 수준의 변화가 일어난다.

20 혈액을 공급하는 혈관이 터졌거나 막혔을 때 나타나는 증상으로 옳은 것은?

① 식사 후 팽만감이 있고 배고플 때 명치에 통증이 있다.
② 설사, 변비, 혈변, 점액분비, 체중감소, 허약감이 나타난다.
③ 하루에 수 회씩 수분이 포함된 변을 배출한다.
④ 38℃ 이상 발열, 두통, 마른기침, 근육통, 전신쇠약감이 있다.
⑤ 연하곤란과 언어장애가 생긴다.

21 요통을 예방하면서 물건을 이동하는 방법으로 맞지 않는 것은?

① 무릎을 굽히면서 들어올린다.
② 물건을 든 상태에서 방향 전환 시 발을 움직여 전환한다.
③ 허리가 아닌 다리를 펴서 들어 올린다.
④ 물체는 몸 가까이 위치하고 들어 올린다.
⑤ 발을 앞뒤로 벌려 지지면을 넓힌다.

22 식사 전 입안을 헹구는 이유로 옳은 것은?

① 타액이나 위액 분비 촉진, 식욕증진을 위해
② 건조하여 각질이 생기기 쉬우므로
③ 영양관리를 위해
④ 개인위생을 위해
⑤ 감기예방을 위해

23 대상자와의 비언어적 의사소통기법으로 옳은 것은?

① 통제하는 표정
② 항상 짓는 미소
③ 대상자보다 높은 눈높이
④ 분명한 발음
⑤ 빠른 말 속도

24 대화 시 의사소통에 영향을 주는 비언어적 표현이 중요하다는 이론은 무엇인가?

① 메라비언의 법칙
② 라포(rapport)형성
③ 노인복지의 원칙
④ 요양보호서비스
⑤ 노인권리헌장

25 요양보호 기록의 원칙으로 옳은 것은?

① 대상자의 개인정보도 기록한다.
② 업무가 바쁘면 나중에 한 번에 기록한다.
③ 사실 그대로 작성한다
④ 요양보호 기록을 한 부 복사하여 집에 보관한다.
⑤ 개인적인 감정도 기록한다.

26 65세 이상 성인에게 권장하는 예방접종이 아닌 것은?

① 폐렴구균
② 대상포진
③ 파상풍
④ 인플루엔자
⑤ 소아마비

27 음식물이 기도를 통해 기관으로 넘어갈 경우 발생하는 질환은?

① 천식
② 폐결핵
③ 폐렴
④ 독감
⑤ 만성기관지염

28 심폐소생술을 시행할 때 가슴압박을 하는 이유로 옳은 것은?

① 인지능력향상
② 상실감 극복
③ 불면증 치료
④ 폐에 산소 공급
⑤ 감염예방

29 장기요양인정 신청 및 판정 절차 순서 중 옳은 것은?

① 대상 : 65세 이상, 만 65세 미만 노인성 질환대상자
② 신청인 : 본인, 가족만 가능하다.
③ 서류 : 구청장이 발급하는 소견서
④ 등급판정 : 조사결과서, 의사소견서 등을 구의회에 제출
⑤ 장기요양인정 유효기간 : 최소 3년 이상

30 장기요양 1등급에 해당하는 사람은 누구인가?

① 전적으로 타인의 도움이 필요한 대상자
② 상당부분 타인의 도움이 필요한 대상자
③ 부분적으로 타인의 도움이 필요한 대상자
④ 일정부분 타인의 도움이 필요한 대상자
⑤ 방문간호가 필요한 대상자

31 수술 후 5년간 재발 여부 확인을 위해 정기검진을 해야하는 질환은?

① 위염 ② 위궤양
③ 설사 ④ 변비
⑤ 대장암

32 대상자가 골절 시 돕는 방법으로 옳은 것은?

① 손상 부위를 부목으로 고정한다.
② 장갑을 끼고 출혈부위를 압박한다.
③ 머리 아래에 부드러운 것을 대고 위험한 물건을 치운다.
④ 얼마나 다쳤는지 움직여 보게한다.
⑤ 옷 위로 냉각시킨다.

33 식중독을 예방하기 위한 방법으로 옳은 것은?

① 음식물이 남으면 비닐에 넣어서 실온에 보관한다.
② 육류, 생선류는 충분히 가열한다.
③ 오염된 조리기구는 냉동실에서 소독한다.
④ 물은 반드시 정수기를 사용한다.
⑤ 도마와 칼은 식재료 구분없이 사용한다.

34 응급처치의 목적으로 가장 적절한 것은?

① 인명을 구조하기 위해 ② 업무일지 기록을 위해
③ 경력을 쌓기 위해 ④ 표창을 받기 위해
⑤ 임무에 충실하기 위해

35 안전한 약 사용을 위한 방법으로 옳은 것은?

① 비슷한 의약품의 중복처방을 받지 않는다.
② 진료 전 복용 중인 약물과 알레르기에 대해 말하지 않는다.
③ 약을 복용하기 힘들면 잘라서 복용한다.
④ 약의 보관은 보관하기 편리한 방법으로 보관한다.
⑤ 상태가 안 좋으면 약물의 복용량을 늘린다.

2 교시 실기시험

01 스스로 식사를 하는 대상자를 지켜보며 주의할 점으로 옳은 것은?

① 음식을 빨리 먹도록 격려한다.
② 좋아하는 반찬이 있으면 그것만 먹도록 한다.
③ 먹는 양을 조금씩 늘린다.
④ 스스로 식사를 할 수 있으므로 지켜보지 않아도 된다.
⑤ 사레, 질식 등이 발생하지 않도록 한다.

02 여성대상자가 침상 배뇨를 할 때 소리로 인한 수치심을 덜 느끼도록 하는 방법으로 옳은 것은?

① 가끔씩 말을 걸어준다.
② 창문을 열어 환기를 한다.
③ 호출벨을 준다.
④ 음악을 틀어주거나 화장지를 깔아준다.
⑤ 기저귀를 채워준다.

03 편마비 대상자에게 옷을 입힐 때의 순서로 옳은 것은?

① 머리 → 건강한 쪽 → 불편한 쪽 순으로
② 불편한 쪽 → 머리 → 건강한 쪽 순으로
③ 머리 → 불편한 쪽 → 건강한 쪽 순으로
④ 건강한 쪽 → 머리 → 불편한 쪽 순으로
⑤ 아무 쪽이나 먼저 힙혀도 된다.

04 경관영양 돕기의 방법으로 옳은 것은?

① 대상자가 의식이 없으면 조용히 경관영양을 시작한다.
② 영양주머니는 하루에 한 번 깨끗이 씻어 말린다.
③ 문제가 생기면 119에 연락한다.
④ 영양액의 온도는 체온정도가 적절하다.
⑤ 1분에 100mL 이상은 주입하지 않는다.

05 다음의 경우 의심될 수 있는 질환은?

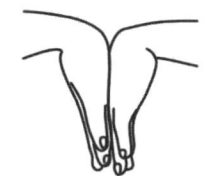
양측 손등을 맞대고 손목을
구부려 미는 동작을 1분 유지

손바닥과 손가락에
저림 증상이 있다.

① 요통
② 고혈압
③ 팔꿈치 통증
④ 수근관증후군
⑤ 손가락 골절

06 주사주입을 돕는 방법으로 옳은 것은?

① 수액 병은 심장 높이로 유지한다.
② 정맥주입 속도가 빠르게 유지되는지 확인한다.
③ 주사 부위에 이상이 있을 경우 바늘을 제거한다.
④ 바늘을 제거하면 1~2분간 알코올 솜으로 지그시 누른다.
⑤ 주사주입은 경험 많은 요양보호사가 한다.

07 대상자가 화장실을 이용할 때 주의할 점으로 옳은 것은?

① 침상 가까이 불편한 쪽에 휠체어를 둔다.
② 휠체어에 정확하게 앉아야 사고를 예방할 수 있다.
③ 화장실 밖에서는 조용히 기다린다.
④ 배변 후 뒤처리는 뒤에서 앞으로 닦아 감염을 예방한다.
⑤ 배설물에 이상이 있다면 동료에게 알린다.

08 휠체어 이동돕기의 방법으로 옳은 것은?

① 손상을 방지할 수 있는 특수 장비를 사용한다.
② 대상자와 요양보호사의 감염병에 유의한다.
③ 대상자의 움직임 능력, 협조 의지는 고려하지 않는다.
④ 이동이 병적 상태에 영향을 미치는 것은 무시한다.
⑤ 휠체어 이동은 보통의 속도보다 약간 빠르게 걷는다.

09 치매 대상자가 화장실에 가고 싶을 때 보이는 비언어적 신호로 옳은 것은?

① 옷 소매를 물어 뜯는다.　　② 넓은 곳으로 나가려 한다.
③ 옷을 여러 벌 입으려 한다.　④ 안절부절 못한다.
⑤ 몸을 긁는다.

10 누워 지내는 대상자의 구강위생관리로 옳은 것은?

① 칫솔 또는 면봉으로 닦는다.
② 부리가 짧은 주전자를 사용한다.
③ 입 아래쪽에 찬물 200~250cc를 넣어준다.
④ 물을 받아 낼 그릇을 입 아래에 놓는다.
⑤ 입 안의 물을 삼키게 한다.

11 다음 그림은 어디서에 이동하는 방법인가?

① 내리막길을 내려 갈 때　　② 오르막길을 올라 갈 때
③ 울퉁불퉁한 길을 갈 때　　④ 엘리베이터를 탈 때
⑤ 평지를 빠르게 이동할 때

12 치매에 걸린 강씨 할아버지는 음식을 너무 많이 먹으려 한다. 어떤 방법을 써서 돕는 것이 가장 적절한가?

① 숟가락 등의 도구를 사용하지 못하게 한다.
② 식사 후 달력에 표시를 한다.
③ 음식을 걸죽하게 만들어 준다.

④ 처음부터 적게 준다.
⑤ 그릇의 크기를 조절한다.

13 젖은 기저귀를 즉시 교체해야 하는 이유로 옳은 것은?

① 기저귀에 의존하게 되므로
② 대상자가 수치심을 느낄 수 있으므로
③ 피부손상이나 욕창이 생길 수 있으므로
④ 경제적 손실이 크기 때문에
⑤ 요양보호사의 임무이므로

14 뜨거운 국물을 쏟았을 때의 조치로 가장 올바른 것은?

① 얼음 찜질을 한다.
② 환부를 찬물에 담근다.
③ 핸드크림을 바른다.
④ 수돗물을 세게 틀어 댄다.
⑤ 물집을 터트린다.

15 대상자가 입에서 거품이 나고 경련을 일으키며 쓰러졌을 때의 응급처치 방법으로 옳은 것은?

① 작은 얼음을 입에 넣어준다.
② 인공호흡을 한다.
③ 심폐소생술을 한다.
④ 지체없이 119에 전화한다.
⑤ 고개를 옆으로 돌려준다.

16 음식을 먹다가 목에 걸렸을 때의 응급처치 방법으로 맞지 않는 것은?

① 명치끝에 주먹 쥔 손을 놓고 후상방으로 밀어올린다.
② 다른 한 손으로 주먹을 쥔 손을 감싸고 양손으로 복부의 윗부분 후상방으로 힘차게 밀어 올린다.
③ 스스로 기침을 하게 한다.
④ 이물질이 빠질 때 까지 하임리히 법을 실시한다.
⑤ 112에 전화한다

17 대상자가 배설이 어려울 때 돕는 방법으로 옳은 것은?

① 미온수를 항문이나 요도에 끼얹어 자극을 준다.
② 관장을 한다.
③ 지사제를 복용한다.
④ 소화제를 복용한다.
⑤ 이마를 미지근한 물에 적신 수건으로 닦아준다.

18 유치도뇨관을 사용할 때 돕는 방법으로 맞지 않은 것은?

① 유치도뇨관이 꺾이지 않게 한다.
② 유치도뇨관이 잠겼는지 확인한다.
③ 소변주머니는 방광보다 아래쪽에 위치한다.
④ 지시가 있으면 수분섭취량과 배설량을 기록한다.
⑤ 방광세척은 요양보호사가 매 시간 한다.

19 흡인에 관한 설명으로 옳은 것은?

① 흡인은 관을 통해 대장의 분비물을 제거하는 것이다.
② 흡인은 의료인이 해야 한다.
③ 카테터의 분비물제거는 깨끗한 걸레로 닦아낸다.
④ 컵과 카테터는 냉동고에 15~20분간 보관한다.
⑤ 흡인병은 1주일에 1회 이상 닦아서 사용한다.

20 손등에 상처가 나서 출혈이 있을 때 응급처치 방법으로 옳은 것은?

① 비상벨을 누른다.
② 심신을 안정하고 눕는다.
③ 멸균거즈를 이용하여 압박 후 압박붕대로 감는다.
④ 의사의 처방에 따라 약물을 복용한다.
⑤ 충분한 수분을 섭취한다.

21 화재발생 시 대피방법으로 옳은 것은?

① 엘리베이터를 이용하여 대피한다.
② 낮은 자세로 천천히 이동한다.
③ 연기가 나면 배를 바닥에 대고 기어서 이동한다.
④ 화재가 난 방을 나온 후 방문을 열어 놓는다.
⑤ 한 쪽 손으로 벽을 짚고 이동한다.

22 노인이 쓰러져 있을 때 의식을 확인하는 방법으로 옳은 것은?

① 물을 끼얹어 정신을 차리게한다.
② 이름과 주소를 물어본다.
③ 어깨를 가볍게 두드리면서 상태를 물어본다.
④ 입술에 차가운 물을 부어준다.
⑤ 따뜻한 물로 반신욕을 한다.

23 심폐소생술 시 주의할 점으로 옳은 것은?

① 대상자의 호흡과 맥박을 확인한다.
② 대상자를 절대 이동시키지 않는다.
③ 반듯하게 누운 자세를 취한다.
④ 대상자의 호흡이 정상이라면 바로 일으켜 세운다.
⑤ 정상적인 호흡이 없다면 즉시 인공호흡을 한다.

24 노화에 따른 소화기계의 변화로 옳은 것은?

① 지방의 흡수력이 증가한다.
② 대장의 활동이 증가한다.
③ 위액분비가 증가한다.
④ 직장벽의 탄력이 증가한다.
⑤ 쓴맛과 신맛을 잘 느낀다.

25 대상자와 말벗하기 중 요양보호사의 정보제공에 해당하는 것은?

> 대상자 : 잠이 안오고 배가 출출할 때는 어떻게 해야할지 모르겠어.
> 요양보호사 : _____

① "저녁도 많이 드셨잖아요"
② "그렇게 먹으니 당뇨병이 생기죠"
③ "혹시 따뜻한 우유가 있는지 알아볼게요"
④ "자기 전에 먹을 것을 먹으면 안되요"
⑤ "애들도 아닌데, 그냥 주무세요"

26 호흡곤란을 겪는 대상자의 침대에서의 자세로 옳은 것은?

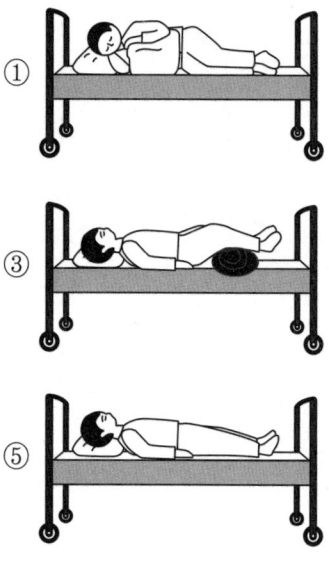
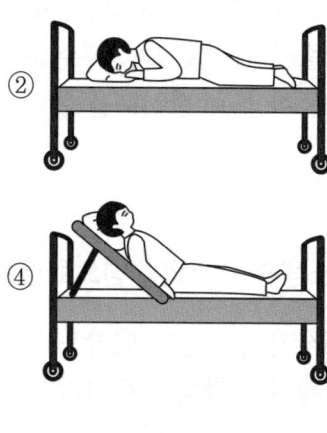

27 치매대상자의 식사 돕기 방법으로 옳은 것은?

① 소금이나 간장은 식탁에 올려놓지 않는다.
② 노란색의 유리 그릇에 음식을 담아 준다.
③ 대상자가 졸려하더라도 식사를 모두 하게 한다.
④ 식사 후 바로 운동을 하게 한다.
⑤ 접시에 음식을 담아 흘리지 않게 한다.

28 김씨 할아버지는 저녁 식사 시간이 되면 혼란에 빠져 불안정하고 우울해진다. 이 증상을 무엇이라 하는가?

① 섬망
② 의심
③ 배회
④ 수면장애
⑤ 석양증후군

29 정씨 할머니가 식사를 하다가 음식을 흘렸을 때 요양보호사의 반응으로 옳은 것은?

① "흘린 음식은 제가 치울게요. 안심하고 식사하세요."
② "자꾸 흘리면 다음부터는 음식을 안드릴거예요"
③ "애도 아니면서 왜 흘리시는거예요"
④ "실수하지 마시라고 몇 번을 말해야 해요?"
⑤ "집에서도 이러셨어요?"

30 다음 중 기관장에게 보고해야 하는 경우는?

① 대상자가 잠을 잘 주무신다.
② 대상자가 과식을 한다.
③ 대상자의 소변에 피가 섞여 나온다.
④ 대상자가 TV를 즐겨본다.
⑤ 대상자가 노래를 흥얼거린다.

31 세수돕기의 방법으로 옳은 것은?

① 세수 후에는 귀지를 제거한다.
② 눈곱은 눈곱이 있는 쪽부터 닦는다.
③ 눈의 바깥쪽에서 안쪽으로 닦는다.
④ 얼굴을 깨끗이 닦아 혈액순환을 유지한다.
⑤ 코는 귀지 제거 시 같이 청소한다.

32 침상의 청결 등 쾌적한 환경을 유지하기 위한 방법으로 옳은 것은?

① 침구는 여름에는 2일에 한 번씩 교체한다.
② 실내의 습도는 10~30%를 유지한다.
③ 실내의 밝기를 조절하기 위해 스크린, 암막커튼을 사용한다.
④ 실내는 공간 구분을 위해 문턱에 칠을 한다.
⑤ 마루, 벽, 선반은 한가지 색으로 칠한다.

33 대상자를 휠체어에서 자동차로 옮길 때 옳은 방법은?

① 자동차 주차공간을 휠체어가 이동 가능하도록 확보한다.
② 잠금장치를 풀고 대상자의 양쪽 발을 받침대에 올려놓는다.
③ 대상자의 마비된 손으로 자동차 손잡이를 잡게 하고 일으켜 세운다.
④ 다리부터 자동차시트에 앉힌다.
⑤ 요양보호사는 대상자의 앞자리에 앉는다.

34 낙상을 예방하는 방법으로 옳은 것은?

① 취침은 가급적 침대에서 한다.
② 침대의 높이를 높인다.
③ 문턱을 높인다.
④ 자세를 바꿀 때는 천천히 한다.
⑤ 집 안 조명은 어둡게 한다.

35 의사소통에 장애가 있는 대상자와 의사소통을 하는 방법으로 옳은 것은?

① 눈을 보며 정면에서 빠르게 이야기한다.
② 대상자의 말을 알아들었으면 중간에 말을 끊고 대답을 한다.
③ 의사 표현은 반드시 입으로만 한다.
④ 무시하거나 불쾌감을 주는 언어를 사용하지 않는다.
⑤ 친해지면 반말로 하거나 친근한 표현을 해도 된다.

36 안전한 약을 사용하기 위한 방법으로 옳은 것은?

① 약국은 여러 곳을 다니는 것이 좋다.
② 과거의 약물 부작용은 말하지 않는다.
③ 약을 잘라서 사용하는 것은 의사와 상의한다.
④ 약의 보관은 사용자가 편하게 보관한다.
⑤ 이전의 약부터 차례로 복용한다.

37 요양보호기록에 대한 설명으로 옳은 것은?

① 기록은 공개되지 않는다는 것을 염두에 두고 작성한다.
② 개인정보도 기록해야 한다.
③ 요양보호사의 활동을 입증할 수 있다.
④ 서비스를 제공하는 것과는 관련이 없다.
⑤ 가족과는 정보공유를 하지 않는다.

38 심폐소생술을 시행하는 과정으로 옳은 것은?

① 양쪽 뺨을 두드리며 "괜찮으세요?"라고 질문한다.
② 정상적인 호흡과 맥박이라면 일으켜 세운다.
③ 119에 신고한 후 응급의료상담원의 조언에 따라 행동한다.
④ 대상자가 질문에 반응이 없으면 즉시 인공호흡을 한다.
⑤ 대상자가 정상호흡을 하면 똑바로 누운자세를 한다.

39 체위변경에 관한 설명으로 옳은 것은?

① 요양보호사는 반드시 대상자의 뒤에서 체위변경을 시도한다.
② 사지마비대상자는 다리가 펴진 상태에서 앉힌다.
③ 하반신마비대상자는 대상자의 무릎이 꺾여지도록 한다.
④ 앞에서 보조하는 경우에는 대상자가 균형을 잡을 때까지 잡아준다.
⑤ 옆에서 보조하는 경우에는 대상자를 신속하게 일으켜 세운다.

40 치매대상자의 실종을 방지하기 위해 사용하는 복지용구는?

① 휴대용 경사로
② 배회감지기
③ 이동욕조
④ 미끄럼 방지매트
⑤ 화재경보기

41 수면장애가 있는 대상자를 돕는 방법으로 옳은 것은?

① 규칙적인 생활을 하게 한다.
② 실외에서하는 운동과 휴식시간을 일과에 포함하지 않는다.
③ 오후나 저녁에는 커피나 술을 제공한다.
④ 약간 소란한 환경에서 따뜻한 온도를 유지한다.
⑤ 낮에 졸면 큰소리를 내서 졸지 못하게 한다.

42 음식을 먹다가 목에 걸려 기침과 호흡곤란을 보이는 대상자에 대한 대처방법으로 옳은 것은

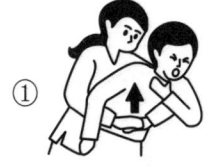  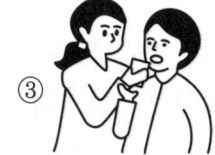
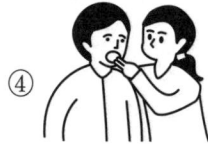 

43 임종 시까지 남아 있는 감각기능은?

① 촉각
② 미각
③ 후각
④ 청각
⑤ 시각

44 화장실을 찾지 못하는 치매대상자를 돕는 방법으로 옳은 것은?

① 이마를 가볍게 문질러 준다.
② 큰 소리로 위치를 알려준다.
③ '화장실'이라고 써서 붙여 놓는다.
④ 기저귀를 채운다.
⑤ 이동식 변기를 가져다 준다.

45 심폐소생술 및 자동심장충격기의 사용방법으로 옳은 것은?

① 의식을 잃은 대상자에게만 사용한다.
② 오른쪽 패드는 오른쪽 빗장뼈 밑에, 왼쪽 패드는 왼쪽 중간 겨드랑이 선에 붙인다.
③ 80:20의 비율로 가슴압박과 인공호흡을 실시한다.
④ 자동심장충격기 및 심폐소생술은 5분간 지속한다.
⑤ 자동심장충격기는 5분 간격으로 자동으로 반복한다.

02회 적중모의고사

1 교시 필기시험

01 노인의 특징으로 맞는 것은?

① 세포의 재생
② 면역능력의 증가
③ 잔존능력의 저하
④ 회복능력의 증가
⑤ 가역적 진행

02 노인의 심리적 특징으로 옳은 것은?

① 우울증 경향의 감소
② 외향성 및 능동성의 증가
③ 조심성의 감소
④ 경직성의 증가
⑤ 새로운 사물에 대한 호기심 증가

03 장기요양급여 대상자로 인정받을 수 있는 사람은?

① 50세의 치매 환자
② 70세의 고혈압 환자
③ 65세의 당뇨병 환자
④ 80세의 관절염 환자
⑤ 90세의 노인

04 장기요양인정 신청 및 판정 절차 순서로 옳은 것은?

① 신청 → 방문조사 → 의사소견서 제출 예외자 통보 → 조사표 입력에 따른 1차 판정 → 등급판정 위원회 개최 → 등급판정

② 신청 → 방문조사 → 조사표 입력에 따른 1차 판정 → 의사소견서 제출 예외자 통보 → 등급판정 위원회 개최 → 등급판정
③ 신청 → 방문조사 → 등급판정 위원회 개최 → 조사표 입력에 따른 1차 판정 → 의사소견서 제출 예외자 통보 → 등급판정
④ 신청 → 조사표 입력에 따른 1차 판정 → 방문조사 → 의사소견서 제출 예외자 통보 → 등급판정 위원회 개최 → 등급판정
⑤ 신청 → 방문조사 → 조사표 입력에 따른 1차 판정 → 등급판정 위원회 개최 → 의사소견서 제출 예외자 통보 → 등급판정

05 요양보호 업무의 유형 중 신체활동지원서비스에 해당하는 것은?

① 취사, 청소 및 주변 정돈, 세탁서비스 등
② 세면도움, 구강관리
③ 말벗, 격려, 위로, 생활상담
④ 방문목욕서비스
⑤ 외출 시 동행

06 요양보호서비스 제공 원칙은?

① 서비스 제공 전 기관장 동의
② 모든 대상자에게 같은 서비스 제공
③ 서비스는 가족에게도 제공
④ 사고 발생 시 동료와 상의
⑤ 의료행위(경구약 및 외용약 투약 제외) 금지

07 요양보호사의 역할로 옳은 것은?

① 대상자의 신체적 질병만 관찰한다.
② 요양보호서비스에 대한 지식과 기술로 가족을 지원한다.
③ 대상자와의 의사소통을 통하여 신체적 · 정신적 · 심리적 안위를 도모한다.
④ 대상자의 능력을 최대한 아낀다.
⑤ 대상자 가족의 입장에서 편들어주고 지켜 준다.

08 요양보호사의 윤리적 태도로 맞지 않는 것은?

① 대상자를 사무적으로 대한다.
② 겸손한 태도를 갖는다.
③ 책임감을 갖고 활동을 유지한다.
④ 법적, 윤리적 책임을 다한다.
⑤ 서비스 제공 시 일어날 수 있는 사고를 예방한다.

09 서비스를 제공할 때 가장 기본이 되는 욕구는?

① 자아실현의 욕구
② 존경의 욕구
③ 사랑과 소속의 욕구
④ 안전의 욕구
⑤ 생리적 욕구

10 요양보호사가 할 수 있는 것은?

① 도뇨
② 흡인
③ 관장
④ 욕창관리
⑤ 경구약 및 외용약 투여

11 노인학대의 유형 중 신체적 학대에 해당하는 것은?

① 물리적인 힘을 가한다.
② 비난과 모욕을 준다.
③ 성희롱을 한다.
④ 독립할 수 없는 노인을 방치한다.
⑤ 노인의 동의 없이 노인의 자산을 이용한다.

12 직무수행 시 전문지식과 기술을 습득해야 하는 요양보호사의 직업적 태도는?

① 책임감을 갖는 태도
② 겸손한 태도
③ 자기를 계발하려는 태도
④ 법적, 윤리적 태도
⑤ 친절하고 예의 바른 태도

13 시설에 생활하는 노인의 권리로 맞지 않는 것은?

① 신체구속을 받지 않을 권리
② 통신의 자유에 대한 권리
③ 불편의 표현과 해결할 권리
④ 서비스 제공자에 대한 해고 권리
⑤ 이성교제를 할 권리

14 김씨 할머니가 자녀들로 부터 학대를 받고 있는 사실을 알았다면 어떻게 하는 것이 좋은가?

① 동료에게 이야기한다.
② 주민자체센터에 신고한다.
③ 가정 내의 문제이므로 모른체 한다.
④ 노인보호전문기관에 신고한다.
⑤ 시설장에게 알린다.

15 요양보호사의 직업으로 인한 감염질환이 아닌 것은?

① 옴
② 독감
③ 당뇨병
④ 장염
⑤ 결핵

16 나이를 먹으면서 키가 줄어들고 등뼈가 굽는 것은 어떤 계통의 질환인가?

① 소화기계
② 내분비계
③ 근골격계
④ 호흡기계
⑤ 심혈관계

17 노인성 질환에 대한 요양보호사의 활동으로 옳은 것은?

① 대상자의 질병명을 예측하여 알려준다.
② 수술이나 약물치료가 필요하다고 친절하게 알려준다.
③ 노화에 따른 질환이므로 이를 잘 인지하고 대상자를 관찰한다.
④ 노화로 인한 자연스러운 과정이므로 대상자에게 말하지 않는다.
⑤ 노화에 따른 장애우려가 있으므로 기관장에게 보고한다.

18 대상자가 음식물을 삼키기 힘들어 하는 증상은?

① 오심　　　　　② 다뇨증　　　　　③ 시력장애
④ 언어장애　　　⑤ 연하장애

19 고혈압의 약물치료에 대한 설명으로 옳은 것은?

① 증상이 없어도 약을 복용해야 한다.
② 증상(두통 등)이 있을 때만 약을 먹는다.
③ 약을 복용하지 않고 운동만 한다.
④ 혈압약을 장기간 복용하면 몸이 약해진다.
⑤ 혈압이 조절되면 약을 끊어도 된다.

20 요양보호사의 스트레칭방법으로 옳은 것은?

① 빠르게 격한 동작으로 한다.
② 어깨 스트레칭은 2~10초간 유지하고 2~3회 반복한다.
③ 동작하는 동안 숨을 멈춘다.
④ 손을 잡아 당길 때는 약간의 통증이 있게 잡아당긴다.
⑤ 목 운동을 할 때는 머리를 천천히 옆으로 돌린다.

21 대상자가 성희롱을 할 때의 대처방안은?

① 화를 낸다.
② 단호하게 거부 의사를 밝힌다.
③ 법적으로 대응한다.
④ 한 번 정도는 넘어간다.
⑤ 피해보상을 요구한다.

22 대장암 대상자의 수술 후 식사로 옳은 것은?

① 매운 음식　　　② 짠 음식　　　③ 인스턴트 음식
④ 통곡식, 생채소　⑤ 밀가루 음식

23 다음과 같은 증상을 보이는 질환은 무엇인가?

- 점액 분비량의 증가
- 기침, 호흡곤란
- 알레르기성 비염
- 기도경련

① 폐렴
② 만성기관지염
③ 폐결핵
④ 독감
⑤ 천식

24 노화로 인한 심혈관계 질환의 특징은?

① 심장이 두꺼워져 탄력성이 떨어진다.
② 혈액순환이 증가한다.
③ 와립성 고혈압이 발생하기도 한다.
④ 부종과 정맥류, 치질이 사라진다.
⑤ 최대 심박출량과 심박동수가 증가한다.

25 퇴행성관절염 대상자에게 알맞은 운동은?

① 등산
② 마라톤
③ 수영
④ 계단오르내리기
⑤ 테니스

26 대상자의 등 부위가 약간 붉게 변했을 때 초기 대처방법으로 옳은 것은?

① 주변을 나선형으로 마사지하고 가볍게 두들겨 준다.
② 냉찜질을 한다.
③ 추울 때도 30분 정도 햇볕에 쬐인다.
④ 물수건으로 자주 닦아준다.
⑤ 알코올로 자주 닦아준다.

27 노화로 인해 피부가 건조해지는 것을 예방하는 방법으로 옳은 것은?

① 물을 가급적 마시지 않는다.
② 샤워를 자주 한다.
③ 가습기를 사용하여 실내 습도를 조절한다.
④ 샤워 후 수분을 충분히 말린다.
⑤ 가급적 차가운 물로 샤워를 한다.

28 다음은 어떤 질환에 관한 설명인가?

- 잠이 덜 깼거나 졸린 사람처럼 보이는 의식 수준의 변화
- 인지장애, 초조, 지각장애 등 정서불안, 치매와 동반되기도 함
- 주의력 감퇴, 호전과 악화의 반복
- 시간 · 장소 · 사람에 대한 장애(지남력)

① 우울증　　　② 섬망　　　③ 치매
④ 건망증　　　⑤ 뇌졸중

29 노화의 특징 중 시각의 변화로 옳은 것은?

① 눈꺼풀이 올라가고 눈이 나온다.
② 눈썹이 더 짙어진다.
③ 노안이 오면 밝은 것을 좋아하게 된다.
④ 눈부심, 시력 저하 등이 감소한다.
⑤ 색의 분별력이 또렷해진다.

30 노인의 영양문제에 관한 설명으로 옳은 것은?

① 미각과 후각의 증가로 신맛의 음식을 선호한다.
② 고혈압, 심장병 등이 발생할 수 있다.
③ 고독감 등으로 폭식을 하게 된다.
④ 칼슘 섭취증가로 비만이 생길 수 있다.
⑤ 치매가 오면 식사를 거부한다.

31 노인의 운동관리 방법으로 옳은 것은?

① 운동금기 질환 및 투약상황을 확인한다.
② 운동 시 꽉 끼고 통풍이 안되는 옷을 입는다.
③ 최대 심박동수의 80~90% 정도의 높은 수준에서 시작한다.
④ 준비운동 없이 바로 시작한다.
⑤ 근육피로, 협심증, 부정맥, 혈압 등은 신경쓰지 않는다.

32 노인의 성생활에 관한 설명으로 옳은 것은?

① 질병치료제나 당뇨병은 성생활과 관련이 없다.
② 심장질환을 가진 노인은 주치의와 상의하는 것이 좋다.
③ 뇌졸중 환자는 성생활을 하지 않아야 한다.
④ 체위 변화에 도움을 주는 기구는 사용하면 안된다.
⑤ 여성의 자궁 적출술과 유방절제술은 성기능에 영향을 준다.

33 노인의 약물사용에 관한 설명으로 옳은 것은?

① 증상이 비슷하면 타인에게 처방된 약을 복용해도 된다.
② 병원과 약국은 여러 곳을 다니는 것이 좋다.
③ 진료 후에는 이전에 처방받은 약을 순서대로 복용한다.
④ 약 복용 시 다른 것과 함께 복용하면 안 된다.
⑤ 약 복용을 잊어버렸으면 다음 복용 시 2배를 복용한다.

34 겨울의 생활안전 수칙으로 옳은 것은?

① 뇌졸중(고혈압) 등의 위험이 있으므로 외출을 삼가한다.
② 운동은 밤 시간에 하며 준비운동과 마무리 운동은 생략한다.
③ 외출 시에는 약간 춥게 입고 외출한다.
④ 옷은 무겁고 따뜻한 옷을 착용하고 손을 주머니에 넣고 걷는다.
⑤ 근력강화 운동은 하지 말아야 한다.

35 치매의 치료방법으로 옳은 것은?

① 1년 간격으로 병원에서 진료를 받는다.
② 인지기능개선제, 정신행동증상은 항생제를 복용한다.
③ 복잡하고 어려운 환경을 제공한다.
④ 행동수정을 위해 강압, 위협 등의 방법을 사용한다.
⑤ 인지 및 활동 자극을 위해 대상자에게 익숙하며 성공적으로 수행할 수 있는 활동을 한다.

2 교시 실기시험

01 대상자를 대하는 원칙으로 맞지 않는 것은?

① 필요하면 마취약물을 사용한다.
② 강제로 하지 않는다.
③ 수면을 방해하지 않는다.
④ 억제대는 하지 않는다.
⑤ 겨드랑이를 잡아 올리지 않는다.

02 대상자를 대면하는 방법으로 옳은 것은?

① 가까운 거리의 측면에서 바라본다.
② 눈을 마주치지 않아도 인사말부터 한다.
③ 서비스를 시작하기 전 의향을 물어본다.
④ 눈을 회피하며 서비스를 제공한다.
⑤ 시선을 피하면 눈을 쳐다보라고 크게 말한다.

03 치매대상자에 대한 식사돕기의 원칙으로 옳은 것은?

① 식사는 맛있는 것 위주로 한다.
② 입맛이 없다면 조미료를 많이 첨가한다.
③ 요양시설 대상자는 영양을 많이 섭취하게 한다.
④ 대상자의 씹는 능력과 상관없이 영양이 많은 식사를 준비한다.
⑤ 신맛의 음식은 사레가 들릴 수 있으므로 조심한다.

04 식사의 자세로 옳은 것은?

① 의자에 앉았을 때 식탁의 윗부분이 가슴 높이에 오도록 한다.
② 식탁에 팔꿈치를 올릴 수 있도록 한다.
③ 침대에 걸터앉았을 때는 발 받침을 놓아준다.
④ 침대머리를 올렸을 때는 침대를 60~90° 정도 높인다.
⑤ 편마비 대상자는 마비된 쪽을 아래로 하고 옆으로 눕힌다.

05 스스로 식사하는 대상자를 지켜보는 방법으로 옳은 것은?

① 사레, 질식 등이 발생하지 않도록 한다.
② 먹는 음식의 양을 많이 준다.
③ 빨리 먹도록 지지한다.
④ 식사 중 도움이 필요해도 그냥 둔다.
⑤ 편식을 해도 잘 먹도록 격려한다.

06 배설 상태의 관찰로 옳은 것은?

① 편안하게 배설할 수 있는 환경을 조성한다.
② 심박동수를 잘 관찰한다.
③ 배설 중에는 멀리서 기다린다.
④ 밖에서 기다릴 때는 호출 벨을 요양보호사가 들고 있다.
⑤ 밖에서 기다릴 때는 조용하게 기다린다.

07 기저귀 사용을 돕는 방법으로 옳은 것은?

① 기저귀를 사용하면 증상이나 상태가 좋아진다.
② 평상시에도 기저귀를 착용시킨다.
③ 가급적이면 천천히 기저귀를 교환한다.
④ 기저귀 교환은 노출과 상관이 없다.
⑤ 가능하면 화장실이나 변기에서 배설할 수 있도록 돕는다.

08 칫솔질하기의 방법으로 옳은 것은?

① 찬물로 입안을 헹구어 적신다.
② 잇몸에 출혈은 없는지 확인한다.
③ 칫솔을 90° 각도로 치아에 대고 닦는다.
④ 잇몸에서 치아 쪽으로 10분간 닦는다.
⑤ 사레가 들릴 것 같으면 입을 크게 벌려 한 번 헹군다.

09 목욕돕기의 방법으로 옳은 것은?

① 편마비 대상자는 건강한 쪽으로 손잡이 등을 잡게 한다.
② 욕조에 있는 시간은 20분 정도로 한다.
③ 되도록이면 요양보호사가 다 해주는 것이 좋다.
④ 식욕이 있는지 확인한다.
⑤ 샤워 시에는 안전을 위해서 서서 하는 것이 좋다.

10 엘리베이터를 타고 내리는 방법으로 옳은 것은?

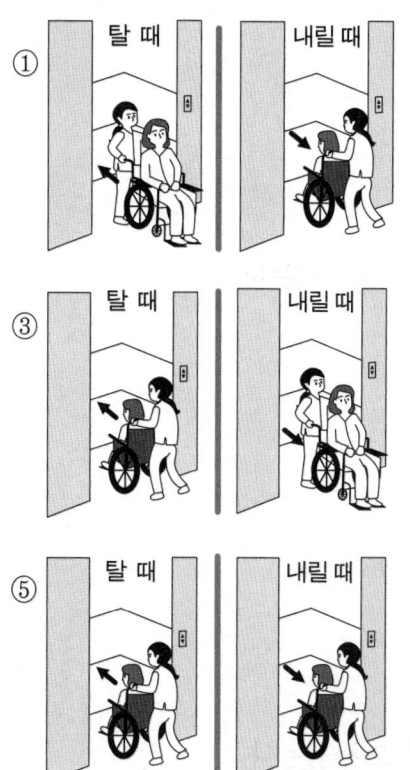
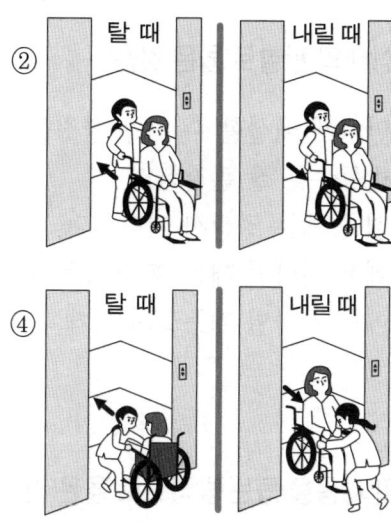

11 복지용구 중 대여품목은 무엇인가?

① 이동변기
② 목욕의자
③ 지팡이
④ 요실금 팬티
⑤ 전동침대

12 다음은 무엇에 관한 설명인가?

- 표면이 부드럽고, 안정적이며, 날카로운 부분이 없어야 한다.
- 안장 양쪽 끝이나 바퀴에 옷이나 손가락이 낄 염려가 없어야 한다.
- 사용하지 않을 시에는 잠금장치를 사용해야 한다.
- 타고 내릴 때 잠금장치 잠금 여부를 확인한다.
- 바퀴의 공기압을 적정하게 유지한다.
- 볼트의 죔 여부를 수시로 확인한다.

① 욕창예방매트리스
② 욕창예방방석
③ 침대
④ 수동휠체어
⑤ 목욕의자

13 화재예방에 관한 설명으로 맞지 않는 것은?

① 불 가까이에 연소되는 물건을 두지 않는다.
② 사용하지 않는 전열기구의 콘센트는 제거한다.
③ 음식을 조리 중에는 주방을 떠나지 않는다.
④ 소화기가 비치된 장소를 알고 사용법을 익힌다.
⑤ 초, 라이터 등은 노인과 아이들의 손 가까이 보관한다.

14 조리 시 고려할 사항으로 옳은 것은?

① 부드럽게 조리하기 위해 굽는 방법을 사용한다.
② 질환 상 허용되는 범위 내에서 조리법을 사용한다.
③ 자극적(짜거나 맵게)으로 조리하여 식욕을 돋운다.
④ 씹기 쉽게 딱딱하게 조리한다.
⑤ 대상자의 섭취여부와 상관없이 영양에 촛점을 맞춘다.

15 다음의 기호가 표시하는 내용으로 옳은 것은?

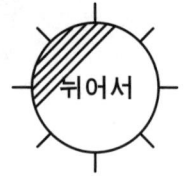

① 그늘에 건조, 뉘어서 건조
② 햇볕에 건조, 뉘어서 건조
③ 그늘에 건조, 옷걸이에 걸어서 건조
④ 햇볕에 건조, 옷걸이에 걸어서 건조
⑤ 손으로 약하게 짬, 세탁기 단시간 탈수

16 안전한 주거환경을 위한 원칙으로 옳은 것은?

① 현관문의 손잡이는 둥근형으로 설치한다.
② 대상자의 방은 북향, 북서향으로 한다.
③ 휠체어가 진입 불가능한 식탁을 사용한다.
④ 계단 가장자리는 둥그렇게 설치한다.
⑤ 자립성을 높일 수 있는 환경을 조성한다.

17 비언어적 소통기법으로 옳은 것은?

① 사무적인 표정을 짓는다.
② 대상자를 향해 약간 기울인 자세를 한다.
③ 대상자보다 약간 높은 눈높이로 한다.
④ 발음을 빠르게 한다.
⑤ 사무적인 목소리로 말한다.

18 대상자가 식사를 하지 않으려고 할 때 확인할 사항은?

① 전날 잠을 충분히 잤는가
② 산책을 했는가
③ 목욕을 했는가
④ 입 안의 상처가 있는가
⑤ 옆 사람과 사이가 안 좋아졌는가

19 협조가 불가능한 와상환자를 침대 머리쪽으로 이동시키는 방법은?

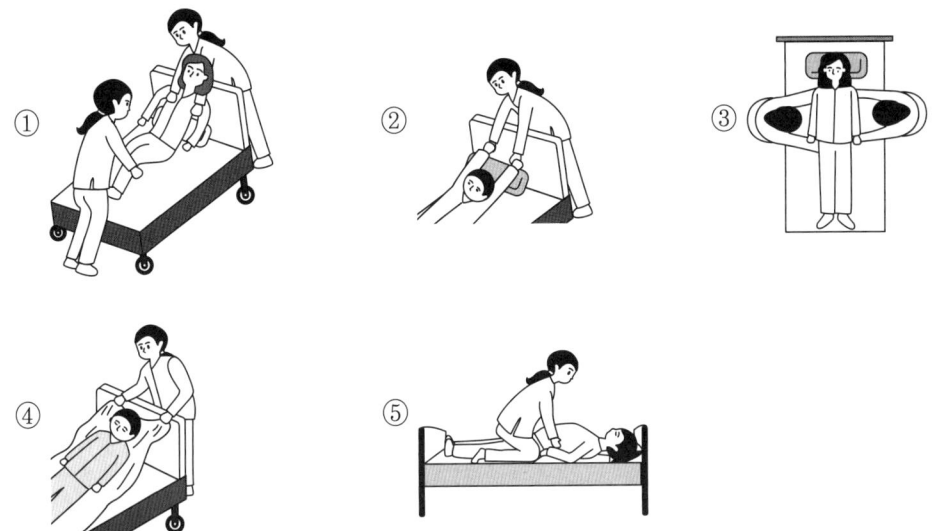

20 치매노인과의 다음과 같은 상황에서 요양보호사의 대답으로 가장 적절한 것은?

> 대상자 : 왜 나한테만 간식을 안 주는거야?
> 요양보호사 : _____

① "언제 안드렸다고 그러세요?"
② "아까 다 드셨잖아요"
③ "자꾸 그러시면 다음에는 정말 안 드릴거예요"
④ "아직 배가 고프신가보다. 간식거리가 있나 찾아볼게요"
⑤ "정말 너무하시네"

21 옷 갈아 입기를 돕는 방법으로 옳은 것은?

① 겉옷부터 입는 순서대로 정리해 놓는다.
② 입혀줄 경우 옷 갈아입는데 참여하고 있음을 인식시킨다.
③ 옷 입는 것을 거부하면 그냥 둔다.
④ 단추 채우기가 어려우면 지퍼가 달린 옷으로 입힌다.
⑤ 자신의 옷이 아니라고 하면 버린다.

22 치매대상자의 음식물 섭취에 관한 내용으로 옳은 것은?

① 식사시간, 취침시간, 취미생활을 점검한다.
② 영양실조만 예방하고 비만은 그대로 둔다.
③ 밥을 아무 때나 달라고 하면 안된다고 단호하게 말한다.
④ 가급적 빠르게 먹게 한다.
⑤ 오랫동안 식사를 거부하면 시설장에게 보고한다.

23 대상자에게 변비가 있을 경우 돕는 방법으로 옳은 것은?

① 한동안 변기에 앉히지 않는다.
② 탄산음료를 충분히 제공한다.
③ 관장을 한다.
④ 변비의 원인을 파악한다.
⑤ 육류를 제공한다.

24 안연고를 넣는 방법으로 옳은 것은?

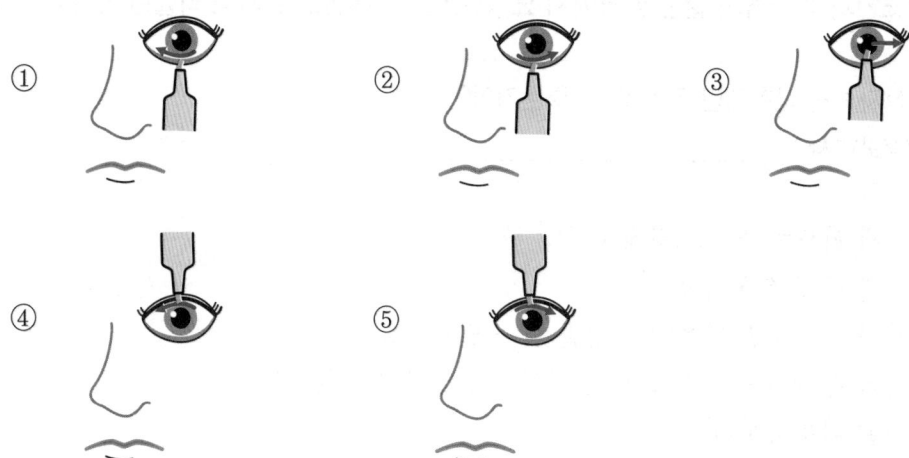

25 식품의 위생관리 기본원칙으로 옳은 것은?

① 식품을 다룰 때는 손을 깨끗하게 씻는다.
② 유통기한이 지난 음식은 냉동 후 사용한다.
③ 냉동식품은 해동 후 천천히 사용한다.
④ 냉동식품은 해동 후 다시 냉동한다.
⑤ 부패·변질된 음식을 폐기할 때는 조용히 폐기한다.

26 말벗하기의 방법으로 옳은 것은?

① 대상자의 신체적·심리적·사회적 특성을 이해한다.
② 대상자의 개인적 특성을 고려할 필요는 없다.
③ 기분이나 감정을 공감할 필요는 없다.
④ 의존관계를 형성한다.
⑤ 친해지면 반말을 사용해도 된다.

27 요양보호 기록의 원칙이 아닌 것은?

① 육하원칙(누가, 언제, 어디서, 무엇을, 어떻게, 왜)을 바탕으로 기록한다.
② 과정과 결과를 정확하게 기록한다.
③ 3일에 한 번씩 기록한다.
④ 공식화된 용어를 사용하여 간단명료하게 기록한다.
⑤ 기록자를 명확하게 한다.

28 치매 후기 환자가 비논리적, 반복적 행동을 하는 이유로 맞지 않는 것은?

① 주변상황을 인식하지 못해서
② 안전을 확인하고 싶어서
③ 논리적인 사고에 문제가 있어서
④ 인내심을 시험하기 위해서
⑤ 관심을 끌기 위해서

29 대상자가 부적절한 성적 행동을 할 때 돕는 방법으로 옳은 것은?

① 의복의 불편감이 있는지 확인한다.
② 식욕의 욕구인지 확인한다.
③ 노출증 감소를 위해 의복을 벗겨 놓는다.
④ 성적 관심을 가지면 공공장소에 자주 간다.
⑤ 방문객을 무제한 받는다.

30 배회하는 대상자를 돕는 방법으로 옳은 것은?

① 신체적 욕구를 억제한다.
② 복잡한 일거리를 주어 배회 증상을 줄인다.
③ 신분증을 감춘다.
④ 연락처가 적힌 이름표를 달아준다.
⑤ 무서운 이야기를 하여 관심을 다른 곳으로 돌린다.

31 다음과 같은 행동을 하는 대상자를 돕는 방법으로 옳은 것은?

> 김씨 할아버지는 저녁 8~9시만 되면 옷을 벗고 방을 서성이고 뒹구는 등의 행동을 하며 현실을 고통스럽게 생각하여 더 충동적인 행동을 한다.

① 안전띠를 착용하고 문을 열지 못하도록 잠금 장치를 한다.
② 난방기구를 켜 놓고 혼자 있게 한다.
③ 과일 모양의 자석을 냉장고에 붙여 놓지 않는다.
④ 대상자와 산책을 하거나 좋아하는 인형 등을 준다.
⑤ 교회, 성당, 사찰을 간다.

32 신체의 움직임을 스스로 조절하기 어려운 대상자를 자동차에서 휠체어로 옮길 때의 방법으로 옳은 것은?

① 휠체어를 자동차와 90°되게 한다.
② 안전벨트를 풀고 한쪽 팔로 대상자의 다리를 지지한다.
③ 다리부터 밖으로 내린다.
④ 오른쪽 발이 바닥을 지지하게 한다.
⑤ 요양보호사의 무릎으로 정상 측 무릎을 지지한다.

33 지팡이를 이용한 보행돕기의 방법으로 옳은 것은?

① 발끝 앞 25cm에서 옆 10cm 지점에 지팡이를 놓는다.
② 지팡이의 손잡이는 대상자의 둔부 높이 정도로 한다.
③ 옆에서 보조할 때는 지팡이를 쥔 팔 겨드랑이에 손을 넣어 보행한다.
④ 뒤에서 보조 시 양손으로 대상자의 허리를 지지한다.
⑤ 계단을 오를 때는 건강한 다리 → 지팡이 → 마비된 다리순으로 이동한다.

34 화재 시 대피요령으로 옳은 것은?

① '불이야'라고 외친 후 집에 전화를 한다.
② 계단으로 대피하며 아래로 대피할 수 없을 경우 옥상으로 대피한다.
③ 높은 자세로 심호흡을 하며 대피한다.
④ 무조건 방문을 연다.
⑤ 응급상황 시의 행동과 절차에 상관없이 대피한다.

35 구강청결을 돕는 방법으로 옳은 것은?

① 의치는 소금물로 닦는다.
② 기상 후에는 의치를 빼서 보관한다.
③ 의치는 실온의 공기 중에 보관한다.
④ 치아가 없는 대상자는 칫솔질 대신 거즈로 입 안을 닦아낸다.
⑤ 칫솔질은 치아에서 잇몸 방향으로 원을 그리듯 닦는다.

36 주의가 산만하고 활동량이 많고, 충동성과 학습장애를 보이는 대상자와의 대화방법으로 옳은 것은?

① 명확하고 간단하게 단계적으로 제시한다.
② 추상적인 사물에 대해 이야기 한다.
③ 어려운 활동을 먼저 제시한다.
④ 메시지를 빠르게 이야기한다.
⑤ 자극적 환경을 조성한다.

37 식품위생에 관한 설명으로 옳은 것은?

① 싱크대 : 배수구에 사이다를 부어 악취를 제거한다.
② 냉장실 : 녹차 티백으로 닦고, 맥주로 탈취한다.
③ 수세미 : 그물형보다 스펀지형이 위생적이다.
④ 고무장갑 : 여름용, 겨울용으로 구분한다.
⑤ 설거지 : 기름기가 적은 그릇부터 한다.

38 운동돕기의 방법으로 옳은 것은?

① 운동기능 평가와 상관없이 운동을 한다.
② 요양보호사와 친해진 후 운동을 한다.
③ 규칙적인 운동을 하면 운동기능이 감퇴한다.
④ 운동은 다리 쪽에서 시작하여 머리 쪽으로 진행한다.
⑤ 균형을 잡을 수 있으면 앉은 자세에서 하는 것이 좋다.

39 좋은 경청의 방법으로 옳은 것은?

① 의미를 잘 파악하고 이해한다.
② 대화를 독점하며 상대방의 말은 듣지 않는다.
③ 의견이 다르면 반박한다.
④ 상대방의 말을 끊고 내 말을 한다.
⑤ 시선을 외면하고 건성으로 듣는다.

40 오른쪽 편마비 대상자를 침대로 이동 시 휠체어의 위치로 옳은 것은?

41 대상자에게 출혈이 있을 때의 처치방법으로 옳은 것은?

① 압박붕대는 최대한 조이게 감는다.
② 출혈 부위에 밴드를 이용하여 압박한다.
③ 멸균거즈 위에 밴드를 붙인다.
④ 압박붕대는 혈액순환이 되도록 적당히 감는다.
⑤ 출혈 부위가 심장 아래로 위치하게 한다.

42 대상자를 옮길 때 주의할 사항으로 옳은 것은?

① 특수장비를 사용하면 안된다.
② 대상자와 보호사 모두 심리적 손상을 주의한다.
③ 어느 정도까지 도움이 필요한지 파악한다.
④ 대상자의 몸집과 몸무게, 움직일 수 있는 능력 등은 고려하지 않는다.
⑤ 대상자를 옮길 때 병적 상태는 고려하지 않는다.

43 심폐소생술의 단계로 옳은 것은?

① 반응확인 → 가슴압박 → 도움요청 → 기도유지 → 인공호흡 → 회복자세
② 반응확인 → 기도유지 → 도움요청 → 가슴압박 → 인공호흡 → 회복자세
③ 반응확인 → 가슴압박 → 기도유지 → 도움요청 → 인공호흡 → 회복자세
④ 반응확인 → 인공호흡 → 도움요청 → 가슴압박 → 기도유지 → 회복자세
⑤ 반응확인 → 도움요청 → 가슴압박 → 기도유지 → 인공호흡 → 회복자세

44 인공호흡의 방법으로 옳은 것은?

① 가슴압박 10번, 인공호흡 3번을 번갈아 실시한다.
② 인공호흡은 2번을 10초 이내로 한다.
③ 구조자가 2인 이상일 때는 10분마다 또는 2주기 실행 후 교대한다.
④ 기도가 막히는 것은 방관한다.
⑤ 흡인의 위험성을 증가시킨다.

45 감염예방을 위한 방법으로 옳은 것은?

① 가공 안된 유제품은 감염예방과 상관이 없다.
② 오염된 세탁물은 손을 깨끗히 씻고 배출한다.
③ 샤워는 3일에 1번 하고 칫솔질을 한다.
④ 흡인한 컵은 소독 후 자연건조시킨다.
⑤ 일회용 물품은 일반 쓰레기와 같이 버린다.

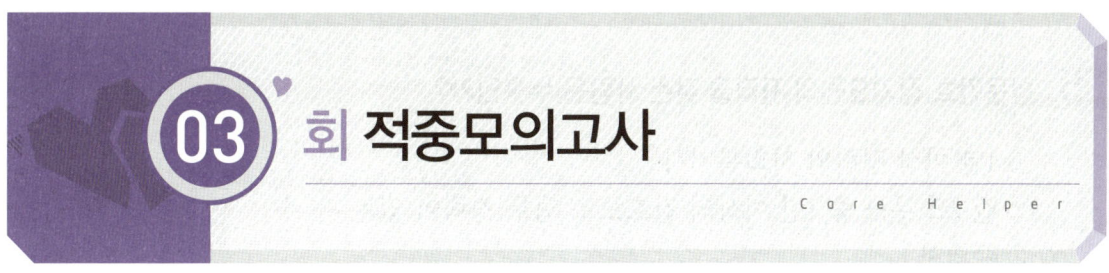

1 교시 필기시험

01 노인의 4가지 고통으로 옳은 것은?

① 건강
② 부유함
③ 여유
④ 빈곤
⑤ 직장

02 방문목욕, 방문요양을 포함한 노인복지 시설로 옳은 것은?

① 노래교실
② 재가노인 복지시설
③ 노인의료 복지시설
④ 학대노인 전용쉼터
⑤ 노인일자리 지원기관

03 장기요양인정 신청 결과 부분적으로 타인의 도움이 필요하며 75점 미만 60점 이상인 사람은 몇 등급인가?

① 1등급
② 2등급
③ 3등급
④ 4등급
⑤ 5등급

04 방문간호가 필요한 대상자는 어떻게 해야 하는가?

① 119에 전화한다.
② 방문간호사에게 연계한다.
③ 사회복지사에게 연락한다.
④ 가족에게 연락한다.
⑤ 직접 간호한다.

05 방문간호 장기요원의 자격을 갖춘 사람은 누구인가?

① 1년 이상 경력의 사회복지사
② 간호조무사 중 1년 이상의 간호보조 업무 경력이 있는 자
③ 수의사
④ 간호사로서 2년 이상의 간호업무 경력이 있는 자
⑤ 요양시설의 책임자

06 요양보호 업무 중 신체활동지원 서비스는?

① 말벗
② 취사
③ 외출시 동행
④ 응급상황 대처
⑤ 구강관리

07 다음의 경우 대처방법으로 가장 옳은 것은?

> 김씨 할머니는 유효기간이 지난 음식을 버리지 못하게 한다.

① 가족이 지켜보는 가운데 정리한다.
② 대상자가 모르게 정리한다.
③ 119에 전화하여 정리한다.
④ 사회복지사의 입회 하에 정리한다.
⑤ 시설장의 허락을 맡고 정리한다.

08 요양보호서비스의 제공 원칙으로 옳은 것은?

① 대상자의 삶을 존중한다.
② 대상자의 능력을 보존하기 위해 사용을 금지한다.
③ 서비스 제공은 요양보호사의 필요에 의해 한다.
④ 개인정보는 비밀을 유지하지만 사생활은 보호할 필요가 없다.
⑤ 서비스는 대상자와 가족에게 제공한다.

09 **요양보호사의 역할로 옳은 것은?**

① 대상자의 정보를 친한 요양보호사에게 전달한다.
② 대상자의 신체적 질병 상태만 관찰한다.
③ 요양보호서비스에 대한 지식과 기술로 가족을 지원한다.
④ 대상자와의 의사소통을 통하여 정보를 얻어 기록한다.
⑤ 소외되고 차별받는 대상자의 입장에서 편들어주고 지켜 준다.

10 **노인성 질환 중 소화기계의 질환은?**

① 위염　　　　② 독감　　　　③ 동맥경화
④ 퇴행성 관절염　　⑤ 요실금

11 **다음은 노인학대의 유형 중 어디에 속하는가?**

집에서 경조사가 있을 때마다 김씨 할머니를 참가시키지 않고 있다.

① 신체적 학대　　② 정서적 학대　　③ 경제적 학대
④ 유기　　　　　⑤ 방임

12 **다음 중 요양보호사가 할 수 있는 것으로 옳은 것은?**

① 도뇨　　　　② 경구약 투약　　③ 흡인
④ 관장　　　　⑤ 욕창관리

13 **다음과 같은 상황에서 가장 올바른 대처방법은?**

김노인은 요양보호사가 오면 뒤에서 포옹하려고 한다.

① 화를 내며 거부한다.
② 119에 전화한다.
③ 노인학대 신고센터에 연락한다.
④ 서비스를 중단하고 나온다.
⑤ 감정적 대응을 삼가고, 단호히 거부한다.

14 시설생활노인의 권리보호를 위한 것으로 옳은 것은?

① 보편적 서비스를 받을 권리
② 필요에 따라 신체적 제한을 받을 권리
③ 재산을 위탁할 권리
④ 사생활을 공개할 권리
⑤ 안락하고 안전한 생활환경을 제공받을 권리

15 다음 사례에서 요양보호사의 태도로 옳은 것은?

> 김씨 할머니의 가족들은 요양보호사가 가족들의 옷을 세탁해 주기를 요구했다.

① 경찰에 신고한다.
② 요양보호서비스는 대상자에만 제공함을 이해시킨다.
③ 돈을 더 받고 가족과 타협하여 가족에게도 서비스를 제공한다.
④ 단호하게 거부한다.
⑤ 서비스를 중단하고 귀가한다.

16 요양보호사의 근골격계 질환을 예방하기 위한 방법으로 옳은 것은?

① 어려운 서비스는 제공하지 않는다. ② 몸이 힘들므로 웃돈을 요구한다.
③ 아픈 부위를 수술한다. ④ 진통제를 복용한다.
⑤ 스트레칭을 하여 통증을 예방한다.

17 요통을 예방하면서 물건을 이동하는 방법으로 옳은 것은?

18 다음은 어떤 질환을 예방하기 위한 운동인가?

> • 턱을 가볍게 목 쪽으로 당겨 뒤로 젖힌다.
> • 머리를 앞으로 숙이고 지그시 양손으로 눌러준다.
> • 머리를 옆으로 기울이고 손으로 지그시 눌러준다.

① 목 통증 예방운동　　　② 어깨 통증 예방운동
③ 암 예방 운동　　　　　④ 요실금 예방 운동
⑤ 치매 예방 운동

19 감염예방을 위해서 해야 할 일로 가장 적절한 것은?

① 아침 저녁으로 산책을 한다.
② 취침 전 따뜻한 우유를 한 잔 마신다.
③ 손을 자주 씻는다.
④ 스트레칭을 자주 한다.
⑤ 예방접종을 한다.

20 요양보호사의 윤리적 태도로 맞지 않은 것은?

① 대상자를 하나의 인격체로 존중한다.
② 책임감을 갖고 업무 활동을 한다.
③ 업무 수행에 필요한 교육훈련 프로그램에 적극적으로 참여한다.
④ 사고 발생 시에는 동료 요양보호사와 상의한다.
⑤ 전문가의 진단이 필요한 사항은 전문가와 상담할 수 있도록 연계한다.

21 노인성 질환의 특성으로 옳은 것은?

① 경과가 짧고 재발이나 합병증이 없다.
② 다른 질병을 동반하며 원인이 확실하여 치료가 쉽다.
③ 약물 사용 시 주의해야 하며 중독상태에 빠질 수 있다.
④ 질환의 치료 후 더 건강해진다.
⑤ 식욕 저하로 욕창이 발생한다.

22 위 궤양의 치료 및 예방 방법으로 옳은 것은?

① 금연과 금주는 상관이 없다.
② 충분한 운동을 한다.
③ 위 출혈, 위 천공 등이 발생하면 경과를 보면서 약을 복용한다.
④ 규칙적인 식사를 한다.
⑤ 진통제 복용 시 오렌지주스를 함께 복용한다.

23 독감의 치료 및 예방 방법으로 옳은 것은?

① 야외에서 충분한 운동을 한다.
② 지사제를 충분히 섭취한다.
③ 탄산음료를 충분히 섭취한다.
④ 필요시 처방받은 염증약을 복용한다.
⑤ 매년 1회 인플루엔자 감염 예방접종을 한다.

24 천식이 있는 환자가 해야 할 일로 옳은 것은?

① 황사 등이 있는 날은 반드시 외출을 한다.
② 부득이 하게 외출을 해야 하면 손을 씻고 외출한다.
③ 적당한 휴식과 수면을 취한다.
④ 침구류는 집먼지 진드기를 없애기 위해 영하 이하에서 세탁한다.
⑤ 65세 이상은 매년 1회 알러지 예방 접종을 한다.

25 고혈압에 관한 설명으로 옳은 것은?

① 정상혈압의 범위는 수축기 120mm/Hg 이상 이완기 80mm/Hg 이하이다.
② 증상이 없어도 혈압이 높으면 약을 복용해야 한다.
③ 혈압이 조절되면 약을 먹지 않아도 된다.
④ 식이요법만으로 치료가 가능하다.
⑤ 증상이 있을 때만 약을 복용한다.

26 대상자가 허리가 아프다고 할 때 요양보호사의 활동으로 옳은 것은?

① 안전사고에 유의한다.
② 보조기구의 사용법을 알 수 있도록 설명서를 준다.
③ 잔존기능을 최대한 보호할 수 있도록 사용을 금지한다.
④ 근육이나 통증부위에 파스를 붙여준다.
⑤ 질병명을 미리 알려준다.

27 욕창의 초기 대처법으로 옳은 것은?

① 뜨거운 물수건으로 찜질한다.
② 물기는 약간 젖은 수건으로 닦아낸다.
③ 가볍게 두드려 혈액순환을 촉진한다.
④ 춥지 않을 때는 1시간 정도 햇볕을 쪼인다.
⑤ 나선형을 그리듯 꾹꾹 눌러준다.

28 노화에 따른 신경계의 특성은?

① 신경세포의 기능이 증가된다.
② 감각이 예민해진다.
③ 정서조절이 안정적으로 변한다.
④ 운동 부족으로 수면의 양이 늘어난다.
⑤ 단기기억은 감퇴하나 장기기억은 유지된다.

29 당뇨병의 치료 및 예방 방법으로 옳은 것은?

① 배가 고프면 하루에 몇 번이라도 식사한다.
② 반찬은 입에 맞게 간을 해서 골고루 먹는다.
③ 일부러 운동을 할 필요는 없다.
④ 인슐린주사약은 입으로 복용해도 된다.
⑤ 혈당이 300mg/dl 이상인 경우 혈당을 조절한 후 운동을 한다.

30 우울증과 치매의 차이를 나타낸 표이다. ㉮와 ㉯에 맞는 것은?

우울증	치 매
급격한 발병	오랜시간 발병
정신과 병력 있음	정신과 병력 없음
기억력 장애 호소	기억력 문제 없다고 답변
㉮	근사치의 답변
인지기능 저하의 편차가 있음	전체적인 인지기능 저하
단기기억, 장기기억 저하	㉯

① 모른다고 대답함   단기기억 심하게 저하
② 정확하게 답변함   장기간 기억 저하
③ 근사치의 답변   단기기억 심하게 저하
④ 모른다고 대답함   장기간 기억 저하
⑤ 정확하게 답변함   단기간 기억 저하

31 섬망의 치료 및 예방으로 옳은 것은?

① 지남력 유지를 위해 낮에는 커튼과 창문을 닫는다.
② 대상자 보호를 위해 대상자가 가만히 있게 한다.
③ 접촉하는 사람의 수를 늘리고 가족 구성원의 방문을 자제시킨다.
④ 밤에는 창문을 닫고 커튼을 치고 불을 켜 둔다.
⑤ 식사와 수분 섭취를 조절하여 배뇨 훈련을 한다.

32 치매의 증상으로 옳은 것은?

① 말이 많아지고 번잡스러워진다.
② 날짜와 시간은 정확하게 기억한다.
③ 물건은 정확하게 간수한다.
④ 길을 잃고 헤매이는 경우가 생긴다.
⑤ 사람을 정확하게 기억한다.

33. 노인의 약물 복용에 관한 설명으로 옳은 것은?

① 약은 카페인, 탄산음료 등과 함께 복용하면 흡수력이 떨어진다.
② 약 삼키는 것이 힘들면 쪼개거나 분쇄해서 복용한다.
③ 약 복용을 잊어 버렸다면 다음 번에 2배로 복용한다.
④ 건강기능식품은 의사와 상의 없이 복용해도 된다.
⑤ 고혈압약은 자몽과 함께 복용하면 더 좋다.

34. 여름철 폭염 시 안전수칙으로 맞지 않은 것은?

① 외출시 헐렁한 옷과 챙이 넓은 모자를 착용한다.
② 실내에서는 커튼 등으로 햇빛을 가린다.
③ 야외 활동을 자제한다.
④ 현기증이 있을 때는 시원한 장소에서 휴식을 취한다.
⑤ 식사를 많이 하고 가급적 물을 마시지 않는다.

35. 겨울철 안전수칙으로 옳은 것은?

① 외출할 때는 양말과 장갑, 방한복 등을 착용한다.
② 눈이올 때는 외출을 자제하고 비가 올 때는 외출을 해도 된다.
③ 준비운동과 마무리운동은 하지 말고 빨리 운동을 끝낸다.
④ 운동은 사람이 없는 새벽시간에 한다.
⑤ 평소에 살을 빼는 운동을 한다.

2교시 실기시험

01 대상자에게 서비스를 제공하는 방법으로 옳은 것은?

① 상대방과 같은 눈높이로 바라본다.
② 눈을 맞췄으면 인사를 하지 않아도 된다.
③ 서비스 제공에 대한 의사는 묻지 않는다.
④ 빠르게 또박또박 강하게 이야기한다.
⑤ 보아야 할 것은 높이 들어서 보여준다.

02 경관영양에 관한 설명으로 옳은 것은?

① 비위관이 빠졌다면 즉시 연결한다.
② 영양주머니는 2일에 한 번 꼴로 세척한다.
③ 영양액의 온도는 체온정도가 적당하다.
④ 입안에 보호제를 발라주고 입술을 자주 청결하게 한다.
⑤ 경관영양은 대상자가 원하면 해준다.

03 투약돕기에 관한 설명으로 옳은 것은?

① 금식인 경우는 혈압약의 복용을 잠시 중단한다.
② 유효기간이 며칠정도 지난 약은 복용해도 된다.
③ 가루약은 바늘이 있는 주사기를 이용하여 혈관에 직접 주입한다.
④ 처방된 이외의 약은 나누어 먹는다.
⑤ 알약은 개수가 많으면 2~3번으로 나누어 투약한다.

04 안약을 투여하는 방법으로 옳은 것은?

① 멸균 솜으로 눈 바깥쪽에서 안쪽으로 닦는다.
② 안약 투여 시 윗눈꺼풀 밑부분에 멸균솜이나 거즈를 댄다.
③ 결막낭을 노출하여 아랫눈꺼풀 중앙이나 외측 1~2cm 높이에서 투여한다.
④ 안약 투여 시 대상자가 엎드려 자세를 취한다.
⑤ 점적이 끝나면 눈 두덩을 가볍게 누른다.

05 주사주입 돕기의 방법으로 옳은 것은?

① 수액병은 심장보다 높게 유지한다.
② 바늘을 제거한 후 10~20분간 알코올 솜으로 지그시 누른다.
③ 주사주입에 이상이 있다면 119에 신고한다.
④ 의복을 갈아입을 때는 수액세트를 제거한다.
⑤ 주사주입은 동료 요양보호사와 함께 한다.

06 배설돕기의 방법으로 옳은 것은?

① 대상자가 처리할 수 있는 부분은 스스로 하도록 한다.
② 배설물은 모아 두었다가 한 번에 치운다.
③ 항문은 앞에서 뒤로 닦아 독감을 예방한다.
④ 배설물의 상태를 관찰하여 대상자의 심리상태를 관찰한다.
⑤ 규칙적으로 시간을 정하여 배설을 하게 한다.

07 휠체어를 사용하는 대상자의 화장실 돕기의 방법으로 옳은 것은?

① 휠체어를 침대와 50cm 정도 떨어지게 위치한다.
② 잠금장치를 풀고 발 받침대를 내린다.
③ 침대의 양쪽 난간을 올린다.
④ 대상자의 허리와 엉덩이를 두 손으로 지지하여 침대 중앙에 눕힌다.
⑤ 대상자의 건강한 손으로 휠체어의 팔걸이를 잡게 한다.

08 유치도뇨관을 사용하는 사용자를 돕는 방법으로 옳은 것은?

① 도뇨관의 세척은 알코올로 한다.
② 금기 사항이 없는 한 충분히 수분을 섭취하게 한다.
③ 도뇨관의 위치는 심장보다 낮은 위치에 둔다.
④ 소변량과 색깔은 하루에 한 번 정도 확인한다.
⑤ 소변주머니를 비운 후 면봉으로 배출구를 소독한다.

09 개인위생 및 환경관리의 내용으로 옳은 것은?

① 누워있는 대상자의 양치를 할 때는 똑바로 누운 자세에서 한다.
② 칫솔질할 때는 치아만 닦는다.
③ 의치의 보관은 뜨거운 물이 담긴 용기에 보관한다.
④ 물 없이 두발 청결을 도울 때는 두발전용 세정제를 사용한다.
⑤ 노인의 피부는 습기가 많으므로 마른 수건으로 자주 닦아준다.

10 손톱, 발톱은 어떤 모양으로 자르는 것이 좋은가?

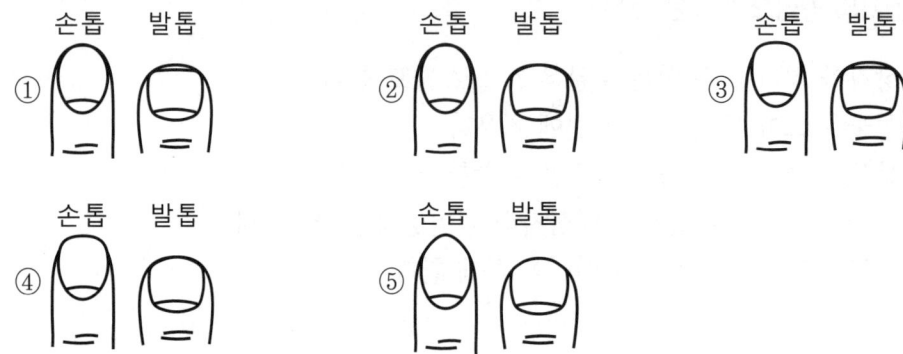

11 회음부 청결 돕기의 방법으로 옳은 것은?

① 회음부를 닦을 때는 물 티슈를 사용한다.
② 회음부의 청결은 간호사나 의료기관에서 한다.
③ 회음부는 뒤쪽에서 앞쪽으로 닦는다.
④ 대상자가 수치심을 느끼지 않도록 돕는다.
⑤ 둔부 밑에는 목욕수건만 겹쳐서 깔아야 한다.

12 세수돕기의 설명으로 옳은 것은?

① 코 안에 이물질이 끼지 않도록 세안 시 코 안을 닦아준다.
② 안경을 사용하는 사용자라면 일주일에 한 번 이상은 안경을 닦아준다.
③ 눈곱이 끼었다면 눈곱이 있는 쪽부터 닦는다.
④ 귀지의 제거는 동료 요양보호사와 함께 한다.
⑤ 세수돕기는 자존감과 정서감을 제공하지 않는다.

13 목욕돕기의 설명으로 옳은 것은?

① 욕조 안에 미끄럼방지매트를 제거한다.
② 목욕물의 온도는 28℃ 내외로 맞춘다.
③ 목욕을 거부하면 강제로라도 한다.
④ 눈 주변에는 비누를 사용하여 깨끗이 닦는다.
⑤ 목욕수건과 물은 필요할 때마다 자주 교환한다.

14 침상 청결에 관한 설명으로 옳은 것은?

① 이불은 무거운 것이 좋다.
② 베개는 습기를 흡수하는 것이 좋다.
③ 더러워진 시트는 모았다가 교체한다.
④ 필요한 경우 방수포를 깐다.
⑤ 이불커버는 나일론제품으로 한다.

15 쾌적한 환경을 유지하는 방법으로 옳은 것은?

① 실내온도는 약간 덥게 유지한다.
② 습도는 40~60% 정도를 유지한다.
③ 현관이나 화장실에 문턱을 설치한다.
④ 방, 복도, 화장실의 온도는 차이가 나게 유지한다.
⑤ 복도 벽에 미끄럼 방지턱을 설치한다.

16 대상자의 상의를 갈아입히는 방법으로 옳은 것은?

① 체위변경이 필요한 대상자는 마비된 쪽에서 상의의 한쪽 소매 끝에서 어깨, 목선까지 쥔다.
② 악수하듯 대상자의 건강한 손을 잡는다.
③ 대상자의 건강한 쪽 손을 모아 쥐고 상의를 입힌다.
④ 건강한 쪽으로 대상자를 눕힌 후 등 아래쪽에 접혀 있는 상의를 펼친다.
⑤ 대상자의 마비된 쪽 손을 잡아 팔을 넣을 수 있도록 돕는다.

17 수액이 있는 대상자에게 단추가 있는 옷을 입히는 방법으로 옳은 것은?

① 마비된 쪽 팔을 뺀다.
② 마비된 쪽으로 돌아 눕게 하고 등쪽의 상의의 소매를 계단식으로 접는다.
③ 엎드린 자세에서 수액을 건강한 쪽 소매로 빼서 건다.
④ 건강한 쪽 팔을 끼우고 단추를 잠근다.
⑤ 대상자의 두 다리를 모아 무릎을 세운다.

18 하의를 벗기는 방법으로 옳은 것은?

① 침대의 난간을 올리고 대상자의 곁에 선다.
② 대상자의 두 팔을 모아 엎드리게 한다.
③ 대상자의 두 팔과 발로 바닥에 지지하도록 하고 엉덩이를 침대에 붙이게 한다.
④ 마비된 쪽 손이 미끄러지지 않도록 요양보호사의 무릎으로 살짝 지지한다.
⑤ 허리에서 엉덩이, 허벅지 순으로 바지를 내린다.

19 사지마비 대상자를 일으켜 세우는 방법으로 옳은 것은?

① 대상자의 마비된 양손은 넓게 펼쳐 놓는다.
② 한쪽 팔을 대상자의 허리 밑에 받쳐 깊숙하게 넣은 후 손바닥으로 어깨를 지지한다.
③ 요양보호사의 다른 손은 대상자의 가슴에 올려진 손을 지지한다.
④ 어깨 밑에 위치한 손바닥으로 대상자의 하체를 밀어올린다.
⑤ 두 다리를 편 상태에서 똑바로 앉힌다.

20 침대에서의 체위에 대한 설명으로 옳은 것은?

① 체위변경을 할 경우 관절 밑 부분을 지지한다.
② 3시간 마다 체위를 변경하며 욕창이 있는 경우 자주 변경하면 안된다.
③ 엎드린 자세의 체위는 소화가 안되거나 배에 상처가 있을 때 자세이다.
④ 반 앉은 자세의 체위는 등에 상처가 있거나 등 근육을 쉴 때 자세이다.
⑤ 옆으로 누운 자세는 등의 압력을 피하거나 소화가 안될 때 쉬는 자세이다.

21 휠체어 이동시의 방법으로 옳은 것은?

① 문턱을 오를 때는 휠체어 뒤를 발로 눌러 휠체어를 앞으로 기울이고 뒷바퀴를 들어 문턱을 오른다.
② 도로를 내려갈 때는 휠체어를 뒤로 돌려서 내려간다.
③ 오르막길을 갈 때는 자세를 높이고 팔에 힘을 주어 밀고 올라간다.
④ 내리막길을 갈 때는 자세를 낮추고 힘을 주어 내려간다.
⑤ 엘리베이터를 탈 때는 앞으로 들어가서 뒤로 끌고 나온다.

22 두 사람이 대상자를 휠체어에서 침대로 옮기는 방법으로 옳은 것은?

① 휠체어를 침대에 평행하게 붙이고 잠금장치를 푼다.
② 키가 큰 사람이 대상자의 앞쪽에 서고 다른 사람이 대상자의 다리 바깥쪽에 선다.
③ 먼저 대상자에게 휠체어에서 침대로 옮기는 방법에 대해 설명한다.
④ 뒤에 선 사람이 대상자의 겨드랑이에 팔을 넣어 바깥쪽에서 안쪽으로 잡는다.
⑤ 다리 쪽에 선 사람은 한 손은 종아리 아래, 다른 손은 허리를 잡는다.

23 보행돕기의 내용으로 옳은 것은?

① 보행벨트를 착용한 대상자는 요양보호사가 옆에서 벨트 손잡이를 잡는다.
② 편마비 대상자를 도울 때는 대상자의 건강한 쪽에서 돕는다.
③ 보행 시에는 미끄러운 양말, 미끄럼방지 신발을 신어야 한다.
④ 지팡이의 위치는 사용하는 쪽 발의 새끼발가락으로 부터 앞 25cm, 옆 25cm 지점에 지팡이 끝을 놓는다.
⑤ 옆에서 보조할 때는 대상자의 걸음에 맞추어 보행한다.

24 왼쪽 편마비 대상자가 계단을 올라갈 때의 순서로 옳은 것은?

① 지팡이 → 오른쪽 다리 → 왼쪽 다리
② 오른쪽 다리 → 왼쪽 다리 → 지팡이
③ 오른쪽 다리 → 지팡이 → 왼쪽 다리
④ 왼쪽 다리 → 지팡이 → 오른쪽 다리
⑤ 지팡이 → 왼쪽 다리 → 오른쪽 다리

25 외상이 의심될 경우 대상자를 들어 올리는 방법으로 옳은 것은?

① 척추고정판을 대상자 바로 옆에 놓고 대상자의 몸을 요양보호사 쪽으로 돌린다.
② 척추고정판을 대상자 옆에 비스듬하게 놓는다.
③ 척추고정판 끝 부분에 대상자를 놓는다.
④ 위팔, 엉덩이, 손목, 무릎 순서로 고정한다.
⑤ 혼자서 부축해서 들어 올린다.

26 감염을 예방하는 방법으로 가장 옳은 것은?

① 장갑을 사용하지 않았을 때만 손을 씻는다.
② 배설물을 만질 때는 급하면 장갑을 끼지 않을 수 있다.
③ 오염된 배설물은 격리된 장소에 따로 배출한다.
④ 청결을 위해 매일 세수를 한다.
⑤ 일회용 보호 장구는 한 번 정도는 더 사용해도 된다.

27 흡인 물품의 관리 방법으로 옳은 것은?

① 가래가 담긴 흡인병은 분비물을 버리고 2일 1회 이상 깨끗이 닦는다.
② 한 번 사용한 카테터는 분비물이 빠질 수 있게 물에 담가 놓는다.
③ 흡인은 동료 요양보호사와 함께 한다.
④ 카테터는 5분 정도 끓여서 소독한다.
⑤ 카테터는 소독 후 쟁반에 널어서 햇볕에 말린다.

28 화재 시 대처하는 방법으로 옳은 것은?

① 엘리베이터를 이용하여 신속하게 탈출한다.
② 불길이 천정까지 닿지 않은 불이라면 소화기나 물양동이로 신속히 끈다.
③ 야간 화재 시에는 양손을 번갈아 벽을 짚고 이동한다.
④ 연기가 많은 경우 배가 바닥에 닿도록 엎드려 이동한다.
⑤ 문 손잡이를 잡고 최대한 빨리 문을 연다.

29 수해와 태풍에 대처하는 방법으로 옳은 것은?

① 상수도 오염에 대비하여 수도를 꼭 잠근다
② 차량으로 이동 중이라면 속도를 높인다.
③ 공사장, 가로등, 신호등 옆으로 이동한다.
④ 빗물받이와 배수구에 쌓인 쓰레기를 치운다.
⑤ 산과 계곡에서는 비탈면으로 이동한다.

30 안전관리에 관한 설명으로 옳은 것은?

① 낙상 방지를 위해 침대의 난간을 올린다.
② 음식을 조리하는 중에는 자리를 비워도 된다.
③ 실내에서 불을 끌 때는 문을 마주보고 소화기 분말을 쏜다.
④ 화재 시에는 엘리베이터를 이용하여 신속하게 대피한다.
⑤ 지진이 나면 가방이나 손으로 머리를 보호하며 좁은 공간으로 대피한다.

31 식사 준비에 관한 설명으로 옳은 것은?

① 식단은 요양보호사가 정한다.
② 딱딱하고 자극적인 음식으로 식욕을 돋운다.
③ 노인에게 자주 사용되는 요리법은 튀김이다.
④ 연하능력 저하 대상자는 음식을 튀겨서 준비한다.
⑤ 과도한 열량을 섭취하지 않도록 주의한다.

32 어르신을 위한 식생활 지침으로 옳은 것은?

① 고기, 생선, 달걀, 콩 중 하나는 매일 섭취한다.
② 싱거운 음식을 피하고 자극적인 음식을 먹는다.
③ 활동량을 줄여서 건강한 체중을 갖는다.
④ 술은 많이 마시고 물은 적게 먹는다.
⑤ 식사는 먹고 싶을 때만 먹는다.

33 식품의 위생에 관한 내용으로 옳은 것은?

① 변질된 음식을 폐기할 때도 가족이나 대상자에게 설명한다.
② 식품을 다룬 후에만 반드시 손을 씻는다.
③ 두부, 달걀은 항상 냉장보관하고 어묵은 실온에 보관한다.
④ 닭고기, 쇠고기, 돼지고기는 무조건 냉동 보관한다.
⑤ 냉장고에는 식품을 장기간 보관해도 된다.

34 침상의 관리에 관한 내용으로 옳은 것은?

① 침상을 정리할 때는 시설장의 동의를 구한다.
② 이불은 응달에 말린 후 가볍게 두드려 솜을 펴준다.
③ 요(매트리스)는 최소한 두 달에 한 번씩은 말린다.
④ 감염대상자의 모포와 베개는 커버를 씌워 커버만 매일 교환한다.
⑤ 베개는 습기를 잘 흡수하고 열에 강하며 촉감이 좋은 재질을 사용한다.

35 주거환경에 관한 설명으로 옳은 것은?

① 기능적인 자립성을 높일 수 있는 환경을 조성한다.
② 문고리는 열고 닫기 쉽도록 원형을 설치한다.
③ 거실바닥은 평평하게 하고 문턱을 단다.
④ 대상자의 방은 취침하기 좋은 서향으로 한다.
⑤ 욕실은 미끄럼방지매트를 제거한다.

36 효과적인 의사소통 방법으로 옳은 것은?

① 대상자와 눈을 맞추며 이야기 한다.
② 강한 톤으로 이야기 한다.
③ '라포'를 형성할 필요는 없다.
④ 의견이 다르면 수용할 필요가 없다.
⑤ 상대방의 말에 공감되지 않으면 공감할 필요는 없다.

37 요양보호 기록에 관한 내용으로 옳은 것은?

① 개인정보도 자세하게 기록한다.
② 기록은 반출이 쉽도록 잠금장치가 없는 곳에 보관한다.
③ 대상자의 정보를 수집할 때는 시설장의 동의를 얻는다.
④ 서비스는 결과만 정확하게 기록한다.
⑤ 애매한 표현은 피하고 구체적으로 기록한다.

38 치매 대상자의 일상생활돕기 기본원칙으로 옳은 것은?

① 치매대상자를 존중한다.
② 규칙적인 생활은 가급적 피한다.
③ 대상자의 잔존 기능 사용을 억제하여 최대한 보호한다.
④ 상황과 관련 없는 일반적인 요양보호를 한다.
⑤ 항상 안전에 주의를 할 필요는 없다.

39 치매대상자가 의심이나 환각 등의 증세를 보일 때 대처방법으로 옳은 것은?

① 대상자의 감정을 무시한다.
② 물건을 잃어 버렸다고 하면 함께 찾아본다.
③ 망상이 심한 경우에는 동료 요양보호사에게 알린다.
④ 대상자가 다른 것에 관심을 가지지 못하도록 한다.
⑤ 시간과 장소를 알려 주지 않아 현실감을 유지하게 한다.

40 치매대상자와의 의사소통 방법으로 옳은 것은?

① 긍정형보다 부정형 문장으로 이야기한다.
② 대상자의 속도보다 조금 빠르게 대화한다.
③ 어린아이에게 하듯이 말한다.
④ 반복적으로 설명한다.
⑤ 과거회상보다 미래지향적인 이야기를 한다.

41 다음과 같은 예정이 있을 경우 대상자에게 어떻게 말해야 하는가?

> 대상자와 아침을 먹고, 정류장에서 버스를 타고 복지관에 가서, 탁구연습을 하고, 병원에 들려 약을 받아서 집으로 돌아온다.

① "버스타고 복지관에 갈거예요."
② "아침을 함께 먹어요"
③ "병원에 가서 약을 받을 거예요"
④ "복지관에 가서 탁구 칠 거예요"
⑤ "아무 것도 하지 말고 계세요"

42 인지기능에 문제가 없는 대상자에게 알맞은 프로그램이 아닌 것은?

① 뇌 건강 일기쓰기
② 빈 칸 채우기
③ 물건 값 계산하기
④ 특정 글자 고르기
⑤ 사물의 이름 맞추기

43 응급처치에 관한 내용으로 옳은 것은?

① 대상자에게 손상을 입힌 약물, 잘못 먹은 음식은 병원으로 가져가지만 구토물은 버린다.
② 질식으로 의식이 없다면 보호자에게 즉시 연락한다.
③ 경련을 일으켰다면 옷의 단추나 넥타이 등을 조여서 편하게 호흡하게 한다.
④ 화상으로 인한 물집은 발견 즉시 터트린다.
⑤ 골절을 당한 대상자는 스스로 움직이게 해서는 안된다.

44 약의 사용에 관한 설명으로 옳은 것은?

① 약국과 병원은 자주 옮긴다.
② 약은 정해진 복용법에 따라 복용한다.
③ 이전에 처방받은 약이 남았다면 복용한다.
④ 약은 커피와 함께 복용한다.
⑤ 약 복용을 잊었다가 생각나면 다음에 2배로 복용한다.

45 자동심장충격기에 관한 설명으로 옳은 것은?

① 가슴압박과 인공호흡의 비율은 3:2가 되게 한다.
② 오른쪽 패드는 오른쪽 겨드랑이선에 왼쪽 패드는 왼쪽 빗장뼈 밑에 부착한다.
③ 자동심장충격기는 반응과 정상적인 호흡이 없는 심정지 대상자에게만 사용한다.
④ 자동심장충격기 사용은 5분간 계속한다.
⑤ 제세동을 할 때는 주변의 사람들이 모이게 한다.

1회 정답 | 1교시 필기시험 정답 및 해설

01 ①	02 ③	03 ③	04 ④	05 ⑤	06 ④	07 ②	08 ③	09 ①	10 ②
11 ①	12 ③	13 ①	14 ①	15 ④	16 ③	17 ①	18 ⑤	19 ②	20 ⑤
21 ①	22 ①	23 ④	24 ①	25 ③	26 ⑤	27 ③	28 ④	29 ①	30 ①
31 ⑤	32 ①	33 ②	34 ①	35 ①					

01 ② 존엄한 존재로 대우 받을 권리 : 차별, 착취, 학대, 방임을 받지 않을 권리
③ 신체구속을 받지 않을 권리 : 신체를 제한하면 안되며, 일시적으로 신체를 구속할 경우 본인이나 가족, 보호자의 동의를 받아야 한다.
④ 자신의 견해와 불평을 표현하고 해결할 권리 : 불평과 고충을 처리하기 위한 장치를 마련해야 하며 조치를 취해야 한다.
⑤ 스스로 퇴소를 결정하고 거주지를 선택할 권리 : 퇴소 후에도 지역사회와 연계하여 정보를 노인 및 보호자에게 제공한다.

02 시설 생활노인의 권리선언
- 시설 운영 및 생활관련 정보를 제공받고 입소를 선택할 수 있는 권리
- 개인적 욕구에 상응하는 서비스를 제공받고 선택할 수 있는 권리
- 안락한 가정과 같은 환경과 안전한 주거환경에서 생활할 권리
- 사생활과 비밀을 보장받을 권리
- 존경과 존엄한 존재로 대우받고, 차별 및 노인학대를 받지 않을 권리
- 부당한 신체구속을 받지 않을 권리
- 건강한 생활을 위한 서비스를 제공받을 권리
- 시설 내·외부 활동 및 사회적(종교, 정치 등) 활동에 참여할 권리
- 개인 소유의 재산과 소유물을 스스로 관리할 권리

03
- 학대받는 노인을 보면 노인보호전문기관이나 경찰서에 신고해야 한다.
- 노인학대 예방을 위한 유관 기관 : 보건복지부, 시·도, 시군·구, 노인보호전문기관, 노인복지시설, 사법경찰, 의료기관, 법률기관

04 장기요양인정 신청 및 판정 절차 순서
신청 → 방문조사 → (조사표 입력에 따른 1차 판정) → 의사소견서 제출 예외자 통보 → 등급판정위원회 개최 → (등급판정)

05 ① 밀치거나 넘어뜨린다 : 신체적 학대
　　② 이성교제를 방해한다 : 정서적 학대
　　③ 신체를 빗대어 혐오감을 주는 언행을 한다 : 성적 학대
　　④ 임금, 연금, 임대료 등을 가로챈다 : 경제적 학대

06 노인학대 유형
　　• 신체적 학대 : 물리적 힘, 도구로 신체적 손상, 고통 등을 유발시키는 행위
　　• 정서적 학대 : 비난, 모욕, 위협, 협박 등 언어, 비언어적 행위로 고통을 주는 행위
　　• 성적 학대 : 성적수치심, 성희롱 등을 하는 성적 행위
　　• 경제적 학대 : 동의 없이 노인의 자산을 사용하거나, 노동에 대해 합당한 보상을 하지 않는 행위
　　• 방임 : 부양 의무자로서의 책임이나 의무를 거부, 불이행, 포기하여 노인에게 의·식·주 및 의료를 제공하지 않는 행위
　　• 자기방임 : 노인 스스로 자기보호관련 행위를 의도적으로 포기하는 행위
　　• 유기 : 독립할 수 없는 노인을 격리하거나 방치하는 행위

07 요양보호사의 역할
　　• 정보전달자 : 대상자의 정보를 가족, 시설장, 의료진에게 전달한다.
　　• 관찰자 : 대상자의 신체적 질병이나 상태 뿐 아니라 심리적인 변화도 관찰한다.
　　• 숙련된 수발자 : 요양보호서비스에 대한 지식과 기술로 대상자가 편안하게 지원한다.
　　• 말벗과 상담자 : 대상자와의 의사소통을 통하여 신체적, 정신적, 심리적 안위를 도모한다.
　　• 동기유발자 : 대상자가 능력을 발휘하도록 동기를 유발하며 지지한다.
　　• 옹호자 : 소외되고 차별받는 대상자의 입장에서 편들어주고 지켜준다.
　　② 대상자의 보호자는 가족이다.

08 대상자가 요양보호사에게 성적인 농담이나 신체적 접촉을 하는 경우
　　• 감정적 대응을 삼가하고 단호히 거부한다.
　　• 대상자의 가족과 관리책임자(시설장)에게 알리겠다고 말한다.
　　• 같은 일이 반복될 때는 서비스를 중단하겠다고 알린다.
　　• 대상자의 가족에게 알릴 때는 기관차원에서 대상자의 가족면담을 통하여 알린다.

09 ②, ③, ④, ⑤는 기관차원에서 할 일이다.

10 ① 명치의 통증, 구토, 트림 : 위염
　　③ 체중감소, 소화불량, 오심 : 위암
　　④ 하루에 수 회씩 수분이 포함된 변을 배출 : 설사
　　⑤ 배변 시 어려움, 복부 통증 및 팽만감 : 변비

11 ②, ③ ④, ⑤는 대장암 환자의 식사방법이다.

12 ① 균에 오염된 음식물 : 장염
② 염장식품, 음주, 흡연 : 위암
④ 무절제한 식습관 : 위염
⑤ 소화효소에 의한 점막 손상 : 위궤양

변비의 원인
- 스트레스
- 섬유질 음식 섭취 감소
- 복부근육의 힘 약화
- 합병증(대장암, 뇌졸중, 심부전 등)
- 저작능력 저하
- 식사량 감소
- 운동량 감소
- 장 운동의 저하
- 수분섭취 부족
- 과한 하제 남용

13 ② 38°C 이상 발열 : 독감
③ 흰색, 회색의 점액성 가래 : 만성기관지염
④ 2주 이상의 기침과 흉통 : 폐결핵
⑤ 점액성, 혈액성 가래 : 폐결핵

14 ② 증상이 없으면 약을 끊어도 된다 : 증상이 없어도 혈압이 높으면 치료해야한다.
③ 증상이 있을 때만 약을 복용한다 : 증상이 없기 때문에 의사 처방이 있으면 약을 복용해야 한다.
④ 금주, 금연을 해야한다.
⑤ 정상혈압의 범위는 수축기 120mm/Hg 이하, 이완기 80mm/Hg 이하이다.

15 ① 동맥경화증 : 손발의 냉증, 보행장애, 협심증, 심근경색, 발작, 의식장애, 혼수
② 빈혈 : 현기증, 두통, 숨가쁨, 호흡곤란
③ 고관절 골절 : 대퇴부 통증, 이동제한, 뼈가 부러지는 소리
⑤ 요실금 : 의지와 상관없이 소변이 밖으로 흘러나온다.

16 ① 장갑과 가운 착용 후 전신 치료용 연고를 바른다 : 옴 치료
② 머리를 자주 감는다 : 머릿니 예방
④ 보청기를 사용하며, 저음으로 차분하게 말한다 : 노인성 난청 대처방법
⑤ 햇볕을 받으며 규칙적으로 운동하고 사회적 활동을 늘린다 : 우울증 치료

요실금의 치료와 예방
- 약물요법, 수술, 골반근육운동 강화, 체중조절, 배뇨훈련
- 수분섭취로 방광기능 유지, 식이섬유 섭취로 방광기능 유지

17 ② 습도를 조절하며 물을 충분히 마신다 : 피부건조증
③ 충분한 휴식과 안정, 예방접종, 긁지 않는다 : 대상포진
④ 장갑과 가운 착용 후 전신 치료용 연고를 바른다 : 옴
⑤ 감염의 가능성이 있는 물건과 접촉하지 않는다 : 머릿니

욕창의 초기 대처
- 약간 미지근한 수건으로 찜질하고 마른 수건으로 닦는다.
- 나선형으로 마사지를 하고 가볍게 두드려 혈액순환을 돕는다.
- 춥지 않을 때는 30분 정도 햇볕을 쪼인다.

19 ① 청력 감소가 일어난다 : 노인성 난청
③ 어두운 곳에서는 불빛이 눈부시고, 시력이 감소한다 : 백내장
④ 발기부전, 질 분비물 및 감염이 증가한다 : 당뇨병
⑤ 잠이 덜 깼거나 졸린 사람처럼 보이는 의식 수준의 변화가 일어난다 : 섬망

- 지남력이 저하되면 시간, 장소, 사람을 잘 구분하지 못한다.

20 ① 식사 후 팽만감이 있고 배고플 때 명치에 통증이 있다 : 위염
② 설사, 변비, 혈변, 점액분비, 체중감소, 허약감이 나타난다 : 대장암
③ 하루에 수 회씩 수분이 포함된 변을 배출한다 : 설사
④ 38℃ 이상 발열, 두통, 마른기침, 근육통, 전신쇠약감이 있다 : 독감

뇌졸증(중풍)의 증상 : 반신마비, 전신마비, 반신감각장애(감각이상), 언어장애, 두통 및 구토, 의식장애, 어지럼증, 운동 실조증, 시력장애, 연하장애(삼킴장애), 치매

21 요통을 예방하면서 물건을 이동하는 방법

양손으로 들어 올릴 때
- 허리를 펴고 무릎을 굽혀 몸의 무게중심을 낮추고 지지면을 넓힌다.
- 무릎을 펴서 들어올린다.
- 물건을 든 상태에서 방향 전환 시 발을 움직여 전환한다.
- 물체는 몸 가까이 위치하고 들어 올린다.
- 허리가 아닌 다리를 펴서 들어 올린다.

물건을 한 손으로 들어 올릴 때
- 발을 앞뒤로 벌려 지지면을 넓힌 후 무릎을 굽혀 무게 중심을 낮춘다.
- 무릎을 펴서 들어올린다.

침대 등 높고 넓은 바닥에 있는 물체를 움직일 때
- 한쪽 무릎을 위에 올리고 자세를 낮추어 움직인다.

22 입안 헹구기
- 식전 헹구기 : 구강건조를 예방, 위액 분비를 촉진, 식욕 증진
- 식후 헹구기 : 구강 청결, 음식물로 인한 질식 예방

23 비언어적 의사소통기법

얼굴표정	• 따뜻하고 배려하는 표정	• 적절하게 짓는 미소
자세	• 대상자를 향해 약간 기울인 자세	• 관심을 보이며 편안한 자세
눈맞춤	• 대상자와 같은 눈높이	• 적절한 시선의 움직임
어조	• 분명한 발음 • 적절한 말 속도	• 온화한 목소리

24 메라비언의 법칙 : 대화를 통하여 호감을 느끼는 데는 말할 때의 비언어적 요소(표정, 용모, 자제 등)와 음성(크기, 억양, 속도 등)이 내용에 비해 중요하다는 이론이다.

25 요양보호 기록의 원칙
- 사실대로 기록한다.
- 육하원칙(누가, 언제, 어디서, 무엇을, 어떻게, 왜)을 바탕으로 기록한다.
- 과정과 결과를 정확하게 기록한다.
- 그때 그때 작성한다.
- 공식화된 용어를 사용하여 간단명료하게 기록한다.
- 기록자를 명확하게 한다.

26 소아마비 예방접종은 생후 2개월에서 6세 사이에 이루어진다.

27 기관지 질환의종류

질환	원인
천식	• 알러지(꽃가루, 집먼지 진드기, 강아지털, 배설물, 곰팡이) • 대기오염, 황사, 매연, 기후변화, 노화에 따른 폐기능 감소
폐결핵	• 결핵균의 호흡기 감염이나 알코올이나 약물중독 • 면역력 저하, 당뇨병 등과 같은 만성질병 약화 • 스테로이드와 같은 면역 억제제
폐렴	• 세균, 바이러스 등에 의해 폐 조직에 염증이 생겨 기관지가 두꺼워지며 산소를 흡수하는 능력이 감소한다. • 흡인성 폐렴 : 음식물이 기도로 넘어가 기관지나 폐에 염증을 유발
독감	인플루엔자 바이러스 감염, 호흡기 비말을 통해 전파

만성기관지염	• 기관지에 만성적 염증이 생겨 기도가 좁아져 숨이 쉬기 힘들다. • 흡연, 매연에 노출, 세균성 바이러스 감염

28   • 심폐소생술
    심장마비 발생 시 인공적으로 혈액을 순환시키고 호흡을 도와 뇌의 손상을 예방한다.
  • 심폐소생술의 단계
    반응확인 → 도움요청 → 가슴압박 → 기도유지 → 인공호흡 → 회복자세

29   ② 신청인 : 본인, 가족, 친족, 이해관계인, 사회복지전담공무원, 시장·군수·구청장이 지정하는 자
    ③ 서류 : 의사, 한의사가 발급하는 소견서 첨부
    ④ 등급판정 : 조사결과서, 의사소견서 등을 등급판정위원회에 제출
    ⑤ 장기요양인정 유효기간 : 최소 2년 이상

30   ② 상당부분 타인의 도움이 필요한 대상자 : 2등급
    ③ 부분적으로 타인의 도움이 필요한 대상자 : 3등급
    ④ 일정부분 타인의 도움이 필요한 대상자 : 4등급
    ⑤ 방문간호가 필요한 대상자는 방문간호사에게 연계한다.

32   골절 시 돕는 방법
  • 대상자를 안정시키고 움직이지 않게 하고 담요 등을 덮어 따뜻하게 한다.
  • 손상 부위의 장신구를 제거하고 상처부위에 냉찜질을 한다.
  • 상처나 출혈이 있다면 멸균거즈로 상처를 덮어주고 지혈한다.
  • 시설장, 간호사에게 보고한 후 병원으로 이송한다.

33   식중독 예방법
  • 개인위생(손 씻기)을 철저히 하며 물은 반드시 끓여 먹는다.
  • 2차 오염 방지를 위해 조리에 사용된 기구는 세척·소독을 한다.
  • 도마, 칼 등을 구분하여 사용한다.
  • 오염된 조리기구는 10분간 세척·소독한다.
  • 육류, 생선류는 충분히 가열한다.
  • 생육과 조리된 음식을 구분하여 보관한다.
  • 조리된 음식은 실온에 장시간 방치하지 않으며 음식물이 남지 않도록 조리한다.

34   응급처치의 목적 : 인명구조, 고통경감, 상처나 질병의 악화 방지, 심리적 안정 도모

35   안전한 약 사용을 위한 3단계

① 단골 병·의원과 약국을 정해서 다닌다.
- 비슷한 의약품의 중복 처방 방지
- 진료 전 다른 곳에서 받은 처방전을 보여준다.
- 진료 전 복용 중인 약물과 알레르기에 대해 알려준다.

② 현재 복용 중인 모든 의약품에 대해 알려 준다.
- 과거 약물 부작용 경험이 있다면 말한다.
- 이전 처방약이 있다면 복용여부를 확인받는다.
- 가장 최근 약을 복용하고 이전의 약은 복용하지 않는다.

③ 정해진 방법에 따라 약을 복용한다.
- 과다한 약 복용은 간, 신장 등에 무리를 준다.
- 약은 물과 함께 복용하며 복용시간은 처방을 따른다.
- 약을 잘라서 사용하는 것은 의사와 상의한다.
- 약 복용을 잊었을 경우 즉시 복용하며, 2배 용량을 복용하면 안된다.
- 본인이 처방받은 약만 복용하며 건강기능 식품도 의사와 상의한다.
- 약의 보관은 정해진대로 한다.

1회 정답 2교시 실기시험 정답 및 해설

01 ⑤	02 ④	03 ②	04 ④	05 ④	06 ④	07 ②	08 ①	09 ④	10 ①
11 ③	12 ⑤	13 ③	14 ②	15 ⑤	16 ⑤	17 ①	18 ⑤	19 ③	20 ③
21 ⑤	22 ③	23 ①	24 ⑤	25 ③	26 ④	27 ①	28 ⑤	29 ①	30 ③
31 ④	32 ③	33 ①	34 ④	35 ③	36 ③	37 ③	38 ③	39 ④	40 ②
41 ①	42 ①	43 ④	44 ③	45 ②					

01 스스로 식사하는 대상자 지켜보기
- 사레, 질식 등이 발생하지 않도록 한다.
- 먹는 음식의 양이 적절하며 천천히 먹도록 지지한다.
- 식사 중 도움이 필요하면 도와주며 반찬을 골고루 먹도록 격려한다.

02 침상배뇨를 할 때 음악을 틀어주거나 화장지를 깔아주며, 스크린이나 커튼으로 가린다.

04 ① 대상자가 의식이 없어도 시작과 끝을 말한다.
② 영양주머니는 매번 깨끗이 씻어 말린다.
③ 문제가 생기면 간호사에게 연락한다.

⑤ 1분에 50mL 이상은 주입하지 않는다.

05 통증이 있을 경우 수근관증후군을 의심할 수 있다.

06 ① 수액 병은 심장보다 높게 유지한다.
② 정맥주입 속도가 일정하게 유지되는지 확인한다.
③ 주사 부위에 이상이 있을 경우 조절기를 잠근다.
④ 간호사가 바늘을 제거하면 1~2분간 알코올 솜으로 지그시 누른다.
⑤ 주사주입은 의료인의 영역이므로 요양보호사는 하면 안된다.

07 ① 침상 가까이 건강한 쪽에 휠체어를 둔다.
③ 화장실 밖에서 기다릴 때 가끔씩 말을 걸어 대상자의 상태를 살핀다.
④ 배변 후 뒤처리는 앞에서 뒤로 닦아 감염을 예방한다.
⑤ 배설물에 이상이 있다면 시설장(관리책임자)에게 보고한다.

08 ② 대상자와 요양보호사의 근골격계 손상에 유의한다.
③ 대상자의 움직임 능력, 협조 의지를 고려한다.
④ 이동이 병적 상태에 영향을 미치는 것을 고려한다.
⑤ 휠체어 이동은 보통의 천천히 걷는 속도로 이동한다.

09 화장실에 가고 싶을 때 보이는 비언어적 신호
• 바지의 뒷 부분을 움켜잡는다.
• 구석진 곳을 찾는다.
• 대중 앞에서 옷을 벗으려 한다.
• 안절부절 못한다.

10 ② 부리가 긴 주전자를 사용한다.
③ 입 아래쪽에 따뜻한 물 50~60cc를 넣어준다.
④ 볼에 물을 받아 낼 그릇을 밀착시킨다.
⑤ 입 안의 물이 흘러내리게 한다.

11 울퉁불퉁한 길을 갈 때는 휠체어 앞바퀴를 들어 올려 뒤로 젖힌 상태에서 이동한다.

13 젖은 기저귀를 사용하면 피부손상과 욕창이 생길 수 있으므로 마음 상하거나 부끄럽지 않도록 신속하게 기저귀를 교환해야 한다.

14 • 찬물(5~12℃)에 15분 이상 담가 화상면의 확대와 염증을 억제한다. 흐르는 수돗물에 대면 피부가 손상될 수 있다.
• 옷은 옷 위로 냉각시키고 벗기기 힘든 옷은 잘라내고, 장신구(반지, 팔찌 등)는 최대한 빨리 제거한다.

- 손상 부위는 만지지 말고 물집도 터뜨리면 안 된다.
- 얼굴이나 입술, 가스를 마신 경우에는 즉시 병원 치료를 받아야 한다.

15 경련이 일어 났을 때 응급처치
- 머리 아래 부드러운 것을 대고 위험한 물건을 치운다.
- 옷의 단추나 넥타이를 풀어 편하게 해주고 얼굴을 옆으로 돌려 기도가 막히는 것을 예방한다.
- 입에 이물질을 넣으면 안 되며 경련하는 동안 잠시(1~2분 정도) 기다린다.
- 5분 이상 지속되면 119에 신고하고 시설장, 간호사 등에게 보고한다.

17 배설이 어려울 때는 항문이나 요도근처에 미지근한 물을 끼얹어 변의를 느끼게 한다.

18 유치도뇨관의 교환, 삽입, 방광세척은 방문간호사나 의료기관에서 한다.

19 ① 흡인은 관을 통해 코와 입의 가래나 분비물을 제거하는 것이다.
③ 카테터는 분비물이 빠지도록 물에 담가 놓는다.
④ 컵과 카테터는 끓은 물에 15~20분간 소독한다.
⑤ 흡인병은 1일 1회 이상 닦아서 사용한다.

21 ① 계단을 이용하여 대피한다.
② 낮은 자세로 신속하게 이동한다.
③ 연기가 많으면 기어서 이동하더라도 배가 바닥에 닿지 않게한다.
④ 화재가 난 방을 나온 후 방문을 닫는다.
⑤ 양손을 번갈아 짚으면 방향을 잃을 수 있으므로 한쪽 손으로만 벽을 짚고 이동한다.

23 ② 위험한 환경이라면 이동을 한다.
③ 옆으로 누운 자세를 취한다.
④ 대상자의 호흡이 정상이라면 회복자세를 취한다.
⑤ 정상적인 호흡이 없다면 즉시 도움을 요청한다.

24 ① 지방의 흡수력이 감소한다.
② 대장의 활동이 감소한다.
③ 위액분비가 감소한다.
④ 직장벽의 탄력이 감소한다.
⑤ 쓴맛과 신맛을 잘 느끼며 짠 맛은 잘 느끼지 못한다.

26 호흡곤란 중에는 상체를 올리는 반 앉은 자세를 취하게 하고, 최대한 편안한 호흡을 유도하면서 옆에 있어 준다.

27 ② 색이 없는 투명한 식기를 사용한다.
    ③ 대상자가 졸려하면 나중에 식사를 제공한다.
    ④ 식사 후 30분 정도 앉아 있게 한다.
    ⑤ 접시보다는 사발을 사용하여 덜 흘리게 한다.

28 ① 섬망 : 의식 장애로 주의력 저하, 감정·정서·사고·언어 등 인지기능 저하가 짧은 시간에 급격히 발생, 증상의 기복이 심하다.
    ② 의심 : 타인이 물건을 훔쳐갔다고 말한다.
    ③ 배회 : 기억력 상실, 시간과 방향감각의 저하로 혼란, 정서적 불안 등으로 특정 장소를 찾지 못한다.
    ④ 수면장애 : 낮과 밤이 바뀌거나 혈관성 침해로 밤에 잠을 이루지 못한다.

30 배설물에 이상이 있을 때 보고해야 하는 경우

소변	대변
• 소변이 탁하거나 뿌옇다. • 거품이 많다. • 색이 진하다. • 피가 섞여 나오거나 푸른빛이 난다.	• 피가 섞여 나와 검붉거나 선홍색이다. • 심하게 묽거나 점액질이 섞여 나온다.

31 ① 귀지 제거는 의료기관에서 한다.
    ② 눈곱은 없는 쪽부터 닦는다.
    ③ 눈의 안쪽에서 바깥쪽으로 닦는다.
    ⑤ 코는 세안 시 이물질로 막히지 않도록 닦는다.

32 ① 침구는 더러워진 즉시 교체한다.
    ② 실내의 습도는 40~60%를 유지한다.
    ④ 실내는 넘어짐 방지를 위해 문턱이 없도록 한다.
    ⑤ 마루, 벽, 선반을 구분하여 색을 칠한다.

33 ② 잠금장치를 고정하고 발판을 접고 대상자의 양쪽 발이 바닥에 지지하도록 한다.
    ③ 대상자의 건강한 손으로 자동차 손잡이를 잡게 하고 일으켜 세운다.
    ④ 엉덩이부터 자동차시트에 앉힌다.
    ⑤ 요양보호사는 대상자의 옆자리에 앉는다.

34 ① 취침은 가급적 바닥에서 한다.
    ② 침대의 높이를 낮춘다.
    ③ 문턱을 제거하고 발에 걸리는 물건이 없게 한다.
    ⑤ 집 안의 조명은 밝게한다.

35 ① 눈을 보며 정면에서 입을 크게 벌리며 정확히 천천히 이야기한다.
② 대상자의 말이 끝날 때까지 기다린 후 말을 한다.
③ 의사 표현은 예, 아니오로 하거나 손짓, 눈의 깜빡임 등으로 하게 한다.
⑤ 대상자의 이름과 존칭을 사용하며 일관성 있게 대하도록 노력한다.

36 ① 단골 병·의원과 약국을 정해서 다닌다.
② 과거의 약물 부작용에 대해서 말한다.
④ 약의 보관은 정해진 대로 한다.
⑤ 가장 최근의 약만 복용하고 이전의 약은 폐기한다.

37 ① 기록이 공개될 수 있다는 것을 염두에 두고 작성한다.
② 개인정보는 기록하지 않는다.
④ 질 높은 서비스를 제공하는데 도움이 된다.
⑤ 가족과 정보공유를 통해 의사소통을 원활하게 한다.

38 ① 양쪽 어깨를 두드리며 "괜찮으세요?"라고 질문한다.
② 정상적인 호흡과 맥박이라면 회복자세를 취하게 하지만 일반인 구조자는 맥박을 확인하지 않고 바로 심폐소생술을 시행한다.
④ 대상자가 질문에 반응이 없으면 즉시 도움을 요청한다.
⑤ 대상자가 정상호흡을 하면 옆으로 누운자세를 한다.

39 ① 요양보호사는 반드시 대상자의 앞에서 체위변경을 시도한다.
② 사지마비대상자는 다리가 펴진상태에서 앉히려고 하면 넓다리가 골절될 수 있다.
③ 하반신마비대상자는 대상자의 무릎이 꺾여 낙상하는 것에 주의한다.
⑤ 옆에서 보조하는 경우에는 대상자를 천천히 일으켜 세운다.

40 ① 휴대용 경사로 : 휠체어를 이용하는 대상자의 이동성을 확보하기 위한 도구이다.
③ 이동욕조 : 움직이기 어려운 대상자를 위한 목욕도구이다.
④ 미끄럼 방지매트 : 실내에서 미끄러지는 것을 방지하기 위한 도구이다.
⑤ 화재경보기 : 화재가 났을 때 알려주는 도구이다.

41 ② 실외에서 운동과 휴식시간을 일과에 포함한다.
③ 오후나 저녁에는 커피나 술을 주지 않는다.
④ 조용한 환경에서 적정실내 온도를 유지한다.
⑤ 낮에 졸면 말을 걸어 자극을 준다.

42 하임리히법

대상자의 뒤에 서서 대상자의 배꼽과 명치 중간에 주먹 쥔 손의 엄지손가락이 배에 닿도록 놓는다. 다른 한쪽 손으로는 주먹 쥔 손을 감싼 다음 양손으로 복부의 윗부분 후상방으로 힘차게 밀어 올린다. 한 번으로 이물질이 빠지지 않으면 반복하여 시행한다.

43 대상자가 혼수상태인 경우에도 청각은 마지막까지 남아 있으므로, 평상시와 같이 보고 듣는 것이 가능하다고 생각하면서 대상자에게 요양보호를 제공한다.

44 화장실의 위치를 알기 쉽게 표시해 놓는다.

45 ① 심정지대상자에게만 사용한다.
③ 30:2의 비율로 가슴압박과 인공호흡을 실시한다.
④ 자동심장충격기 및 심폐소생술은 119 구급대가 도착할 때까지 한다.
⑤ 자동심장충격기는 2분 간격으로 자동으로 반복한다.

2회 정답　1교시 필기시험 정답 및 해설

01 ③	02 ④	03 ①	04 ②	05 ②	06 ⑤	07 ③	08 ①	09 ⑤	10 ⑤
11 ①	12 ③	13 ④	14 ④	15 ③	16 ③	17 ③	18 ⑤	19 ①	20 ⑤
21 ②	22 ④	23 ⑤	24 ①	25 ③	26 ①	27 ③	28 ②	29 ③	30 ②
31 ①	32 ②	33 ④	34 ①	35 ⑤					

01　① 세포가 재생되지 않고 노화된다.
　　② 면역능력이 저하되어 각종 질병에 노출된다.
　　④ 회복능력이 저하되어 회복시간이 많이 걸린다.
　　⑤ 비가역적 진행으로 되돌릴 수 없다.

02　① 우울증 경향의 증가　　　　② 내향성 및 수동성의 증가
　　③ 조심성의 증가　　　　　　⑤ 친근한 사물에 대한 애착심

03　장기요양급여 대상자
　　• 65세 이상 : 노인성 질병을 가진 자로 거동이 현저히 불편하거나 치매 등으로 인지가 저하되어 6개월 이상 일상생활을 수행하기 어려운 사람(※ 혼자서 일상생활이 가능하면 장기요양급여 대상자가 아니다.)
　　• 65세 미만 : 치매, 알츠하이머, 뇌경색, 뇌졸중, 파킨슨병 등 혼자서 일상생활을 할 수 없는 경우

04　장기요양인정 신청 및 판정 절차 순서
　　신청 → 방문조사 → 조사표 입력에 따른 1차 판정 → 의사소견서 제출 예외자 통보 → 등급판정 위원회 개최 → 등급판정

05　① 일상생활지원서비스 : 취사, 청소 및 주변 정돈, 세탁서비스 등
　　③ 정서지원서비스 : 말벗, 격려, 위로, 생활상담, 책 읽기, 편지 대필 등 의사소통 도움 서비스
　　④ 방문목욕서비스 : 목욕장비를 갖추고 재가노인을 방문하여 목욕을 제공하는 서비스
　　⑤ 개인활동지원서비스 : 외출 시 동행(외부기관방문, 산책, 차량 이용 등), 일상업무 대행(은행, 관공서 이용 등) 서비스

06　① 서비스 제공 전 본인(가족) 동의
　　② 대상자의 상태에 따라 서비스 제공
　　③ 모든 서비스는 대상자에게만 제공
　　④ 사고 발생 시 시설장, 간호사에게 보고

07　① 관찰자 : 대상자의 신체적 질병이나 상태뿐 아니라 심리적인 변화도 관찰한다.

② 숙련된 수발자 : 요양보호서비스에 대한 지식과 기술로 대상자가 편안하게 지원한다.
③ 말벗과 상담자 : 대상자와의 의사소통을 통하여 신체적·정신적·심리적 안위를 도모한다.
④ 동기유발자 : 대상자가 스스로의 능력을 발휘하도록 동기를 유발하며 지지한다.
⑤ 옹호자 : 소외되고 차별받는 대상자의 입장에서 편들어주고 지켜 준다.

08 대상자를 인격체로 존중해야 한다.

09 매슬로우의 인간욕구 5단계

5단계(자아실현의 욕구)	자기완성, 삶의 보람, 자기 만족을 느끼는 단계
4단계(존경의 욕구)	타인에게 인정·존중받고 싶은 단계
3단계(사랑과 소속의 욕구)	단체에 소속되어 사랑받고 싶은 단계
2단계(안전의 욕구)	외부의 위험으로 부터 안전하기를 추구하는 단계
1단계(생리적 욕구)	생리적 욕구를 해결하는 단계

10 요양보호사는 맥박, 호흡, 체온, 혈압 측정, 흡인, 비위관 삽입, 관장, 도뇨, 욕창 관리, 투약(경구약 및 외용약 제외) 등을 포함하는 모든 의료 행위를 하지 않는다.

11 노인학대 유형
- 신체적 학대 : 물리적 힘, 도구로 신체적 손상, 고통 등을 유발시키는 행위
- 정서적 학대 : 비난, 모욕, 위협, 협박 등 언어, 비언어적 행위로 고통을 주는 행위
- 성적 학대 : 성적수치심, 성희롱 등을 하는 성적 행위
- 경제적 학대 : 동의 없이 노인의 자산을 사용하거나, 노동에 대해 합당한 보상을 하지 않는 행위
- 방임 : 부양 의무자로서의 책임이나 의무를 거부, 불이행, 포기하여 노인에게 의·식·주 및 의료를 제공하지 않는 행위
- 자기방임 : 노인 스스로 자기보호관련 행위를 의도적으로 포기하는 행위
- 유기 : 독립할 수 없는 노인을 격리하거나 방치하는 행위

12 자기를 계발하려는 태도(보수교육에 적극적으로 참여한다, 전문지식과 기술을 습득한다.)

13 시설 생활노인의 권리
- 존엄한 존재로 대우 받을 권리
- 가정과 같은 환경에서 생활할 권리
- 사생활 및 비밀 보장에 대한 권리
- 정치, 문화, 종교적 신념의 자유에 대한 권리
- 불평의 표현과 해결을 요구할 권리
- 정보접근과 자기결정 행사의 권리
- 질 높은 서비스를 받을 권리
- 신체적 제한을 받지 않을 권리
- 통신의 자유에 관한 권리
- 소유 재산의 자율적 관리에 대한 권리
- 시설 내·외부 활동 참여의 자유에 대한 권리

15 감염질환 : 결핵, 독감(인플루엔자), 장염, 옴, 머릿니

16 노화에 따른 근골격계의 특성
- 키가 줄어들며 등뼈가 굽어 머리를 낮추며 가슴을 향해 보게 된다.
- 치아가 상실되며 골격이 작아지고 작은 충격에도 골절된다.
- 신체활동과 운동능력이 감소하며 근육경련과 근육피로를 느낀다.
- 관절운동이 제한되며 어깨가 좁아지고 골반이 커진다.
- 관절이 마모되어 염증, 통증 등이 생기며 팔, 다리의 지방은 감소하고 엉덩이와 허리의 지방은 증가한다.

17 ① 대상자의 질병명을 예측하지 않는다.
② 수술이나 약물치료가 필요하다는 말을 하지 않는다.
④ 노화로 인한 자연스러운 과정임을 대상자에게 알려준다.
⑤ 노화에 따른 장애우려가 있으므로 안전한 환경을 조성한다.

18 연하장애는 대상자가 음식물을 삼키기 힘들어 하는 것으로 이런 경우 유동식을 제공한다.

19 ① 증상이 없어도 혈압이 높으면 치료해야 한다.
② 증상(두통 등)이 있을 때만 약을 먹는다 : 증상이 없기 때문에 의사 처방이 있으면 약을 복용해야 한다.
③ 약물 복용과 운동을 병행한다.
④ 혈압약을 장기간 복용하면 몸이 약해진다 : 약의 장기 복용이 고혈압의 합병증보다는 안전하다.
⑤ 약을 복용하지 않으면 혈압이 다시 올라가므로 의사 처방이 있으면 약을 복용해야 한다.

20 ① 천천히 안정된 동작으로 한다.
② 어깨 스트레칭은 10~15초간 유지하고 5~10회 반복한다.
③ 자연스럽고 편안하게 호흡한다.
④ 손을 잡아 당길 때는 부드럽게 잡아당긴다.

21 감정적 대응은 삼가고 단호하게 거부의사를 표현한다.

22 대장암 환자의 식사
- 영양소가 골고루 있는 식사를 소량씩 규칙적으로 한다.
- 천천히 꼭꼭 씹어 먹으며 잦은 간식, 늦은 식사를 피한다.
- 싱겁게 먹으며 통곡식, 생채소, 생과일을 먹는다.
- 식물성 지방을 섭취하고 가공·인스턴트·훈연식품을 피한다.
- 하루에 6~8잔의 물을 마시며 금연, 절주하고 적당량의 운동을 한다.

23 기관지 질환

질환	증상
① 폐렴	두통, 근육, 흉통, 호흡곤란, 마른기침
② 만성기관지염	가래 끓는 기침, 회색의 점액성 가래
③ 폐결핵	2주 이상의 기침과 흉통, 오후에 고열-밤에 열이 내리는 증상 반복
④ 독감	38℃ 이상 발열, 두통, 마른기침, 근육통, 전신쇠약감

24 ② 혈액순환이 감소한다.
③ 기립성 저혈압이 발생하기도 한다.
④ 부종과 정맥류, 치질이 생긴다.
⑤ 최대심박출량과 심박동수가 감소한다.

25 퇴행성관절염 대상자에게는 체중조절, 관절이 부담되지 않는 범위에서 규칙적인 운동(수영, 걷기, 체조)이 알맞다.

26 욕창의 초기 대처
- 약간 미지근한 수건으로 찜질하고 마른 수건으로 닦는다.
- 나선형으로 마사지를 하고 가볍게 두드려 혈액순환을 돕는다.
- 춥지 않을 때는 30분 정도 햇볕을 쬐인다.

27 피부 건조증의 치료와 예방
- 습도를 조절하며 물을 충분히 마신다.
- 자주 샤워하는 것을 삼가고 샤워 시 따뜻한 물과 순한 비누를 사용한다.
- 물기는 두드려 말리고 수분이 마르기 전 보습제를 충분히 바른다.

28 섬망의 특징
- 주의력 감퇴, 호전과 악화의 반복, 시간 · 장소 · 사람에 대한 장애(지남력)
- 잠이 덜 깼거나 졸린 사람처럼 보이는 의식 수준의 변화
- 인지장애, 초조, 지각장애 등 정서불안, 치매와 동반되기도 함
- 증상의 기복이 심함

29 ① 눈꺼풀이 쳐지고 눈이 깊게 들어간다.
② 눈썹이 회색으로 변한다.
④ 눈부심, 시력 저하 등이 증가한다.
⑤ 색의 분별력이 어려워진다.

30 ① 미각과 후각의 저하로 짠맛의 음식을 선호한다.
③ 고독감 등으로 음식섭취에 문제가 생길 수 있다.
④ 칼슘 섭취 감소로 골다공증이 발생할 수 있다.
⑤ 치매가 오면 과도하게 섭취하거나 영양상의 문제가 올 수 있다.

31 ② 운동 시 통풍이 잘 되고 땀을 잘 흡수하는 옷을 입는다.
③ 심박동수의 40~50% 정도의 낮은 수준에서 시작하여 80% 정도까지 올린다.
④ 10분 이상 준비운동을 한다.
⑤ 근육피로, 협심증, 부정맥, 혈압 등의 변화에 주의한다.

32 ① 질병치료제나 당뇨병은 정상적인 성생활을 방해한다.
③ 뇌졸중은 성생활과 관련이 없다.
④ 체위 변화에 도움을 주는 기구를 사용해도 된다.
⑤ 여성의 자궁 적출술과 유방절제술은 성기능에 영향을 주지 않는다.

33 ① 증상이 비슷해도 타인에게 처방된 약을 먹지 않는다.
② 단골 병원과 약국을 지정하여 다닌다. → 다른 병원과 약국을 다닐 경우 이전에 받은 처방전을 보여주어 약물의 부작용을 막는다.
③ 진료 후에는 이전에 처방받은 약을 복용하지 않는다. → 상태가 변하였으므로 최근에 처방받은 약을 복용하여야 한다.
⑤ 약을 2배 복용하면 심각한 부작용이 생길 수 있다.

34 ② 운동은 낮 시간에 하며 준비운동과 마무리 운동을 평소보다 충분히 한다.
③ 외출 시에는 몸을 충분히 따뜻하게 한다.
④ 옷은 가볍고 따뜻한 옷을 착용하고 손을 주머니에 넣고 걷지 않는다.
⑤ 근력강화 운동을 하며 눈, 비가 오는 날은 외출을 삼가한다.

35 • 3~6개월 간격으로 병원에서 진료를 받는다.
• 약물요법 : 인지기능개선제, 정신행동증상은 항정신병약물 등을 복용한다.
• 비약물 요법
 - 환경개선 : 단순하고 안정적인 환경을 제공한다.
 - 행동개입 : 행동수정을 위해 설득, 강화, 필요시 격리 등의 방법을 사용한다.
 - 인지 및 활동 자극 : 수공예, 간단한 물건 만들기, 원예, 독서, 그림 그리기, 음악을 듣거나 노래 부르기 등 대상자에게 익숙하며 성공적으로 수행할 수 있는 활동을 한다.

2회 정답 2교시 실기시험 정답 및 해설

01 ①	02 ③	03 ⑤	04 ②	05 ①	06 ①	07 ⑤	08 ②	09 ①	10 ②
11 ⑤	12 ④	13 ⑤	14 ②	15 ①	16 ⑤	17 ②	18 ④	19 ③	20 ④
21 ②	22 ⑤	23 ④	24 ②	25 ①	26 ①	27 ③	28 ④	29 ①	30 ④
31 ④	32 ③	33 ②	34 ②	35 ④	36 ①	37 ⑤	38 ②	39 ①	40 ④
41 ④	42 ③	43 ⑤	44 ②	45 ④					

01 대상자를 대하는 원칙
- 강제로 하지 않는다.
- 억제대는 하지 않는다.
- 수면을 방해하지 않는다.
- 겨드랑이를 잡아 올리지 않는다.

02 ① 가까운 거리의 정면에서 바라본다.
② 눈높이로 1초 이상 바라본 후 2초 이내에 인사말을 한다.
④ 눈을 맞추며 서비스를 제공한다.
⑤ 시선을 피하면 눈을 맞추며 "저를 좀 봐주세요"라고 말한다.

03 ① 균형잡힌 적절한 식사를 하는지 살핀다.
② 입맛이 없다면 다양한 색깔의 반찬을 조금씩 준비한다.
③ 요양시설 대상자는 적절한 양을 섭취하도록 돕는다.
④ 대상자의 씹는 능력을 고려하여 일반식부터 유동식가지 준비한다.

04 ① 의자에 앉았을 때 식탁의 윗부분이 배꼽 높이에 오도록 한다.
③ 침대에 걸터앉았을 때는 쿠션을 놓아준다.
④ 침대머리를 올렸을 때는 침대를 30~60° 정도 높인다.
⑤ 편마비 대상자는 건강한 쪽을 아래로 하고 옆으로 눕힌다.

05 ② 먹는 음식의 양이 적절한지 살핀다.
③ 천천히 먹도록 지지한다.
④ 식사 중 도움이 필요하면 도와준다.
⑤ 반찬을 골고루 먹도록 격려한다.

06 ② 혈압 등을 잘 관찰한다.
③ 옆에 있기를 원하면 대기하고 있다가 요구하는 것을 도와준다.
④ 밖에서 기다릴 때는 호출 벨을 대상자의 손 가까이 둔다.
⑤ 밖에서 기다릴 때는 중간중간 말을 건다.

07 기저귀 사용 돕기 방법
- 기저귀를 사용하면 기저귀에 의존해서 증상이나 상태가 더 심해질 수 있다.
- 대소변을 전혀 가리지 못하는 경우, 치매 등으로 부득이한 경우에만 기저귀를 사용하며 대상자의 마음이 상하지 않도록 신속하게 기저귀를 교환한다.
- 기저귀 사용 시 욕창이 생길 수 있으므로 신속히 교환하여 피부가 손상되지 않도록 하며 기저귀 교환 시 불필요한 노출은 삼간다.
- 냄새가 불쾌하므로 환기를 하고, 가능하다면 이동변기나 간이 변기 사용을 시도해 보고 가능하면 화장실이나 변기에서 배설할 수 있도록 돕는다.

08 ① 미지근한 물로 입안을 헹구어 적신다.
③ 칫솔을 45° 각도로 치아에 대고 닦는다.
④ 잇몸에서 치아 쪽으로 3분간 닦는다.
⑤ 사레가 들릴 것 같으면 입을 반쯤 벌리고 입을 여러 번 헹군다.

09 ② 욕조에 있는 시간은 5분 정도로 한다.
③ 되도록 스스로 씻게 하고 도움이 필요한 부분만 보조한다.
④ 어지러움, 피로감 등이 있는지 확인한다.
⑤ 샤워 시에는 안전을 위해서 목욕의자를 이용하는 것이 좋다.

10 엘리베이터를 탈 때는 뒤로 들어가고, 내릴 때는 앞으로 향하고 내린다.

11 대여품목 8종(수동휠체어, 전동침대, 수동침대, 이동욕조, 목욕리프트, 배회감지기, 경사로, 욕창예방 매트리스)

13 초, 라이터 등은 노인과 아이들의 손이 닿지 않는 곳에 보관한다.

14 ① 부드럽게 조리하기 위해 찜, 데침, 끓임, 삶기의 방법을 사용한다.
③ 자극적(짜거나 맵지 않게)이지 않고 부드럽게 조리한다.
④ 삼키기 쉽게 잘게 썰거나 부드럽게 조리한다.
⑤ 대상자가 섭취 가능한 음식을 조리한다.

15 옷감의 건조표시

| 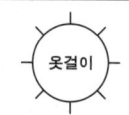 옷걸이 | • 햇볕에 건조
• 옷걸이에 걸어서 건조 | 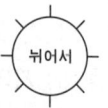 뉘어서 | • 햇볕에 건조
• 뉘어서 건조 |

	• 그늘에 건조 • 옷걸이에 걸어서 건조	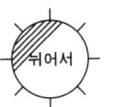	• 그늘에 건조 • 뉘어서 건조
	• 짜면 안됨		

16 ① 현관문의 손잡이는 막대형으로 설치한다.
② 대상자의 방은 남향, 남동향으로 한다.
③ 휠체어가 사용 가능한 식탁을 사용한다.
④ 계단의 가장자리는 미끄러지지 않게 고무 등으로 댄다.

17 ① 따뜻하고 배려하는 표정을 짓는다.   ③ 대상자와 같은 눈높이를 한다.
④ 발음을 분명하게 한다.   ⑤ 온화한 목소리로 말한다.

18 식사를 하지 않으려고 할 때 확인사항
• 입 안의 상처가 있는가?
• 틀니가 맞지 않는가?
• 약의 부작용으로 식욕이 저하되었는가?
• 수저의 사용방법을 잊었는가?
• 시력에 문제가 있어 혼란을 느끼는가?
• 음식에 대해 인식이 불가능한가?

19 대상자가 협조할 수 없다면 침상 양편에 두 사람이 마주 서서 대상자를 움직인다.

20 상대방의 불만사항을 듣고 충분히 이해했다는 표현을 한다.

21 ① 속옷부터 입는 순서대로 정리해 놓는다.
③ 옷 입는 것을 거부하면 잠시 후에 다시 시도한다.
④ 단추 채우기가 어려우면 부착용 접착천으로 여미는 옷을 이용한다.
⑤ 자신의 옷이 아니라고 하면 옷 라벨에 이름을 써 놓는다.

22 ① 식사시간, 식사량, 체중을 점검한다.
② 영양실조와 비만을 예방한다.
③ 밥을 아무 때나 달라고 해도 대립하거나 화를 내지 않는다.
④ 천천히 먹게 한다.

23 ① 일정 간격으로 변기에 앉혀 배변을 유도한다.
② 섬유질 음식과 충분한 수분을 섭취하게 한다.
③ 관장은 의료행위이므로 간호사가 해야 한다.
⑤ 변비에 좋은 음식(섬유질이 많은 식품, 발효식품)을 제공한다.

24 안연고는 아랫눈꺼풀의 안쪽에서 바깥쪽으로 넣는다.

25 ② 유통기한이 지난 음식은 폐기한다.
③ 냉동식품은 해동 후 빨리 사용한다.
④ 냉동식품은 해동 후 다시 냉동하지 않는다.
⑤ 부패·변질된 음식을 폐기할 때는 대상자에게 설명한다.

26 ② 개인적 특성, 질병, 생활력 등을 이해하고 존중한다.
③ 기분이나 감정에 공감한다.
④ 과도한 의존관계를 형성하지 않는다.
⑤ 친하다고 해서 반말이나 명령조로 하지 않는다.

27 요양보호 기록의 원칙
- 사실대로 기록한다.
- 육하원칙(누가, 언제, 어디서, 무엇을, 어떻게, 왜)을 바탕으로 기록한다.
- 과정과 결과를 정확하게 기록한다.
- 그때 그때 작성한다.
- 공식화된 용어를 사용하여 간단명료하게 기록한다.
- 기록자를 명확하게 한다.

28 환자가 비논리적, 반복적 행동을 하는 이유
① 주변상황을 인식하지 못해서
② 안전을 확인하고 싶어서
③ 논리적인 사고에 문제가 있어서
④ 의문에 답을 얻지 못해서
⑤ 관심을 끌기 위해서

29 ② 대소변의 욕구인지 확인한다.
③ 노출증 감소를 위해 상벌을 적절히 사용한다.
④ 성적 관심을 가지면 공공장소에 가는 것을 삼가한다.
⑤ 방문객을 제한한다.

30 ① 대상자의 신체적 욕구를 우선 해결해 준다.
② 단순한 일거리를 주어 배회 증상을 줄인다.
③ 신분증을 소지하도록 한다.
⑤ 가족과 관련된 대화를 하여 관심을 다른 곳으로 돌린다.

31 석양 증후군 돕는 방법
 • 대상자와 산책을 하거나 좋아하는 인형 등을 준다.
 • 따뜻한 음료수 등 마사지, 음악듣기를 하거나 TV를 켜놓거나 조명을 밝게한다.

① 안전띠를 착용하고 문을 열지 못하도록 잠금 장치를 한다. : 차안에서의 안전
② 난방기구를 켜 놓고 혼자 있지 않게 한다. : 방과 주변의 안전
③ 과일 모양의 자석을 냉장고에 붙여 놓지 않는다. : 부엌 안전
⑤ 교회, 성당, 사찰을 간다. : 여가활동의 유형

32 자동차에서 휠체어로 옮기기
① 휠체어를 자동차와 비스듬하거나 평행하게 놓는다.
② 안전벨트를 풀고 한쪽 팔로 대상자의 어깨를 지지한다.
④ 양쪽 발이 바닥을 지지하게 한다.
⑤ 요양보호사의 무릎으로 마비 측 무릎을 지지한다.

33 ① 발끝 앞 15cm에서 옆 15cm 지점에 지팡이를 놓는다.
③ 옆에서 보조할 때는 지팡이를 쥐지 않은 겨드랑이에 손을 넣어 보행한다.
④ 뒤에서 보조 시 한 손은 대상자의 허리를 지지하고 다른 손은 어깨를 지지한다.
⑤ 계단을 오를 때는 지팡이 → 건강한 다리 → 마비된 다리순으로 이동한다.

34 ① '불이야'라고 외친 후 화재비상벨을 누른다.
③ 낮은 자세로 젖은 수건 등으로 코와 입을 감싸고 대피한다.
④ 방문을 열기 전 문손잡이가 뜨거운지 확인한다.
⑤ 응급상황 시의 행동과 절차에 따라 대피한다.

35 ① 의치는 치약이나 전용세정제로 닦는다.
② 취침 전에는 의치를 빼서 보관한다.
③ 의치는 세정제나 물에 담긴 용기에 보관한다.
⑤ 칫솔질은 잇몸에서 치아방향으로 원을 그리듯 닦는다.

36 ② 구체적인 사물에 대해 이야기 한다.
③ 단순한 활동을 먼저 제시한다.
④ 메시지를 천천히, 조용히 반복한다.
⑤ 자극적 환경을 최대한 줄인다.

37 ① 싱크대 : 배수구에 소다를 부어 악취를 제거한다.
② 냉장실 : 소독용 알코올이나 맥주로 닦고, 녹차 티백으로 탈취한다.
③ 수세미 : 스펀지형보다 그물형이 위생적이다.
④ 고무장갑 : 조리용, 비조리용으로 구분한다.

38 ① 운동기능을 평가한 후 한다.
③ 규칙적인 운동을 하면 운동기능이 더 오래 보존된다.
④ 운동은 다리 쪽에서 시작하여 머리 쪽으로 진행한다
⑤ 균형을 잡을 수 있으면 선 자세에서 하는 것이 효과적이다.

39 ② 대화를 독점하지 않고 상대방의 말도 끝까지 들어준다.
③ 의견이 다르더라도 수용한다.
④ 상대방의 말을 먼저 들어준다.
⑤ 시선을 맞추고 적극적으로 듣는다.

40 대상자의 건강한 쪽이 침대와 30~45° 되도록 휠체어를 위치한다.

41 ① 압박붕대를 너무 꽉 조이게 감으면 혈액순환에 방해된다.
② 출혈 부위에 멸균거즈를 이용하여 압박한다.
③ 멸균거즈 위에 압박붕대를 적당히 감는다.
⑤ 출혈 부위가 심장보다 높게 위치하도록 한다.

42 ① 특수장비를 사용하는 것이 좋다.
② 대상자와 보호사 둘 다 근골격계 손상을 주의한다.
④ 대상자의 몸집과 몸무게, 움직일 수 있는 능력 등을 확인한다.
⑤ 대상자를 옮길 때 병적 상태에 미치는 영향을 고려한다.

44 ① 가슴압박 30번, 인공호흡 2번을 번갈아 실시한다.
③ 구조자가 2인 이상일 때는 2분마다 또는 5주기 실행 후 교대한다.
④ 기도가 막히는 것을 방지한다.
⑤ 흡인의 위험성을 줄인다.

45 ① 가공 안된 유제품을 만지고 나서는 손을 씻는다.
② 오염된 세탁물은 장갑을 끼고 격리장소에 배출한다.
③ 매일 샤워를 하고 자주 칫솔질을 한다.
⑤ 일회용 물품은 정해진 곳에 버린다.

3회 정답 | 1교시 필기시험 정답 및 해설

01 ④	02 ②	03 ③	04 ②	05 ④	06 ⑤	07 ①	08 ①	09 ⑤	10 ①
11 ②	12 ②	13 ⑤	14 ⑤	15 ②	16 ⑤	17 ③	18 ①	19 ③	20 ④
21 ③	22 ④	23 ⑤	24 ③	25 ②	26 ①	27 ③	28 ⑤	29 ⑤	30 ①
31 ④	32 ④	33 ①	34 ⑤	35 ①					

01 노인의 4고 : 빈곤, 질병, 고독, 무위(역할상실)

02 재가노인 복지 시설 : 방문요양, 방문목욕, 주·야간 보호, 단기 보호, 그 밖의 서비스

03 등급의 구분

등급	1등급	2등급	3등급	4등급	5등급	인지지원 등급
상태	전적으로 타인의 도움이 필요	상당부분 타인의 도움이 필요	부분적으로 타인의 도움이 필요	일정부분 타인의 도움이 필요	치매환자	치매환자
점수	95점 이상	95점 미만 75점 이상	75점 미만 60점 이상	60점 미만 51점 이상	51점 미만 45점 이상	45점 미만

04 대상자에게 방문간호가 필요하면 방문간호사에게 연계하도록 한다.

05 방문간호의 장기요양요원
- 간호사로서 2년 이상의 간호업무 경력이 있는 자
- 간호조무사 중 3년 이상의 간호보조 업무경력이 있는 자로 지정교육기관에서 교육을 이수한 자
- 치과 위생사

방문'요양'요원과 방문'간호'장기요원은 다르다.

06 노인장기요양보험 표준서비스

정서지원서비스	말벗, 격려, 위로, 생활상담, 책 읽기, 편지 대필 등 의사소통 도움 서비스
방문목욕서비스	목욕장비를 갖추고 재가 노인을 방문하여 목욕을 제공하는 서비스
응급서비스	응급상황 대처
신체활동지원 서비스	신체기능의 유지, 증진, 화장실 이용 등의 서비스이며 신체의 위생과 관련있다.
일상생활지원 서비스	취사, 청소 및 주변 정돈, 세탁서비스

07　대상자의 허락 없이 식품을 처분하지 않으며 부득이할 경우 가족이 지켜보는 가운데 정리한다.

08　② 대상자의 능력을 최대한 활용　　　③ 서비스 제공 전 본인(가족) 동의
　　④ 개인정보 비밀유지 및 사생활 보호　⑤ 모든 서비스는 대상자에게만 제공

09　요양보호사의 역할
- 정보전달자 : 대상자의 정보를 가족, 시설장, 의료진에게 전달한다.
- 관찰자 : 대상자의 신체적 질병이나 상태 뿐 아니라 심리적인 변화도 관찰한다.
- 숙련된 수발자 : 요양보호서비스에 대한 지식과 기술로 대상자가 편안하게 지원한다.
- 말벗과 상담자 : 대상자와의 의사소통을 통하여 신체적, 정신적, 심리적 안위를 도모한다.
- 동기유발자 : 대상자가 능력을 발휘하도록 동기를 유발하며 지지한다.
- 옹호자 : 소외되고 차별받는 대상자의 입장에서 편들어주고 지켜준다.

10　② 독감 : 호흡기계　　　　　　　③ 동맥경화 : 심혈관계
　　④ 퇴행성 관절염 : 근골격계　　　⑤ 요실금 : 비뇨, 생식기계

11　노인학대 유형
- 신체적 학대 : 물리적 힘, 도구로 신체적 손상, 고통 등을 유발시키는 행위
- 정서적 학대 : 비난, 모욕, 위협, 협박 등 언어, 비언어적 행위로 고통을 주는 행위
- 성적 학대 : 성적수치심, 성희롱 등을 하는 성적 행위
- 경제적 학대 : 동의 없이 노인의 자산을 사용하거나, 착취하거나 노동에 대해 합당한 보상을 하지 않는 행위
- 방임 : 부양 의무자로서의 책임이나 의무를 거부, 불이행, 포기하여 노인에게 의·식·주 및 의료를 제공하지 않는 행위
- 자기방임 : 노인 스스로 자기보호관련 행위를 의도적으로 포기하는 행위
- 유기 : 독립할 수 없는 노인을 격리하거나 방치하는 행위

12　요양보호사는 의료행위(도뇨, 흡인, 관장, 욕창관리, 위관영양 등)를 해서는 안된다.

13　성희롱 대처방안

장기 요양 기관장	• 성희롱 예방교육을 1년에 1회 이상 한다. • 성희롱 피해자에게 업무로 인한 불이익 조치를 해서는 안된다. • 직원들 사이에 성희롱이 발생하면 행위자를 징계하고, 서비스 이용자에게 적절한 조치(재발방지 약속, 서비스 중단 등)를 취한다. • 성희롱 처리지침 문서를 기관 내에 비치한다. • 성희롱 가해자에게 불이익과 향후 대처 계획을 설명한다. • 대상자 가족에게 말하고 시정을 요구한다. • 시정 요구에도 반복될 경우 녹취하거나 일지를 작성한다.

요양 보호사	• 감정적 대응을 삼가고, 단호히 거부한다. • 피해사실을 기관에 보고하고 기관에서 조치를 취하게 한다. • 치유상담이나 법적 대응이 필요한 경우 외부전문기관(성폭력 상담소, 여성노동상담소)에 도움을 요청한다. • 성폭력에 대한 예비지식과 대처방법을 숙지한다.

14 시설 생활노인의 권리
- 존엄한 존재로 대우 받을 권리
- 가정과 같은 환경에서 생활할 권리
- 사생활 및 비밀 보장에 대한 권리
- 정치, 문화, 종교적 신념의 자유에 대한 권리
- 불평의 표현과 해결을 요구할 권리
- 정보접근과 자기결정 행사의 권리
- 질 높은 서비스를 받을 권리
- 신체적 제한을 받지 않을 권리
- 통신의 자유에 관한 권리
- 소유 재산의 자율적 관리에 대한 권리
- 시설 내·외부 활동 참여의 자유에 대한 권리

15 가족들의 서비스 요구가 있을 시에는 제도를 잘 설명하고 이해를 구해야한다.

16 근골격계 질환을 예방하기 위해 스트레칭, 근육운동 등을 한다.

17 허리를 펴고 무릎을 굽혀 물건을 잡은 후 허리를 편 상태에서 무릎을 펴서 들어올린다..

18 근골격계 질환인 목 통증을 예방하기 위한 스트레칭 방법이다.

19 감염예방을 위해 할 일

기관차원에서 할 일	요양보호사가 할 일
• 적절한 보호장구를 지급한다. • 예방접종 • 정기적 건강검진 • 감염예방교육	• 감염성 대상자와 접촉하지 않는다. • 개인위생을 철저히 하고 적절한 소독법을 시행한다. • 손을 자주 씻는다. • 임신한 경우 선천성 기형(풍진, 수두 등)을 유발할 수 있는 감염성 질환자와 접촉하지 않는다.

20 사고 발생 시에는 시설장이나 관리 책임자에게 즉시 보고한다.

21 ① 경과가 길고 재발이 많으며 합병증이 생긴다.
② 다른 질병을 동반하며 원인이 불확실하여 치료가 어렵다.
④ 질환의 치료 후 와상상태가 되지 않도록 주의해야 한다.
⑤ 혈액순환 저하로 욕창이 발생한다.

22　① 절대 금연을 해야한다.
　　② 충분한 수면, 심신 안정을 취한다.
　　③ 위 출혈, 위 천공 등이 발생하면 즉시 병원치료를 받아야 한다.
　　⑤ 진통제 복용 시 점막 보호제를 함께 복용한다.

23　① 안정을 취해야 한다.
　　② 지사제는 설사가 나올 때 처방받는 약품이다.
　　③ 수분을 충분히 섭취한다.
　　④ 필요시 처방받은 항바이러스제를 복용한다.

24　① 황사 등이 있는 날은 외출을 삼간다.
　　② 부득이 하게 외출을 해야 하면 마스크 등을 착용한다.
　　④ 침구류는 집먼지 진드기를 없애기 위해 뜨거운 물로 세탁한다.
　　⑤ 65세 이상은 매년 1회 폐렴구균 백신을 접종한다.

25　① 정상혈압의 범위는 수축기 120mm/Hg 이하, 이완기 80mm/Hg 이하이다.
　　③ 혈압이 조절되어도 의사 처방이 있으면 약을 복용해야 한다.
　　④ 운동과 식이요법도 병행하면 된다.
　　⑤ 증상이 없더라도 의사의 처방이 있으면 약을 복용해야 한다.

26　② 보조기구의 사용법을 정확하게 설명한다.
　　③ 잔존기능을 최대한 활용할 수 있도록 도와야 한다.
　　④ 근육이나 통증부위를 관찰한다.
　　⑤ 질병명을 예측하여 말하지 않는다.

27　① 약간 미지근한 물수건으로 찜질한다.
　　② 물기는 마른 수건으로 닦아낸다.
　　④ 춥지 않을 때는 30분 정도 햇볕을 쪼인다.
　　⑤ 나선형을 그리듯 마사지 한다.

28　① 신경세포의 기능이 저하된다.
　　② 감각이 둔화된다.
　　③ 정서조절이 불안정해진다.
　　④ 운동 부족으로 불면증이나 수면부족이 올 수 있다.

29　① 하루 세 번 규칙적으로 식사한다.
　　② 반찬은 싱겁게 골고루 먹는다.

③ 규칙적으로 운동을 한다.
④ 인슐린주사약은 반드시 주사로 주입한다.

31 ① 지남력 유지를 위해 낮에는 커튼을 열어 시간을 알게한다.
② 대상자가 스스로 할 수 있는 일은 하게 한다.
③ 접촉하는 사람의 수를 줄이고 가족 구성원이 자주 방문하도록 한다.
⑤ 충분한 식사와 수분 섭취를 통해 전해질 불균형을 예방한다.

32 ① 말이 짧고 내용이 빈약하다.
② 날짜와 시간을 자주 착각한다.
③ 약속을 잊고 물건을 잃어버리는 경우가 많아진다.
⑤ 사람을 구분하지 못한다.

33 ② 약 삼키는 것이 힘들다고 쪼개서 복용하면 안된다.
③ 약 복용을 잊어 버렸다면 생각난 즉시 복용한다.
④ 건강기능식품도 의사와 상의한 후 복용한다.
⑤ 고혈압약은 자몽과 함께 복용하면 부작용이 증가한다.

34 ① 외출시 헐렁한 옷과 챙이 넓은 모자를 착용한다.
② 실내에서는 커튼 등으로 햇빛을 가린다.
③ 야외 활동을 자제한다.
④ 현기증이 있을 때는 시원한 장소에서 휴식을 취한다.

35 ② 눈이나 비가 올 때는 외출을 삼가한다.
③ 준비운동과 마무리운동을 평소보다 충분히 한다.
④ 운동은 새벽보다 낮 시간에 한다.
⑤ 평소에 근력강화운동을 한다.

3회 정답 — 2교시 실기시험 정답 및 해설

01 ①	02 ③	03 ⑤	04 ③	05 ①	06 ①	07 ⑤	08 ②	09 ④	10 ①
11 ④	12 ①	13 ⑤	14 ④	15 ②	16 ①	17 ④	18 ⑤	19 ③	20 ①
21 ②	22 ③	23 ⑤	24 ①	25 ①	26 ③	27 ②	28 ②	29 ④	30 ①
31 ⑤	32 ①	33 ①	34 ④	35 ①	36 ①	37 ⑤	38 ①	39 ②	40 ④
41 ②	42 ⑤	43 ⑤	44 ②	45 ③					

01 ② 눈을 맞추고 2초 이내에 인사를 한다.
   ③ 서비스를 제공하기 전에 의향을 물어본다.
   ④ 천천히 또박또박 긍정적으로 이야기한다.
   ⑤ 보아야 할 것은 눈 높이에서 보여준다.

02 ① 비위관이 빠졌다면 간호사에게 연락한다.
   ② 영양주머니는 매번 깨끗이 씻어서 말린 후 사용한다.
   ④ 입안을 자주 청결하게 하고 입술 보호제를 발라준다.
   ⑤ 경관영양은 음식물을 삼키기 힘든 대상자에게 한다.

03 ① 금식인 경우에도 혈압약은 복용해야 한다.
   ② 유효기간이 지난 약은 절대 사용하지 않는다.
   ③ 가루약은 바늘을 제거한 주사기를 이용하여 주입한다.
   ④ 처방된 이외의 약은 섞어 주지 않는다.

04 ① 멸균 솜으로 눈 안쪽에서 바깥쪽으로 닦는다.
   ② 안약 투여 시 아랫눈꺼풀 밑부분에 멸균솜이나 거즈를 댄다.
   ④ 안약 투여 시 대상자가 누워서 자세를 취한다.
   ⑤ 점적이 끝나면 비루관을 가볍게 누른다.

05 ② 바늘을 제거한 후 1~2분간 알코올 솜으로 지그시 누른다.
   ③ 주사주입에 이상이 있다면 시설장이나 관리책임자에게 보고한다.
   ④ 의복을 갈아입을 때 수액세트가 빠지지 않도록 조심한다.
   ⑤ 주사주입은 의료인이 해야한다.

06 ② 배설물은 즉시 깨끗이 치운다.
   ③ 항문은 앞에서 뒤로 닦아 요로계 감염을 예방한다.
   ④ 배설물의 상태를 관찰하여 대상자의 건강을 관찰한다.
   ⑤ 대상자가 원하는 시간에 배설을 하게한다.

07 ① 휠체어를 침대 난간에 빈틈 없이 붙인다.
   ② 잠금장치를 걸고 발 받침대를 올린다.
   ③ 침대의 한쪽 난간을 내려 놓는다.
   ④ 대상자의 허리와 엉덩이를 두 손으로 지지하여 침대 가장자리로 앉힌다.

08 ① 도뇨관의 세척은 방문간호사나 의료기관에서 해야한다.
   ③ 도뇨관의 위치는 방광보다 낮은 위치에 둔다.

09　① 누워있는 대상자의 양치를 할 때는 옆으로 누운 자세에서 한다.
　　② 칫솔질할 때는 혀까지 닦는다.
　　③ 의치의 보관은 찬물이 담긴 용기에 보관한다.
　　⑤ 노인의 피부는 건조하므로 오일이나 로션 등을 발라준다.

10　손톱은 둥근 모양으로, 발톱은 일자로 자른다.

11　① 회음부를 닦을 때는 전용수건, 거즈나 솜을 사용한다.
　　② 회음부의 청결은 요양보호사가 한다.
　　③ 회음부는 앞쪽에서 뒤쪽으로 닦는다.
　　⑤ 둔부 밑에 방수포와 목욕수건을 겹쳐서 깔아야 한다.

12　② 안경을 사용하는 사용자라면 하루에 한 번 이상은 안경을 닦아준다.
　　③ 눈곱이 끼었다면 눈곱이 없는 쪽부터 닦는다.
　　④ 귀지의 제거는 의료기관에서 한다.
　　⑤ 세수돕기는 자존감과 정서감을 제공한다.

13　① 욕조 안에 미끄럼방지매트를 깔아둔다.
　　② 목욕물의 온도는 40℃ 내외로 맞춘다.
　　③ 목욕을 거부하면 부드러운 말로 유도한다.
　　④ 눈 주변에는 비누를 사용하지 않는다.

14　① 이불은 따뜻하고, 가볍고, 부드러우며 보습성이 있는 것을 선택한다.
　　② 베개는 습기를 흡수하지 않고, 열에 강하며 촉감이 좋은 재질을 사용한다.
　　③ 더러워진 시트는 수시로 교환하고, 교환 중에는 먼지가 발생하므로 환기한다.
　　⑤ 이불커버는 감촉이 좋은 면제품이 좋다.

15　① 적정한 실내온도를 유지한다.
　　③ 현관이나 화장실의 문턱을 없앤다.
　　④ 혈압상승 예방을 위해 방, 복도, 화장실의 온도는 일정하게 유지한다.
　　⑤ 복도 벽에 손잡이를 설치한다.

16　② 악수하듯 대상자의 마비된 손을 잡는다.
　　③ 대상자의 마비된 쪽 손을 모아 쥐고 상의를 입힌다.

④ 마비된 쪽으로 대상자를 눕힌 후 등 아래쪽에 접혀 있는 상의를 펼친다.
⑤ 대상자의 건강한 쪽 손을 잡아 팔을 넣을 수 있도록 돕는다.

17 ① 마비된 쪽 팔을 낀다.
② 건강한 쪽으로 돌아 눕게 하고 등쪽의 상의의 소매를 계단식으로 접는다.
③ 바로 누운 자세에서 수액을 건강한 쪽 소매로 빼서 건다.
⑤ 대상자의 두 다리를 모아 무릎을 세우는 것은 하의를 벗기는 방법이다.

18 ① 침대의 난간을 내리고 대상자의 곁에 선다.
② 대상자의 두 다리를 모아 무릎을 세운다.
③ 대상자의 두 팔과 발로 바닥에 지지하도록 하고 엉덩이를 올리게 한다.
④ 마비된 쪽 발이 미끄러지지 않도록 요양보호사의 무릎으로 살짝 지지한다.

19 ① 대상자의 마비된 양손은 가슴에 올려 놓는다.
② 한쪽 팔을 대상자의 목 밑에 받쳐 깊숙하게 넣은 후 손바닥으로 반대쪽 어깨 밑을 받쳐준다.
④ 어깨 밑에 위치한 손바닥으로 대상자의 상체를 밀어올린다.
⑤ 두 다리를 편 상태에서 똑바로 앉히면 넓다리뼈가 골절될 수 있다.

20 ② 2시간 마다 체위를 변경하며 욕창이 있는 경우 더 자주 변경한다.
③ 엎드린 자세의 체위는 등에 상처가 있거나 등 근육을 쉴 때 자세이다.
④ 반 앉은 자세의 체위는 식사나 위관 영양을 할 때 자세이다.
⑤ 옆으로 누운 자세는 둔부의 압력을 피하거나 관장을 할 때의 자세이다.

21 ① 문턱을 오를 때는 휠체어 뒤를 발로 눌러 휠체어를 뒤로 기울이고 앞바퀴를 들어 문턱을 오른다.
③ 오르막길을 갈 때는 자세를 낮추고 다리에 힘을 주어 밀고 올라간다.
④ 내리막길을 갈 때는 휠체어를 뒤로 돌려 뒷걸음으로 내려간다.
⑤ 엘리베이터를 탈 때는 뒤로 들어가서 앞으로 밀고 나온다.

22 ① 휠체어를 침대에 평행하게 붙이고 잠금장치를 잠근다.
② 키가 큰 사람이 대상자의 뒤쪽에 서고 다른 사람이 대상자의 다리 바깥쪽에 선다.
④ 뒤에 선 사람이 대상자의 겨드랑이에 팔을 넣어 안쪽에서 바깥쪽으로 잡는다.
⑤ 다리 쪽에 선 사람은 한 손은 종아리 아래, 다른 손은 넙다리 밑에 넣는다.

23 ① 보행벨트를 착용한 대상자는 요양보호사가 불편한 쪽 뒤에서 벨트 손잡이를 잡는다.
② 편마비 대상자를 도울 때는 대상자의 불편한 쪽에서 돕는다.
③ 보행시에는 미끄럼방지 양말, 미끄럼방지 신발을 신어야 한다.
④ 지팡이의 위치는 사용하는 쪽 발의 새끼발가락으로 부터 앞 15cm, 옆 15cm 지점에 지팡이 끝을 놓는다.

24 계단을 오를 때는 지팡이 → 건강한 다리(오른쪽 다리) → 마미된 다리(왼쪽 다리) 순으로 이동한다.
　• 평지나 계단을 이동할 때는 지팡이 → 마미된 다리(왼쪽 다리) → 건강한 다리(오른쪽 다리) 순으로 이동한다.

25 ② 척추고정판을 대상자 밑에 넣는다.
　③ 척추고정판 중앙에 대상자를 놓는다.
　④ 무릎, 손목 엉덩이, 위팔 순서로 고정한다.
　⑤ 2인 이상이 힘을 합쳐 들어 올린다.

26 ① 장갑을 착용했다 하더라도 비누로 손을 씻는다.
　② 배설물을 만질 때는 반드시 장갑을 착용한다.
　④ 청결을 위해 매일 샤워나 목욕을 한다.
　⑤ 일회용 보호 장구는 재사용하지 않고 버린다.

27 ① 가래가 담긴 흡인병은 분비물을 버리고 1일 1회 이상 깨끗이 닦는다.
　③ 흡인은 의료인이 실시해야 한다.
　④ 카테터는 15분 정도 이상 끓여서 소독한다.
　⑤ 카테터는 소독 후 쟁반에 널어서 그늘에 말린다.

28 ① 화재시에는 계단을 이용하여 탈출하여야 한다.
　③ 야간 화재 시에는 방향을 바꾸지 말고 한쪽 손만으로 벽을 짚고 이동한다.
　④ 연기가 많은 경우 배가 바닥에 닿지 않도록 하여 이동한다.
　⑤ 방문을 열기 전 문 손잡이가 뜨거운지 확인하고 만진다.

29 ① 상수도 오염에 대비하여 욕조에 물을 받아둔다.
　② 차량으로 이동 중이라면 속도를 줄인다.
　③ 공사장, 가로등, 신호등 옆은 가지 않는다.
　⑤ 산과 계곡에서는 비탈면에 멀리 떨어진다.

30 ② 음식을 조리하는 중에는 자리를 떠나지 않는다.
　③ 실내에서 불을 끌 때는 문을 등지고 소화기 분말을 쏜다.
　④ 화재 시에는 계단을 이용하여 대피한다.
　⑤ 지진이 나면 가방이나 손으로 머리를 보호하며 넓은 공간으로 대피한다.

31 ① 식단은 대상자와 함께 정한다.
　② 딱딱하고 자극적인 음식은 피한다.
　③ 노인에게 자주 사용되는 요리법은 찜이다.

④ 연하능력 저하 대상자는 재료를 푹 끓이거나 믹서에 갈아서 준비한다.

32   ② 짠 음식을 피하고 싱겁게 먹는다.
③ 활동량을 늘리고 건강한 체중을 갖는다.
④ 물은 많이 마시고 술은 적게 먹는다.
⑤ 식사는 규칙적이고 안전하게 한다.

33   ② 식품을 다루기 전과 후에 반드시 손을 씻는다.
③ 두부, 달걀, 어묵은 항상 냉장보관한다.
④ 닭고기, 쇠고기, 돼지고기는 하루 이내에 사용할 것만 냉장 보관하고 그 이외에는 냉동 보관한다.
⑤ 냉장고 안이라도 식품을 장기간 보관하지 않는다.

34   ① 침상을 정리할 때는 대상자의 동의를 구한다.
② 이불은 햇볕에 말린 후 가볍게 두드려 솜을 펴준다.
③ 요(매트리스)는 최소한 한달에 한 번씩은 말린다.
⑤ 베개는 습기를 흡수하지 않고 열에 강하며 촉감이 좋은 재질을 사용한다.

35   ② 문고리는 열고 닫기 쉽도록 막대형을 설치한다.
③ 거실바닥은 평평하게 하고 가능한 한 물건을 두지 않는다.
④ 대상자의 방은 햇빛이 잘 비치는 남향 또는 남동향이 좋다.
⑤ 욕실은 미끄럼방지매트를 깐다.

36   ② 부드러운 목소리로 이야기 한다.
③ '라포'를 형성하여 대화한다.
④ 의견이 다르더라도 일단 수용한다.
⑤ 상대방의 말에 공감한다.

37   ① 개인정보는 기록하지 않는다.
② 기록은 반드시 잠금장치가 있는 곳에 보관한다.
③ 대상자의 정보를 수집할 때는 대상자의 동의를 얻는다.
④ 서비스의 과정과 결과를 정확하게 기록한다.

38   ② 규칙적인 생활을 하게 한다.
③ 대상자의 잔존 기능을 최대한 살린다.
④ 상황에 맞는 요양보호를 한다.
⑤ 항상 안전에 주의한다.

39 ① 대상자의 감정을 이해하고 수용한다.
    ③ 망상이 심한 경우에는 시설장이나 간호사에게 알린다.
    ④ 대상자가 다른 것에 관심을 가지도록 관심을 돌린다.
    ⑤ 규칙적으로 시간과 장소를 알게하여 현실감을 유지하게 한다.

40 ① 부정형보다는 긍정형 문장으로 이야기한다.
    ② 대상자의 속도에 맞춰 대화한다.
    ③ 어린아이 대하듯 하지 않는다.
    ⑤ 과거를 회상하게 유도한다.

41 여러 가지를 이야기 하면 혼란이 오므로 가장 먼저 해야 할 일(아침먹기)만을 이야기 한다.

42 • 인지기능에 문제가 없는 대상자 : 뇌 건강 일기 쓰기, 빈칸 채우기, 물건 값 계산하기, 특정 글자 고르기
    • 경증 인지기능 장애 대상자 : 여러 가지 단어 말하기, 그림과 숫자 짝지어 말하기, 물건보며 과거 회상하기, 똑같이 그리기, 점선으로 옮겨 그리기, 손 모양 똑같이 만들기, 선 따라 그리기
    • 중증 인지기능 장애 대상자 : 흩어진 낱글자로 단어 만들기, 악기 연주하기, 선 따라 그리고 찢기, 똑같이 그리기, 따라 그리기, 이름 맞히기, 똑같은 모양 만들기, 숫자 찾아 체크하기, 인사말 연결하기

43 ① 대상자에게 손상을 입힌 약물, 잘못 먹은 음식, 구토물도 병원으로 가져간다.
    ② 질식으로 의식이 없다면 심폐소생술을 실시하며 입 안의 이물을 확인한다.
    ③ 경련을 일으켰다면 옷의 단추나 넥타이 등을 풀고 편하게 호흡하게 한다.
    ④ 화상으로 인한 물집은 터뜨리면 안된다.

44 ① 약국과 병원은 정해 놓고 다닌다.
    ③ 이전에 처방받은 약이 남았을 경우 복용해도 되는지 의사에게 확인받는다.
    ④ 약은 물과 함께 복용한다.
    ⑤ 약 복용을 잊었다가 생각나면 즉시 복용한다.

45 ① 가슴압박과 인공호흡의 비율은 30:2가 되게 한다.
    ② 오른쪽 패드는 오른쪽 빗장뼈 밑에 왼쪽 패드는 왼쪽 중간 겨드랑이선에 부착한다.
    ④ 자동심장충격기 사용은 119 구급대가 현장에 도착할 때까지 계속한다.
    ⑤ 제세동을 할 때는 주변의 사람을 물러나게 한다.

한 권으로 합격하는 요양보호사 국가자격시험 (필기+실기)

2025년 01월 05일 인쇄
2025년 01월 20일 발행

저자	요양보호사자격시험연구회
발행처	(주)도서출판 책과상상
등록번호	제2020-000205호
발행인	이강복
주소	경기도 고양시 일산동구 장항로 203-191
대표전화	(02)3272-1703~4
팩스	(02)3272-1705
홈페이지	www.sangsangbooks.co.kr
ISBN	979-11-6967-207-8

저자협의 인지생략

값 20,000원
Copyright© 2025
Book & SangSang Publishing Co.

도서출판 책과상상
www.SangSangbooks.co.kr